1842

Grün, Alphonse

Jurisprudence parlementaire, recueil des lois, ordonnances, règlements, discussions, opinions...

JURISPRUDENCE PARLEMENTAIRE

RECUEIL

DES LOIS, ORDONNANCES, RÈGLEMENTS, DISCUSSIONS,
OPINIONS, DOCUMENTS, PRÉCÉDENTS RELATIFS AUX ATTRIBUTIONS
DES CHAMBRES LÉGISLATIVES,
A LEUR COMPOSITION ET AU MODE D'EXERCICE DE LEURS POUVOIRS;

PAR ALPHONSE GRÜN,
AVOCAT A LA COUR ROYALE DE PARIS,
RÉDACTEUR EN CHEF DU MONITEUR UNIVERSEL,
CHEVALIER DES ORDRES DE L'ÉTOILE POLAIRE DE SUÈDE ET DE CHARLES III D'ESPAGNE,
MEMBRE DE PLUSIEURS SOCIÉTÉS SAVANTES.

TOME PREMIER

Livraisons 1, 2 et 3,

COMPRENANT
les Réglements des Chambres, la Loi du 19 avril 1831 sur les Élections,
la Jurisprudence de la Chambre en matière Électorale, etc. etc.

PARIS
CHARLES HINGRAY, LIBRAIRE-ÉDITEUR,
10, RUE DE SEINE.

1842.

TABLE DES MATIÈRES

des trois premières livraisons réunies.

Imprimerie de H. FOURNIER et Cᵉ, rue St-Benoît, 7.

PRÉFACE.

Il ne faut pas une longue pratique ni une étude approfondie des assemblées délibérantes pour acquérir la conviction de l'influence des formes et des règlements sur les décisions parlementaires. L'histoire des cinquante années qui viennent de s'écouler atteste combien nos corps politiques ont dû de fautes et d'erreurs à leur inexpérience des procédés de la délibération, à l'insuffisance ou aux lacunes de leurs règlements : combien souvent les mauvaises combinaisons réglementaires ont arrêté des idées utiles, retardé des travaux précieux, rendu stériles de longues sessions. Une part doit être faite à cette cause dans les entraînements de la Constituante et de la Législative, dans les violences de la Convention, dans l'anarchie des Conseils, dans le mensonge de représentation toléré par le Consulat et par l'Empire, dans les luttes de la liberté constitutionnelle contre les entraves semées autour de la tribune par les craintes de la Restauration.

Une assemblée nombreuse, image des passions et organe des intérêts du pays, a besoin de s'imposer à elle-même le calme, l'ordre, le travail ; l'obliger d'agir sans emportement, de garantir la liberté des discussions et des votes, de ne décider qu'après avoir connu, d'attirer toutes les lumières sur ses délibérations, et de se prononcer sans retard quand elle s'est éclairée, telle est l'œuvre d'un bon règlement.

Les dispositions qui existent aujourd'hui ont-elles atteint complètement le but? On peut en douter; mais on doit reconnaître que le temps n'a pas été perdu pour le progrès, et que l'habitude du gouvernement représentatif, développée depuis 1814, et surtout depuis 1830, a beaucoup amélioré la procédure parlementaire.

Quels que soient, au surplus, les avantages ou les défauts des divers règlements successivement adoptés, c'est par l'application qu'on peut les apprécier; c'est aussi avec l'autorité des précédents que les chambres arrivent à l'uniformité dans les décisions, à la régularité dans les mouvements, à l'établissement, en un mot, d'une bonne jurisprudence.

Mais, tandis que les jugements des tribunaux de tous les degrés sont recueillis, annotés, commentés, tandis que les juridictions de toute nature, civiles, criminelles, administratives, ont leurs arrêtistes et leurs interprètes spéciaux, les corps politiques les plus élevés, les chambres qui prennent une si grande part à l'exercice de la souveraineté nationale, n'ont pas vu encore mettre en lumière l'ensemble de leurs procédés et de leurs solutions. On aurait lieu de s'étonner d'une telle lacune si, parmi nous, le gouvernement représentatif datait de loin. Toutefois, les précédents sont assez nombreux maintenant, confirmés déjà par des exemples assez imposants, pour qu'il soit possible de constater la jurisprudence des chambres.

Ce travail n'a pas encore été tenté, du moins dans toute son étendue. MM. Valette et Bénat Saint-Marsy en ont embrassé une partie importante dans leur *Traité de la confection des Lois*. Cet ouvrage, nouveau et plein de choses, résume, en citant les principales dispositions ou décisions sur lesquelles il s'appuie, l'historique et l'état de la jurisprudence des chambres françaises et étrangères. Mais, conçu dans la forme méthodique d'un traité, suivi d'un commentaire succinct des règlements en vigueur, il présente les résultats généraux plutôt qu'il ne rassemble les solutions spéciales ; il laisse d'ailleurs en dehors de son cadre les décisions relatives aux pétitions, aux élections, aux affaires judiciaires, aux poursuites contre les membres des chambres (1).

La tâche que j'ai prise est à la fois plus modeste et plus vaste ; plus modeste, car je me borne à peu près au rôle d'analyste, disant toujours ce qui a été fait, l'expliquant quelquefois, le jugeant rarement ; plus vaste, car je me propose de recueillir les précédents des chambres dans toutes les parties de leurs attributions constitutionnelles, et d'en suivre le développement progressif session par session. L'entreprise est redoutable ; ceux qui ont traité des sujets analogues savent ce qu'il en coûte d'attentions et d'efforts pour chercher et trouver la règle sous l'exemple, le précepte sous le fait ; pour tirer d'une décision tout juste ce qu'elle contient, ni plus ni moins ; pour éviter le double écueil d'une généralité excessive ou d'une spécialisation minutieuse. Ces difficultés, je les signale, non pour rehausser la valeur de mon travail, mais pour obtenir l'excuse des erreurs que j'aurai pu commettre.

J'ai dû m'imposer une limite de temps, ne pouvant et ne voulant pas, quant

(1) M. de Cormenin, dans ses *Questions de droit administratif*, au mot *Élections parlementaires*; M. Dalloz aîné, dans son *Recueil périodique*, année 1831 et suivantes; M. Armand Dalloz, dans son *Dictionnaire général de législation et de jurisprudence*, article *Élections législatives*; M. Lerat de Magnitot, *Dictionnaire de droit public et administratif*, article *Élections politiques*, ont recueilli un certain nombre de décisions de la chambre des députés sur la matière particulière des élections. Les décisions les plus importantes rendues par les deux chambres pendant la session de 1835 ont été rappelées dans l'*Annuaire parlementaire* de MM. Denis Lagarde et Cerclet, secrétaires-rédacteurs de la chambre des députés; la clarté, la précision, l'exactitude des notices rédigées par ces derniers auteurs suffiraient pour faire regretter que leur publication n'ait pas été continuée.

à présent du moins, réunir les précédents divers de toutes les assemblées représentatives depuis 1789. Mon but a été de constater d'abord l'état actuel de la jurisprudence parlementaire. Or la dernière révision partielle du règlement de la chambre des pairs a eu lieu en 1838, sans parler de l'addition importante qui a été faite dans la session de 1841 ; le règlement de la chambre des députés a été refondu au mois de janvier 1839 ; d'un autre côté, l'ouvrage de MM. Valette et Bénat Saint-Marsy expose les principaux précédents jusqu'à la session de 1838 inclusivement. C'est donc à partir de la session de 1839 (décembre 1838) que commence ma collection ; elle embrasse toutes les solutions relatives à la constitution, aux droits et prérogatives des chambres et de chacun de leurs membres, aussi bien que celles qui concernent le mode des délibérations, et les différents actes parlementaires. Cette limite de temps ne m'empêche pas de faire des excursions dans le passé ; je l'ai même immédiatement franchie pour ce qui concerne les élections ; et sur chaque matière j'aurai soin de résumer, s'il y a lieu, l'état de choses existant, avec plus ou moins de développement, selon l'importance des solutions antérieures.

Dans le classement des nombreux matériaux que j'ai rassemblés, j'ai suivi l'ordre des règlements des chambres. Dès le début se sont présentées les questions si importantes, si multipliées, des vérifications de pouvoirs : j'ai cru devoir offrir l'ensemble complet de la jurisprudence électorale de la chambre des députés depuis la loi du 19 avril 1831 : l'évidente utilité de ce travail me dispensera de toute justification.

Lorsque les décisions relatives aux divers articles du règlement auront été successivement exposées, les solutions nouvelles fournies par chaque session seront présentées dans le même ordre, et comparées à celles qui les auront précédées. Il s'y joindra des dissertations sur des questions spéciales, des exposés de précédents des pays étrangers. D'autres additions sont également dans ma pensée ; je m'abstiens d'en parler : j'aime mieux demander les suffrages du public à mes efforts qu'à mes promesses.

RÈGLEMENTS DES CHAMBRES.

LOIS ÉLECTORALES.

RÈGLEMENT INTÉRIEUR
DE LA CHAMBRE DES PAIRS,

ADOPTÉ PAR LA CHAMBRE LE 19 JUIN 1833,
ET MODIFIÉ LES 3 AVRIL 1838 ET 5 JUIN 1841.

TITRE PREMIER.

Bureau de la Chambre. Division de la Chambre en bureaux.

ART 1er. Le président maintient l'ordre dans la Chambre, et fait observer le règlement; il accorde la parole, pose les questions, proclame le résultat des votes, prononce les décisions de la Chambre, et porte la parole en son nom.

2. A l'ouverture de chaque session, le président appelle au bureau, comme secrétaires provisoires, les quatre plus jeunes pairs présents à la séance, et ayant voix délibérative.

3. Dans la seconde séance, au plus tard, la Chambre nomme au scrutin de liste quatre de ses membres pour remplir, pendant le cours de la session, les fonctions de secrétaires.

4. Dès que la Chambre est constituée, le bureau se rend auprès du Roi pour l'en informer.

La Chambre fait également connaître par un message à la Chambre des députés, qu'elle est constituée.

5. Les secrétaires qui ne peuvent se rendre au bureau en préviennent le président avant l'ouverture de la séance.

La présence de deux des secrétaires au moins est nécessaire.

S'il ne se trouve pas au bureau deux des secrétaires, le président désigne, pour remplir leurs fonctions, un ou deux des pairs qui, dans une des sessions précédentes, ont été secrétaires de la Chambre.

6. Les secrétaires sont spécialement chargés de surveiller la rédaction du procès-verbal.

Ils observent et constatent, dans les délibérations, les résultats des votes.

Ils tiennent note des suffrages dans le dépouillement des scrutins de nomination.

Ils font lecture des projets de loi et autres actes et pièces qui doivent être lus à la Chambre.

7. Après l'élection des secrétaires, et au plus tard dans les trois jours de l'ouverture de la session, la Chambre se divise en bureaux, ainsi qu'il est réglé au titre VI ci-après.

TITRE II.

Tenue des séances, et ordre des délibérations. Règle des discussions.

8. Le président prononce l'ouverture et la levée de la séance.

Il indique à la fin de chaque séance, après avoir consulté la Chambre, l'heure d'ouverture de la séance suivante.

9. Des lettres de convocation sont adressées par le grand-référendaire à chaque pair pour le prévenir du jour et de l'heure des séances.

Ces lettres indiquent les objets à l'ordre du jour.

10. Dès que la séance est ouverte, le président donne ordre au garde des registres de faire lecture du procès-verbal de la séance précédente.

11. S'il s'élève une réclamation sur la rédaction de ce procès-verbal et qu'elle soit appuyée, le président consulte la Chambre.

Si la réclamation est adoptée, le bureau présente, dans la séance suivante, une nouvelle rédaction conforme à la décision de la Chambre.

12. Le président annonce ensuite l'ordre du jour.

13. Les projets de loi, lus à la Chambre par le ministre que le Roi a chargé de les présenter, sont imprimés, avec l'exposé des motifs, et distribués à domicile à chacun des pairs.

Il en est de même des résolutions envoyées à la Chambre des pairs par la Chambre des députés.

Ces résolutions sont lues à la Chambre par un des secrétaires.

14. Aussitôt après la lecture des projets de loi ou résolutions, la Chambre, 1° fixe le jour où le projet de loi, ou la résolution, sera préalablement examiné dans les bureaux; 2° décide s'il sera nommé une commission pour lui faire son rapport, ou si elle procédera, sans rapport, à la discussion, et si la commission sera de sept ou de quatorze membres.

15. Au jour désigné, le président, après l'ouverture, et dans le cours de la séance, détermine le moment où la Chambre se retire dans ses bureaux.

Si la Chambre a décidé qu'il sera nommé une commission pour faire un rapport, les bureaux délibèrent d'abord sur la question de savoir si les membres de la commission seront nommés par la Chambre ou par le président.

Le résultat de leur délibération est sur-le-champ transmis au président.

Si trois bureaux, le cinquième au moins des membres qui les composent étant présents, sont d'avis que les membres de la commission soient nommés par la Chambre, les bureaux en sont aussitôt informés.

Chacun des bureaux, après l'examen du projet de loi, nomme, parmi les pairs qui en font partie, un ou deux membres de la commission, selon que la Chambre aura décidé que la commission sera de sept ou de quatorze membres.

16. Lorsque les bureaux ont complété les nominations de la commission, le président en informe la Chambre à sa première séance.

Dans le cas où trois bureaux n'ont pas exprimé l'avis que les membres de la commission soient nommés par la Chambre, le président nomme les membres de cette commission.

17. Après la lecture des propositions du gouvernement ou des résolutions de la Chambre des députés, l'ordre du jour appelle les rapports des commissions sur les projets de loi qui leur ont été renvoyés.

18. Après avoir entendu le rapport de la commission, la Chambre détermine le jour où s'ouvrira la discussion.

L'intervalle entre le rapport et la discussion ne peut être moindre de vingt-quatre heures.

19. Les siéges des ministres et des commissaires du Roi sont placés dans le parquet, en face et à droite du président.

20. Les membres des commissions dont le rapport est en discussion siégent, réunis, en face et à gauche du président.

TITRE III.

Règle des discussions.

21. Un pair ne peut prendre la parole sans qu'elle lui ait été accordée par le président.

22. Le président interrompt l'opinant qui enfreint quelque disposition du règlement, qui s'écarte de la question, ou qui blesse les convenances.

23. Le président rappelle seul à l'ordre l'opinant qui s'en écarte.

L'opinant est admis à présenter des explications.

24. Si un membre de la Chambre trouble l'ordre, il y est rappelé nominativement par le président.

25. La discussion des projets de loi est divisée en deux débats :

La discussion générale, et la discussion sur les articles.

La discussion générale porte spécialement sur le principe et l'ensemble du projet.

La discussion sur les articles s'ouvre

successivement sur chaque article, et sur les amendements qui s'y rapportent.

26. Les amendements doivent être rédigés par écrit et remis au président. Ils sont imprimés et distribués à chacun des pairs, avant la délibération.

Lorsqu'un amendement est proposé pendant la discussion, le président consulte la Chambre sur la question de savoir si cet amendement sera discuté sur-le-champ, ou préalablement imprimé et distribué.

27. Aucun amendement n'est mis en délibération, si, après avoir été développé par son auteur, il n'est appuyé par un autre pair.

28. Les amendements sont mis en délibération avant la disposition principale à laquelle ils se rapportent.

29. Toutes les dispositions du présent titre, relatives aux amendements, s'appliquent aux sous-amendements.

30. Lorsque des amendements ont été adoptés, la Chambre peut prononcer, après le vote des articles, le renvoi du projet de loi à la commission, pour qu'elle en coordonne les dispositions avant qu'il soit soumis à la lecture, qui, dans ce cas, *doit précéder* le vote de l'ensemble du projet.

31. Dans les discussions précédées du rapport d'une commission, les pairs qui veulent prendre la parole dans la discussion générale se font inscrire *pour* ou *contre* par les secrétaires.

La liste de la parole est ouverte immédiatement après la lecture du rapport.

Les orateurs *pour* ou *contre* sont entendus alternativement.

32. Un pair qui demande la parole sur un fait personnel doit être entendu, mais sur cet objet seulement. L'ordre de la parole n'est point interrompu par cet incident.

33. Dans les questions qui paraissent complexes, lorsque la division est demandée elle est prononcée par le président.

S'il y a doute, la Chambre en décide.

34. Dans toute discussion, si un pair réclame la question préalable, l'ajournement à une autre séance, ou le rappel au règlement, et que la réclamation soit appuyée, ces questions incidentes doivent être décidées avant d'entamer ou de continuer la discussion de la question principale.

35. Avant de prononcer la clôture de la discussion générale, ou de fermer toute autre discussion, le président consulte la Chambre. Si une première et une seconde épreuve sont douteuses, la discussion continue.

36. Si, avant de passer au vote, un pair demande la parole sur la position de la question, elle doit lui être accordée.

TITRE IV.

Forme des votes.

37. Sur les questions d'ordre ou de priorité, sur la question préalable ou d'ajournement à une autre séance, sur la proposition de délibérer ou de prendre en considération, sur la clôture de la discussion, et sur toutes autres questions qui ne sont que préparatoires ou incidentes, les pairs expriment leur vote en levant la main.

38. Si l'épreuve est douteuse, elle est renouvelée.

Si cette seconde épreuve laisse subsister le doute, les membres *pour* se lèvent, et sont comptés; les membres *contre* se lèvent ensuite, et sont pareillement comptés.

Nul ne peut prendre la parole entre deux épreuves.

39. Le résultat des épreuves est constaté par le bureau et proclamé par le président.

40. Dans toute délibération, si quinze pairs réclament le vote par scrutin, soit avant toute épreuve, soit après une première ou une seconde épreuve douteuse, ce mode est nécessairement adopté.

41. Les articles des projets de loi et des résolutions de la Chambre des députés peuvent être votés dans les formes établies aux articles 37 et 38 ci-dessus.

Sur l'ensemble du projet de loi, il ne peut jamais être voté qu'au scrutin.

42. Lorsque plusieurs projets de loi d'intérêt local ont été renvoyés à une seule commission et compris dans le même rapport, ils peuvent être soumis à un même scrutin.

Toutefois il suffit de la demande d'un pair pour qu'un des projets soit séparé et soumis à un scrutin particulier.

43. Pour procéder au scrutin, un des secrétaires fait l'appel nominal. Le pair appelé reçoit, d'un des secrétaires, une boule blanche et une boule noire. Il dépose dans une urne placée sur la tribune la boule qui exprime son vote ; il met dans une autre urne la boule dont il n'a pas fait usage. La boule blanche exprime l'adoption, la boule noire la non-adoption.

L'appel terminé, il est fait immédiatement un réappel pour les pairs qui n'ont pas voté.

Ce réappel achevé, les secrétaires versent les boules dans des corbeilles ; ils les comptent ostensiblement, en séparant les boules blanches des boules noires.

Le résultat du compte est arrêté par les secrétaires et proclamé par le président.

44. Lors de l'appel nominal, les pairs ne quittent leurs places qu'après avoir été appelés, et les reprennent aussitôt après avoir voté.

Si cet ordre n'est point observé, le président fait suspendre l'opération.

45. Le résultat des délibérations de la Chambre sur les projets de loi et les résolutions de la Chambre des députés, est proclamé par le président en ces termes : *La Chambre a adopté*, ou *La Chambre n'a pas adopté.*

46. Les nominations auxquelles la Chambre procède en assemblée générale se font au scrutin secret.

Les pairs sont appelés, par appel nominal, à déposer leurs bulletins.

Toutes les nominations se font à la majorité absolue. Cependant, au troisième tour de scrutin, la majorité relative est suffisante.

La majorité des votes est comptée d'après le nombre des bulletins valables et non d'après celui des membres présents.

47. Les bulletins du scrutin de liste portent autant de noms qu'il y a d'élections à faire. Un bulletin qui porte un plus grand nombre de noms n'est valable que pour les premiers, jusqu'à concurrence du nombre requis.

Deux scrutateurs désignés par le sort ouvrent les bulletins, que le président lit à haute voix.

En cas d'égalité de suffrages, le plus âgé des deux concurrents est élu.

Lorsque le résultat a été proclamé, les bulletins sont détruits.

48. La Chambre ne peut prendre une délibération ni procéder à une élection que lorsque le tiers des pairs ayant voix délibérative est présent.

49. Toute protestation contre une décision de la Chambre est interdite.

TITRE V.

Règles particulières aux propositions faites par un des pairs.

50. Tout pair qui veut faire une proposition de loi remet au président, à l'ouverture d'une séance, la proposition écrite et signée.

Le président prévient la Chambre que les bureaux auront à se réunir pour examiner une proposition de loi déposée par un pair.

La Chambre détermine aussitôt le jour et l'heure de leur réunion.

51. Le président de chaque bureau transmet l'avis de son bureau au président de la Chambre.

Si trois bureaux au moins sont d'avis que la proposition doit être développée, le président, à l'ouverture de la séance suivante, en informe la Chambre, et un des secrétaires lui donne lecture de la proposition.

52. Après cette lecture, le pair auteur de la proposition annonce le jour où il désire en présenter le développement, et la Chambre détermine quand il sera entendu.

Au jour fixé, la Chambre entend ce développement, et délibère immédiatement si elle prend ou ne prend pas en considération la proposition, ou si elle l'ajourne.

53. Si la Chambre prend la proposition en considération, elle est imprimée et distribuée, et il est procédé conformément aux articles 15 et suivants du titre II ci-dessus.

54. L'auteur d'une proposition prise en considération peut toujours la retirer ; mais si un autre pair déclare la reprendre en son nom, la délibération continue.

55. Une proposition de loi adoptée par la Chambre prend le nom de *projet de loi*. Ce projet de loi est transmis par un message à la Chambre des députés.

56. Toute proposition que la Chambre n'a pas prise en considération, ou qu'elle a rejetée après discussion, ne peut être représentée dans le cours de la session.

57. Tout projet ou toute proposition de loi qui aura été, dans la session précédente, l'objet d'un rapport fait par une commission, et qui n'aura pu être discuté dans la même session, pourra être repris à la session suivante sur la demande d'un pair et en vertu d'une décision spéciale de la Chambre.

La Chambre ne pourra voter sur cette demande dans la séance où elle sera présentée, et l'intervalle entre la décision et la discussion ne pourra être moindre de trois jours.

58. Toute proposition de dispositions réglementaires qu'un pair veut soumettre à la Chambre, doit être présentée, examinée et discutée dans les formes réglées aux articles du présent titre.

59. Lorsqu'un pair croit devoir appeler l'attention de la Chambre sur un objet étranger à l'ordre du jour, et ne rentrant point dans les propositions prévues aux articles 50 et 57 précédents, il dépose sur le bureau une demande indiquant le sujet sur lequel il désire obtenir la parole. Cette demande est lue immédiatement par un des secrétaires, et si elle est appuyée par deux membres, le président consulte la Chambre, qui décide, s'il y a lieu, le moment auquel le pair sera entendu.

TITRE VI.

Organisation des bureaux.

60. La Chambre se divise, par la voie du sort, en sept bureaux, chacun composé, autant qu'il est possible, d'un même nombre de pairs.

Ces bureaux, qui sont désignés par les numéros 1, 2, 3 et suivants, sont renouvelés en entier, après un mois de durée, et ainsi successivement pendant le cours de la session.

61. Aussitôt après sa formation, chaque bureau choisit, parmi ses membres, un président et un secrétaire.

Les membres du bureau qui ont obtenu le plus de suffrages après ceux qui ont été nommés président et secrétaire, remplissent les fonctions de ceux-ci en cas d'absence.

62. Les dispositions du présent règlement relatives aux formes des nominations et des délibérations sont applicables aux opérations qui ont lieu dans les bureaux.

TITRE VII.

Pétitions.

63. Il est tenu, dans les bureaux du secrétariat, un registre dans lequel les pétitions adressées à la Chambre sont enregistrées successivement à la date de leur présentation, et distinguées par un numéro d'ordre qui est reporté sur la pétition originale.

La série de ces numéros recommence à chaque session.

64. Un comité, composé de sept pairs, et renouvelé de mois en mois, est chargé de l'examen et du rapport des pétitions, qui lui sont transmises par le secrétariat aussitôt après leur enregistrement.

Chaque bureau, dans la séance où il élit son président et son secrétaire, nomme, parmi les pairs qui en font partie, un des membres du comité.

65. Le comité ne s'occupe que des pétitions qui sont adressées à la Chambre dans le cours de la session, et dont les signatures sont suffisamment constatées.

66. Le comité fait son rapport à la Chambre deux fois par mois au moins.

L'objet des pétitions comprises dans ce rapport est indiqué sommairement par le feuilleton d'ordre du jour de la séance où il doit être présenté.

TITRE VIII.

Procès-verbaux. Impressions.

67. Le procès-verbal des séances de la Chambre contient l'exposé des opérations de la Chambre pendant chaque séance; les opinions n'y sont mentionnées que sommairement; les opinants n'y sont pas nommés.

Les exposés des motifs des projets de loi et les rapports des commissions y sont textuellement insérés.

68. Les rappels à l'ordre ne sont insérés au procès-verbal qu'autant que la Chambre l'a expressément décidé.

69. Aucun des discours prononcés ni aucune des pièces lues dans la séance, à

l'exception des exposés des motifs des projets de loi, et des rapports des commissions, ne sont insérés au procès-verbal, à moins que la Chambre n'en ait ordonné l'insertion.

Il indique seulement le titre, ainsi que le numéro de l'enregistrement des actes et pièces dont la Chambre aurait ordonné le dépôt dans ses archives.

Le procès-verbal est signé par le président, et par les secrétaires qui ont siégé au bureau.

70. Lorsqu'il est fait hommage d'un ouvrage à la Chambre, le président l'en informe à l'ouverture de la séance. L'ouvrage est renvoyé à sa bibliothèque sans aucune mention au procès-verbal.

71. Les procès-verbaux de la Chambre sont imprimés séance par séance, et distribués aux membres des deux Chambres.

Les pairs peuvent, en tout temps, prendre communication des procès-verbaux originaux, ainsi que des pièces déposées aux archives.

72. La Chambre n'ordonne l'impression que des projets de loi, exposés de motifs, propositions, développements, rapports, amendements et autres pièces nécessaires pour éclairer ses délibérations.

Elle peut, cependant, ordonner l'impression des discours prononcés à l'occasion de la mort d'un de ses membres.

73. Aucun extrait des actes de la Chambre ne peut être délivré que sur l'autorisation du bureau, signée du président et de deux secrétaires au moins.

74. Le règlement est imprimé et distribué aux membres de la Chambre.

Lorsque la Chambre adopte soit une addition, soit une modification à son règlement, le bureau coordonne les changements avec les articles de ce règlement. Il est réimprimé et adressé à chacun des Pairs.

TITRE IX.

Admission et réception des pairs.

75. Lorsqu'un pair a été nommé, et que l'ordonnance de sa nomination, accompagnée des titres justificatifs, est parvenue au président, celui-ci en informe la Chambre dans sa plus prochaine séance.

76. Trois pairs, désignés par le sort, sont chargés de vérifier l'ordonnance de nomination.

Cette commission fait son rapport séance tenante.

S'il n'y a point de réclamation, le président déclare que le nouveau pair sera reçu dans la séance suivante.

77. Au jour fixé, immédiatement après la lecture du procès-verbal, le président annonce que le nouveau pair se présente.

Le grand-référendaire et deux membres désignés par le président, précédés de deux huissiers, l'introduisent dans la Chambre.

Le président ordonne au garde des registres de lire l'ordonnance de nomination.

Après cette lecture, pendant laquelle le nouveau pair se tient debout, il prête serment, et prend séance.

TITRE X.

Adresses, députations, etc.

78. Les projets d'adresse au Roi sont rédigés par une commission de sept membres nommés dans les bureaux.

Lorsque la commission a rédigé le projet, il est communiqué aux bureaux.

Chaque membre de la commission lui rapporte les observations du bureau dont il fait partie.

Le projet, modifié ou maintenu par la commission, est présenté à la Chambre par son rapporteur.

La Chambre délibère et vote comme sur les projets de loi.

79. Les vingt membres de la Chambre qui avec le bureau et le grand-référendaire composent les grandes députations, sont désignés par le sort.

80. Les pairs portent l'habit bleu de roi, collet et parement brodés en or.

Cet habit est porté dans toutes les séances de la Chambre.

81. Lorsque la Chambre a perdu un de ses membres, si les obsèques ont lieu à Paris, douze pairs y assistent en costume.

Ces douze pairs sont désignés, suivant l'ordre de nomination, moitié au commencement et moitié à la fin de la liste, successivement et jusqu'à l'épuisement de la liste.

Ils sont particulièrement invités par le grand-référendaire, et remplacés, en cas d'absence ou d'empêchement, dans l'ordre ci-dessus indiqué, de sorte que le nombre de douze soit toujours complet.

TITRE XI.

Police du palais et de la salle de la chambre, etc.

82. La police du palais et de ses dépendances appartient au grand-référendaire, sous l'autorité de la Chambre.

83. Les passe-ports et les certificats de vie sont délivrés aux membres de la Chambre par le grand-référendaire.

84. Pendant tout le cours des séances, les personnes placées dans les tribunes se tiennent assises, découvertes et en silence.

Toute personne qui donne des marques d'approbation ou d'improbation est sur-le-champ exclue des tribunes par les huissiers chargés d'y maintenir l'ordre.

Tout individu qui trouble les délibérations est traduit, sans délai, devant l'autorité compétente.

85. L'article précédent est imprimé et affiché à chaque porte des tribunes.

TITRE XII.

Officiers de la Chambre, employés, etc.

86. Il y a un garde des registres chargé de tenir la plume et de rédiger le procès-verbal.

Un garde des registres adjoint le seconde et le remplace au besoin.

Ils ont un siége dans le parquet.

87. Le garde des registres soumet aux secrétaires et au président la rédaction du procès-verbal.

Ce n'est que lorsque la rédaction en a été approuvée par le bureau que la lecture du procès-verbal est faite à la Chambre.

88. Il est pourvu, quand il y a lieu,

1° A la nomination du garde des registres et de son adjoint, à celle des messagers d'État et du bibliothécaire, par la Chambre, sur la proposition du président, après avoir entendu le rapport de sa commission de comptabilité;

2° A celle du caissier, par la Chambre, sur la proposition de la même commission;

3° A la nomination du directeur de l'administration intérieure et de la comptabilité; à celle des divers employés de la Chambre, des huissiers, des gagistes et gens de service, par le grand-référendaire, après s'en être entendu avec la commission de comptabilité, qui en rend compte à la Chambre dans les observations générales qu'elle est chargée de lui présenter chaque année.

TITRE XIII.

De la comptabilité.

89. Une commission de sept membres, nommée par la Chambre dans ses bureaux, au commencement de chaque session, reçoit les comptes, recueille les renseignements nécessaires pour leur vérification, et lui présente chaque année,

1° Le règlement du budget, dont la clôture est prononcée par les lois et règlements sur la comptabilité, pour être approuvé par elle;

2° La situation provisoire de chacun des chapitres de recette et de dépense du budget de l'année suivante, c'est-à-dire de l'année la plus voisine de celle pour laquelle le budget devra être proposé.

Elle soumet à la Chambre ses observations sur les améliorations dont les diverses parties des recettes, des dépenses et de la comptabilité lui paraissent susceptibles.

90. La commission veille à ce qu'il soit procédé, chaque année, au récolement du mobilier; à ce que l'inventaire de ce mobilier éprouve les changements et modifications qui pourront résulter, soit de la vente des objets hors de service, soit des achats ou acquisitions de nouveaux objets; à ce que l'état ou catalogue de la bibliothèque reçoive également les augmentations qui proviendront des acquisitions de chaque année, et à ce que des doubles de ces états et inventaires, signés et certifiés par les agents responsables, soient également déposés aux archives.

RÈGLEMENT
POUR
LA CHAMBRE DES DÉPUTÉS.

CHAPITRE PREMIER.

Du bureau provisoire de la Chambre et de la vérification des pouvoirs.

ART. 1er. A l'ouverture de la session, le doyen d'âge occupe le fauteuil.

2. Les quatre plus jeunes députés font les fonctions de secrétaires.

3. La Chambre se partage, par la voie du sort, en neuf bureaux, pour vérifier les pouvoirs.

4. Les procès-verbaux d'élection sont, avec les pièces justificatives, répartis entre les neuf bureaux, et examinés par des commissions de trois membres au moins, formées dans chacun d'eux par la voie du sort.

Les élections non contestées sont soumises les premières à la Chambre par un rapporteur nommé à cet effet par chaque bureau.

Les rapports sur les élections contestées sont présentés par des rapporteurs particuliers élus spécialement par le bureau.

5. La Chambre prononce sur la validité des élections, et le président proclame députés ceux dont les pouvoirs ont été déclarés valides.

6. Lorsqu'il y a lieu de procéder au tirage au sort prescrit par l'art. 65 de la loi du 19 avril 1831, le nom de chacun des arrondissements électoraux ayant élu des députés non domiciliés dans le département, est inscrit sur un bulletin séparé. Ces divers bulletins sont pliés et déposés dans une urne. Le président procède au tirage, et le bulletin qui sort le premier désigne l'arrondissement dont l'élection est annulée.

CHAPITRE II.

Du bureau définitif de la Chambre.

7. La Chambre, après la vérification des pouvoirs, procède à l'élection d'un président.

8. La Chambre nomme, pour tout le cours de la session, quatre vice-présidents et quatre secrétaires.

9. Elle nomme deux questeurs pour tout le cours de la législature.

10. Toutes ces nominations sont faites à la majorité absolue, et celles des vice-présidents, des secrétaires et des questeurs se font au scrutin de liste. Cependant, au troisième tour de scrutin, qui est celui du ballottage, la majorité relative suffit. Dans le cas d'égalité de suffrages, le plus âgé est nommé. Tout billet de ballottage qui contient moins de noms qu'il n'y a de nominations à faire est nul. Les secrétaires vérifient le nombre des votants : des scrutateurs, tirés au sort, dépouillent le scrutin, et le président en proclame le résultat.

11. Lorsque la Chambre est constituée, elle en donne connaissance au roi et à la Chambre des pairs.

12. Elle procède immédiatement à la nomination de la commission chargée de préparer l'adresse de la Chambre en réponse au discours du Roi.

13. Dans le cas où des projets de loi seraient présentés par le gouvernement avant le vote de l'adresse, la Chambre pourra décider qu'il sera immédiatement procédé à leur examen et à leur discussion, s'il y a lieu, selon les formes ordinaires.

14. Les fonctions du président sont de maintenir l'ordre dans la Chambre, d'y faire observer le règlement, d'accorder la parole, de poser les questions, d'annoncer le résultat des suffrages, de prononcer les décisions de la Chambre et de porter la parole en son nom et conformément à son vœu.

15. Le président donne, à chaque

séance, connaissance à la Chambre des messages, lettres et paquets qui la concernent.

16. Les fonctions des secrétaires sont de surveiller la rédaction du procès-verbal, d'en faire lecture; d'inscrire, pour la parole, les députés, suivant l'ordre de leur demande; de compter ostensiblement les votes; de tenir note des arrêtés et des ajournements prononcés; en un mot, de faire tout ce qui est du ressort du bureau de la Chambre.

17. Les pièces communiquées à la Chambre sont déposées sur le bureau, ou adressées au président. Néanmoins, les documents relatifs au budget, à la loi des comptes et autres lois de finances, sont adressés directement aux commissions chargées de leur examen.

Le président envoie aux bureaux et commissions toutes les pièces relatives aux objets qui doivent y être discutés.

CHAPITRE III.

Tenue des séances.

18. Le président fait l'ouverture et annonce la clôture des séances; il indique, à la fin de chacune, après avoir consulté la Chambre, l'heure d'ouverture de la séance suivante et l'ordre du jour, lequel sera affiché dans la salle. Le président ne pourra, néanmoins, mettre aucun intervalle entre les séances, sans avoir pris l'avis de la Chambre.

19. Il ne sera fait à la tribune aucune analyse des ouvrages offerts à la Chambre; un secrétaire en lit seulement le titre, et ils sont déposés à la bibliothèque.

20. Il y a dans la salle des places exclusivement réservées aux ministres.

21. Aucun membre de la Chambre ne peut parler qu'après avoir demandé, de sa place, la parole au président et l'avoir obtenue. Il ne parle qu'à la tribune, à moins que le président ne l'autorise à parler de sa place.

22. Le président rappelle seul à l'ordre l'orateur qui s'en écarte. La parole est accordée à celui qui, rappelé à l'ordre, s'y est soumis et demande à se justifier : il obtient seul la parole.

Lorsqu'un orateur a été rappelé deux fois à l'ordre, dans le même discours, le président, après lui avoir accordé la parole pour se justifier, s'il le demande, doit consulter la Chambre pour savoir si la parole ne sera pas interdite à l'orateur pour le reste de la séance sur la même question.

La Chambre prononce par assis et levé, sans débats.

23. Le président ne peut prendre la parole dans un débat que pour présenter l'état de la question et y ramener : s'il veut discuter, il quitte le fauteuil, et ne peut le reprendre qu'après que la discussion sur la question est terminée.

24. Toute personnalité, tout signe d'approbation ou d'improbation sont interdits.

25. Si un membre de la Chambre trouble l'ordre, il y est rappelé nominativement par le président : s'il insiste, le président ordonne d'inscrire au procès-verbal le rappel à l'ordre. En cas de résistance, l'assemblée prononce l'inscription au procès-verbal avec censure.

26. Si la Chambre devient tumultueuse, et si le président ne peut la calmer, il se couvre. Si le trouble continue, il annonce qu'il va suspendre la séance. Si le calme ne se rétablit pas, il suspend la séance pendant une heure, durant laquelle les membres de la Chambre se réunissent dans leurs bureaux respectifs. L'heure expirée, la séance est reprise de droit.

27. Nul ne doit être interrompu lorsqu'il parle. Si un membre de la Chambre s'écarte de la question, le président l'y rappelle.

Le président ne peut accorder la parole sur le rappel à la question.

Si un orateur, après avoir été deux fois, dans le même discours, rappelé à la question, continue à s'en écarter, le président doit consulter la Chambre pour savoir si la parole ne sera pas interdite à l'orateur pour le reste de la séance sur la même question.

La Chambre prononce par assis et levé, sans débats.

28. Nul ne parle plus de deux fois sur la même question, à moins que la Chambre n'en décide autrement.

29. Dans les discussions, les orateurs parlent alternativement pour et contre.

30. Les réclamations d'ordre du jour, de priorité et de rappel au règlement, ont la préférence sur la question principale et

en suspendent la discussion. La question préalable, c'est-à-dire celle qu'il n'y a lieu à délibérer, et les amendements, sont mis aux voix avant la question principale.

31. Dans les questions complexes, la division a lieu de droit lorsqu'elle est demandée.

32. Il est toujours permis de demander la parole pour poser la question.

33. Les membres de la Chambre qui, en vertu de l'article 38 de la Charte constitutionnelle, demandent un comité secret, en font expressément la demande à la tribune; leurs noms sont inscrits au procès-verbal de la séance.

34. Toute proposition ayant une loi pour objet est votée par la voie du scrutin secret. A l'égard des autres propositions, la Chambre vote par assis et levé, à moins que vingt membres n'aient demandé le scrutin secret, ou ne le demandent après une première épreuve.

35. Les propositions de lois relatives à des intérêts communaux ou départementaux, qui ne donneront lieu à aucune réclamation, seront votées par assis et levé.

Il ne sera procédé au scrutin secret qu'autant qu'il serait réclamé par vingt membres.

36. Avant de fermer la discussion, le président consulte la Chambre pour savoir si elle est suffisamment instruite; dans le doute, après une seconde épreuve, la discussion continue.

37. Lorsque la Chambre exprime son opinion par assis et levé, le président et les secrétaires décident du résultat de l'épreuve, qui peut se répéter, s'il y a doute; après la seconde épreuve, il est procédé à l'appel nominal.

38. Pour procéder au scrutin, un secrétaire fait l'appel nominal. Le député appelé reçoit une boule blanche et une boule noire; il dépose dans l'urne placée sur la tribune la boule qui exprime son vœu; il met dans une autre urne, placée sur le bureau des secrétaires, la boule dont il n'a pas fait usage. La boule blanche exprime l'adoption, la noire la non-adoption.

L'appel terminé, le réappel se fait de suite pour les députés qui n'ont pas encore voté.

Le réappel fini, les secrétaires versent les boules dans une corbeille; ils en font ostensiblement le compte, et séparent les boules blanches des noires.

Le résultat de ce compte est arrêté par deux secrétaires et proclamé par le président.

Après avoir voté, chaque membre de la Chambre se remet à sa place.

39. Les nominations se font au scrutin secret, et le contrôle des votes se fait par le compte des boules que chaque votant dépose dans l'urne placée sur le bureau des secrétaires.

40. La présence de la majorité des députés est nécessaire pour la validité des votes de la Chambre.

Les votes sur les pétitions ont lieu à la majorité des membres présents.

41. Lorsque l'autorisation exigée par l'art. 44 de la Charte sera demandée, le président indiquera seulement l'objet de la demande.

Il la renverra immédiatement dans les bureaux, qui nommeront une commission pour examiner s'il y a lieu d'accorder l'autorisation.

CHAPITRE IV.

Des propositions de loi faites par le gouvernement ou transmises par la Chambre des pairs.

42. Les propositions de loi adressées à la Chambre par le Roi, et les résolutions envoyées par la Chambre des pairs, après que la lecture en a été faite dans la Chambre, sont imprimées, distribuées et transmises dans les bureaux par le président, pour y être discutées suivant la forme établie au chapitre VII.

43. Le rapport de la commission nommée par les bureaux est lu à la Chambre, qui fixe le jour de la discussion.

Au jour fixé, la discussion est ouverte, elle porte exclusivement sur le principe et l'ensemble du projet: le président consulte la Chambre pour savoir si elle entend passer à la discussion des articles.

Si la Chambre décide, par assis et levé, qu'elle n'entend point passer à la discussion des articles, il est voté au scrutin secret, et, si la décision est maintenue, le président déclare que la proposition de loi n'est pas adoptée.

Dans le cas contraire, la discussion continue et porte exclusivement sur chaque article de la proposition et sur les amendements qui s'y rapportent.

44. Les amendements sont rédigés par écrit et remis au président.

Lorsqu'un amendement n'a pas été communiqué à la commission vingt-quatre heures à l'avance, il lui est renvoyé de droit, si elle le demande.

45. Le président fait imprimer les amendements avec les noms des proposants, et les fait distribuer aux membres de la Chambre, si la discussion est renvoyée au lendemain.

46. La Chambre ne délibère sur aucun amendement si, après avoir été développé, il n'est appuyé.

47. Après le vote des articles, il est procédé au scrutin secret sur l'ensemble de la proposition.

Lorsque des amendements ont été adoptés, la Chambre peut ordonner, après le vote des articles, le renvoi du projet à la commission pour qu'elle le revise et coordonne, avant qu'il soit soumis à la lecture qui, dans ce cas, doit précéder le vote de l'ensemble.

Le travail de la commission est imprimé et discuté vingt-quatre heures au moins avant la lecture, à moins de décision contraire de la Chambre.

Lors de cette lecture, aucune question nouvelle, ou déjà résolue par la Chambre, ne peut être agitée, et aucun amendement n'est mis en délibération, s'il ne porte exclusivement sur la rédaction.

48. La proposition de la loi de finances, et celle de la loi des comptes, renvoyées à la commission nommée conformément à l'art. 75, ne donneront lieu qu'au vote qui suivra la discussion des articles.

CHAPITRE V.

Des propositions faites par un membre de la Chambre.

49. Chaque membre qui voudra faire une proposition, la signera et la déposera sur le bureau, pour être communiquée, par les soins du président, dans les bureaux de la Chambre. Si trois bureaux au moins sont d'avis que la proposition doit être développée, elle sera lue à la séance qui suivra la communication dans les bureaux.

Le président de chaque bureau transmettra l'avis de son bureau au président de la Chambre.

50. Après la lecture de la proposition, suivant l'ordre dans lequel elle a été déposée, le membre proposant annoncera le jour où il désire être entendu.

Au jour que la Chambre aura fixé, il exposera les motifs de sa proposition.

51. Si la proposition est appuyée, la discussion est ouverte sur le principe et l'ensemble de la proposition, et le président consulte la Chambre pour savoir si elle prend en considération la proposition qui lui est soumise, si elle l'ajourne, ou si elle déclare qu'il n'y a pas lieu à délibérer.

52. Si la Chambre déclare qu'il n'y a pas lieu à délibérer, la proposition ne pourra être représentée dans la même session.

53. Si la Chambre l'ajourne, la proposition ne pourra être reproduite dans la session qu'en se soumettant aux formes établies pour les propositions nouvelles.

54. Si la Chambre décide qu'elle prend la proposition en considération, cette proposition est imprimée, distribuée, et renvoyée à chacun des bureaux, qui la discutent et nomment un membre de la commission chargée de faire un rapport à la Chambre; le tout suivant les formes établies au chapitre VII.

55. Après le rapport de cette commission, la discussion s'engage, et il est procédé dans les formes établies par les articles 43, 44, 45, 46 et 47.

56. Quoique la discussion soit ouverte sur une proposition, celui qui l'a faite peut la retirer : mais si un autre membre la reprend, la discussion continue.

CHAPITRE VI.

Dispositions communes à toutes les propositions de loi.

57. Le résultat des délibérations de la Chambre sur les projets de loi, les résolutions de la Chambre des pairs et les propositions des députés, est proclamé par le président en ces termes : *La Chambre a adopté*, ou *la Chambre n'a pas adopté.*

58. Toute proposition qui aura été adoptée sera appelée *résolution de la Chambre.*

59. Hors le cas de dissolution de la

Chambre ou d'expiration du pouvoir de ses membres, les travaux législatifs commencés et interrompus par la clôture de la session pourront, à la session suivante, être repris dans l'état où ils sont restés.

Cette faculté, applicable seulement aux projets sur lesquels un rapport aura été fait, sera exercée en vertu d'une décision de la Chambre, prise sur la demande d'un de ses membres.

60. Les rapports des Commissions et les développements des propositions prises en considération sont imprimés aux frais de la Chambre.

Elle peut aussi ordonner, si elle le juge utile, l'impression des documents qui lui sont communiqués.

CHAPITRE VII.

Des bureaux et commissions.

61. Au commencement de chaque session, la Chambre se partage en neuf bureaux, composés chacun, autant qu'il sera possible, d'un nombre égal de députés.

62. Ces bureaux sont formés par la voie du sort, et désignés par les numéros 1, 2, 3, etc.

63. Chaque bureau nomme, à la majorité absolue, son président et son secrétaire.

64. Le renouvellement des bureaux a lieu chaque mois, par la voie du sort.

65. Chaque bureau discute séparément les propositions qui lui sont transmises par la Chambre, ainsi qu'il est dit ci-dessus.

La discussion ne pourra s'ouvrir au plus tôt que vingt-quatre heures après la distribution.

66. Lorsque la discussion est terminée, chaque bureau, à la majorité absolue, nomme, s'il y a lieu, un membre de la commission qui sera chargée de faire un rapport à la Chambre, conformément aux articles 45 et 54.

67. Lorsque les deux tiers des bureaux ont fait cette nomination, les commissaires nommés se réunissent et discutent ensemble.

68. Avant que la commission soit nommée, la Chambre peut, sur la proposition d'un membre, décider que cette nomination sera faite par scrutin de liste et à la majorité relative, soit en assemblée générale, soit dans les bureaux.

Cette décision est prise par assis et levé, sans débats.

Dans le cas où l'opération est renvoyée aux bureaux, les scrutins sont ouverts; chaque bureau fait le dépouillement du sien; le recensement général est opéré par le premier bureau et transmis au président qui proclame le résultat.

La Chambre peut aussi, si elle le juge convenable, renvoyer à une commission déjà formée l'examen des propositions qui lui sont soumises.

69. Les bureaux sont tenus, pour l'ordre de leurs travaux, de se conformer aux ordres du jour arrêtés par la Chambre.

70. La commission nomme, à la majorité absolue, un rapporteur qui fait à la Chambre un rapport, lequel sera imprimé et distribué au moins vingt-quatre heures avant la discussion qui aura lieu en assemblée générale.

71. L'auteur d'une proposition ne pourra être membre de la commission chargée de l'examiner. Il aura le droit d'assister aux séances de cette commission sans voix délibérative.

72. Une commission spéciale de neuf membres, nommée au commencement de la session et pour toute sa durée, sera chargée de l'examen des lois relatives à des intérêts communaux ou départementaux.

73. Une commission spéciale de dix-huit membres sera chargée de l'examen de la loi des comptes.

Une autre commission sera chargée de l'examen de la loi des dépenses et de celle des recettes de l'État : cette Commission portera le nom de *commission du budget*.

Elle sera composée de deux membres nommés par chacun des bureaux de la Chambre : en tout dix-huit membres.

Elle pourra se diviser en autant de sections qu'elle le jugera convenable.

74. La commission du budget présentera :

Un rapport sur l'ensemble de la loi des dépenses, et un rapport sur la loi des recettes.

75. Il sera voté, par un scrutin séparé, sur chacune des lois des comptes, des dépenses et des recettes.

76. Les pièces et documents qui serviront à l'examen des lois de finances, seront toujours déposés aux archives de la Chambre, afin que les membres puissent, au besoin, en prendre communication.

77. Aucun membre de la Chambre faisant partie des deux commissions nommées en exécution de l'article 66, ne pourra être nommé par les bureaux pour faire partie d'une troisième, jusqu'à ce que l'une des deux ait fait son rapport et l'ait déposé sur le bureau de la Chambre.

CHAPITRE VIII.

Des pétitions.

78. Toutes les pétitions, dans l'ordre de leur arrivée, seront inscrites sur un rôle général contenant le numéro d'ordre de la pétition, le nom du pétitionnaire et l'indication sommaire de l'objet de la demande.

Ce rôle sera imprimé et distribué à la Chambre, par les soins du président.

79. Les pétitions inscrites sur le rôle seront renvoyées à la commission des pétitions, où tous les députés pourront en prendre communication. Néanmoins, celles qui auront pour objet un projet de loi présenté à la Chambre, et soumis à l'examen d'une commission, seront directement renvoyées à cette commission par le président de la Chambre.

80. Chaque bureau nomme, à la majorité absolue, un de ses membres pour former la commission chargée de l'examen et du rapport des pétitions.

81. Cette commission, composée de neuf membres, est renouvelée tous les mois : elle rend compte des pétitions, selon l'ordre de leur inscription au rôle général. Néanmoins, les pétitions appuyées par un membre auront toujours la priorité sur les autres.

82. La commission sera tenue de faire, chaque semaine, un rapport au moins sur les diverses pétitions qui lui seront parvenues.

Un feuilleton, distribué trois jours au moins avant celui où le rapport doit être fait, indiquera le nom et le domicile du pétitionnaire, l'objet sommaire de la pétition et son numéro d'inscription au rôle général.

CHAPITRE IX.

Députations et adresses.

83. Les députations sont nommées par la voie du sort. Le nombre des membres qui les composent est déterminé par la Chambre.

84. Le président, deux vice-présidents et deux secrétaires en font toujours partie. Le président porte la parole.

85. Les projets d'adresse au Roi sont rédigés par une commission composée du président et de neuf membres de la Chambre nommés par les bureaux.

Ces projets, avant d'être soumis à l'approbation de la Chambre, sont communiqués dans les bureaux et transcrits aux procès-verbaux dès qu'ils sont approuvés par la Chambre. La réponse du Roi est lue en séance publique, et transcrite comme il vient d'être dit.

CHAPITRE X.

Procès-verbaux.

86. Deux rédacteurs, pris hors de la Chambre, sont chargés de rédiger les procès-verbaux et le feuilleton, sous la surveillance du bureau. Ils sont nommés par la Chambre, sur une liste triple de candidats présentée par le président, les vice-présidents, les secrétaires et les questeurs.

87. Le travail des procès-verbaux est placé sous la direction du président de la Chambre : les employés du bureau chargé de ce travail doivent être agréés par lui.

88. Les procès-verbaux, tant des séances publiques que des comités secrets, immédiatement après que la rédaction en est adoptée, sont mis au net et signés du président qui a tenu la séance, et de deux secrétaires au moins. Ils sont ensuite transcrits sur deux registres, signés par le président et deux secrétaires.

89. Les rédacteurs surveillent les copies des procès-verbaux des séances publiques, les envoient à l'imprimeur de la Chambre, dans les vingt-quatre heures, et en corrigent les épreuves. Ils exercent la même surveillance et prennent les mêmes soins pour les procès-verbaux des séances secrètes, quand la Chambre en ordonne l'impression.

90. Les procès-verbaux sont distribués à chaque membre de la Chambre, ainsi que toutes les pièces dont elle a ordonné l'impression.

91. Les rédacteurs surveillent les commis attachés au bureau des procès-verbaux. L'un des deux en est nommé chef par le Président, si la place de chef de ce bureau vient à vaquer.

92. La Charte constitutionnelle, les lois sur les élections et le règlement sont imprimés et distribués à tous les membres de la Chambre à l'ouverture de chaque session.

CHAPITRE XI.

Messagers d'État.

93. Deux messagers sont nommés de la même manière que les rédacteurs des procès-verbaux. Ils sont tenus de se trouver à chaque séance. Lorsque l'envoi d'un messager est jugé nécessaire, l'un d'eux, appelé par l'ordre du Président, reçoit, au bas de la balustrade, des mains d'un secrétaire, la dépêche scellée du sceau de la Chambre.

94. Deux huissiers précèdent le messager d'état, et l'accompagnent au lieu de sa destination. Il remet à l'un des secrétaires le récépissé qui constate la remise de la dépêche.

95. Les rédacteurs et les messagers d'État ne sont révocables que par la Chambre, sur la proposition du Président et des Questeurs.

CHAPITRE XII.

Huissiers.

96. Douze huissiers sont attachés à la Chambre pour son service. Ils sont nommés par le Président et les Questeurs, et révocables par eux.

97. Deux au moins de ces huissiers se tiennent, pendant les séances, dans les tribunes qui leur sont assignées, et y maintiennent l'ordre.

CHAPITRE XIII.

Secrétariat de la questure, bibliothèque, comptabilité et archives.

98. Il y a un secrétaire général de la questure, nommé par le Président, les Vice-Présidents et les Questeurs : il n'est révocable que par eux, conjointement avec la commission de comptabilité.

99. Les attributions de secrétaire général sont : la garde du sceau ; les renseignements qui intéressent la Chambre ou ses membres ; le dépôt de la correspondance relative à la Chambre ; la formation des listes ; l'expédition des impressions ordonnées ; les passe-ports et certificats de vie ; l'envoi des bulletins aux membres ; le relevé des décès et démissions, et autres objets relatifs à tous les détails de l'administration de la Questure.

Le Trésorier de la Chambre, nommé, comme le secrétaire général de la Questure, par le Président ; les Vice-Présidents et les Questeurs, n'est aussi révocable que par eux, conjointement avec la commission de comptabilité. Il est en même temps chef du bureau des archives.

100. La bibliothèque de la Chambre reste sous la surveillance des Questeurs. Le bibliothécaire, en cas de vacance, est nommé de la même manière que les rédacteurs et les messagers d'État, sur une présentation de trois candidats.

CHAPITRE XIV.

Congés et passeports.

101. Nul député ne peut s'absenter sans un congé de la Chambre.

102. Les passe-ports ne peuvent être accordés, pendant la session, qu'à un membre qui a obtenu un congé. Le président peut néanmoins, en cas de nécessité absolue, faire expédier un passe-port, et il en rend compte à la Chambre.

CHAPITRE XV.

De la comptabilité.

103. Il y a une commission de neuf membres chargée de l'examen de la comptabilité des fonds administratifs.

104. Au commencement de la session, chaque bureau nomme, à la majorité absolue, un de ses membres pour former cette commission.

105. Elle vérifie et apure tous les comptes, même les comptes antérieurs non réglés ; elle fait un récolement général du mobilier appartenant à la Chambre, quelle qu'en soit ou quelle qu'en ait été

la destination. La commission, sur la proposition des Questeurs, déterminera le budget de la Chambre, et le soumettra à son approbation.

106. Avant la clôture de la session, la Commission fera connaître à la Chambre le résultat de son travail.

CHAPITRE XVI.

De la police et de la chambre.

107. La police de la Chambre lui appartient. Elle est exercée en son nom par le Président, qui donne à la garde de service les ordres nécessaires.

108. Nul étranger ne peut, sous aucun prétexte, s'introduire dans l'enceinte où siégent les membres de la Chambre.

109. Pendant tout le cours de la séance, les personnes placées dans les tribunes se tiennent assises, découvertes et en silence.

110. Toute personne qui donne des marques d'approbation ou d'improbation est sur-le-champ exclue des tribunes par les huissiers chargés d'y maintenir l'ordre.

111. Tout individu qui trouble les délibérations est traduit sans délai, s'il y a lieu, devant l'autorité compétente.

112. Les trois articles précédents sont imprimés et affichés à chaque porte des tribunes.

INSTRUCTIONS

Relatives à l'organisation de la chambre.

Le jour de l'ouverture de la session, la Chambre se sépare aussitôt après le départ du Roi.

Le lendemain, le doyen d'âge occupe le fauteuil.

Les quatre plus jeunes Députés font les fonctions de secrétaires.

La Chambre se partage ensuite, par la voie du sort, en neuf bureaux, pour vérifier les pouvoirs.

Après la vérification des pouvoirs, la Chambre nomme :

Le Président ;

Les Vice-Présidents ;

Les Secrétaires ;

Les Questeurs, quand il y a lieu.

RÈGLEMENT DU 13 AOUT 1814,

CONCERNANT

LES RELATIONS DES CHAMBRES

AVEC LE ROI ET ENTRE ELLES.

TITRE PREMIER.

Ouverture de la session.

ART. 1er. La convocation des deux Chambres est faite par une proclamation qui fixe le jour de l'ouverture de la session.

Tous les députés sont tenus de se rendre.

Les pairs sont convoqués par des lettres closes du Roi, contre-signées par le Chancelier de France.

Les Députés des départements sont convoqués par des lettres closes du Roi, adressées à chacun des Députés, et contre-signées par le Ministre de l'intérieur.

2. Le jour de l'ouverture de la session, les Pairs et les Députés se réunissent dans la même enceinte.

3. Une députation de douze Pairs et de vingt-cinq Députés va recevoir le Roi au pied du grand escalier, et le conduit jusqu'aux marches du trône.

4. Lorsque le Roi est assis et couvert, il ordonne aux Pairs de s'asseoir, et les Députés attendent que le Roi le leur permette par l'organe de son Chancelier.

5. Nul n'est couvert en présence du Roi.

6. Quand le Roi a cessé de parler, le chancelier prend ses ordres, et annonce que la session est ouverte.

7. Le Roi est accompagné à sa sortie par les mêmes députations, et jusqu'aux mêmes lieux.

TITRE II.

Des proclamations du Roi, portées aux deux Chambres.

Art. 1er. Les proclamations du Roi sont portées aux deux Chambres par des Commissaires.

2. Ces Commissaires seront reçus au haut de l'escalier, et introduits par le grand-référendaire dans la Chambre des pairs. Les Questeurs reçoivent et introduisent de même les Commissaires envoyés à la Chambre des députés.

3. Les proclamations sont remises par les Commissaires au Président, qui en fait lecture, toute affaire cessante.

4. La Chambre se sépare à l'instant, si la proclamation ordonne la clôture de la session, l'ajournement ou la dissolution de la Chambre.

5. Les commissaires du Roi se placent sur des siéges qui leur sont réservés vis-à-vis du bureau.

TITRE III.

Des messages du Roi, de la forme des lois proposées par le Roi, et de l'acceptation des Chambres.

Art. 1er. Les messages du Roi, contenant des propositions de lois, sont portés aux Chambres par ses ministres, qui pourront être assistés de commissaires envoyés par le Roi.

2. La loi proposée est rédigée en forme de loi, signée par le Roi, contre-signée par un ministre, et adressée à la Chambre à qui le Roi l'envoie.

3. Les Chambres ne motivent ni leur acceptation, ni leur refus, elles disent seulement : *La Chambre a adopté*, ou *La Chambre n'a pas adopté.*

4. La loi qui n'est point adoptée ne donne lieu à aucun message, ni à aucune mention sur les registres de la Chambre.

5. La Chambre qui adopte une proposition de loi en fait dresser la minute, signée de son Président et de ses secrétaires, pour être déposée dans ses archives, et en adresse au Roi une expédition signée de même, et qui lui est portée par le Président et les secrétaires de la Chambre.

6. Lorsque une Chambre supplie le Roi de proposer une loi, elle en donne connaissance à l'autre Chambre ; et si la demande y est également adoptée, elle adresse un message au Roi par la voie de son Président et de ses secrétaires.

TITRE IV.

De la sanction et de la publication des lois.

Art. 1er. Le Roi refuse sa sanction par cette formule : *Le roi s'avisera ;* et s'il n'adopte point les propositions et suppliques qui lui sont faites, il dit : *Le Roi veut en délibérer.*

2. Cette déclaration des volontés du Roi est notifiée à la Chambre des pairs par le chancelier, et à celle des députés par une lettre des ministres adressée au Président.

3. Le Roi sanctionne la loi qu'il avait proposée en faisant inscrire sur la minute que ladite loi, discutée, délibérée et adoptée par les deux Chambres, sera publiée et enregistrée, pour être exécutée comme loi de l'État.

4. Les lois proposées par le Roi sur la demande des deux Chambres, sont publiées et sanctionnées dans la même forme que celles proposées de son propre mouvement.

TITRE V.

Communication des Chambres avec le Roi, et des Chambres entre elles.

Art. 1er. Le Roi communique avec la Chambre des pairs, et cette Chambre communique avec le Roi par le chancelier, et, en son absence, par le vice-président.

2. Les communications du Roi avec la Chambre des députés se font par la voie des ministres, et celles de la Chambre avec le roi par l'intermédiaire du président de la Chambre ou des vice-présidents.

3. Les Chambres communiquent entre elles par l'intermédiaire de leurs présidents, dont les lettres sont portées par des messagers d'État précédés par deux huissiers.

4. Ces messagers sont reçus au bas de l'escalier et introduits dans la Chambre par des huissiers ; ils remettent leurs lettres aux secrétaires, qui les transmettent au Président; et ils se retirent avec les mêmes honneurs, après avoir reçu acte de leur message.

3. Les Chambres ne peuvent jamais se réunir. Toute délibération à laquelle un membre d'une autre Chambre aurait concouru, est nulle de plein droit.

TITRE VI.

Des adresses.

ART. 1er. Les adresses que les Chambres font au Roi doivent être délibérées et discutées dans les formes prescrites pour les propositions de lois.

2. Ces adresses sont portées au roi par une grande ou par une simple députation, selon qu'il plaît au Roi.

3. La simple députation est composée du président et de deux secrétaires ; vingt-cinq membres de la Chambre, y compris le président et les secrétaires, forment la grande députation.

4. Aucune Chambre ne peut, dans aucun cas, faire des adresses au peuple.

TITRE VII.

Dispositions générales.

ART 1er. La Chambre des pairs ni celle des députés ne se montrent jamais, en corps, hors du lieu de leurs séances.

2. Elles n'envoient de députations qu'au Roi, et avec sa permission expresse. Elles peuvent députer vers les princes et princesses de la famille royale, lorsqu'elles y sont autorisées par le Roi.

3. L'habit de cérémonie des pairs et celui des députés seront réglés par une disposition particulière.

4. Le présent règlement sera porté à la Chambre des pairs par notre chancelier, et à celle des députés par notre ministre de l'intérieur.

LOI DU 19 AVRIL 1831

SUR

LES ÉLECTIONS A LA CHAMBRE DES DÉPUTÉS.

TITRE PREMIER.

Des capacités électorales.

ART. 1er. Tout Français jouissant des droits civils et politiques, âgé de vingt-cinq ans accomplis et payant 200 francs de contributions directes, est électeur, s'il remplit d'ailleurs les autres conditions fixées par la présente loi.

2. Si le nombre des électeurs d'un arrondissement électoral ne s'élève pas à cent cinquante, ce nombre sera complété en appelant les citoyens les plus imposés au-dessous de 200 francs.

Lorsqu'en vertu du paragraphe précédent les citoyens payant une quotité de contributions égale se trouveront appelés concurremment à compléter la liste des électeurs, les plus âgés seront inscrits jusqu'à concurrence du nombre déterminé par ledit article.

3. Sont en outre électeurs, en payant 100 francs de contributions directes :

1° Les membres et correspondants de l'Institut;

2° Les officiers des armées de terre et de mer jouissant d'une pension de retraite de 1,200 francs au moins, et justifiant d'un domicile réel de trois ans dans l'arrondissement électoral.

Les officiers en retraite pourront compter, pour compléter les 1,200 francs ci-dessus, le traitement qu'ils toucheraient comme membres de la Légion-d'Honneur.

4. Les contributions directes qui confèrent le droit électoral, sont la contribution foncière, les contributions personnelle et mobilière, la contribution des portes et fenêtres, les redevances fixes et proportionnelles des mines, l'impôt des patentes, et les suppléments d'impôt de toute nature connus sous le nom de centimes additionnels.

Les propriétaires des immeubles temporairement exemptés d'impôts pourront les faire expertiser contradictoirement et à leurs frais, pour en constater la valeur de manière à établir l'impôt qu'ils paieraient, impôt qui alors leur sera compté pour les faire jouir des droits électoraux.

La patente sera comptée à tout médecin ou chirurgien employé dans un hôpital ou attaché à un établissement de charité et exerçant gratuitement ses fonctions, bien que, par suite de ces mêmes fonctions, il soit dispensé de la payer.

5. Le montant du droit annuel de diplôme, établi par l'art. 29 du décret du 17 septembre 1808, sera compté dans le cens électoral des chefs d'institution et des maîtres de pension, tant que les lois annuelles sur les finances continueront à en autoriser la perception.

Les chefs d'institution et les maîtres de pension justifieront de leur qualité par la représentation de leur diplôme ; ils justifieront du paiement du droit par la représentation de la quittance que leur aura délivrée le comptable chargé de la perception de ce droit.

Le montant de ce droit annuel ne sera compté dans le cens électoral des chefs d'institution et des maîtres de pension qu'autant que leur diplôme aura au moins une année de date à l'époque de la clôture de la liste électorale.

6. Pour former la masse des contributions nécessaires à la qualité d'électeur, on comptera à chaque Français les contributions directes qu'il paie dans tout le royaume : au père, les contributions des biens de ses enfants mineurs dont il aura la jouissance ; et au mari, celles de sa femme, même non commune en biens, pourvu qu'il n'y ait pas séparation de corps.

L'impôt des portes et fenêtres des propriétés louées est compté, pour la formation du cens électoral, aux locataires ou fermiers.

Les contributions foncières, des portes et fenêtres et des patentes, payées par une maison de commerce composée de plusieurs associés, seront, pour le cens électoral, partagées par égales portions entre les associés, sans autre justification qu'un certificat du président du tribunal de commerce énonçant les noms des associés. Dans le cas où l'un des associés prétendrait à une part plus élevée, soit parce qu'il serait seul propriétaire des immeubles, soit à tout autre titre, il sera admis à en justifier devant le préfet en produisant ses titres.

7. Les contributions foncière, personnelle et mobilière, et des portes et fenêtres, ne sont comptées que lorsque la propriété foncière aura été possédée, ou la location faite, antérieurement aux premières opérations de la révision annuelle des listes électorales. Cette disposition n'est point applicable au possesseur à titre successif ou par avancement d'hoirie. La patente ne comptera que lorsqu'elle aura été prise et l'industrie exercée un an avant la clôture de la liste électorale.

8. Les contributions directes payées par une veuve, ou par une femme séparée de corps ou divorcée, seront comptées à celui de ses fils, petits-fils, gendres ou petits-gendres, qu'elle désignera.

9. Tout fermier à prix d'argent ou de denrées qui, par bail authentique d'une durée de neuf ans au moins, exploite par lui-même une ou plusieurs propriétés rurales, a droit de se prévaloir du tiers des contributions payées par lesdites propriétés, sans que ce tiers soit retranché au cens électoral du propriétaire.

Dans les départements où le domaine congéable est usité, il sera procédé de la manière suivante pour la répartition de l'impôt entre le propriétaire foncier et le colon :

1° Dans les *tenues* composées uniquement de maisons ou usines, les six huitièmes de l'impôt seront comptés au colon, et deux huitièmes au propriétaire foncier;

2° Dans les *tenues* composées d'édifices et de terres labourables ou prairies, et formant ainsi un corps d'exploitation rurale, cinq huitièmes compteront au propriétaire et trois huitièmes au colon ;

3° Enfin, dans les *tenues* sans édifices, dites *tenues sans étages*, six huitièmes seront comptés au propriétaire et deux huitièmes seulement au colon, sauf, dans tous les cas, la faculté aux parties intéressées de demander une expertise aux frais de celle qui la requerra.

TITRE II.

Du domicile politique.

10. Le domicile politique de tout Français est dans l'arrondissement électoral où

il a son domicile réel; néanmoins il pourra le transférer dans tout autre arrondissement électoral où il paie une contribution directe, à la charge d'en faire, six mois d'avance, une déclaration expresse au greffe du tribunal civil de l'arrondissement électoral où il aura son domicile politique actuel, et au greffe du tribunal civil de l'arrondissement électoral où il voudra le transférer : cette double déclaration sera soumise à l'enregistrement. Dans le cas où un électeur aura séparé son domicile politique de son domicile réel, la translation de son domicile réel n'emportera pas le changement de son domicile politique et ne le dispensera pas des déclarations ci-dessus prescrites, s'il veut le réunir à son domicile réel.

11. Nul individu appelé à des fonctions publiques temporaires ou révocables, n'est dispensé de la susdite formalité; les individus appelés à des fonctions inamovibles pourront exercer leur droit électoral dans l'arrondissement où ils remplissent leurs fonctions.

12. Nul ne peut exercer le droit d'électeur dans deux arrondissements électoraux.

TITRE III.

Des listes électorales.

13. La liste des électeurs dont le droit dérive de leurs contributions, et la liste des électeurs appelés en vertu de l'article 3, sont permanentes, sauf les radiations et inscriptions qui peuvent avoir lieu lors de la révision annuelle.

Cette révision annuelle sera faite conformément aux dispositions suivantes.

14. Du 1er au 10 juin de chaque année, et aux jours qui seront indiqués par les sous-préfets, les maires des communes composant chaque canton se réuniront à la mairie du chef-lieu sous la présidence du maire, et procéderont à la révision de la portion des listes mentionnées à l'article précédent qui comprendra les électeurs de leur canton appelés à faire partie de ces listes. Ils se feront assister des percepteurs du canton.

15. Dans les villes qui forment à elles seules un canton, ou qui sont partagées en plusieurs cantons, la révision des listes sera faite par le maire et les trois plus anciens membres du conseil municipal selon l'ordre du tableau. Les maires des communes qui dépendraient de l'un de ces cantons prendront part également à cette révision, sous la présidence du maire de la ville.

A Paris, les maires des douzes arrondissements, assistés des percepteurs, procéderont à la révision, sous la présidence du doyen de réception.

16. Le résultat de cette opération sera transmis au sous-préfet, qui, avant le 1er juillet, l'adressera avec ses observations au préfet du département.

17. A partir du 1er juillet, le Préfet procédera à la révision générale des listes.

18. Le Préfet ajoutera aux listes les citoyens qu'il reconnaîtra avoir acquis les qualités requises par la loi, et ceux qui auraient été précédemment omis.

Il en retranchera,

1° Les individus décédés;

2° Ceux dont l'inscription aura été déclarée nulle par les autorités compétentes.

Il indiquera comme devant être retranchés,

1° Ceux qui auront perdu les qualités requises;

2° Ceux qu'il reconnaîtrait avoir été indûment inscrits, quoique leur inscription n'ait point été attaquée.

Il tiendra un registre de toutes ces décisions.

Il fera mention de leurs motifs et de toutes les pièces à l'appui.

19. Les listes de l'arrondissement électoral, ainsi rectifiées par le préfet, seront affichées le 15 août au chef-lieu de chaque canton et dans les communes dont la population sera au moins de six cents habitants. Elles seront déposées, 1° au secrétariat de la mairie de chacune de ces communes ; 2° au secrétariat de la préfecture, pour être données en communication à toutes les personnes qui le requerront.

La liste des contribuables électeurs contiendra, en regard du nom de chaque individu inscrit, la date de sa naissance, et l'indication des arrondissements de perception où sont assises ses contributions propres ou déléguées, ainsi que la quotité et l'espèce des contributions pour chacun des arrondissements.

La liste des électeurs désignés par l'article 5 contiendra en outre, en regard du nom de chaque individu, la date et l'espèce du titre qui lui confère le droit électoral, et l'époque de son domicile réel.

Le préfet inscrira sur cette liste ceux des individus qui, n'ayant pas atteint, au 15 août, les conditions relatives à l'âge, au domicile et à l'inscription sur le rôle de la patente, les acquerront avant le 21 octobre, époque de la clôture de la révision annuelle.

20. S'il y a moins de cent cinquante électeurs inscrits, le préfet ajoutera, sur la liste qu'il publiera le 15 août, les citoyens payant moins de deux cents francs qui devront compléter le nombre de cent cinquante, conformément au paragraphe 1er de l'article 2.

Toutes les fois que le nombre des électeurs ne s'élèvera pas au-delà de cent cinquante, le préfet publiera à la suite de la liste électorale une liste complémentaire dressée dans la même forme et contenant les noms des dix citoyens susceptibles d'être appelés à compléter le nombre de cent cinquante par suite des changements qui surviendraient ultérieurement dans la composition du collége, dans les cas prévus par les art. 30, 32 et 33.

21. La publication prescrite par les art. 19 et 20 tiendra lieu de notification des décisions intervenues aux individus dont l'inscription aura été ordonnée.

Les décisions provisoires du préfet, qui indiquent ceux dont le nom devrait être retranché, comme ayant été indûment inscrit, ou comme ayant perdu les qualités requises, seront notifiées dans les dix jours à ceux qu'elles concernent, ou au domicile qu'ils sont tenus d'élire dans le département pour l'exercice de leurs droits électoraux, s'ils n'y ont pas leur domicile réel, et, à défaut de domicile élu, à la mairie de leur domicile politique.

Cette notification, et toutes celles qui doivent avoir lieu aux termes de la présente loi, seront faites suivant le mode employé jusqu'à présent pour les jurés, en exécution de l'art. 389 du Code d'instruction criminelle.

22. Après la publication de la liste rectifiée, il ne pourra plus y être fait de changements qu'en vertu de décisions rendues par le préfet en conseil de préfecture, dans les formes ci-après.

23. *A compter du 15 août*, jour de la publication, il sera ouvert, au secrétariat général de la préfecture, un registre coté et paraphé par le préfet, sur lequel seront inscrites, à la date de leur présentation et suivant un ordre de numéros, toutes les réclamations concernant la teneur des listes. Ces réclamations seront signées par le réclamant ou par son fondé de pouvoirs.

Le préfet donnera récépissé de chaque réclamation et des pièces à l'appui. Ce récépissé énoncera la date et le numéro de l'enregistrement.

24. Tout individu qui croirait avoir à se plaindre, soit d'avoir été indûment inscrit, omis ou rayé, soit de toute autre erreur commise à son égard dans la rédaction des listes, pourra, jusqu'au 30 septembre inclusivement, présenter sa réclamation, qui devra être accompagnée de pièces justificatives.

25. Dans le même délai, tout individu inscrit sur les listes d'un arrondissement électoral pourra réclamer l'inscription de tout citoyen qui n'y sera pas porté, quoique réunissant les conditions nécessaires, la radiation de tout individu qu'il prétendrait indûment inscrit, ou la rectification de toute autre erreur commise dans la rédaction des listes.

Ce même droit appartiendra à tout citoyen inscrit sur la liste des jurés non électeurs de l'arrondissement.

26. Aucune des demandes énoncées en l'article précédent ne sera reçue, lorsqu'elle sera formée par des tiers, qu'autant que le réclamant y joindra la preuve qu'elle a été par lui notifiée à la partie intéressée, laquelle aura dix jours pour y répondre, à partir de celui de la notification.

27. Le préfet statuera en conseil de préfecture sur les demandes dont il est fait mention aux art. 24 et 25 ci-dessus, dans les cinq jours qui suivront leur réception, quand elles seront formées par les parties elles-mêmes ou par leurs fondés de pouvoirs; et dans les cinq jours qui suivront l'expiration du délai fixé par l'art. 26, si elles sont formées par des tiers. Ses décisions seront motivées.

La communication, sans déplacement, des pièces respectivement produites sur les questions et contestations, devra être donnée à toute partie intéressée qui la requerra.

28. Les art. 23, 24, 25, 26 et 27 ci-dessus sont applicables à la liste supplémentaire prescrite par le dernier paragraphe de l'art. 20.

29. Il sera publié tous les quinze jours un tableau de rectification, conformément aux décisions rendues dans cet intervalle, et présentant les indications mentionnées dans l'art. 19.

Aux termes de l'art. 21, la publication de ces tableaux de rectification tiendra lieu de notification aux individus dont l'inscription aura été ordonnée ou rectifiée.

Les décisions portant refus d'inscription, ou prononçant des radiations, seront notifiées dans les cinq jours de leur date aux individus dont l'inscription ou la radiation aura été réclamée par eux ou par des tiers.

Les décisions rejetant les demandes en radiation ou en rectification seront notifiées dans le même délai, tant au réclamant qu'à l'individu dont l'inscription aura été contestée.

30. Le préfet en conseil de préfecture apportera, s'il y a lieu, à la liste électorale, en dressant les tableaux de rectification, les changements nécessaires pour maintenir le collége au complet de cent cinquante électeurs. Il maintiendra également la liste supplémentaire au nombre de dix suppléants.

31. Le 16 octobre, le préfet procédera à la clôture des listes. Le dernier tableau de rectification, l'arrêté de clôture des listes des colléges électoraux du département, seront publiés et affichés le 20 du même mois.

32. La liste restera, jusqu'au 20 octobre de l'année suivante, telle qu'elle aura été arrêtée conformément à l'article précédent, sauf néanmoins les changements qui y seront ordonnés par des arrêts rendus dans la forme déterminée par les articles ci-après, et sauf aussi la radiation des noms des électeurs décédés, ou privés des droits civils ou politiques par jugements ayant acquis force de chose jugée.

L'élection, à quelque époque de l'année qu'elle ait lieu, se fera sur ces listes.

33. Toute partie qui se croira fondée à contester une décision rendue par le préfet pourra porter son action devant la cour royale du ressort, et y produire toutes pièces à l'appui.

L'exploit introductif d'instance devra, sous peine de nullité, être notifié dans les dix jours, quelle que soit la distance des lieux, tant au préfet qu'aux parties intéressées.

Dans le cas où la décision du préfet aurait rejeté une demande d'inscription formée par un tiers, l'action ne pourra être intentée que par l'individu dont l'inscription aurait été réclamée.

La cause sera jugée sommairement, toutes affaires cessantes, et sans qu'il soit besoin du ministère d'avoué. Les actes judiciaires auxquels elle donnera lieu seront enregistrés *gratis*. L'affaire sera rapportée en audience publique par un des membres de la cour, et l'arrêt sera prononcé après que la partie ou son défenseur et le ministère public auront été entendus.

S'il y a pourvoi en cassation, il sera procédé sommairement, et toutes affaires cessantes, comme devant la cour royale, avec la même exemption du droit d'enregistrement, sans consignation d'amende.

34. Les réclamations portées devant les préfets en conseil de préfecture et les actions intentées devant les cours royales par suite d'une décision qui aura rayé un individu de la liste, auront un effet suspensif.

35. Le préfet, sur la notification de l'arrêt intervenu, fera sur la liste la rectification qui aura été prescrite.

Si, par suite de la radiation prescrite par arrêt de la cour royale, la liste se trouve réduite à moins de cent cinquante, le préfet en conseil de préfecture complétera ce nombre, en prenant les plus imposés de la liste supplementaire arrêtée le 16 octobre, et seulement jusqu'à épuisement de cette liste.

36. Les percepteurs des contributions directes seront tenus de délivrer sur papier libre, et moyennant une rétribution de vingt-cinq centimes par extrait de rôle concernant le même contribuable, à toute personne portée au rôle, l'extrait relatif à ses contributions, et à tout individu qualifié comme il est dit à l'article 23 ci-dessus, tout certificat négatif ou tout extrait des rôles de contributions.

37. Il sera donné communication des

listes annuelles et des tableaux de rectification à tous les imprimeurs qui voudront en prendre copie. Il leur sera permis de les faire imprimer sous tel format qu'il leur plaira choisir, et de les mettre en vente.

TITRE IV.

Des colléges électoraux.

38. La Chambre des députés est composée de quatre cent cinquante-neuf députés.

39. Chaque collége électoral n'élit qu'un député.

Le nombre des députés de chaque département et la division des départements en arrondissements électoraux sont réglés par le tableau ci-joint, faisant partie de la présente loi.

40. Les colléges électoraux sont convoqués par le Roi. Ils se réunissent dans la ville de l'arrondissement électoral ou administratif que le Roi désigne. Ils ne peuvent s'occuper d'autres objets que de l'élection des députés; toute discussion, toute délibération, leur sont interdites.

41. Les électeurs se réunissent en une seule assemblée dans les arrondissements électoraux où leur nombre n'excède pas six cents.

Dans les arrondissements où il y a plus de six cents électeurs, le collége est divisé en sections, chaque section comprend trois cents électeurs au moins, et concourt directement à la nomination du député que le collége doit élire.

42. Les présidents, vice-présidents, juges et juges suppléants des tribunaux de première instance, dans l'ordre du tableau, auront la présidence provisoire des colléges électoraux, lorsque ces colléges s'assembleront dans une ville chef-lieu d'un tribunal. Lorsqu'ils s'assembleront dans une autre ville, comme dans le cas où, attendu le nombre des colléges ou des sections, celui des juges serait insuffisant, la présidence provisoire sera, à leur défaut, déférée au maire, à ses adjoints, et successivement aux conseillers municipaux de la ville où se fait l'élection, aussi dans l'ordre du tableau.

Si le collége se divise en sections, la première sera présidée provisoirement par le premier des fonctionnaires dans l'ordre du tableau ; la seconde le sera par celui qui vient après, et successivement.

Si plusieurs colléges se réunissent dans la même ville, leur présidence provisoire sera déférée de la même manière et dans le même ordre que le serait celle des sections.

Si plusieurs colléges réunis dans la même ville se subdivisent en sections, la première du premier collége sera provisoirement présidée par le fonctionnaire le plus élevé ou le plus ancien dans l'ordre du tableau ; la première section du second collége le sera par le deuxième ; la seconde section du premier collége par le troisième; la seconde section du deuxième collége par le quatrième, et ainsi des autres.

Les deux électeurs les plus âgés et les deux plus jeunes inscrits sur la liste du collége ou de la section sont scrutateurs provisoires. Le bureau choisit le secrétaire, qui n'a que voix consultative.

43. La liste des électeurs de l'arrondissement doit rester affichée dans la salle des séances pendant le cours des opérations.

44. Le collége ou la section élit à la majorité simple le président et les scrutateurs définitifs. Le bureau ainsi formé nomme un secrétaire, qui n'a que voix consultative.

45. Le président du collége ou de la section a seul la police de l'assemblée. Nulle force armée ne peut être placée, sans sa réquisition, dans la salle des séances, ni aux abords du lieu où se tient l'assemblée. Les autorités civiles et les commandants militaires sont tenus d'obéir à ses réquisitions.

Trois membres au moins du bureau seront toujours présents.

Le bureau prononce provisoirement sur les difficultés qui s'élèvent touchant les opérations du collége ou de la section.

Toutes les réclamations sont insérées au procès-verbal, ainsi que les décisions motivées du bureau. Les pièces ou bulletins relatifs aux réclamations sont paraphés par les membres du bureau et annexés au procès-verbal.

La Chambre des députés prononce définitivement sur les réclamations.

46. Nul ne pourra être admis à voter, soit pour la formation du bureau définitif, soit pour l'élection du député, s'il n'est

inscrit sur la liste affichée dans la salle et remise au président.

Toutefois le bureau sera tenu d'admettre à voter ceux qui se présenteraient munis d'un arrêt de la cour royale déclarant qu'ils font partie du collége, et ceux qui justifieraient être dans le cas prévu par l'art. 34 de la présente loi.

47. Avant de voter pour la première fois, chaque électeur prête le serment prescrit par la loi du 31 août 1830.

48. Chaque électeur, après avoir été appelé, reçoit du président un bulletin ouvert, sur lequel il écrit ou fait écrire secrètement son vote par un électeur de son choix, sur une table disposée à cet effet et séparée du bureau.

Puis il remet son bulletin écrit et fermé au président, qui le dépose dans la boîte destinée à cet usage.

49. La table placée devant le président et les scrutateurs sera disposée de telle sorte, que les électeurs puissent circuler alentour pendant le dépouillement du scrutin.

50. A mesure que chaque électeur déposera son bulletin, un des scrutateurs ou le secrétaire constatera ce vote en écrivant son propre nom en regard de celui du votant, sur une liste à ce destinée, et qui contiendra les noms et qualifications de tous les membres du collége ou de la section.

Chaque scrutin reste ouvert pendant six heures au moins, et est clos à trois heures du soir, et dépouillé séance tenante.

51. Lorsque la boîte du scrutin aura été ouverte et le nombre des bulletins vérifié, un des scrutateurs prendra successivement chaque bulletin, le dépliera, le remettra au président, qui en fera lecture à haute voix et le passera à un autre scrutateur; le résultat de chaque scrutin est immédiatement rendu public.

52. Immédiatement après le dépouillement, les bulletins seront brûlés en présence du collége.

53. Dans les colléges divisés en plusieurs sections, le dépouillement du scrutin se fait dans chaque section; le résultat en est arrêté et signé par le bureau; il est immédiatement porté par le président de chaque section au bureau de la première section, qui fait, en présence de tous les présidents des sections, le recensement général des votes.

54. Nul n'est élu à l'un des deux premiers tours de scrutin s'il ne réunit plus du tiers des voix de la totalité des membres qui composent le collége, et plus de la moitié des suffrages exprimés.

55. Après les deux premiers tours de scrutin, si l'élection n'est point faite, le bureau proclame les noms des deux candidats qui ont obtenu le plus de suffrages; et, au troisième tour de scrutin, les suffrages ne pourront être valablement donnés qu'à l'un de ces deux candidats.

La nomination a lieu à la pluralité de votes exprimés.

56. Dans tous les cas où il y aura concours par égalité de suffrages, le plus âgé obtiendra la préférence.

57. La session de chaque collége est de dix jours au plus. Il ne peut y avoir qu'une séance et un seul scrutin par jour. La séance est levée immédiatement après le dépouillement du scrutin, sauf les décisions à porter par le bureau sur les réclamations qui lui sont présentées au sujet de ce dépouillement, et sur lesquelles il sera statué séance tenante.

58. Nul électeur ne peut se présenter armé dans un collége électoral.

TITRE V.

Des éligibles.

59. Nul ne sera éligible à la Chambre des députés, si, au jour de son élection, il n'est âgé de trente ans, et s'il ne paie cinq cents francs de contributions directes, sauf le cas prévu par l'article 33 de la Charte. Les dispositions de l'article 7 sont applicables au cens d'éligibilité.

60. Les délégations et attributions de contributions, autorisées pour les droits électoraux par les articles 4, 5, 6, 8 et 9, le sont également pour le droit d'éligibilité.

61. La Chambre des députés est seule juge des conditions d'éligibilité.

62. Lorsque des arrondissements électoraux ont élu des députés qui n'ont pas leur domicile politique dans le département, en nombre plus grand que ne l'autorise l'article 36 de la Charte, la Chambre des députés tire au sort, entre ces arron-

dissements, celui ou ceux qui doivent procéder à une réélection.

63. Le député élu par plusieurs arrondissements électoraux sera tenu de déclarer son option à la Chambre dans le mois qui suivra la déclaration de la validité des élections entre lesquelles il doit opter. A défaut d'option dans ce délai, il sera décidé, par la voie du sort, à quel arrondissement ce député appartiendra.

64. Il y a incompatibilité entre les fonctions de député et celles de préfet, sous-préfet, de receveurs généraux, de receveurs particuliers des finances et de payeurs.

Les fonctionnaires ci-dessus désignés, les officiers généraux commandant les divisions ou subdivisions militaires, les procureurs généraux près les cours royales, les procureurs du Roi, les directeurs des contributions directes et indirectes, des domaines et enregistrement et des douanes dans les départements, ne pourront être élus députés par le collége électoral d'un arrondissement compris en tout ou en partie dans le ressort de leurs fonctions.

Si, par démission ou autrement, les fonctionnaires ci-dessus quittaient leur emploi, ils ne seraient éligibles dans les départements, arrondissements ou ressorts dans lesquels ils ont exercé leurs fonctions, qu'après un délai de six mois, à dater du jour de la cessation des fonctions.

TITRE VI.

Dispositions générales.

65. En cas de vacances par option, décès, démission ou autrement, le collége électoral qui doit pourvoir à la vacance sera réuni dans le délai de quarante jours. Ce délai sera de deux mois pour le département de la Corse.

En cas d'élection, soit générale, soit partielle, l'intervalle entre la réception de l'ordonnance de convocation du collége au chef-lieu du département et l'ouverture du collége sera de vingt jours au moins.

66. La Chambre des députés a seule le droit de recevoir la démission d'un de ses membres.

67. Les députés ne reçoivent ni traitement ni indemnité.

68. Les dispositions de la présente loi sont applicables à la révision de la liste des jurés non électeurs établie par les art. 1 et 2 de la loi du 2 mai 1827.

69. Il sera formé, pour chaque arrondissement électoral, une liste des jurés non électeurs qui ont leur domicile réel dans cet arrondissement.

Le droit d'intervention des tiers relativement à cette liste appartient à tous les électeurs et à tous les jurés de l'arrondissement.

TITRE VII.

Articles transitoires.

70. Dans le cas où des élections, soit générales, soit partielles, auraient lieu avant le 21 octobre 1831, l'ordonnance de convocation des colléges sera publiée dans chaque arrondissement électoral au moins quinze jours avant celui qui sera fixé pour l'élection.

Dans le délai de quinze jours à compter de la promulgation de la présente loi, l'inscription des citoyens qui auront acquis le droit électoral, soit en vertu de la législation antérieure, soit en vertu des dispositions de la présente loi, pourra être requise, soit par eux, soit par des tiers, conformément aux art. 24, 25 et 26.

Pendant cet espace de temps, le registre prescrit par l'art. 25 sera ouvert, et les réquisitions prévues par le précédent paragraphe y seront inscrites.

Après l'expiration dudit délai de quinze jours, ces réquisitions ne seront plus admises.

En cas d'élections, soit générales, soit partielles, avant le 21 octobre 1831, les contributions foncière, personnelle, mobilière, et des portes et fenêtres, ne seront comptées soit pour être électeur, soit pour être éligible, que lorsque la propriété foncière aura été possédée, ou la location faite, antérieurement à la promulgation de la présente loi.

Cette disposition n'est pas applicable aux possesseurs à titre successif.

La patente ou le diplôme universitaire ne seront comptés que lorsqu'ils auront été pris un an avant la promulgation de la présente loi. Cette disposition n'est pas applicable aux citoyens qui, ayant pris une patente avant le 1er août 1830, ont été inscrits, en vertu de la loi du 12 septembre dernier, sur les listes supplémentaires formées depuis cette époque.

71. Le préfet en conseil de préfecture dressera d'office, ou d'après les réclamations des intéressés ou des tiers, une liste additionnelle contenant les noms des citoyens qui auront acquis le droit électoral.

Cette liste sera affichée vingt-cinq jours au plus tard après la promulgation de la présente loi.

72. Les décisions portant refus d'inscription seront signifiées aux parties par le préfet, dans les cinq jours, pour tout délai, après le jour où elles auront été rendues.

73. Les réclamations qui pourront être dirigées, soit par des tiers contre les inscriptions, soit par les parties contre les refus d'inscription, seront formées, à peine de déchéance, le trente-cinquième jour au plus tard après la promulgation de la présente loi.

L'assignation sera donnée devant la cour à huitaine pour tout délai, quelle que soit la distance des lieux.

Ce délai expiré, la cour prononcera, toutes affaires cessantes. Son arrêt, s'il est par défaut, ne sera pas susceptible d'opposition.

74. Il ne sera fait de changements à la liste additionnelle mentionnée dans l'art. 71 qu'en exécution d'arrêts rendus par les cours royales.

75. Il ne sera fait de changements à la liste arrêtée le 16 novembre dernier, et affichée le 20 du même mois, que dans les cas prévus par l'art. 32 de la présente loi.

Il sera procédé à l'élection sur cette liste et sur la liste additionnelle prescrite par les articles précédents.

76. Tout électeur ayant son domicile dans un arrondissement qui, d'après la présente loi, se trouverait divisé en plusieurs arrondissements électoraux, pourra opter entre ces arrondissements, s'il paie des contributions dans l'un et dans l'autre. L'option devra être faite dans le délai de quinze jours, à dater de la promulgation de la présente loi, et dans la forme déterminée par l'art. 10. A défaut d'option dans le délai ci-dessus fixé, l'électeur appartiendra à l'arrondissement électoral dans lequel sera compris le canton où il a maintenant son domicile politique. Si l'électeur ne paie de contributions que dans un des deux arrondissements électoraux, il appartiendra à cet arrondissement et ne pourra faire d'option.

L'électeur dont le domicile politique, au moment de la promulgation de la présente loi, serait différent de son domicile réel, aura le même délai de quinze jours pour faire son option. A défaut par lui de la faire dans ledit délai, il continuera d'appartenir à l'arrondissement électoral dans lequel il exerçait ses droits.

77. Les fonctionnaires désignés dans l'art. 64, qui cesseront leurs fonctions par démission ou autrement dans le délai de quinze jours à dater de la promulgation de la présente loi, seront éligibles dans les départements, arrondissements ou ressorts dans lesquels ils exercent leurs fonctions, pour les élections qui pourraient avoir lieu avant le 21 octobre 1831.

78. Si, avant qu'il n'ait été procédé à des élections générales, il y a lieu de remplacer un député élu par un collége départemental, la chambre des députés déterminera, par la voie du sort, le collége d'arrondissement qui devra procéder à l'élection.

S'il y a lieu de remplacer un député élu par le collége d'un arrondissement électoral dont la circonscription aurait été modifiée par la présente loi, la chambre des députés déterminera de la même manière celui des arrondissements compris dans l'ancien ressort qui devra procéder au remplacement.

79. Dans le cas où des élections, soit générales, soit partielles, auraient lieu avant le 21 octobre de la présente année, les listes électorales seront dressées d'après les rôles des contributions directes pour l'année 1830, et nulles contributions autres que celles de ladite année ne seront comptées pour le cens électoral.

LOI DU 12 SEPTEMBRE 1830
SUR LA RÉÉLECTION DES DÉPUTÉS

PROMUS A DES FONCTIONS PUBLIQUES SALARIÉES.

ART 1er. Tout député qui acceptera des fonctions publiques salariées sera considéré comme donnant par ce seul fait sa démission de membre de la Chambre des députés.

2. Néanmoins il continuera de siéger dans la Chambre jusqu'au jour fixé pour la réunion du collége électoral chargé de l'élection a laquelle son acceptation de fonctions publiques salariées aura donné lieu.

3. Sont exceptés de la disposition contenue dans l'art. 1er les officiers de terre et de mer qui auront reçu de l'avancement par droit d'ancienneté.

4. Les députés qui, à raison de l'acceptation de fonctions publiques salariées, auront cessé de faire partie de la Chambre des députés, pourront être réélus.

5. La présente loi sera applicable aux députés promus à des fonctions publiques depuis l'ouverture de la session actuelle.

JURISPRUDENCE
PARLEMENTAIRE.

CHAMBRE DES PAIRS; PROMOTION, DISCUSSION.

1. Le premier acte d'une asssemblée politique est l'examen des pouvoirs de ses membres. Pour la chambre des députés, cet examen se renouvelle après les élections générales, et à chaque élection ou réélection particlle. La constitution viagère de la chambre des pairs n'admet point de renouvellement intégral; les éléments de sa composition ne sont modifiés que par les promotions émanées de la couronne. Le titre 9 du règlement détermine le mode d'admission et de réception des pairs nouvellement nommés; l'art. 75 suppose que des réclamations, et par conséquent des discussions, peuvent s'élever sur le rapport tendant à l'admission. Mais il ne s'agit là que du débat provoqué par l'examen de nominations individuelles, et considérées isolément. Le règlement n'a point prévu le cas d'une discussion générale sur l'ensemble d'une promotion de pairs, indépendamment de la validité des titres de chacun de ceux qui s'y trouvent compris.

La liberté de la tribune autorise un pareil débat, et aucune loi ne le défend. Aussi la chambre a-t-elle consacré, par deux précédents, le droit de ses membres.

2. Elle a admis qu'*un pair peut demander et obtenir la parole après un rapport de vérification des titres des nouveaux pairs, non pas seulement sur le rapport fait, mais sur l'ensemble des rapports relatifs aux nouvelles nominations.*

M. le comte de Montalembert a eu la parole en ce sens, après un rapport de M. le président Boyer; il offrait de ne parler qu'après tous les rapports; mais M. Villemain ayant fait cette observation: « Non! non! les rapports seraient adoptés, » M. de Montalembert parla immédiatement. (Séance du 6 avril 1839, *Monit.* du 7, p. 480.)

3. Pour que la discussion s'engage ainsi sur l'ensemble d'une promotion, il faut que la chambre ait été saisie par un rapport:

Un pair qui veut présenter des observations sur les nouvelles promotions ne peut donc être autorisé à le faire sur les rapports en général; il ne peut avoir la parole qu'après le premier rapport.

Dans la séance du 24 décembre 1839, M. le chancelier ayant donné la parole à M. Tarbé de Vauxclairs pour présenter un rapport sur la vérification des titres de pairs nouvellement nommés, M. le comte d'Alton-Shée demanda à parler sur les rapports en général, sans appliquer ses observations à aucun rapport en particulier. M. le chancelier fit observer que ce n'était pas l'usage de la chambre, et dit que l'orateur aurait la parole après le premier rapport, ce qui eut lieu en effet. (*Monit. du* 25 déc. 1839, p. 2192.)

4. *Au fond, la critique contre une promotion ne peut porter sur le droit de nommer des pairs, ni sur le droit de les prendre dans telle ou telle des catégories déterminées par la loi, mais uniquement sur l'opportunité de la promotion, ou sur la convenance de choisir de*

préférence dans certaines catégories, ou sur les circonstances accessoires des nominations.

C'est ce qui résulte des débats introduits, ainsi qu'on vient de le voir, par MM. de Montalembert et d'Alton-Shée. A la séance du 6 avril 1839, M. le comte de Montalembert dit qu'il agissait dans l'intérêt de la dignité de la chambre, que sa démarche était insolite, mais moins que la mesure qu'il critiquait; il déclara qu'il n'attaquait point la légalité des nominations, mais leur convenance; l'inconvenance résultait, selon lui, de ce que les pairs avaient été nommés par des ministres qui venaient de déposer leur démission, et de ce que trois de ces pairs avaient été nommés peu de jours après leur défaite dans les colléges électoraux, où ils s'étaient présentés comme candidats ministériels; dans les précédentes promotions, même dans celle de 75 pairs faite par M. de Villèle, on avait eu la convenance de nommer avant le résultat des élections : un échec électoral ne doit sans doute pas être un motif d'exclusion de la pairie, mais il ne faut pas non plus qu'on puisse regarder la pairie comme une fiche de consolation pour les candidats malheureux du ministère.

M. Molé, ancien président du conseil, considéra ce discours comme une attaque intempestive contre l'usage légitime et convenable de la prérogative royale. Les ministres avaient droit de nommer, car, tant que la démission d'un ministère n'est pas acceptée, tant qu'il n'a pas de successeurs, il conserve la plénitude du pouvoir ministériel. On dit que c'est la première fois que des candidats repoussés par les électeurs entrent de plain-pied dans la chambre des pairs! C'est un honneur infini d'obtenir les suffrages des électeurs; mais ne pas les avoir obtenus, est-ce une flétrissure, une cause d'indignité? Le gouvernement devra-t-il refuser les récompenses dues pour d'anciens services à un candidat qui n'aura pas réussi dans la lutte électorale? »

M. le baron Pelet (de la Lozère) trouva aussi que les nominations faites par des ministres à la veille d'une démission étaient extraordinaires; il insista, en principe, et sans application aux personnes, sur les considérations suivantes : « La loi des élections a déclaré les fonctions de préfet incompatibles avec celles de député; cette loi, selon les convenances, ne s'appliquait-elle pas aussi à la chambre des pairs, et ne pourrait-on pas dire que, lorsqu'on a placé les préfets dans les catégories pour la chambre des pairs, c'était des préfets hors de fonctions qu'on a voulu parler? on entendait ainsi la prérogative sous la restauration : une pratique différente produirait une contradiction dans les lois. D'ailleurs les préfets aspirent naturellement à la pairie : de là le danger de sollicitations dont le gouvernement serait assailli. »

M. le comte Molé fit remarquer toute la portée du précédent introduit par M. Pelet (de la Lozère), et il traita en ces termes la question de principe : « De quelle manière, Messieurs, les nominations de pairs vous sont-elles déférées? Vous avez à examiner, et à examiner seulement, si les conditions voulues par la Charte et les lois ont été observées dans ces nominations. Vous avez également le droit, je le reconnais, de juger les conseils donnés à la couronne;... mais je demande si ce ne serait pas sortir du cercle constitutionnel de vos fonctions et de vos attributions que de discuter si la couronne fait bien de puiser ses nominations dans telle ou telle catégorie, s'il n'y a pas lieu de lui reprocher d'avoir choisi des préfets en fonctions, lorsque la loi lui a permis de les choisir?... Je le répète, la chambre peut et doit examiner si les conditions voulues par nos lois ont été observées; elle peut également discuter, critiquer même les conseils donnés à la couronne : mais elle ne peut pas permettre qu'on fasse à la couronne un reproche d'avoir ou de n'avoir pas choisi ses candidats dans telle ou telle catégorie. »

M. Villemain, en répondant à M. le comte Molé, insista sur le reproche d'inopportunité, résultant de la date de l'ordonnance de nomination, « sur l'inconvenance constitutionnelle (ce sont les termes employés par l'orateur) d'une création de pairs faite comme un préliminaire de démission par des ministres qui s'en vont. »

M. le comte Molé demanda, à deux reprises, que la discussion se terminât par un vote, et que ses adversaires fissent une proposition : M. d'Alton-Shée répondit que ceux qui attaquaient les nominations de pairs ne les attaquaient pas comme illégales, mais comme inconvenantes. M. le comte de Pontécoulant demanda l'ordre du jour sur une discussion que, sans la gravité des circonstances, il aurait trouvée insolite et, à certains égards, inconstitutionnelle; il reconnut le droit des ministres, mais il ajouta qu'il n'en avait pas été fait usage en temps opportun; il proclama l'admissibilité des préfets dans la chambre des pairs, puisque cela est écrit dans la Charte, et que leur exclusion priverait l'assemblée de lumières précieuses.

Après quelques autres observations du même orateur et de M. le garde des sceaux, la chambre passa à l'ordre du jour, qui était l'admission des nouveaux pairs. (*Monit.* du 7 avril 1839, p. 480 et suiv.)

A la session suivante, M. le comte d'Alton-Shée introduisit une discussion générale sur de nouvelles promotions de pairs. Il regarda comme un résultat des précédents débats la reconnaissance du droit acquis à tous les membres de la chambre d'attaquer, non la prérogative royale de créer des pairs, mais la convenance avec laquelle le ministère aurait mis en jeu cette prérogative. Il reprocha au cabinet d'avoir choisi de préférence les nouveaux pairs dans trois classes, celle des députés non réélus, celle des députés qui ont échoué dans leurs tentatives électorales, celle des députés retirés du mouvement des affaires. Il critiqua les circonstances des nominations, en disant qu'un pair avait appris sa promotion par hasard, qu'un autre avait longtemps hésité avant d'accepter la sienne; il signalait dans ces faits une atteinte à la considération, à la force de l'institution de la pairie.

M. Villemain, ministre de l'instruction publique, répondit qu'en droit aucune des catégories de la loi n'abaissait la pairie, et qu'en restant dans les limites légales, le ministère était rigoureusement irréprochable. Le ministre combattit les observations critiques de M. d'Alton-Shée sur la convenance des choix dans les différentes catégories. Après ces deux orateurs, la parole fut donnée à MM. les rapporteurs chargés d'examiner spécialement les titres des nouveaux pairs. (Séance du 24 déc. 1839, *Monit.* du 25, p. 2192.)

CHAMBRE DES DÉPUTÉS; VÉRIFICATION DE POUVOIRS.

5. Les questions de vérifications de pouvoirs sont d'une haute importance, car elles touchent à la constitution même de la chambre des députés. Aussi ont-elles toujours vivement excité la sollicitude de l'assemblée. Les nombreuses solutions auxquelles elles ont donné lieu, ont suivi les vicissitudes de la législation électorale. J'ai cru devoir détailler avec un soin minutieux tous les précédents de la chambre en matière de vérification de pouvoirs et d'élections, depuis la loi du 19 avril 1831, qui est aujourd'hui la charte électorale; j'ai cité même quelques décisions antérieures, et je me propose de rassembler et de coordonner, plus tard, celles des solutions anciennes que la similitude ou l'analogie de la législation rendrait encore applicables.

Les précédents parlementaires qu'on

va trouver réunis peuvent se diviser en deux parties; la première embrasse les formes et les actes composant l'opération de la vérification des pouvoirs, depuis la réception et l'examen des pièces par les bureaux jusqu'à l'admission et la prestation de serment des députés; la seconde contient les décisions de la chambre sur le fond, c'est-à-dire sur les conditions de validité, les formes et les résultats des élections.

PREMIÈRE PARTIE.

Des diverses opérations constituant la vérification des pouvoirs.

§ 1er. De la formation et du travail des bureaux.

§ 2. Du rapport fait à la chambre; des fonctions du rapporteur.

§ 3. Règles générales relatives à la vérification des pouvoirs par la chambre.

§ 4. De l'instruction des questions électorales devant la chambre; des incidents.

§ 5. Du mode de délibération et de vote de la chambre.

§ 6. De l'admission et de la prestation de serment.

DEUXIÈME PARTIE.

Décisions de la chambre sur les questions électorales.

§ 1er. Des listes électorales; de la convocation et de la réunion des colléges électoraux; des cartes d'électeurs; introduction d'étrangers.

§ 2. De la composition des colléges électoraux.

§ 3. De la formation des bureaux provisoire et définitif.

§ 4. Des fonctions et de la présence du bureau.

§ 5. De la tenue des séances et du procès-verbal.

§ 6. Du serment des électeurs.

§ 7. Du vote; de ses formes; du secret des votes; du dépouillement du scrutin.

§ 8 De la durée du scrutin.

§ 9. De la rédaction des bulletins et de leur attribution aux candidats.

Section 1re. — De la désignation des candidats par leurs noms, sans autre indication.

Section 2e. — De l'altération des noms.

Section 3e. — Des désignations explicatives; des désignations obscures ou insuffisantes.

Section 4e. — Des qualifications erronées, inutiles, injurieuses.

§ 10. Du nombre des électeurs, des votants et des suffrages; des bulletins considérés comme exprimant un suffrage.

§ 11. De la destruction des bulletins; de l'annexe des bulletins contestés, et de leur examen par la chambre.

§ 12. Du résultat définitif du scrutin; de la majorité légale; de la proclamation du député.

§ 13. Des faits portant atteinte à la moralité ou à la liberté des élections; manœuvres, fraudes, corruption, violence.

Section 1re. — De l'appréciation, par la chambre, de la vérité et de la gravité des faits allégués contre la moralité ou la liberté des élections.

Section 2e. — Des moyens d'influence, de fraude et de corruption.

Section 3e. — De la force majeure; de la violence physique ou morale.

§ 14. De la qualité d'électeur et des réclamations dont elle est l'objet.

Section 1re. — De l'inscription ou non inscription sur les listes électorales, et de ses effets.

Section 2e. — Des pouvoirs du bureau du collége et de ceux de la chambre, relativement aux décisions concernant le droit des électeurs.

Section 3e. — Des conditions diverses de la capacité électorale; cens, domicile politique, etc.

Section 4e. — Du défaut de preuves de l'incapacité des électeurs; de la majorité des suffrages des électeurs ayant droit.

§ 15. De la qualité d'éligible.

Section 1re. — Des droits civils et politiques.

Section 2e. — De l'âge.

Section 3e. — Des éléments du cens d'éligibilité; de la possession requise.

Section 4e. — Des pièces justificatives du cens et de la possession.

PREMIÈRE PARTIE.

DES DIVERSES OPÉRATIONS CONSTITUANT LA VÉRIFICATION DES POUVOIRS.

6. Ces opérations ont été résumées dans les termes suivants par M. de Cormenin, dans ses *Questions de droit*, au mot *Elections parlementaires*, article qui sera souvent cité à l'appui ou à l'occasion des précédents électoraux :

« La chambre agit dans son omnipotence; elle vérifie, elle ajourne, elle instruit, elle confirme, elle annule. Lorsque, après une élection générale, la chambre procède à la vérification des pouvoirs de ses membres, on distribue les procès-verbaux d'élection par portions égales entre les neuf bureaux. Chaque bureau se fractionne à l'amiable, et, séance tenante, on dépouille rapidement les dossiers. On examine d'abord si le procès-verbal est régulier, et s'il ne contient pas quelques réclamations, soit dans le corps de l'acte, soit dans les annexes audit acte. On constate ensuite, par les extraits des contributions, que le député élu paie le cens, et, par son extrait de naissance, qu'il est âgé de plus de trente ans. Les rapporteurs sont nommés bénévolement et sans scrutin, et ils font immédiatement leur rapport à la chambre, qui les entend, toute autre délibération cessante.

« Si l'élection est contestée, soit d'office et par le bureau, soit par des tiers absents, soit par un autre candidat, le bureau accueille dans son sein le député élu et son adversaire, l'un après l'autre; il reçoit leurs observations verbales ou leurs mémoires, même imprimés, qui sont également distribués à la Chambre. On leur adresse des questions officieuses sur les faits et actes litigieux. La Chambre suspend sa décision jusqu'à vérification d'un fait; ou bien elle déclare que les procès-verbaux sont réguliers et ajourne jusqu'à production d'une pièce, en général simple, comme l'extrait des contributions ou l'acte de naissance. La production faite, il n'y a plus qu'à proclamer le député, qui prête serment et siége. »

La jurisprudence parlementaire a fourni, sur ces diverses opérations, de nombreux documents qui vont être rapportés dans leur ordre naturel.

§ 1er. De la formation et du travail des bureaux.

7. Au commencement de chaque session, la Chambre des députés se partage en bureaux. Cette règle générale écrite dans l'art. 61 du règlement, est spécialement appliquée aux vérifications de pouvoirs par l'art. 3. Afin de pouvoir procéder à cette opération, les bureaux doivent s'organiser, en nommant, aux termes de l'art. 63, leur président et leur secrétaire. Cela doit avoir lieu le premier jour de la session, c'est-à-dire le lendemain de la séance royale (bien qu'aucun texte n'empêche de délibérer ce jour-là même, ainsi que le font remarquer MM. Valette et Benat-Saint-Marsy, p. 226), ou, s'il n'y a pas eu de séance royale, le jour où un ministre est venu, au nom du Roi, proclamer l'ouverture de la session. Il n'est pas nécessaire que ce travail préalable ait été mis à l'ordre du jour; il s'y trouve par la force des choses et de la loi.

8. La chambre a décidé, en ce sens, que *le premier jour des travaux de la session (et ce jour, quand la session n'est pas ouverte par le Roi en personne, est celui où cette ouverture est proclamée par un ministre apportant l'ordonnance royale), elle peut, après avoir tiré au sort les bureaux, se retirer immédiatement dans les bureaux pour procéder à leur organisation; il n'est pas nécessaire que cette opération soit préalablement mise à l'ordre du jour par le président pour la séance du lendemain.* »

Dans la séance de la chambre des députés, du 4 avril 1839, où la session fut déclarée ouverte par une proclamation qu'apporta M. le ministre de l'intérieur, M. Fulchiron s'opposa à ce que la chambre se retirât dans ses bureaux pour procéder à leur organisation; il prétendit que cette opération n'avait pu, pour cette première séance, être indiquée que par les questeurs, ce qui était contraire à l'art. 18 du règlement qui attribue au président seul le droit de régler l'ordre du jour. — M. de Laborde répondit que l'ordre du jour avait été signé par le président d'âge; à quoi M. Fulchiron répliqua que le doyen d'âge ne devenait président qu'à la séance même et au moment où il prenait possession du fauteuil, et non auparavant.

M. Vivien combattit la demande de M. Fulchiron comme entraînant une perte de temps, et comme contraire aux usages de la chambre, qui emploie toujours sa première séance à l'organisation des bureaux : il ajouta qu'il était évident qu'à cette séance, il ne pouvait y avoir encore d'ordre du jour, arrêté par le président et le bureau.

M. le général Bugeaud repoussa l'autorité des usages, en disant que la chambre n'était pas dans la situation ordinaire où c'est le Roi en personne qui ouvre la session; selon l'honorable membre, il importe à toutes les opinions d'examiner la composition des bureaux, et de se fixer sur les choix; c'était le cas de renvoyer au lendemain et de compléter la chambre.

M. Teste fit remarquer que l'art. 18 invoqué par M. Fulchiron, ne s'applique qu'à ce qui doit se passer après que la chambre a été constituée. Mais, des art. 1, 2 et 3, il résulte qu'à l'ouverture de la session la chambre se partage en bureaux *pour vérifier les pouvoirs*; or, on ne peut procéder à cette opération qu'après que les bureaux se sont constitués.

La chambre décida, à une très-grande majorité, qu'elle se retirerait immédiatement dans ses bureaux pour procéder à leur organisation. (*Monit.* du 15 avril, p. 472.)

9. Aucune règle spéciale n'est prescrite pour la manière dont les bureaux doivent être saisis des questions qu'ils ont à examiner.

Ainsi, un bureau peut se considérer comme saisi de la question de nationalité d'un élu, alors même qu'elle ne lui est soumise que par une simple lettre d'un particulier qui ne justifie pas même de la qualité d'électeur.

C'est ce qui a eu lieu dans l'élection de M. Emile de Girardin, en 1837; un habitant de Paris fit produire devant le bureau une lettre où il disait qu'il y avait lieu de supposer que ce candidat n'était pas Français, mais qu'il était né en Suisse. Le bureau se regarda, sur cette seule lettre, comme obligé d'examiner à fond la question. M. Gillon, rapporteur. (23 déc. 1837, *Monit.* du 24, p. 2533.)

10. Les bureaux emploient tous les moyens d'instruction dont ils peuvent disposer pour s'édifier sur les difficultés que présentent les vérifications de pouvoirs. Ils doivent, autant que cela est possible, entendre les parties intéressées et surtout le député dont l'élection est contestée.

11. *Un député dont les pièces ont été examinées en son absence, par le bureau, peut demander qu'elles y soient renvoyées pour qu'il puisse y donner en personne des explications.* Election de M. Clerc-Lasalle. (Séance du 26 juillet 1831; *Monit.* du 27, p. 1270.)

12. Si les pièces qui leur ont été adressées ne leur paraissent pas suffisantes, les bureaux peuvent demander des renseignements au gouvernement.

Par exemple, un bureau peut, pour apprécier une allégation de corruption électorale, relative à un fonctionnaire, demander au ministre compétent communication de sa correspondance relative à cette affaire, et faire connaître à la chambre le résultat de ses recherches, et même les pièces communiquées.

Une protestation avait présenté comme fait de corruption électorale la réintégration, peu avant l'élection, d'un maire qui avait été suspendu pour cause de concussion. Afin de s'éclairer sur la valeur de l'accusation, le bureau de la chambre des députés demanda au ministre de l'intérieur communication de sa correspondance avec le préfet du département, relativement à cette affaire. Le ministre l'accorda. Le rapporteur lut, à la tribune, plusieurs pièces de cette correspondance. Election de M. Decazes; M. Armez, rapporteur. (Séance du 13 avril 1839; *Monit.* du 14, p. 535.)

13. D'un autre côté, c'est une obligation pour les bureaux de se dessaisir des pièces qui doivent être déposées entre les mains d'un ministre.

Ainsi, l'acte de décès d'un élu, s'il a été envoyé au bureau chargé de la vérification des pouvoirs, doit être renvoyé au ministre de l'intérieur.

Décidé à l'occasion de l'élection de M. le général Garbé; M. Bedoc, rapporteur. (26 juillet 1831; *Moniteur* du 27, p. 1269.)

14. Tous les moyens d'arriver à une prompte et bonne solution des difficultés devant être admis, *un bureau peut nommer, dans son sein, pour l'examen d'une question électorale difficile, une commission dont un membre fasse un rapport au bureau avant que le rapport de ce bureau soit présenté à la chambre.*

Élection de M. Limperani; M. Jolivet, rapporteur. (Séance du 20 décembre 1838; *Moniteur* du 21, p. 2596.)

15. Lorsqu'il se trouve suffisamment éclairé, le bureau prononce. Sa conviction est indépendante, la loi ne l'assujettit à aucune condition; ses décisions sont celles d'un jury.

Aussi, a-t-il été décidé *qu'un bureau peut, sans s'arrêter particulièrement à aucun motif, se constituer jury, et, jugeant sur l'ensemble des faits, proposer l'annulation d'une élection.*

C'est ce qu'a dit M. Thiers, rapporteur, et, après lui, M. Comte, membre du bureau, sur l'élection de M. Bourgeois, dont l'annulation, demandée par le bureau, fut prononcée par la chambre. (17 août 1831; *Moniteur* du 18, p. 1409.)

Le même principe fut invoqué par M. Parent, rapporteur de l'élection de M. Voysin de Gartempe nommé par suite de l'annulation de l'élection de M. Bourgeois. La chambre se prononça pour la validité de l'élection. (22 septembre 1831; *Moniteur* du 23, p. 1654.)

16. Au lieu de prononcer comme un jury, sans motiver leur décision, les bureaux discutent presque toujours les moyens de nullité ou les observations dirigés contre les élections qu'ils vérifient. C'est d'après l'ensemble des conclusions sur chacun des moyens que se forme la conclusion générale à l'annulation ou à la confirmation de l'élection.

17. On a demandé si, lorsqu'un bureau a été d'avis de proposer l'annulation d'une élection, en se fondant sur plusieurs moyens de nullité, il peut s'abstenir de donner des conclusions sur chacun des moyens en particulier, et cependant conclure à l'annulation sans dire sur lequel des moyens exposés les conclusions reposent.

Dans son rapport sur l'élection de M. Goury, en 1839, M. Billaut fit connaître à la chambre les deux moyens par lesquels on avait demandé l'annulation de l'élection; toutefois, après avoir exposé les raisons données de part et d'autre, il ne présenta plus de conclusions formelles sur chacun des griefs; arrivé à la fin de son rapport, il dit : « On me demandait tout à l'heure quelles étaient les conclusions adoptées; ici je dois à la chambre une explication de détails. La décision du bureau a été complexe. Il y avait deux moyens d'annulation : l'un tiré de l'attribution de bulletins non suffisamment indicatifs, l'autre de la constitution irrégulière du collége. Lorsqu'il a fallu prononcer sur la validité de l'élection, quelques membres ont demandé qu'on votât spécialement sur chacun des deux moyens. On a fait observer que le vote était nécessairement complexe, mais cependant indivisible, qu'il n'y avait qu'une seule question à résoudre, celle de l'annulation de l'élection, que l'on ne pouvait pas soulever séparément des questions de principes, et voter des résolutions générales à propos de la validité d'une élection. En conséquence, et comme, de l'aveu même de la minorité, l'usage est conforme, on a posé la question unique de savoir si, d'après les diverses considérations que chacun était libre d'apprécier, l'élection était valide.

M. Daguenet fit observer que cette manière de procéder laissait dans le doute l'opinion du bureau ; on ne voit pas lequel des deux points contestés vicie, dans la pensée du rapport, l'élection dont il s'agit ; est-ce le premier? est-ce le second? sont-ce tous les deux?

La chambre ne fut consultée, et ne devait l'être, comme cela se fait toujours, que sur la validité de l'élection. Cela ne pouvait faire aucun doute ; mais il semble que, selon l'usage aussi, le bureau et le rapporteur auraient dû exprim r une opinion claire et précise sur chacun des moyens de nullité proposés contre l'élection ; comment l'assemblée entière peut-elle avoir la conviction de son aptitude à bien résoudre une difficulté, quand ceux de ses membres qu'elle a délégués pour faire une étude spéciale de la question, s'abstiennent du soin de lui en faire bien juger tous les éléments?

(Séance du 12 avril 1839 ; *Moniteur* du 13, p. 528.)

18. Le bureau apprécie si les pièces qu'il a examinées sont de nature à être lues à la chambre.

Un bureau peut, après avoir validé une élection, recevoir du député remise de lettres destinées à être lues à la chambre, et le rapporteur peut lire ces lettres à la tribune, sans exprimer aucune opinion, si le bureau ne lui a pas donné mandat pour émettre un blâme.

M. Duvergier de Hauranne, appelé dans le bureau chargé de vérifier son élection, donna des explications ; puis, son élection ayant été reconnue valide, il remit au bureau deux lettres écrites par des fonctionnaires de l'arrondissement ; ces lettres furent lues à la tribune par M. Duprat, rapporteur. Après la lecture, M. Vivien ayant demandé si le bureau n'exprimait aucune opinion, le rapporteur répondit qu'il était chargé seulement de lire les lettres. M. Dubois (de la Loire-Inférieure) attaqua vivement les deux lettres, mais ne prit aucune conclusion formelle. Après lui, plusieurs orateurs furent entendus, et la discussion s'engagea très-vivement sur l'influence de l'administration dans la lutte électorale ; mais le débat ne fut suivi d'aucune proposition. (Chambre des députés, 8 avril 1839 ; *Moniteur* du 9, p. 497 et suiv.)

19. *Un bureau qui a décidé qu'il n'y avait pas lieu de s'arrêter à une protestation contenant des accusations de corruption électorale, peut décider que cette protestation ne sera lue qu'autant que la chambre en manifestera le désir.*

C'est ce qui est arrivé, en 1839, pour l'élection de M. Parès, M. Delespaul rapporteur. Plusieurs voix ayant demandé la lecture de la protestation, le rapporteur se borna même à en présenter une simple analyse, après laquelle M. Parès défendit vivement son élection. (Séance du 12 avril 1839 ; *Moniteur* du 13, p. 526.)

20. *Mais il est évident que la chambre peut exiger la lecture d'une protestation que le bureau n'aurait pas trouvée assez importante pour être lue en séance publique.*

Élection de M. Tupinier, M. Muteau rapporteur. (20 décembre 1837, *Moniteur* du 21, p. 2505.)

21. Les vérifications de pouvoirs présentent toujours une certaine urgence ; il importe que la chambre soit constamment maintenue complète. Aussi les travaux qu'elles exigent dans les bureaux ont-ils la priorité sur les affaires qui se traitent en séance générale.

Il est de jurisprudence que les membres d'un bureau chargé de l'examen d'une élection contestée peuvent, avec l'agrément de la chambre, quitter la séance publique pour se retirer dans leur bureau.

Il a été ainsi procédé sur la demande de M. Étienne. (30 juillet 1831 ; *Moniteur* du 31, p. 1283.)

Dans la séance du 14 août 1834, les membres d'un bureau ont été invités par le président à se retirer dans leur bureau pour examiner une des élections contestées. (*Moniteur* du 15, p. 1705.)

Le 8 mars 1838, M. de Marcombe, rapporteur, conclut à l'admission de M. Martell, qui avait été ajournée pour insuffisance de justification du cens. La pièce justificative n'ayant pas été communiquée au bureau, l'objection fut faite, et, après un débat de quelques instants sur la nécessité de réunir le bureau, les membres qui le composaient se retirèrent immédiatement, et le rapporteur annonça ensuite, à la tribune, le résultat de leur examen. (8 mars 1838; *Moniteur* du 9, p. 525 et 526.)

§ 2. Du rapport fait à la chambre; des fonctions du rapporteur.

22. Le rapport présenté au nom du bureau est le préliminaire indispensable pour que la chambre puisse délibérer sur une vérification de pouvoirs.

En conséquence, *un orateur ne peut être admis à discuter les élections d'un département avant que le rapport en ait été fait, alors même qu'il s'agit de prouver que, sur quatre députés, le département en a illégalement choisi trois hors de son sein.*

Ainsi décidé, à l'occasion des élections de la Corrèze, sur lesquelles M. Parent demanda à parler après avoir exposé la difficulté relative à trois candidats entre lesquels, selon lui, il fallait tirer au sort si l'on ne déterminait pas d'avance laquelle de ces élections était susceptible d'annulation. On demanda que le rapporteur fût d'abord entendu : celui-ci annonça que l'une des trois élections devait être ajournée comme sujette à difficulté. La chambre passa à la vérification des pouvoirs pour un autre département. (Séance du 25 juillet 1831 ; *Moniteur* du 26, p. 1265.)

23. Par suite du même principe, *un membre de la chambre, qui n'est point rappoteur, ne peut faire aucune proposition d'annulation relative à des élections sur lesquelles il n'y a point de rapport présenté.*

Après l'annulation de l'élection de M. Mathieu, fondée sur des circonstances particulières du cens, M. Laffite demanda que la mesure fût générale, et que la chambre décidât si tous les députés qui n'avaient pas produit actuellement leurs pièces pouvaient ou non faire partie de la chambre. M. le président Dupin fit remarquer que la proposition était inadmissible. Si, dit-il, il y a des députés qui n'aient pas encore produit leurs pièces, et à l'égard desquels le rapporteur propose l'ajournement ou l'annulation, je mettrai l'ajournement ou l'annulation aux voix, parce que la question se trouvera régulièrement introduite; mais qu'un membre, sans être rapporteur, sans avoir d'autre qualité que celle de député, propose une annulation en masse des élections pour lesquelles on n'a pas produit de pièces, c'est une demande pour laquelle je n'ai point à consulter la chambre. (14 août 1834; *Monit.* du 15, p. 1708.)

24. Lorsque, au lieu d'une élection à vérifier, il s'agit de savoir si un député, admis et siégeant, est sujet à réélection, la chambre ne peut sans doute se prononcer définitivement sur cette question qu'à la suite d'un rapport exposant la situation qui soumet ou soustrait le député à la nécessité d'une réélection; mais les lois et le règlement ne déterminant pas la manière d'introduire le débat sur ce point, la chambre a décidé qu'elle pouvait se saisir directement de la question, et nommer une commission pour l'examiner et en faire son rapport. *Voy.*, à cet égard, la 2e partie, § 17.

25. C'est entre tous les membres du bureau que doit se faire l'examen de chaque élection. Lorsqu'il s'agit d'élections générales, comme les vérifications de pouvoirs se font au début de la session, et que chacun des députés nouvellement élus est intéressé à se faire admettre, les réunions de bureaux sont toujours nombreuses; ceux qui s'absentent ne peuvent prétexter cause d'ignorance, car jusqu'à la constitution définitive du bureau de la chambre, on ne s'occupe que de la vérification des pouvoirs. Mais, dans le cours d'une session, lorsqu'il

se présente des élections à vérifier, comme ces opérations ne sont pas les seuls travaux de la chambre, il y a lieu d'avertir les membres du bureau chargé de l'examen de l'élection, et de les convoquer expressément pour cet objet.

Le rapport ne doit pas être fait à la chambre sans que tous les membres du bureau aient été régulièrement convoqués pour l'examen de l'élection par une invitation spéciale; il ne suffit pas d'un avertissement donné, par un huissier, à ceux des membres du bureau qui peuvent se trouver à la séance.

Après le rapport de M. Havin sur l'élection de M. André Kœchlin, M. Chegaray se plaignit d'un abus qui tendait à s'introduire dans la jurisprudence de la chambre. Selon l'honorable orateur, l'usage était, depuis quelque temps, pour une vérification de pouvoirs isolée, de convoquer, à la séance, les membres du bureau qui peuvent se trouver présents, et de leur soumettre la vérification de l'élection sans que la totalité du bureau ait été régulièrement convoquée; c'est un tort: une élection peut présenter des difficultés, et elles ne doivent pas être jugées par une sorte de comité secret improvisé. — Le président du bureau déclara que lui-même n'avait pas été convoqué. Après quelques explications du rapporteur, et de M. Chegaray, M. le président Sauzet dit que l'observation qui venait d'être présentée lui paraissait parfaitement juste, et que des mesures seraient prises pour que, dorénavant, aucune vérification, même isolée, de pouvoirs, n'eût lieu à aucune époque qu'en suite d'une convocation spéciale et régulière des bureaux. (21 avril 1841; *Monit.* du 22, p. 1071.)

26. Il est bon de suivre un certain ordre dans la présentation des rapports successifs d'élections. Habituellement, dans les élections générales, les premiers rapports sont faits, non en suivant l'ordre des bureaux, mais en suivant l'ordre alphabétique des départements.

Aux élections de 1831, sur la réclamation de plusieurs députés, on commença, non par les rapports du premier bureau, mais par celui qui concernait les députés du département de l'Ain, et on continua dans le même ordre, pour tous les rapports prêts. (Séance du 25 juillet 1831; *Moniteur* du 26, p. 1264.)

Il a été procédé de même aux élections générales de 1834. (Séance du 1er août 1834; *Monit.* du 2, p. 1626.)

Aux élections générales de 1837, sur la réclamation de M. Laurencin, on commença par le premier bureau qui était en même temps chargé des rapports des premiers départements, en suivant l'ordre alphabétique. Dans la même séance, l'ordre alphabétique fut interverti; cela fit naître, à deux reprises, des réclamations, par suite desquelles le président appela les rapporteurs prêts des élections des départements désignés, suivant l'ordre alphabétique. (19 décembre 1837; *Moniteur* du 20, p. 2500 et 2501.)

En 1839, le premier rapporteur entendu fut celui du neuvième bureau, qui était chargé de rendre compte des derniers départements, selon l'ordre alphabétique, depuis les Deux-Sèvres jusqu'à l'Yonne. (5 avril 1839; *Moniteur* du 6, p. 475.)

27. L'art. 4 du règlement porte que les élections non contestées sont soumises les premières à la chambre.

On doit d'abord rapporter toutes ces élections avant de passer à celles sur lesquelles il y a contestation.

Ainsi procédé, après des alternatives de rapports sur des élections non contestées et d'élections controversées, sur la demande de M. Dupin. En exécution de cette décision, et, de plus, par le motif que la chambre paraissait n'être plus en nombre, la vérification de l'élection de M. Sauzet, sur laquelle il n'y avait qu'une protestation déclarée sans importance par le rapporteur, fut ajournée. (20 décembre 1837; *Moniteur* du 21, p. 2509 et 2510.)

28. *A cet égard, on ne doit pas considérer comme contestées des élections contre lesquelles il y a eu des protestations, si ces protestations ne peuvent, d'après la déclaration du*

rapporteur, donner lieu à une difficulté sérieuse. Election de M. le général d'Houdetot; M. d'Angeville, rapporteur. (21 décembre 1837; *Moniteur* du 22, p. 2513.)—De même dans l'élection de M. Perrin; M. Véjux, rapporteur, fit connaître qu'il y avait une protestation, puis il en exposa l'objet, et la chambre prononça l'admission, sans débat. (*Eod.*)

Cependant, dans la même séance encore, M. Jars, après avoir déclaré qu'il n'y avait contre l'élection de M. Alexis de Jussieu qu'une protestation qui n'avait point paru sérieuse, dit qu'à cause de la décision de la chambre, il ajournait son rapport. (*Eod.*)

29. Toute élection doit être vérifiée et rapportée.

La démission, acceptée par la chambre, d'un député élu n'empêche pas la vérification de ses pouvoirs, et ne dispense pas d'en faire un rapport, sauf à la chambre à se contenter de l'énoncé des faits sans entrer dans l'examen de l'élection.

Le bureau chargé d'examiner l'élection de M. Bouet, l'avait rangée parmi les élections contestées. Depuis, M. Bouet donna sa démission, et la chambre l'accepta. Le bureau chargea M. Guizard, rapporteur, de rendre compte de ces faits à la chambre, « pensant, dit M. le rapporteur, que l'acceptation de la démission pouvait, jusqu'à un certain point, rendre inutile la vérification des pouvoirs; mais comme en même temps, le bureau n'a pas été d'avis qu'il pût dépendre d'un député d'empêcher, par sa démission, la vérification de ses pouvoirs, ce qui, dans beaucoup de cas, pourrait être contraire à des tiers; indépendamment d'autres considérations, il m'a chargé, afin de ne pas laisser établir un précédent fâcheux, d'en rendre compte à la chambre. Si la chambre le juge à propos, je m'en tiendrai là. » (Oui, oui.) — (Séance du 15 avril 1839; *Moniteur* du 16, p. 555.)

Toutefois, aux élections générales de 1837, il se passa un fait qui paraît contraire à ce précédent, mais qui ne fut l'objet d'aucune discussion. M. Partarrieu-Lafosse envoya une lettre de démission; après la lecture qu'en donna le président, plusieurs voix s'écrièrent: on ne peut donner sa démission quand on n'est pas admis. M. Antoine Passy dit qu'il ne croyait pas avoir, comme il en avait été chargé, de rapport à faire sur cette élection. Personne ne contredit ces paroles. (23 décembre 1837; *Moniteur* du 24, p. 2530.)

Il faut remarquer, pour expliquer ce dernier acte de la chambre, qu'il s'agissait d'un scrupule relatif au cens d'éligibilité, qui empêchait l'élu de réclamer son admission. Il n'en aurait pas été de même s'il s'était agi de la régularité des opérations électorales; on sent aisément qu'il n'y aurait pas eu lieu, dans ce cas, à s'arrêter à la démission donnée : la persistance ou le désistement de l'élu n'a aucune influence sur les actes du collége, qui ne peuvent, par le fait de personne, échapper au contrôle de la chambre. D'ailleurs, rien dans la délibération de la démission de M. Partarrieu-Lafosse, n'est contraire au droit de la chambre, droit qui subsiste malgré la démission donnée.

30. *Le rapport d'une élection doit également être fait, alors même que, depuis, le candidat élu a été nommé pair de France; et une discussion peut s'établir sur les faits relatifs à cette élection, bien que d'ailleurs elle soit reconnue régulière.*

C'est ce qui a eu lieu à l'occasion de l'élection de M. l'amiral de Rosamel; M. Dupin, rapporteur. (Chambre des députés, séance du 9 avril 1839; *Moniteur* du 10, p. 506.)

« La raison en est, dit M. de Cormenin, en citant les décisions qui précèdent, que la chambre ne juge pas l'élu, mais l'élection, le promu à la pairie, mais le député. Elle ne fait pas compte des changements d'état postérieurs, accidentels ou volontaires; elle ne vérifie que des pouvoirs. Sont-ils ou non réguliers? Pour elle, il n'y a pas, il ne peut pas y avoir d'autre question abstractivement. »

31. Du reste, le droit de la chambre

d'entendre un rapport sur toutes les élections, n'empêche pas le droit qu'a tout élu de se démettre, quand bon lui semble, du bénéfice de son élection. Ainsi *un député peut donner sa démission avant que le rapport soit fait à la chambre sur son admission, et cela en se fondant sur ce que le bureau avait pensé que la justification du cens d'éligibilité de ce député n'était pas suffisante.*

Lettre de M. Laporte, lue à la chambre et envoyée au ministre de l'intérieur sans qu'il se soit élevé de réclamation. (28 déc. 1837, *Monit.* du 29, p. 2550.) On a vu ci-dessus l'exemple de M. Partarrieu-Lafosse, dont la démission ne fut contestée par personne.

32. En général, les rapports d'élection se font verbalement. Toutefois, *lorsqu'une élection présente des questions graves et délicates, le bureau peut exiger que le rapport soit présenté par écrit, après lui avoir été soumis.*

C'est ce qui a eu lieu pour l'élection de M. Delbecque en 1839, ainsi que M. Corne l'a déclaré à la tribune. (Ch. des députés, 11 avril 1839, *Monit.* du 12, p. 520.) De même pour l'élection de M. Pelletier-Dulas; M. Allard, rapporteur. (Séance du 26 février 1841, *Monit.* du 27, p. 477.)

33. *Un rapporteur qui, chargé de présenter un rapport écrit, est, pendant qu'il le rédige, invité, de la part du président à monter à la tribune, peut faire son rapport verbalement.*

M. Lévèque de Pouilly, rapporteur de l'élection de M. Chasles. (30 juill. 1831, *Monit.* du 31, p. 1287.)

34. *Un rapport de vérification de pouvoir peut être fait sur des copies des procès-verbaux d'élection si les originaux n'ont pas été transmis au bureau.*

Observation de M. Lepelletier d'Aulnay, rapport des élections de la Haute-Garonne. (Séance du 26 juill. 1831, *Monit.* du 27, p. 1268.)

35. L'opinion exposée dans le rapport est celle de l'unanimité ou de la majorité du bureau. Quand le bureau n'a pas été unanime, le rapporteur fait connaître l'avis de la majorité et celui de la minorité; mais, habituellement, il ne va pas plus loin.

Il n'est pas d'usage que le rapport constate le nombre des votants et le chiffre de la majorité du bureau; mais le rapporteur peut les déclarer à la tribune, s'il y a été provoqué par l'interpellation d'un membre du bureau.

Dans le rapport sur l'élection de M. le général d'Houdetot, M. Lavielle, parlant sur une des questions qui avaient été discutées, dit qu'il allait expliquer les motifs de la majorité du bureau. M. de Saint-Albin, l'interrompant, déclara le chiffre de la majorité, et ajouta qu'il fallait faire connaître les faits tels qu'ils s'étaient passés; M. le rapporteur répondit qu'il n'était pas d'usage de constater les nombres, comme l'avait demandé le préopinant: mais qu'il en avait tenu note, et il les dit à la chambre. — Un peu plus tard, M. Emmanuel de Las Cases ayant, dans la même discussion, rappelé le chiffre des votants et de la majorité, des réclamations s'élevèrent, et l'orateur se hâta de dire: « Je mets de côté le nombre des votants. » (10 avril 1839, *Monit.* du 11, p. 514, 515.)

36. *Le rapporteur peut également faire connaître le nombre des voix si la majorité s'est formée sur une question complexe posée seule, et sans que les questions distinctes qu'elle renfermait aient été l'objet de délibérations spéciales.*

C'est ce qu'a fait M. Billault, rapporteur de l'élection de M. Goury, en 1839, après avoir dit que le bureau avait prononcé sur la question de validité de l'élection sans avoir voté spécialement sur chacun des moyens de nullité qui avaient été proposés. (12 avril 1839, *Moniteur* du 13, p. 528.)

37. En général, *le rapporteur peut mentionner le chiffre de la majorité et de la minorité dans le bureau, lorsque la discussion a été longue et importante.*

Election de M. de Mesgrigny; M. Moreau (de la Meurthe), rapporteur. (Séance du 9 nov. 1840, *Monit.* du 10, page 2222.) — Election de M. Harlé. (25 fév. 1833, *Monit. du* 26, p. 526 et suiv.) —On pourrait en citer d'autres exemples encore; mais l'usage, sur ce point, ne fait pas difficulté.

38. Toutes les questions que présente une élection doivent être exposées à la chambre : mais il n'est pas nécessaire qu'un même rapport les comprenne toutes; il peut y avoir avantage à diviser les questions, par exemple si la solution de l'une rendait inutile l'examen des autres.

Ainsi *le rapport peut porter d'abord et séparément sur la validité des opérations électorales, sauf, si la chambre se prononce pour la validité, à demander un ajournement sur les conditions de l'âge et du cens. Cet ajournement peut être mis aux voix.*

Election de M. Pelletier-Dulas. (Séance du 13 janv. 1841; *Monit.* du 14, p. 98.)

39. Le rapporteur est nommé pour faire connaître à la chambre l'opinion du bureau, ou (ce qui, légalement, est la même chose), l'opinion de la majorité du bureau, et pour faire, en conséquence, une proposition à la chambre.

Mais *lorsqu'un bureau, composé d'un nombre pair de membres, est partagé par moitié sur la question de validité d'une élection, le rapporteur n'a pas de conclusions à proposer; il doit se borner à faire connaître les faits, ainsi que les motifs de chacune des deux opinions.*

Rapport de M. Jacques Lefèvre sur l'élection de M. de Loynes. (12 avril 1839, *Monit.* du 13, p. 530.)

40. Le rapporteur n'a pas non plus de conclusion à prendre lorsqu'il s'agit d'un exposé de faits ou d'une lecture de pièces, dont il a été expressément chargé par le bureau, indépendamment des conclusions prises sur la validité ou la nullité de l'élection.

Par exemple : *Le rapporteur d'une élection peut, après qu'elle a été déclarée valide par la chambre, donner lecture d'un acte rédigé par le bureau du collége électoral, contenant des faits à la charge de fonctionnaires publics, et des notes en réponse de la part de ces fonctionnaires; le rapporteur, après cette lecture, peut s'abstenir de prendre aucune conclusion; mais la discussion peut s'engager sur les pièces lues et les faits qu'elles énoncent.*

C'est ce qui s'est passé après l'admission de M. F. de Corcelles, en 1839; M. Dupin, rapporteur, a donné lecture d'observations rédigées par le bureau définitif au moment où le collége se séparait, ainsi que de notes en réponse, de la part de fonctionnaires publics inculpés par ces observations. Sur l'interpellation de M. Fulchiron, M. Dupin déclare que le bureau ne prenait pas de conclusion et ne faisait qu'exposer les faits; il ajouta : Que ceux qui veulent parler demandent la parole. Une discussion s'engagea, en effet, entre M. de Corcelles et M. Lemercier.

(Séance du 9 avril 1839; *Monit.* du 10, p. 505-506.)

41. Il est du devoir du rapporteur de faire connaître à la chambre toutes les difficultés qui se sont élevées, alors même que l'élection n'aurait pas été attaquée dans sa validité. Rien n'est indifférent quand il s'agit de la pureté des éléments constitutifs de la chambre.

42. En conséquence, *lorsqu'une élection n'est point attaquée, mais que seulement elle a présenté au bureau une difficulté qu'il a résolue à l'unanimité en faveur de la validité de l'élection, le rapporteur doit néanmoins offrir à la chambre de lui rendre compte de la difficulté, sauf à la chambre à se borner à entendre les conclusions du rapport et à voter sur l'admission sans autre débat.*

Ainsi décidé sur l'élection de M. de Saint-Albin; M. Demarçay, rapporteur. (6 avril 1839; *Moniteur* du 7, p. 483.)

43. Lorsque les conclusions du bureau sont positives, il ne suffit pas que le rapporteur les fasse connaître; il faut qu'il les motive, afin d'éclairer complétement la chambre et de l'édifier, ainsi que le public et les électeurs, sur le soin apporté par le bureau à son travail de vérification.

44. *Un rapporteur peut-il se borner à énoncer brièvement les motifs des conclusions du bureau, sans donner des explications détaillées sur tous les faits soumis à l'appréciation de la chambre?*

M. Parent, rapporteur de l'élection

de M. Voysin de Gartempe, exposa d'abord les faits relatifs à cette élection et les difficultés qu'elle soulevait; ayant annoncé qu'il allait entrer dans des détails, il se manifesta des marques d'impatience. Alors le rapporteur fit connaître brièvement les principaux motifs qui avaient déterminé le bureau à proposer l'admission. M. Charamaule prétendit que ce serait un précédent dangereux; qu'adopter, sans en connaître à fond tous les motifs, les conclusions du rapport, ce serait transporter aux bureaux les attributions de la chambre. Il demanda l'ajournement au lendemain pour un nouvel examen des faits. La chambre, consultée, déclara l'élection valide. Il en résulte qu'elle trouvait le rapport suffisant. Dans chaque affaire, la solution peut être différente, selon l'appréciation que la chambre aura faite, et selon qu'elle trouvera ou ne trouvera pas, dans le rapport, des éléments suffisants de conviction. (22 septembre 1831; *Monit.* du 23, p. 1654 et 1655.)

45. Le plus ou moins de motifs exigés du rapporteur dépend du degré d'importance des faits, et de leur relation plus ou moins directe avec la validité de l'élection.

Un rapporteur peut se borner, en concluant pour l'admission d'un député, à déclarer, qu'examen fait d'une protestation dont il offre de donner lecture, et de la déclaration du collége, le bureau a pensé qu'il n'y avait pas lieu de s'y arrêter. Élection de M. Letronne; M. de Maleville, rapporteur. Chambre des députés, (6 avril 1839; *Moniteur* du 7, p. 484.)

46. *On peut également se borner à déclarer qu'il y a une protestation qui n'a pas paru suffisamment fondée au bureau.* Élection de M. de Montépin; M. Manuel, rapporteur. (6 avril 1839; *Monit.* du 7, p. 484.)

De même, en proposant l'admission de M. Quesnault, M. Ducos, rapporteur, dit que le bureau l'avait chargé d'annoncer qu'une note en forme de protestation lui avait été remise, mais que les faits qui y étaient mentionnés, ayant un caractère de généralité trop absolu, le bureau n'avait pu s'y arrêter. (Séance du 9 avril; *Monit.* du 10, p. 505.) — Élection de M. Lanjuinais; M. Duboys (d'Angers), (3 mars 1838; *Moniteur* du 4, p. 472.)

Pour l'élection de M. Galoz, M. de La Rochefoucault, rapporteur, dit que les motifs de la protestation dressée étaient si peu importants qu'il ne devait pas même en être rendu compte à la chambre. (20 décembre 1837; *Monit.* du 21, p. 2507.)

De même pour l'élection du général d'Houdetot et de M. Burchin; dans cette dernière il y avait une protestation que le rapporteur a déclaré frapper plutôt sur la loi électorale que sur l'élection. MM. d'Angeville et Duboys (d'Angers), rapporteurs, (21 décembre 1837; *Moniteur* du 22, p. 2513.)

L'usage, en pareil cas, est constant et non contesté.

47. Le but définitif du travail des bureaux est de faire annuler ou valider les élections qu'ils vérifient; toutefois ils n'enferment pas rigoureusement leur mission dans cette limite; ils peuvent, ainsi qu'on en a vu déjà des exemples § 1er, n° 18, et ci-dessus, nos 40, 42, charger le rapporteur d'exposer des faits ou de lire des actes relatifs à la moralité de l'élection, et d'en faire l'objet d'une conclusion spéciale.

Ainsi, un rapporteur peut, après avoir proposé de déclarer une élection régulière, être chargé, par le bureau, de lire à la chambre des pièces émanées de plusieurs électeurs, et tendant à signaler des manœuvres pratiquées pour influencer les élections, et conclure au renvoi de ces pièces devant le ministre de l'intérieur.

Ainsi procédé sur l'élection de M. l'amiral Rosamel; M. Dupin, rapporteur. (Séance du 9 avril 1839; *Monit.* du 10, p. 506.)

48. Mais, bien évidemment, il ne devrait être donné aucune lecture de pièces qu'une décision de la chambre rendrait sans objet. Par exemple: *Lorsque la chambre a rejeté l'annulation d'une élection demandée par le bureau pour des motifs étrangers au cens*

d'éligibilité, il est inutile qu'après ce vote, le rapporteur donne lecture des pièces qui justifient du cens.

Election de M. Reybaud; M. J. Lefebvre, rapporteur. (6 août 1834; *Monit.* du 7, p. 1664.)

49. Il ne faut pas oublier que ce n'est pas son opinion personnelle que le rapporteur exprime; c'est celle du bureau. Si donc, après la délibération du bureau, et en séance de la chambre, on lui soumet des pièces non encore examinées, il peut, il doit même, refuser de se prononcer sur cette production sans en avoir référé au bureau et recueilli son opinion.

50. Il s'ensuit qu'*un rapporteur à qui on vient de remettre des certificats ou autres pièces constatant le cens d'éligibilité peut ne pas conclure sur ces pièces, ni même donner son avis immédiatement; il y a lieu d'ajourner pour que le bureau puisse prononcer, ou de réunir le bureau, séance tenante, et de déclarer son opinion.*

Election de M. Ducluzeau; M. Rivet, rapporteur. (1er août 1834; *Moniteur* du 2, p. 1627.)—De M. de Laboulie; M. J. Lefebvre, rapporteur. (16 août 1834; *Monit.* du 17, p. 1714.)

Cependant, le 1er août 1834, M. Defermon, qui, quelques instants auparavant, avait conclu à l'ajournement de l'admission de M. Duchâtel pour défaut de justification du cens d'éligibilité, dit à la tribune que les pièces venant de lui être remises, il proposait l'admission, qui fut prononcée.

La question s'est présentée très-nettement dans la séance du 8 mars 1838. L'admission de M. Martell avait été ajournée pour qu'il pût justifier de son cens; il remit la pièce justificative à M. de Marcombe, rapporteur, qui l'annonça à la tribune, en disant : Je n'ai pas eu le temps de réunir le bureau, mais voici la pièce probante. M. Mauguin répondit : C'est une opinion individuelle que vous exprimez, et non celle du bureau. Plusieurs voix s'écrièrent : Si le bureau n'a pas été convoqué, vous ne pouvez pas faire de rapport. — M. Vivien : Il est très possible de réunir le bureau immédiatement pendant la séance; en quelque nombre que soient les membres du bureau, ils pourront prendre une décision. — M. de Marcombe : Je croyais que la réunion du bureau était inutile, puisque voici la pièce parfaitement en règle. — M. le président : On a invoqué la régularité lors du premier rapport; maintenant, on invoque encore la régularité des formes; rien n'est plus facile que de réunir sur-le-champ le bureau. — M. de Marcombe descendit de la tribune; le bureau se réunit, et le rapporteur vint, plus tard, dans la même séance, annoncer, à la tribune, que le bureau proposait l'admission, qui fut prononcée. (Séance du 8 mars 1838; *Monit.* du 9, p. 525, 526.)

51. Mandataire du bureau qui l'a nommé, le rapporteur ne doit point excéder les pouvoirs qui lui ont été donnés, ni exprimer d'autres idées que celles qu'on est convenu de présenter à la chambre.

Un rapporteur, chargé de conclure à l'admission pure et simple d'un député, n'a donc pas le droit d'élever des difficultés et de présenter des considérations relatives à cette élection.

M. Lherbette ayant présenté plusieurs questions sur l'élection de M. Audry de Puyraveau, dont le bureau l'avait seulement chargé de proposer l'admission, plusieurs députés, notamment MM. Bernard et Demarçay, dirent que le rapport ne devait pas aller au-delà de ce qui avait été demandé par le bureau. La chambre prononça l'admission. (26 juillet 1831; *Monit.* du 27, p. 1268.)

52. *De même, un rapporteur qui a été chargé d'appuyer principalement, et même uniquement, ses conclusions sur la lecture des procès-verbaux de l'élection, ne doit pas entrer dans de longues considérations, étrangères aux pièces, dans un rapport écrit et non lu au bureau.*

Election de M. Dintrans; M. Gaëtan de La Rochefoucault, rapporteur. (5 août 1834; *Monit.* du 6, p. 1652 et 1653.)

53. *Un rapporteur qui lit à la chambre des pièces examinées par le bureau, peut-il ajouter à cette lecture celle d'une*

pièce non communiquée préalablement au bureau ? La communication préalable cesse-t-elle d'être nécessaire, s'il s'agit de faits relatifs à une élection non contestée, et si la pièce lue vient d'être reçue à l'instant ? Doit-on s'arrêter à cette circonstance, que la lettre ainsi lue pour la première fois, à la tribune, n'a pu être écrite que sur la communication, à un tiers, des pièces déposées au bureau ?

Ces questions ont été débattues, mais non résolues, car il n'y avait pas lieu à une délibération, dans la séance de la chambre des députés du 9 avril 1839. M. Dupin, rapporteur, après avoir lu trois pièces émanées d'électeurs, et qui avaient été soumises au bureau, en lut une quatrième ; c'était une lettre envoyée à lui, rapporteur, par un électeur, et mentionnant des faits relatifs à un candidat qui avait échoué et qui avait écrit une des lettres lues par le bureau. — M. Piscatory crut que c'était un fait important à signaler. En telle matière, a-t-il dit, tout ce qui est porté à la tribune doit être examiné d'abord par le bureau chargé de l'appréciation de la question générale. — M. Dupin répondit : Si l'élection avait été contestée sous le rapport de sa validité, et si la pièce avait pu avoir une influence quelconque sur une question de régularité, il aurait fallu suspendre le rapport et consulter le bureau sur la nouvelle pièce; mais l'élection étant régulière, les faits allégués ne pouvaient pas l'atteindre, même quand ils n'étaient pas contredits, à plus forte raison quand ils l'étaient. La contradiction n'atteignait plus que les faits, et nullement l'élection ; c'était un devoir d'impartialité, sinon comme rapporteur, du moins comme député, de lire cette pièce nouvelle. Puisque d'autres lettres avaient été lues, il était permis d'en lire une qui venait d'être remise à l'instant. — M. Desmousseaux de Givré a soutenu de nouveau que c'était à tort que lecture avait été faite, à la tribune, d'une pièce qui n'avait pas été communiquée au bureau ; c'était la propriété du bureau, dont l'assentiment devenait nécessaire. Il a ajouté que les pièces appartenant au bureau avaient été indûment communiquées par le rapporteur à un tiers, et que la lettre écrite en conséquence était une attaque contre un absent qui ne pouvait se défendre. M. Odillon Barrot ayant pris ensuite la parole et porté la discussion sur le terrain de la politique générale, le débat n'eut pas d'autre suite. (Séance du 9 avril 1839; *Monit.* du 10, p. 507.)

§ 3. Règles générales relatives à la vérification des pouvoirs par la chambre.

54. La vérification qui se fait, en séance publique, par la chambre entière, consiste dans l'audition du rapport et la délibération qui s'ensuit. Pour y procéder valablement, pour prononcer sur la validité d'une élection, est-il nécessaire que la chambre soit en nombre?

On va voir que les précédents peuvent laisser quelques doutes à cet égard ; mais il a été décidé, avec raison, que *la condition d'être en nombre n'est pas nécessaire quand il s'agit seulement d'admettre un député dont l'élection a été précédemment validée.*

Après la discussion élevée sur l'élection de M. de l'Espée, M. Luneau demanda que le bureau fût consulté sur la question de savoir si on était en nombre, et ajouta qu'un membre déclarait qu'il n'y avait que 219 députés présents. M. Vergnes dit : On n'a pas besoin d'être en nombre pour valider une élection. Le président mit aux voix la validité de l'élection, et la chambre la prononça, malgré les réclamations de la gauche. (Séance du 11 avril 1839; *Monit.* du 12, p. 524.)

Dans le cas qui précède, il ne fut pas constaté que la chambre n'était pas en nombre, et l'observation laconique d'un membre, au milieu de l'agitation qui précède un vote décisif, à la fin d'une séance, ne semble pas avoir une grande autorité. Aussi, dès le lendemain, une doctrine contraire fut émise. A l'ouverture de la séance, la parole ayant été donnée à un rapporteur, pour une vérification de pouvoirs, M. Taillandier fit l'observation suivante : « Il faut attendre, M. le président; on ne peut pas prononcer l'admission d'un député quand la chambre n'est *pas en nombre*; il n'y a que les pétitions que l'on rapporte quand la chambre n'est pas en nombre. » Le président, sans contredire cette opinion, répondit : « Il ne s'agit pas de valider une élection; il s'agit d'admettre, sur la production des pièces justificatives du cens et de l'âge, un député dont l'élection a été validée » Le rapporteur eut la parole ; le député fut admis et prêta serment. (Séance du 12 avril 1839; *Monit.* du 13, p. 526.)

Dans la séance du 17 août 1831, M. Thiers, rapporteur de l'élection de M. Bourgeois, fut appelé à la tribune. On fit observer qu'on n'était pas en nombre; le président ayant dit que le rapport pouvait toujours être fait, sauf à délibérer seulement quand on serait en nombre; M. Dupont (de l'Eure) répondit qu'on ne pouvait délibérer sur un rapport qu'on n'aurait pas entendu. La parole ne fut donnée au rapporteur qu'après quelques instants d'attente et lorsque le président eut fait constater que la chambre était en nombre. (*Monit.* du 18 août 1831, p. 1409.)

Après le rapport de M. Duvergier de Hauranne sur l'élection de M. Limperani, on fit observer qu'on ne pouvait pas délibérer sur l'admission, parce qu'on n'était pas en nombre. Le président dit qu'il n'avait jamais été exigé qu'on fût en nombre pour une vérification de pouvoirs. Sur la dénégation de M. Duris-Dufresne, le président répondit : « S'il y avait discussion, sans doute, parce qu'il faudrait délibérer, mais quand il n'y a pas d'opposition. » M. Demarçai dit que c'était une grave question. Le président, après avoir demandé s'il y avait opposition, à quoi la chambre répondit : non, déclara que, puisqu'il n'y avait pas d'opposition, il proclamait M. Limperani membre de la chambre. MM. Demarçay et Duris-Dufresne s'écrièrent qu'il n'y avait pas de précédent semblable, que c'était très illégal; malgré leurs réclamations, le président fit immédiatement prêter serment à M. Limperani. (7 novembre 1831; *Monit.* du 8, p. 2071.)

55. *De même, s'il faut que la chambre soit en nombre pour délibérer sur des rapports d'élections contestées, cela n'est pas nécessaire pour l'admission pure et simple prononcée après un rapport sur une élection non contestée.*

Au commencement de la séance du 28 juillet 1831, M. Guizot, rapporteur d'une élection *contestée*, quitta la tribune sur cette observation, que la chambre n'était pas en nombre. M. de Cambis d'Orsan fut admis, sur le rapport de M. Gauthier de Rumilly, qui ne passa au rapport d'une élection contestée qu'après qu'on eut prévenu les députés restés hors de la salle. Après ce rapport, on attendit encore, avant de le mettre en délibération, que la chambre fût en nombre. (*Moniteur* du 29 juillet 1831, p. 1275.)

56. Les travaux qui ont pour but la constitution de la chambre doivent avoir la priorité, pendant la durée, comme au début des sessions; c'est pourquoi il est de règle que *les vérifications de pouvoirs sont, de droit, à l'ordre du jour.*

M. Allard, rapporteur, s'étant présenté, au commencement de la séance du 26 février 1841, pour rendre compte de l'élection de M. Pelletier-Dulas, M. de Vatry dit : « Il faudrait remettre cette vérification de pouvoirs à la fin de la séance, si elle doit donner lieu à une longue discussion. » — M. le président Sauzet répondit : « L'usage a toujours été que les vérifications de pouvoirs fussent de droit à l'ordre du jour, et la raison est fort simple : c'est que si le député est admis, il pourra prendre part au vote. Cette observation eut l'assentiment de la chambre, et M. Allard prit immédiatement la parole pour son rapport. (*Monit.* du 27 février 1841, p. 476.)

57. En vertu de la même considération, *la parole peut être accordée pour une vérification de pouvoirs, mais pour cela seulement, après qu'un ministre a demandé la parole pour une communication du gouvernement, relative à une prorogation des chambres.*

(Séance du 16 août 1834 ; *Moniteur* du 17, p. 1714.)

58. On voit, par ces précédents, que les vérifications de pouvoirs peuvent être portées à la chambre à tous les moments de la séance. Ce ne sont pas seulement les discussions, mais bien aussi les autres opérations de la chambre qui sont interrompues par les rapports d'élections.

Ainsi, *un scrutin pour la nomination du bureau de la chambre peut être interrompu pour une vérification de pouvoirs.*

La parole fut donnée à M. Charamaule pour faire un rapport sur l'élection de M. Jollan, après l'ouverture du scrutin pour la nomination du président. M. Ardaillon fit remarquer que le rapporteur n'avait pas le droit d'interrompre le scrutin ; M. de Golbéry répondit qu'on interrompait toujours les scrutins pour des vérifications de pouvoirs. La chambre laissa continuer le rapport et prononça l'admission avant qu'on procédât au dépouillement du scrutin. (Séance du 6 novembre 1840 ; *Moniteur* du 7, p. 2206.)

Dans la séance du 22 nov. 1832, M. Amilhau fit, sans réclamation, le rapport de l'élection de M. Joseph Périer, pendant le scrutin pour la nomination des vice-présidents. (*Moniteur* du 23, p. 1992.)

A la séance du 26 décembre 1833, M. Salverte fit un rapport d'élection pendant que les scrutateurs dépouillaient le scrutin pour la nomination d'un vice-président. (*Monit.* du 27 décembre, p. 2498.)

59. *Il en est ainsi, surtout s'il s'agit par là de valider le vote d'un membre qui avait pris part au scrutin sans être admis.*

M. Guizot avait voté pour la nomination du président avant que le rapport sur son élection eût été présenté. Au moment où le scrutin allait être dépouillé, M. Garnier-Pagès prétendit qu'il y avait là une cause de nullité. Le rapporteur demanda à faire son rapport ; les uns s'écrièrent qu'il était contraire au règlement d'interrompre un scrutin pour faire un rapport ; les autres demandèrent le rapport. Le président consulta la chambre qui décida, à la presque unanimité, que le rapport serait entendu. M. Guizot fut admis. (21 novembre 1832 ; *Monit.* du 22, p. 1989.)

60. Pour vérifier des pouvoirs, il faut en avoir le droit, il faut être soi-même muni de pouvoirs valides. Or, après des élections générales, et au commencement de la session, les premières vérifications sont faites par des députés qui n'ont pas encore été eux-mêmes vérifiés ; s'il n'en était pas ainsi, on tournerait dans un cercle vicieux dont on ne pourrait sortir qu'en faisant intervenir une autorité étrangère à la chambre, ce qui serait contraire à tous les principes. Du reste, le procédé suivi est fondé en raison, et se justifie aisément. Tous les députés élus ont, dans leur élection même, un titre provisoirement réputé valable.

« La présomption, dit M. de Cormenin, est que le député élu est véritablement député, puisque, dans les élections générales, chaque député délibère sur la validité des pouvoirs de ses collègues, avant même que les siens ne soient vérifiés. »

61. *Les députés dont l'admission est ajournée, ne doivent pas prendre part aux délibérations sur la vérification des pouvoirs ;* car, ici, le doute balance la présomption. M. de Cormenin rappelle que la chambre s'est prononcée en ce sens, lors de l'examen de l'élection de M. de Jankowitz, les 18 et 19 février 1828 ; (*Monit.* des 19 et 20, p. 208 et 210.)

62. Quant à ceux qui n'ont pas été ajournés, mais qui seulement n'ont pas encore été admis ou n'ont pas prêté serment, la présomption générale existe encore en leur faveur, du moins en ce sens qu'ils peuvent, comme les autres, participer aux vérifications de pouvoirs.

63. On a demandé s'ils peuvent prendre part à la délibération des bureaux ?

La négative résulterait d'un avis donné par M. le président, le 28 décembre 1837 (*Monit.* du 28, p. 2551.)

« Il nous semble, disent MM. Valette et Benat Saint-Marsy, p. 230, que cette observation doit être considérée relativement à l'état de la chambre, et non d'une manière absolue ; en effet, dans le cas d'un renouvellement intégral, elle ne saurait être appliquée ; il est impossible alors de ne pas admettre au travail des bureaux des députés qui n'ont encore en leur faveur que la présomption d'une élection valable, sous peine de ne pouvoir jamais commencer. »

64. D'après ce que nous avons dit ci-dessus, *tous les députés, même ceux qui n'ont pas prêté serment, peuvent prendre part à un scrutin sur la validité d'une élection.*

Au moment où l'on allait voter au scrutin sur l'élection de M. Dintrans, M. le président dit : « Ceux de MM. les députés qui n'ont pas prêté serment ne doivent pas voter. — *De toutes parts :* C'est une erreur. — *M. Viennet :* Tous les députés ont le droit de voter sur les vérifications de pouvoirs. — *Voix nombreuses :* Oui, oui, laissez voter. — *M. le président :* C'est juste ; tout le monde votera. » (5 août 1834 ; *Monit.* du 6, p. 1656.)

65. Mais les députés non vérifiés ne peuvent participer qu'aux opérations qui concernent les vérifications de pouvoirs des autres membres.

Ils ne peuvent donc prendre part au scrutin pour la nomination du président.

Observation du président, séance du 16 avril 1839 ; *Monit.* du 17, p. 561.

Même observation de M. Taillandier et du président, dans la séance du 1er août 1831. Un membre avait cependant dit : « Tant que la chambre n'est pas constituée, tous les membres peuvent prendre part à ses opérations. On procéda, et le président le dit, sans appeler au scrutin les membres non vérifiés ni admis. (*Moniteur* du 2 août, p. 1295.)

66. *Si des députés non encore admis ont voté pour la nomination du président, le scrutin doit-il être annulé ?*

M. Guizot, non encore admis, ayant voté au scrutin, M. Garnier-Pagès dit qu'il y avait là un motif d'annuler le scrutin ; M. Augustin Giraud soutint, après que l'admission eut été prononcée, que deux autres députés se trouvant dans le même cas, le scrutin devrait être annulé si la majorité n'était que de deux voix. La chambre ne s'arrêta point à ces observations : le scrutin fut dépouillé, et le président proclamé, après avoir obtenu une forte majorité. (21 novembre 1832 ; *Monit.* du 22, p. 1989.)

67. *Tous les rapports d'élections prêts doivent être épuisés avant que la chambre procède à la nomination de son bureau définitif.*

Ainsi procédé, sur l'observation de M. Parant. (6 août 1834 ; *Moniteur* du 7, p. 1658.) — Même observation à la séance du 7. (*Monit.* du 8, p. 1668.)

68. La vérification des pouvoirs consiste essentiellement dans l'examen de la validité des élections ; mais les droits de la chambre s'étendent, en outre, à toutes les questions que peut entraîner l'appréciation des opérations électorales et des circonstances qui les ont accompagnées.

69. *La chambre a le droit de blâmer, par l'organe des rapporteurs de ses bureaux chargés de la vérification des pouvoirs, les faits qui lui paraissent porter atteinte à la pureté des élections.*

Ce droit a été contesté. M. Mérilhou, rapporteur de l'élection de M. Jars, ayant déclaré qu'il était chargé par le bureau de blâmer le président du collége et le préfet, à raison de la lecture d'une dépêche télégraphique pendant le vote ; M. Fulchiron dit qu'il doutait que la chambre eût le droit de blâmer, le blâme étant une espèce de peine, et qu'il pensait qu'en fait d'opérations électorales, la chambre ne pouvait que les maintenir ou les annuler. (Séance du 26 juillet 1831, *Moniteur* du 27, p. 1270.)

De même, dans l'élection de M. Duchâtel, M. Lherbette soutint que la chambre n'a à voter que sur la validité de l'élection ; que le bureau n'est pas un conseil administratif qui puisse censurer la conduite des fonctionnaires, ni une conférence de casuistes, qui ait à émettre un avis sur la moralité des actions. (7 août 1834 ; *Monit.* du 8, p. 1667.

Malgré ces critiques, l'expression du blâme s'est retrouvée plusieurs fois, et sans contestations, quant au droit du moins, dans la bouche des rapporteurs.

70. *Le blâme qu'un bureau, ou un orateur, jette sur la conduite de l'administration dans les élections, peut bien ne pas s'appliquer au candidat élu.*

Cette distinction entre le candidat et l'administration accusée d'avoir travaillé à son élection par des moyens irréguliers, a été faite expressément dans plusieurs circonstances, par exemple pour l'élection de M. de Rosamel (Séance du 9 avril 1839; *Monit.* du 10, p. 506), de M. Vigier (10 avril 1839; *Moniteur* du 11, p. 512), de M. Delbecque (11 avril 1839; *Monit.* du 12, p. 520), de MM. Merlin, Duchâtel, en 1834 (6 et 7 août; *Monit.*, p. 1660, 1666).

71. *La chambre peut-elle blâmer un collége électoral pour un abus du droit d'élection, par exemple pour avoir nommé député un personnage notoirement décédé depuis longtemps ?*

Les électeurs du collége de Bastia n'ayant pu tomber d'accord sur le candidat qu'ils devaient choisir dans le département, un certain nombre d'entre eux se rendirent au collége le dernier jour du scrutin, et nommèrent, à l'unanimité, Pascal Paoli, décédé depuis trente-deux ans. Le bureau proposa de déclarer les opérations nulles, et voulut que son rapporteur exprimât un blâme d'un semblable abus du droit électoral. M. Piscatory pensa que l'annulation des opérations ne serait pas suffisante, et qu'il fallait trouver un moyen de formuler un blâme sévère. M. Garnier-Pagès refusa à la chambre le droit de blâmer les électeurs qui exercent, dans leur choix, un droit souverain. M. Dupin repoussa cette doctrine, et soutint, ce que M. Garnier-Pagès nia dans sa réplique, qu'une loi pourrait punir un abus de cette nature, par exemple en transférant à un autre collége le droit de faire la nomination. La chambre se borna à déclarer les opérations nulles. (14 avril 1838; *Monit.* du 15, p. 910.)

Il est à remarquer que le blâme, présenté comme une opinion par le bureau, n'est pas formulé par la chambre d'une manière expresse, car il n'est pas mis aux voix : la chambre ne vote que sur la validité ou la nullité de l'élection. L'assemblée ne s'associe au blâme du bureau qu'en ne combattant pas le rapport qui l'exprime, ou par l'accueil que la majorité fait aux orateurs qui s'y opposent, résultat moral, quelquefois difficile à mesurer. La plupart du temps le blâme de la chambre s'induit de son silence sur le rapport qui propose de l'infliger.

§ 4. De l'instruction des questions électorales devant la chambre; des incidents.

72. La chambre s'éclaire par les explications des députés dont elle vérifie l'élection, par l'exposé des faits, par des lectures de pièces, par le débat contradictoire.

73. Pour donner des explications à la chambre, en séance générale, il faut faire partie de l'assemblée, au moins à titre provisoire, par une élection. — *Lorsqu'une élection est contestée entre deux candidats, celui qui n'a pas été proclamé député ne peut venir à la chambre discuter les faits de son élection, bien qu'il ait pu et dû être admis à s'expliquer dans le bureau.*

C'est ce qui fut dit incidemment dans le débat sur l'élection contestée entre MM. Drault et Martineau; M. Drault, qui avait été proclamé député, soutenait son élection à la tribune, et on lui fit observer qu'il ne devait pas entrer dans des questions personnelles, son concurrent n'étant pas présent pour lui répondre. M. Vigier et M. Petou demandèrent que M. Martineau fût entendu, puisqu'il l'avait été par le bureau; plusieurs voix répondirent : Non, il n'est pas député. M. Guizot termina l'incident par ces paroles : « Les candidats ne viennent pas se débattre devant la chambre; ce serait accorder à tous les candidats qui ont échoué le droit de venir proposer à la chambre leurs réclamations contre le bureau du collége dans lequel ils ont échoué; il est impossible que la chambre entende

M. Martineau. » — (6 août 1834; *Moniteur* du 7, p. 1659.)

74. La chambre ne se prononce sur la valité de l'élection que lorsqu'elle se trouve suffisamment éclairée, soit par le rapport seul, soit par le rapport et par la discussion dont il a été l'objet devant elle. Une fois l'admission prononcée, aucune discussion n'est plus reçue, et la parole serait refusée à un orateur qui la demanderait même pour de simples explications relatives à l'élection consommée définitivement. (*Voy.* § 6.)

75. Toutefois, il a été admis que *des faits relatifs à une élection et qui ne tendent pas à l'attaquer, peuvent être exposés à la tribune, même après que cette élection a été déclarée valide sans contestation, et que la discussion s'est portée sur d'autres élections.*

C'est ainsi que, dans la séance du 6 avril 1839, M. de Mornay demanda à préciser des faits relatifs à l'élection de M. Danse, validée la veille, et qu'il déclarait lui-même valide et loyale; il ne voulait que signaler, à cette occasion, des faits de partialité qu'il attribuait au ministère. (*Moniteur* du 7 avril 1839, p. 488.)

Il faut remarquer que, dans ce cas, il s'agissait d'une discussion sur la moralité générale des élections, et non de faits destinés à invalider, ou même à déprécier une élection particulière; il en eût été autrement si le débat avait porté sur la valeur d'une élection spéciale.

76. Non seulement le débat sur une élection contestée doit avoir son libre cours, mais même *lorsque, après la clôture de la discussion sur le rapport, il s'élève un débat sur la position de la question, et qu'un orateur insiste pour donner des motifs tirés du fond de la question, la chambre peut rouvrir la discussion générale; dans ce cas, la parole appartient, non à l'orateur qui a fait revenir la chambre sur la clôture prononcée, mais aux orateurs qui étaient inscrits avant la clôture.*

Ainsi procédé dans le débat ouvert sur l'élection de M. Harlé. (25 février 1833; *Moniteur* du 26, p. 527.)

77. Toutes les pièces propres à édifier la chambre, soit sur l'admissibilité du candidat, soit sur la validité ou la moralité d'une élection, doivent être lues à la chambre si elle le juge nécessaire.

La lecture d'une pièce destinée à constater l'état civil d'un député ne peut être refusée à la chambre par des considérations de convenances personnelles à l'élu.

Election de M. Emile de Girardin. M. Vivien, rapporteur. (4 août 1834; *Moniteur* du 5, p. 1646.)

78. *Lorsqu'à un procès-verbal d'élection le sous-préfet joint des pièces relatives à sa conduite dans l'élection précédemment faite par l'arrondissement, ces pièces, quoique étrangères à l'élection actuelle, peuvent être renvoyées aux archives pour être jointes à celles qui justifient déjà la conduite de ce sous-préfet.*

Election de M. Molin, nommé par suite de la promotion de son concurrent, M. de Rosamel, à la pairie; le sous-préfet joignit au procès-verbal de la nouvelle élection des pièces relatives à ce qui s'était passé lors de la première, sur laquelle la chambre avait prononcé un ajournement. Le bureau, par l'organe de M. Sapey, rapporteur, proposa le renvoi de ces pièces aux archives pour être jointes à celles qui justifiaient de la conduite du sous-préfet. Il n'y eut pas d'opposition. M. Sapey, rapporteur. (Séance du 30 avril 1839; *Monit.* du 1er mai, p. 631.)

79. La chambre accueille, écoute, exige même la lecture des pièces relatives à l'élection; mais elle ne permet pas la lecture de pièces étrangères au débat, et destinées seulement à des attaques personnelles contre un élu. Par exemple, *un orateur ne peut, en développant son opinion sur la nullité d'une élection, invoquer et commenter un jugement correctionnel relatif au député qu'il attaque.*

M. Martin (de Strasbourg) demandait la nullité de l'élection de M. Emile de Girardin, et il s'appuyait sur des moyens de corruption électorale. L'orateur ayant dit que M. de Girardin avait demandé satisfaction au tribunal correctionnel et ne l'avait pas obtenue, le président l'arrêta par ces paroles : « On ne peut pas discuter ici un jugement et ses motifs. — *M. Teste :* Nous ne jugeons pas les jugements. — *M. Ardaillon :* Je demande l'ordre du jour. — *M. le président :* L'orateur doit se renfermer dans la question; il a le droit de continuer, mais dans la question, et il n'y est pas; c'est une question d'indignité que vous traitez, et non une question de nullité. » (5 mai 1838; *Moniteur* du 6, p. 1137.

80. Les pièces le plus souvent produites pour attaquer les élections, sont les protestations d'électeurs. La chambre y a tel égard que de raison; elle mesure l'importance des protestations au nombre, à la moralité, à la situation des signataires, aux moyens proposés, aux circonstances de l'affaire; elle refuse sa confiance aux faits dénoncés sans preuves à l'appui, ou contredits par des actes.

Ainsi *on ne doit pas avoir égard à des faits allégués dans une protestation lorsqu'ils sont contraires aux énonciations précises du procès-verbal des opérations du collége électoral.*

C'est ce qui résulte du rapport de M. Desabes, sur l'élection de M. Allier. (Chambre des députés, 9 avril 1839; *Moniteur* du 10, p. 510. — *Voy.* aussi, 2e partie, § 13.)

81. S'il s'agit de faits nécessaires à éclaircir pour la validité d'une élection en particulier, la chambre emploie tous les moyens d'instruction et de renseignements pour arriver à la constation de ces faits.

82. *Lorsque, à l'occasion d'élections, des faits généraux, graves, ont été articulés, et que la preuve de ces faits est demandée, comment doit-il être procédé à la preuve? Est-ce par une enquête parlementaire, ou par l'action du gouvernement, provoquée par les chambres?*

Cette haute question, que la chambre des députés n'a point résolue, s'est présentée lors de la vérification des pouvoirs, dans la session de 1839. — Déjà, à l'ouverture de la session, dans la séance du 20 décembre 1838, une protestation contre l'élection de M. Parès avait émis, mais sans insistance, le vœu d'une enquête. M. Teste, rapporteur, n'examina pas la question de droit, et se borna à signaler les inconvénients de l'admission facile d'un pareil moyen. — Dans la même séance, à l'occasion de l'élection de M. Limperani, M. Martin (de Strasbourg), revenant à la question générale, demanda qu'une enquête fût ordonnée sur tous les faits de corruption électorale reprochés à l'administration. M. de Montalivet, ministre de l'intérieur, dénia les faits de corruption, et répondit qu'il ne pouvait être question d'une enquête à l'occasion d'une protestation de quelques électeurs, sans articulation de faits précis.

La controverse se reproduisit et s'anima, après les élections générales de 1839.

M. le comte Jaubert, dans la séance du 6 avril 1839, annonça que des faits graves seraient cités contre plusieurs élections, et qu'on demanderait à les prouver; mais il avoua qu'il ne voudrait pas que la preuve fût demandée à une enquête parlementaire; cette forme, selon l'honorable orateur, empiéterait sur l'action légitime et les prérogatives de l'administration; la chambre ne gagnerait rien à s'arroger le droit d'enquête parlementaire, auquel tous nos usages répugnent, qui serait en désaccord avec tout l'ensemble de notre organisation politique : la tribune, d'abord, la publicité qui en découle, et enfin l'action énergique du pouvoir, suffisent.

M. Dupin dit qu'il pensait, comme M. Jaubert, qu'il appartenait à la chambre de poursuivre les méfaits électoraux, de les signaler, mais qu'il différait du préopinant sur un point, le droit d'enquête. « Je défends péremptoirement, a dit l'orateur, le droit de la chambre d'ordonner une enquête; il y a mieux, je déclare qu'il n'y a pas de matière où elle soit plus autorisée à la provoquer, à la vouloir, qu'en matière électorale. Ici c'est éminemment notre droit : vous n'êtes le pays qu'autant que vous en êtes sincèrement l'expression. Qu'est-ce que les élections? C'est un appel fait à l'opinion publique... On a fait un appel au pays; on devait le laisser faire; si l'opinion est contrariée, s'il n'en sort pas l'expression de la véritable volonté publique, les élections vont se trouver faussées; on va se trouver, après une dissolution, dans le même état qu'auparavant : on fausse le gouvernement représentatif. Ainsi, je le répète, le droit de la chambre ne peut pas être mis en question. »

M. Martin (du Nord) pensa que l'enquête était une question sur laquelle il fallait réserver son opinion, et qui avait droit à une discussion plus approfondie. Tandis qu'il continuait son discours, plusieurs voix ayant demandé : Une enquête! une enquête! M. Martin répondit: « Une enquête! Vous savez bien que ce n'est pas ici qu'une enquête peut être discutée; vous savez aussi bien que moi les formes de notre règlement; et vous savez que les raisons ne manqueront pas pour écarter une pareille proposition si elle était faite. »

Le débat n'eut pas d'autres suites sur ce point. (*Monit.* du 7 avril 1839, p. 487, 488).

Il s'est renouvelé, avec plus de force et de développement, dans la séance du 9 avril. Des faits graves ayant été articulés à l'occasion d'une élection, M. Piscatory demanda qu'une enquête fût faite concurremment par une commission spéciale de la chambre et par le ministre de l'intérieur. — M. Odilon Barrot appuya cette proposition comme conforme à l'esprit de l'institution de la chambre; il repoussa l'objection tirée des droits de l'administration en disant que l'administration avait son droit et la chambre le sien. « Le droit de souveraineté de la chambre en matière de vérification, a-t-il ajouté, emporte nécessairement, inévitablement, le droit de vérifier nous-mêmes les faits sur lesquels doit porter notre jugement; nous ne pouvons, nous ne devons déléguer à personne ce droit qui est une conséquence intime, forcée, du droit même de juridiction que nous exerçons sur nos propres pouvoirs. Voilà la vérité constitutionnelle. »

M. Cunin-Gridaine déclara qu'il n'entendait pas examiner, au fond, la question du droit d'enquête; il se borna à soutenir que la proposition n'était pas admissible dans sa forme de motion d'urgence, portée à la tribune.

M. Girod (de l'Ain), garde des sceaux, après avoir reconnu qu'en matière d'élections, la chambre était souveraine, c'est-à-dire qu'elle prononçait seule et en dernier ressort, fit la distinction suivante : S'agit-il d'une vérification particulière, spéciale à une élection; le bureau vérifie tous les faits qui s'y rattachent. Il peut et même doit entendre les candidats, se faire communiquer les pièces qui peuvent l'éclairer, et même recueillir de toutes personnes les renseignements qu'elles auraient à fournir; c'est ainsi que la chambre a toujours procédé. Pendant que le bureau fait les vérifications qui lui sont nécessaires et qui sont dans le droit de la chambre, la chambre ne peut statuer. Si le bureau a terminé sa vérification et fait le rapport, la chambre prononce; si la vérification se prolonge, la chambre peut ordonner un ajournement. Mais autre chose est une vérification générale. Il se présente alors un acte grave, d'une exécution peut-être difficile, car il s'agit de donner à une commission, à un comité chargé de l'enquête, un pouvoir coactif et coërcitif qu'on ne peut recevoir que de la loi. Du reste, sans approfondir la question, le ministre soutint que la proposition d'enquête devait passer par les formalités du règlement.

Dans le cours de la discussion, M. le comte Jaubert eut encore l'occasion de se prononcer contre la proposition d'enquête parlementaire. Je ne m'accoutume pas, dit-il, à l'idée de voir la chambre émettre des commissions rogatoires, entendre des témoins, empiéter enfin sur le domaine de l'administration.

La proposition d'enquête ne fut pas mise aux voix. (*Moniteur* du 10 avril 1839; p. 507, 508, 509.)

Dans la séance du lendemain, M. Vivien, rapporteur de l'élection de

M. Vigier, supposa que la chambre avait réservé le droit d'enquête; car, après avoir exposé les faits allégués contre l'élection de M. Vigier, il exprima l'opinion suivante relativement au droit qu'il revendiquait pour la chambre, même quant aux élections non contestées : « Nous n'avons pas cru que l'élection dût en être affectée; mais, dans l'opinion de la majorité du bureau, les circonstances qui s'y rattachent devront être prises en considération quand la chambre se livrera à l'examen général des faits relatifs aux dernières élections. Dans notre opinion, la marche suivie par l'administration ne peut être examinée dans son ensemble à l'occasion de la vérification des pouvoirs. Il est un grand nombre d'élections dans lesquelles les candidats de l'opposition ont réussi malgré les moyens employés par le gouvernement : ces élections n'ont pas dû être attaquées; elles ne l'ont pas été; et cependant, quoiqu'elles n'aient pas été l'objet d'un débat dans le sein de la chambre, elles peuvent être de nature à révéler des faits semblables à ceux des élections contestées. D'un autre côté, même dans les élections contestées, les faits considérés individuellement en eux-mêmes, séparés de l'ensemble de la conduite du gouvernement, n'ont pas de caractère assez déterminé pour éclairer le jugement de la chambre. Nous pensons que ces faits doivent être considérés dans leur ensemble, que la conduite du gouvernement doit être envisagée sous un point de vue général; en conséquence, en vous proposant de valider l'élection de M. Vigier, nous ne voulons pas qu'il en résulte une approbation pour la conduite de l'admitration, et nous réservons, au contraire, à la chambre le droit exprès de jeter sur les faits qui se rattachent à cette élection, comme à toutes les autres, un regard sévère et investigateur. »

(Séance du 10 avril 1839; *Moniteur* du 11, p. 512.)

Le vœu d'une enquête parlementaire se trouve encore dans le rapport écrit, présenté par M. Corne sur l'élection de M. Delbecque, et qui se termine ainsi : « Le bureau exprime le vœu que la chambre soumette à un examen tout spécial, l'emploi fait, par la précédente administration, des diverses natures de fonds dont la répartition lui était laissée; que la chambre s'assure si, trop préoccupée de calculs de majorité, cette administration ne s'est pas écartée, au détriment d'une portion du pays, des règles de la justice distributive, et si elle ne s'est pas servie de la fortune publique pour se créer des moyens d'influence illégitime sur les élections. » Du reste, aucune proposition ne fut faite, aucun vote émis sur l'institution d'une enquête.

(Séance du 11 avril 1839; *Moniteur* du 12, p. 520.)

Dans l'élection de M. Bourgeois, en 1831, une protestation avait signalé des faits d'influence illégale; l'élu lui-même et plusieurs orateurs demandèrent une enquête; la proposition ne fut pas mise aux voix. (17 août 1831; *Monit.* du 18, p. 1410, 1411.)

83. *Après l'annulation d'une élection contre laquelle des faits d'influence illégale ont été allégués, il n'y a pas lieu de voter sur la question d'une enquête relative à ces faits.*

Élection de M. Bourgeois. (17 août 1831, *Monit.* du 18, p. 1411.)

L'enquête serait, en effet, sans objet quant à l'élection particulière; mais, dans la pensée de ceux qui admettent pour la chambre le droit d'enquête électorale, cette circonstance est indifférente, puisqu'ils attaquent moins les élections que l'administration, et que, tout en maintenant le choix, ils veulent arriver à un blâme moral, et à toutes ses conséquences politiques, sur les faits électoraux.

84. *Il n'y a pas lieu à une enquête sur des faits électoraux signalés à la tribune par un orateur qui avoue n'avoir pas de preuve de ses assertions, et qui ne produit même aucune protestation d'électeurs.*

M. Martin (de Strasbourg) attaqua vivement l'élection de M. Émile de Girardin; il ne produisait point de preuves et n'avançait que des allégations

tions démenties; il demandait une enquête : ces conclusions ne furent pas mises aux voix, et la chambre valida l'élection. (5 mai 1838, *Monit.* du 6, p. 1137.)

Voy. aussi deuxième partie, § 13.

85. *Lorsqu'une protestation ne porte que contre le cens d'éligibilité, la lecture et la discussion peut en être ajournée jusqu'à ce que l'admission du député soit mise en délibération, ce qui n'empêche pas la validation immédiate des opérations électorales.*

Election de M. Mathieu, M. Colin, rapporteur. (1er août 1834, *Monit.* du 2, p. 1626.)

86. La chambre, qui peut prononcer immédiatement sur la validité de l'élection ou l'admission du député, peut aussi ajourner sa décision; elle peut accorder ou ordonner d'office un délai pour le rapport ou pour la discussion, ou pour la continuation du débat, ou pour la production des pièces.

87. *Lorsqu'une vérification de pouvoirs présente à la fois une question de principes et une question de fait qui serait de nature à influer sur la question générale, la chambre peut ajourner jusqu'à l'examen d'autres élections qui sont annoncées comme devant présenter à juger la question de principe d'une manière absolue.*

C'est ce que la chambre a décidé, sur la demande de M. Dumon, pour l'élection de M. Charles Comte, qui présentait à décider la question de savoir si la vente du bien fournissant le cens, quoique suivie de l'acquisition d'un autre, dans l'intervalle des sessions, n'avait pas fait perdre la qualité d'éligible. (2 août 1834, *Monit.* du 3, p. 1635.)

88. *Lorsque la validité d'une élection peut dépendre du délai que l'élu mettrait à produire les pièces justificatives de son cens, la chambre peut ajourner à un jour fixe le rapport et la délibération sur cette élection.*

M. Mathieu paraissait se trouver dans le même cas que d'autres députés, dont l'élection venait d'être annulée pour insuffisance de durée de la possession fournissant le cens d'éligibilité; la chambre se trouvait à la veille d'une prorogation; si M. Mathieu, qui n'avait pas produit ses pièces, ne les produisait qu'après le 20 octobre, son éligibilité pouvait se trouver complète; le défaut de production, causé par l'état de maladie de ce député, ne pouvant se prolonger sans produire une aussi grave conséquence, on demanda, et le président prononça l'ajournement jusqu'au moment du scrutin sur l'adresse, dernière opération prévue avant la prorogation. (11 août 1834, *Monit.* du 12, p. 1692.)

89. *L'ajournement de la vérification des pouvoirs peut être accordé à un élu pour qu'il reçoive copie d'une protestation dirigée contre son élection, et se procure des renseignements pour y répondre.*

Election de M. Paranque. M. Larabit, rapporteur. (22 décemb. 1837, *Monit* du 23, p. 2521.)

90. *Lorsque des faits d'influence illégale ont été signalés, et qu'une enquête a été demandée, la proposition d'un ajournement pur et simple, sans demande d'une enquête à faire pendant l'ajournement, ne doit pas être accueillie.*

C'est ce qui a eu lieu dans l'élection de M. Bourgeois, en 1831. Plusieurs faits ayant été allégués et controversés, et l'idée d'une enquête émise dans la discussion, l'ajournement fut demandé. On objecta que l'ajournement, s'il n'était pas proposé pour procéder à une enquête, était sans utilité, sans motif. L'ajournement, mis aux voix, fut rejeté, et l'élection annulée. (17 août 1831, *Monit.* du 18, p. 1411.)

91. *Toutefois il a été décidé que, lorsqu'une élection est régulière, mais qu'à son occasion il a été allégué, par des électeurs, des faits graves de manœuvres électorales, et qu'une discussion s'est élevée dans la chambre sur la question de savoir si la preuve des faits articulés serait faite par le gouvernement ou par une enquête parlementaire, la chambre peut prononcer l'ajournement, surtout si l'ajournement ne peut préjudicier à la représentation de l'arron-*

dissement, le candidat élu ayant été nommé pair de France.

L'élection de M. de Rosamel, en 1839, par l'arrondissement d'Ambert, fut reconnue régulière; l'admission ne put être proposée parce que, depuis l'élection, M. l'amiral de Rosamel avait été nommé pair de France. Mais, en faisant le rapport de cette élection, comme d'une élection non contestée, M. Dupin donna lecture de plusieurs pièces signalant des faits électoraux très-graves, et tendant à prouver que des influences illégales avaient été exercées. Sur ces faits, M. Piscatory demanda une enquête parlementaire. Sa proposition fut contestée par divers motifs; en présence des objections, il déclara qu'il retardait sa proposition et se contentait de demander, pour le moment, l'ajournement de la décision de la chambre, quant à l'élection d'Ambert.

M. Odilon Barrot appuya l'ajournement. Selon cet orateur, des faits graves avaient été allégués; s'ils se trouvaient fondés, ils vicieraient l'élection pour cause de fraude et de violence : dans l'incertitude sur la vérité des faits, on ne peut prononcer immédiatement la validité; il n'y a qu'à ajourner.

M. Girod (de l'Ain), garde des sceaux, parla aussi en faveur de l'ajournement, s'appuyant sur ce que, dans une élection spéciale, et pour une vérification particulière, non pour une vérification générale de faits électoraux, la chambre a droit de tout faire vérifier par son bureau ou d'ajourner si elle ne se croit pas assez éclairée.

M. Duvergier de Hauranne se prononça pour l'ajournement, par le motif que si on renvoyait au ministre de l'intérieur, on préjugerait peut-être la question d'une commission d'enquête, question qui lui semblait ne pas devoir être résolue, mais réservée.

M. Quénault soutint qu'on ne devait mettre aux voix que la proposition du bureau de renvoyer au ministre de l'intérieur; adopter la proposition d'ajournement, ce serait supposer qu'on accorderait quelque effet à une demande d'enquête portée à la tribune malgré le règlement.

M. Dufaure insista sur la nécessité de l'ajournement comme moyen de s'éclairer sur des faits allégués, et qui vicieraient dans leur source, s'ils étaient vrais, les pouvoirs conférés par un collége.

M. Meynard repoussa l'ajournement; selon lui, cette mesure serait sans utilité, dans le cas spécial, quant au fond, puisqu'il n'y avait pas d'élection, le député nommé ne pouvant pas siéger. Mais, dans les autres cas où des faits seraient avancés, si l'on prononçait l'ajournement, des colléges seraient privés du droit d'être représentés dans la chambre; il faut se prononcer immédiatement sur les élections contestées et les valider ou les annuler.

M. Laplagne dit qu'il y avait deux motifs pour que la chambre ne s'engageât pas dans le précédent de l'ajournement; il résulterait, d'abord, de son adoption, que, lorsqu'une protestation serait faite par une minorité d'électeurs, dans laquelle on déclarerait que des faits plus ou moins graves se sont passés, il n'y aurait pas de membres dont l'élection ne pût être ajournée; ce n'est pas cependant sur des allégations qu'on peut laisser planer indéfiniment des soupçons sur les agents de l'autorité. D'un autre côté, il ne s'agit pas ici d'un député qui pût siéger, et dont, pour cette raison, l'admission pût être débattue, et, par suite, suspendue par un ajournement; mais il s'agit d'un homme qui ne peut pas faire partie de la chambre : de quel droit pourrait-on ajourner, pour l'arrondissement qui l'a élu, le droit d'être représenté dans la chambre?

M. Dupin pensa que l'ajournement sur la question particulière devait être prononcé; suivant l'orateur, il y avait, dans certains esprits, incertitude sur le parti à prendre : le renvoi à tel ministre pour une élection particulière, et à raison de tels faits, est une mesure que des membres de la chambre croient plus d'accord avec les droits du gouvernement qu'une mesure générale; d'autres regardent un pareil renvoi comme plus dur pour un fonctionnaire inculpé qu'une mesure générale, qui semble plus dans le caractère de la chambre ; d'autres ont cru qu'il valait mieux tout réserver jusqu'à ce que la vérification des élections particulières eût donné des éléments de conviction sur l'opportunité d'une enquête générale. C'est à ce dernier parti que M. Dupin s'arrêta. Mais il ajouta : Il faut qu'il soit bien entendu que l'ajournement sera l'élément d'une investigation sur les faits ; ne pouvant réagir sur la validité ou l'invalidité d'une élection, cet ajournement ne porte pas préjudice aux droits de l'arrondissement de procéder à une nouvelle élection.

M. Martin (du Nord) combattit vivement l'ajournement, par le motif qu'il impliquerait une sorte de jugement anticipé, la nécessité d'un examen sévère, et une suspicion de la conduite d'un fonctionnaire attaqué par des imputations passionnées. Le renvoi au ministre de l'intérieur n'a aucun de ces inconvénients; il laisse les choses entières, même dans le cas où on supposerait une enquête parlementaire, car la commission d'enquête trouverait les pièces dans les mains du ministre, et y trouverait les faits allégués. L'ajournement n'est demandé que parce qu'il préjuge l'enquête, ce qui ne doit pas avoir lieu. Il ne faut pas établir de préjugés, surtout lorsqu'il en résulterait un état de suspicion contre un fonctionnaire, qui doit être soutenu jusqu'à ce que les faits avancés soient prouvés.

M. Jaubert se rangea du parti de l'ajournement, parce qu'en le rejetant on pourrait paraître donner raison dès maintenant à l'administration, et qu'en l'adoptant, on ne préjugerait pas la question d'enquête parlementaire.

M. Fulchiron demanda qu'il fût bien convenu que l'ajournement ne serait pas un précédent pour les autres élections contestées, et qu'il ne s'appliquerait qu'à l'élection spéciale d'Ambert.

L'ajournement fut adopté à une très-forte majorité. (Séance du 9 avril 1839, *Monit.* du 10, p. 507, 508, 509.)

92. *Après qu'une discussion sur une élection a été terminée par un vote d'ajournement, un membre peut déposer sur le bureau une pièce authentique servant à confirmer les faits allégués dans ce débat.*

M. Duvergier de Hauranne déposa une pièce authentique tendant à confirmer les faits allégués dans une lettre précédemment communiquée par lui et lue à la chambre, à l'occasion d'une élection qui avait été discutée dans une séance antérieure. Malgré ces observations : « C'est une affaire finie ; l'ajournement a été prononcé ; » M. Duvergier de Hauranne demanda à déposer la pièce pour qu'elle fût jointe au dossier. Le dépôt fut reçu, et M. Odilon Barrot prononça ces mots : « Acte du dépôt. » (Séance du 11 avril 1839 ; *Monit.* du 12, p. 520.)

93. Lorsque la validité d'une élection dépend de la rédaction ou de l'état matériel d'un ou plusieurs bulletins, ces bulletins, qui doivent avoir été annexés au procès-verbal des opérations électorales, sont soumis à l'examen du bureau et de la chambre. (Voyez à cet égard la deuxième partie, § 11.)

94. La délibération qui a pour objet la vérification des pouvoirs ne peut être interrompue par aucun incident étranger. Après des élections générales, il est évident que la vérification des pouvoirs prime et exclut toute autre opération.

95. *Un député ne peut donc faire une proposition avant que la chambre ne soit constituée par la vérification complète des pouvoirs et l'organisation du bureau définitif.*

Ainsi décidé, sur une proposition que M. Muntz vint faire à la tribune. (Séance du 30 juill. 1831 ; *Monit.* du 31, p. 1282.)

96. *Il a été décidé de même que, lorsque, pendant la vérification des pouvoirs d'une chambre nouvelle, un membre adresse à d'autres des interpellations sur un sujet étranger à cette vérification, il n'y a pas lieu de répondre aux interpellations, par le double motif*

qu'elles intervertissent l'ordre du jour, et que la chambre ne peut procéder à aucune opération avant d'être constituée par l'achèvement de la vérification des pouvoirs et l'organisation du bureau définitif.

M. le général Bugeaud ayant interpellé plusieurs de ses collègues sur une conversation relative à la formation d'un ministère, M. Piscatory s'opposa à ce qu'il fût répondu : il s'appuyait sur des raisons politiques, et proposa l'ordre du jour, qui était la discussion sur une élection. Le président fit remarquer que la proposition d'interpellation devait être mûrement discutée, et qu'à l'autre chambre un jour avait été fixé à l'avance pour des interpellations de cette nature. M. Emmanuel de Las-Cases demanda à parler sur l'ordre du jour qui était réclamé.

M. Teste demanda et obtint la parole pour un rappel au règlement. « Ouvrez votre règlement, dit-il, et voyez quelles sont les opérations premières indispensables. La chambre n'est que provisoirement dirigée; elle n'a pas achevé sa première œuvre, la vérification des pouvoirs. Sur ces bancs siégent encore un grand nombre de nos collègues futurs qui n'ont pas encore reçu le complément de leur mandat. Il serait donc contre la règle, contre la dignité de cette nouvelle législature, de signaler son début par une violation flagrante de ce qui est écrit dans la Charte, de ce qui est, d'ailleurs, inspiré par le simple bon sens. Il faut d'abord que la chambre s'organise, et les explications ne peuvent venir qu'après. » — M. le général Bugeaud se déclara touché par cette déclaration, tout en demandant quelques explications sommaires. Le président, sans mettre l'ordre du jour aux voix, puisqu'il n'y avait point de proposition formelle, consulta la chambre sur ce qui était en délibération, l'admission du député dont on vérifiait les pouvoirs. (Séance du 8 avril 1839; Monit. du 9, p. 500-501.)

97. *En doit-il être ainsi de la demande, formée par un député, durant la vérification des pouvoirs, de l'examen par une commission de la chambre, de faits graves allégués relativement à des élections? une pareille proposition ne doit-elle pas, si elle a été faite à la tribune, être repoussée comme contraire aux dispositions réglementaires qui exigent le dépôt et des formalités d'examen préalables? ne doit-elle pas l'être également comme présentée prématurément avant que la chambre ne soit constituée définitivement?*

Dans la séance du 9 avril 1839, M. Piscatory proposa, à la tribune, la formation d'une commission spéciale de la chambre pour procéder, concurremment avec le ministre de l'intérieur, à une enquête sur des faits électoraux. M. Odilon Barrot défendit, au fond, le droit d'enquête, sans parler de la forme de la proposition; M. Cunin-Gridaine, au contraire, déclara qu'il ne discutait pas actuellement le droit d'enquête; mais il soutint que ce serait un fâcheux précédent que de procéder par motion d'urgence, sans suivre les formalités prescrites par le règlement, sans avoir renvoyé devant les bureaux et en avoir préalablement délibéré. M. De Sade s'étant écrié : C'est bien entendu! M. Cunin-Gridaine répondit qu'alors il ne fallait pas, comme l'avaient fait les préopinants, développer prématurément la proposition. Il ajouta qu'on ne pouvait pas, si l'on entendait se soumettre au règlement, venir dire à la tribune : Je dépose une proposition à telle fin; et il invoqua le précédent de la veille relatif aux interpellations du général Bugeaud.

M. Piscatory repoussa l'analogie de ce précédent, en disant que, pour la matière dont le général Bugeaud avait voulu saisir la chambre, il fallait que la chambre fût constituée; mais que, quand il s'agissait de la vérification des pouvoirs, quand c'était justement là la question soumise à la chambre, on ne pouvait répondre, par fin de non recevoir : Vous n'êtes pas constitués, la chose ne peut pas être jugée maintenant. — M. Barrot avoua que la question de forme avait de la gravité; aussi discuta-t-il sous un autre point de vue. — M. Girod (de l'Ain) garde des sceaux, dit que la proposition ne pouvait être faite, qu'elle ne pouvait être discutée que lorsque la chambre serait elle-même un pouvoir constitué.

M. Quénault soutint aussi que la proposition était illégalement présentée. « En effet, a-t-il dit, votre loi, c'est votre règlement; votre règlement fixe la manière dont vous devez procéder à la vérification des pouvoirs. On ne peut sortir de cette voie et établir une voie nouvelle que par une proposition faite dans les formes établies. Le règlement interdit de présenter et de discuter à la tribune une proposition de cette nature, à moins qu'elle n'ait été examinée par les bureaux. Eh! bien, ce que vous n'admettriez pas pour la proposition la plus simple, la plus ordinaire..., comment pourrait-on l'admettre aujourd'hui lorsqu'il s'agit de la proposition la plus grave, lorsqu'il s'agit d'une proposition qui a pour but de mettre en mouvement tous les pouvoirs de la chambre, de la faire sortir de ses voies ordinaires, de manière peut-être à dominer toute l'administration. Il est impossible, quand on réfléchit à la gravité de la proposition, de ne pas la considérer comme une proposition de la nature de celles qui ne peuvent être faites qu'après que la chambre est constituée, et en procédant par les voies ordinaires, c'est-à-dire en la renvoyant préalablement à l'examen des bureaux, et en ne la portant à cette tribune qu'autant que les bureaux l'auront permis. » La chambre n'eut pas à se prononcer sur l'admissibilité de la proposition, parce que son auteur n'insista pas, et convertit cette demande en une proposition d'ajournement qui fut adoptée. (Voy. *Monit.* du 10 avril 1839; p. 507, 508.)

§ 5. Du mode de délibération et de vote de la chambre.

98. Lorsque la discussion relative à une élection est terminée, il s'élève souvent des difficultés sur la manière dont la question doit être posée et sur le mode du vote de la chambre.

Une première règle est que, la chambre étant saisie de l'examen des questions de vérifications de pouvoirs par un rapport, c'est sur les conclusions du rapport que la délibération s'établit, ce sont ses conclusions qui doivent être mises aux voix. La jurisprudence est conforme à ce principe.

99. *Ainsi, lorsque le bureau a conclu à l'annulation de l'élection, ce sont ces conclusions qui doivent être mises aux voix, et non celles-ci, M... est-il ou non admis comme député?*

Élection de M. Valette des Hermaux. (1er mars 1834; *Monit.* du 2, p. 457.)

100. Par une déviation momentanée de ces principes, la chambre avait décidé que, *lorsque le bureau a proposé l'admission d'un député, et qu'un membre demande l'annulation de l'élection, cette dernière question doit être mise aux voix la première.*

Élection de M. de Loynes. Le président dit que cela était conforme aux précédents de la chambre. (Séance du 28 mai 1839; *Monit.* du 29, p. 807.)

Il en a été de même pour l'élection de M. le général d'Houdetot; en mettant aux voix l'annulation, le président rappela qu'il avait été procédé ainsi pour l'élection de M. de Loynes. (Séance du 1er juin 1839; *Monit.* du 2, p. 844.)

101. Mais bientôt elle revint sur ces précédents, et elle décida, au contraire, que *c'est l'admission proposée par le bureau qui doit être mise aux voix.*

Le bureau avait proposé l'admission de M. de Peyramont; M. Charamaule avait demandé l'annulation de l'élection. Après le débat, le président ayant voulu mettre aux voix l'admission, plusieurs voix s'écrièrent : Non, non, mettez aux voix l'annulation.

Le président objecta que la chambre, durant la vérification des pouvoirs, avait procédé par le vote sur l'admission, même quand l'annulation était demandée.

M. Jacques Lefèbvre dit qu'un précédent vicieux venait de s'introduire récemment dans la chambre; que, dans cette session, on avait, pour la première fois, fait voter sur l'annulation d'une élection; jusque là, on avait toujours mis aux voix l'admission. Que pourrait-il résulter de ce nouveau mode? Supposez que la chambre décide qu'il n'y a pas nullité; il faut la consulter une seconde fois, et lui demander : Admettez-vous le député; si elle dit : Non, je ne l'admets pas, vous aurez des décisions contraires. En mettant aux voix l'admission, on arrive au but; ceux qui ne veulent pas l'admission votent contre. Il faut donc rester dans les mêmes errements, et renoncer au dernier mode, contraire aux précédents de la chambre.

D'après ces observations, suivies de marques d'adhésion, le président mit aux voix l'admission, qui fut prononcée. (Séance du 6 juin 1839; *Monit.* du 7, p. 899.)

102. *Les conclusions d'un rapport, tendant à la validité d'une élection, doivent être mises aux voix d'abord; on ne peut considérer comme amendement, et soumettre la première à la délibération, la proposition de déclarer l'élection nulle.*

Après la discussion élevée, en 1839, sur l'élection de M. Limperani, le président de la chambre dit : « Les conclusions du rapport tendent à ce que l'élection soit validée; d'un autre côté on a demandé la nullité : les conclusions du bureau doivent avoir la priorité. — *M. Demarçay* : C'est toujours l'amendement qui doit être mis aux voix le premier. — *Voix nombreuses* : Ce n'est pas un amendement. » L'admission fut mise aux voix, et prononcée. (Séance du 11 avril 1839; *Monit.* du 12, p. 520.)

103. *Il en serait autrement de la proposition d'annuler les opérations du collége; elle doit être mise aux voix avant l'admission proposée par le bureau; elle n'est pas, à la vérité, un amendement, mais elle a la prorité comme étant plus large.*

Le bureau avait proposé d'admettre, comme valablement élu, M. Martineau: M. O. Barrot demandait qu'on mît aux voix l'annulation des opérations électorales; c'est ce qui eut lieu : mais le président fit observer que cette proposition n'était pas un amendement, seulement qu'elle était plus large, et ainsi devait avoir la priorité. La délibération s'établit de cette manière. (6 août 1834; *Monit.* du 7, p. 1660.)

104. *Lorsqu'un bureau a été partagé par moitié sur la validité d'une élection, qu'ainsi son rapporteur n'a pu faire aucune proposition, le président peut mettre aux voix la proposition d'annulation, faite par un membre de la chambre.*

Ainsi procédé, sur la demande de M. Vivien, pour l'élection de M. de Loynes. (Séance du 12 avril 1839; *Monit.* du 13, p. 531.)

105. Remarquez que, si le bureau a conclu à l'admission d'un député, et qu'il n'y ait pas eu de contestation, rien n'est à mettre aux voix : il suffit que le président proclame le député admis. Mais il n'en est pas de même, et *il faut un vote de la chambre, malgré la proposition d'admission faite par le bureau, si un orateur a combattu la validité de l'élection, et si, d'ailleurs, le bureau du collége électoral avait proclamé provisoirement le député, irrégularité qu'on doit faire cesser par un vote de la chambre.*

Le rapport avait conclu à l'admission de M. Bonnefons. M. Glais-Bizoin avait élevé des critiques sur l'élection. M. Barrot ayant dit qu'il n'y avait rien à mettre aux voix, M. Teste répondit que le bureau du collége ayant eu le tort de proclamer M. Bonnefons député provisoirement, il fallait faire cesser cet état de choses par un vote. M. Dupin ajouta qu'on ne pouvait empêcher de mettre aux voix dès qu'il y avait réclamation; le président d'âge dit qu'il suffisait pour cela de la demande d'un seul membre. La validité de l'élection fut mise aux voix et prononcée. M. Laporte, rapporteur. (20 déc. 1837; *Monit.* du 21, p. 2507.)

106. L'obligation de suivre, pour la délibération, les conclusions du rapport cesse lorsque ces conclusions elles-mêmes ne sont pas régulières. La chambre apprécie alors si les conclusions ont été mal posées; le président met aux voix la question rectifiée; en général, il pose la question selon ce

que le débat indique et ce que la majorité de la chambre décide : le vœu de la majorité à cet égard résulte du débat, souvent fort animé, qui précède la position de la question.

107. Le but d'une vérification de pouvoir est, ainsi que le remarque M. de Cormenin, l'admission ou le rejet d'un candidat, quelque complexes que soient les questions soulevées par son élection. Ce n'est pas toujours l'admission ou le rejet de l'élu qui est proposé, mais, ce qui arrive au même résultat, la validité ou la nullité de l'élection. La formule, quelle qu'elle soit, ne doit être ni plus large ni plus étroite : elle ne peut embrasser ni une question générale de principe, ni des questions spéciales figurant comme éléments de celle de validité.

108. D'après ces règles, *la chambre ne doit pas être interrogée d'une manière abstraite sur une question de principe que présente à décider l'examen d'une élection ; la solution se trouve comprise dans celle de la question générale de validité, la seule qui doive être posée.*

L'élection de M. Harlé présentait à décider la question de savoir si un billet blanc devait être compris dans le compte des suffrages. Le bureau proposait de décider qu'un billet blanc n'est pas un suffrage exprimé. M. le président Dupin fit observer que c'était une question abstraite. M. Bernard, rapporteur, dit qu'on s'était demandé si la chambre avait autre chose à examiner que la validité d'une élection, et si, à propos d'une élection, on pouvait agiter une question de principe. Le bureau l'a posée pour obtenir un précédent. M. le président demanda si l'on voulait voter sur une question abstraite, et ajouta qu'il concevait bien qu'en validant une élection avec les circonstances révélées dans le débat, il en résultait un précédent qui permît, dans des circonstances semblables, d'argumenter de la décision précédente ; mais que la chambre ne pouvait pas le consacrer d'une manière abstraite et générale, pour en faire une espèce de règle interprétative de la loi. La question posée fut, du consentement de la chambre, celle de la validité de l'élection en général. (25 fév. 1833 ; *Monit.* du 26, p. 528.)

109. *De même, lorsque la validité d'une élection dépend de plusieurs moyens, la chambre ne doit pas être consultée sur un de ces moyens en particulier, mais seulement sur la validité, en général, de l'élection.*

Plusieurs moyens de nullité avaient été proposés contre l'élection de M. Harlé ; l'un d'eux reposait sur la question de savoir si un billet blanc avait dû être compris dans le compte des suffrages exprimés. Le bureau proposait de voter spécialement sur ce point. M. Vatout fit remarquer que mettre aux voix par détails les conclusions du rapport, ce serait arriver à motiver les votes, ce qui était contraire aux usages parlementaires. M. le président, et M. Bernard, rapporteur, dirent qu'on ne pouvait pas voter sur une question spéciale et de principe, telle que celle de la valeur des billets blancs. M. le président, après avoir rappelé les moyens de nullité proposés contre l'élection, dit que toutes les questions revenaient, en dernière analyse, à celle de savoir si l'élection était ou non valable. C'est dans ces termes que la question fut posée. (25 fév. 1833, *Monit.* du 26, p. 527, 528.)

110. *De même encore, lorsque le sort d'une élection dépend de l'attribution d'un seul bulletin, la question de validité de ce bulletin ne doit pas être posée séparément : il n'y a lieu qu'à poser la question générale de régularité.*

L'élection de M. de Monthierry se trouvait dans ce cas : M. le général Bugeaud dit qu'il fallait d'abord poser la question de savoir si le bulletin était bon ou mauvais ; M. le président répondit que ce serait faire la fonction de l'intérieur d'un collége, et que la chambre ne devait prononcer que sur la question de régularité. On mit aux voix les conclusions du bureau, qui tendaient à l'annulation. (8 janv. 1836, *Monit.* du 9, p. 40.)

111. *Il ne doit pas non plus être posé*

de question relatives à l'attribution d'un bulletin d'où dépend la majorité, si l'élection est susceptible d'être annulée pour défaut du cens d'éligibilité; on ne doit, dans ce cas, poser d'autre question que celle de l'annulation.

Election de M. Fumeron d'Ardeuil: M. Gillon, rapporteur, avait demandé la position de deux questions distinctes; M. Demarçay avait aussi demandé la division; mais on s'écria: Non, non! et M. Lherbette fit observer que la question relative au bulletin contesté était sans intérêt. (11 août 1834; *Monit.* du 12, p. 1692.)

112. *Si l'annulation d'une élection est demandée parce que l'élu ne remplissait pas les conditions d'éligibilité, c'est cette annulation qui doit être mise aux voix; il n'y a pas lieu de distinguer et de poser deux questions, l'une relative à la régularité de l'élection, l'autre relative à l'insuffisance des titres produits pour établir le cens.*

Election de M. le vice-amiral Grivel; M. Vivien, rapporteur. (11 août 1834; *Monit.* du 12, p. 1691.)

113. *Mais, lorsqu'une élection présente à décider la question de savoir si les opérations ont été viciées par la participation d'un électeur non domicilié politiquement dans l'arrondissement, et la question de savoir si cet électeur, nommé député, devait être considéré comme étranger au département, il y a lieu de voter séparément sur ces deux questions, la solution affirmative de la première rendant inutile la solution de la seconde.*

Election de M. Gautier d'Uzerches. (28 juillet 1831; *Moniteur* du 29, p. 1278.)

114. *Lorsqu'une élection est contestée entre deux candidats, et qu'il y a de l'incertitude, ce n'est pas, néanmoins, le cas d'annuler immédiatement toutes les opérations et de renvoyer les deux candidats devant leur collége électoral; la chambre doit se prononcer séparément sur la validité de l'une et de l'autre élection.*

Le bureau du collége électoral avait déclaré, en annulant plusieurs bulletins, qu'aucun des deux candidats, MM. d'Houdetot et Deshameaux, n'avait obtenu la majorité. Au nouveau scrutin, le nombre des suffrages ayant été le même pour les deux candidats, M. Deshameaux l'emporta par bénéfice d'âge et fut proclamé député. M. d'Houdetot réclama devant la chambre et prétendit que, le premier jour, il avait eu la majorité, qu'ainsi il aurait dû être proclamé. Le bureau conclut, par l'organe de M. Lavielle, rapporteur, à ce qu'il fût déclaré que M. d'Houdetot avait été valablement élu, et à ce que, en conséquence, les opérations ultérieures fussent déclarées nulles comme inutiles.

M. Deshameaux soutint que son élection était valable.

M. Boudet prétendit que toutes les opérations électorales devait être annulées et les deux candidats renvoyés devant les électeurs. Il se fonda principalement sur ce que, d'après les faits, il y avait doute sur la pensée réelle de la majorité, et que, dans cet état, il n'appartenait pas à la chambre de transformer en résolution définitive ce qui était douteux et ce qui a été contredit par le dernier scrutin.

M. le président, après avoir rappelé l'état de la question, demanda s'il fallait mettre aux voix la proposition de M. Boudet sur les conclusions du rapport. Sur cela, une discussion s'engagea; ensuite, le président mit aux voix la question de validité de l'élection de M. Deshameaux. La chambre ayant prononcé l'annulation, statua sur l'élection de M. d'Houdetot, qu'elle annula également; elle ne prononça donc pas, comme l'avait demandé M. Boudet, par une déclaration immédiate et simultanée de la nullité des deux élections; le premier vote n'entraînait pas le second, et ce qui le prouve bien, c'est qu'après avoir annulé, sans hésitation, l'élection de M. Deshameaux, elle ne déclara nulle celle de M. d'Houtetot qu'après des épreuves douteuses, et au scrutin secret, qui donna une très-forte minorité en faveur de l'élection. (Séance du 10 avril 1839; *Moniteur* du 11, p. 515 et 516.)

Par suite d'une erreur et d'une irrégularité, un suffrage qui aurait déterminé la majorité, avait été refusé à M. Dintrans, et le lendemain, à un nouveau tour de scrutin, la majorité avait été acquise à M. Bureaux de Pusy, qui avait été proclamé député. Le bureau de la chambre conclut à l'annulation de toutes les opérations électorales, et ces conclusions, développées par M. Gaëtan de la Rochefoucauld, furent combattues par M. Amilhau et par M. le président, qui les repoussa comme complexes, appuyés par MM. Mauguin et de Tracy; la chambre délibéra d'abord sur la validité de l'élection de M. Dintrans; son vote affirmatif termina le débat. (5 août 1834; *Monit.* du 6, p. 1651 et suiv.)

Depuis 1834 et avant 1839, la chambre avait rendu une décision tout à fait opposée. M. de Monthierry et M. Lebeschu de Champsavin avaient obtenu le même nombre de voix; le premier avait été proclamé député, par bénéfice d'âge; mais des réclamations s'élevèrent sur ce qu'un bulletin portant un nom très-différent de celui de ce candidat lui avait été attribué; le bureau de la chambre pensa que cette attribution n'aurait pas dû avoir lieu, qu'ainsi M. de Monthierry n'avait pas eu la majorité. Il conclut à l'annulation de toutes les opérations du collége et au renvoi devant les électeurs. M. Moreau (de la Meurthe) soutint qu'il fallait délibérer, non pas sur toutes les opérations, mais, successivement, sur la valeur de l'élection de chacun des deux candidats. M. Pataille parla dans le même sens; selon lui, la question posée par le bureau attentait à la souveraineté des électeurs, dont on ne peut infirmer les décisions lorsqu'elles ont été rendues conformément à la loi; les autres pouvoirs de l'État ne peuvent alors que proclamer les résultats des opérations électorales; l'élection régulière confère un droit qu'on ne peut enlever en convoquant de nouveau les électeurs. On ne concevrait la demande d'annulation que si l'élection avait un vice, ce qui n'est pas allégué. On allègue le doute sur l'attribution d'un bulletin : cela est en dehors de la validité des opérations; il faut, en effet, distinguer le fait de la nomination consommée régulièrement, puis l'attribution de chacun des bulletins. Sur ce dernier point, il n'y a plus qu'une question d'appréciation; la chambre peut et doit décider à qui appartiendra le bulletin contesté, ou s'il ne doit appartenir à personne; cela ne peut conduire à annuler une opération régulière et consommée. Malgré ces considérations, les conclusions du bureau furent mises aux voix et adoptées. M. Janvier, rapporteur. (8 janvier 1836; *Monit.* du 9, p. 39.)

Le bureau présenta les mêmes conclusions sur l'élection contestée entre MM. Viennet et Flourens; il demandait l'annulation de toutes les opérations du collége. Il avait été déclaré que M. Viennet n'avait pas été élu à un premier scrutin, parce que le refus de déduire du nombre des suffrages un bulletin argué de nullité, le laissait en dehors du chiffre de la majorité; le second jour, M. Flourens fut nommé; mais on contesta sa nomination, par le motif que plus de la moitié des électeurs qui avaient voté le premier jour s'étaient abstenus le lendemain. Après le débat sur ces deux élections, M. le président, pensant que les conclusions du bureau présentaient une question complexe, proposa de mettre aux voix, d'abord l'élection de M. Flourens, qui avait été proclamé député. M. Liadières demanda que, comme dans l'élection de M. de Pusy, en 1834, on votât d'abord sur l'élection de M. Viennet. M. Hébert combattit cet ordre de délibération; M. Cunin-Gridaine appuya les conclusions de la commission; si la chambre les adoptait, tout serait terminé; si elle les repoussait, un débat de priorité s'ouvrirait entre l'élection de M. Flourens et celle de M. Viennet.— M. Hébert répliqua : la première question à vider est celle de l'élection de M. Flourens, puisque c'est lui qui a été proclamé, lui seul dont l'élection soit soumise actuellement à la chambre; d'ailleurs, on ne peut pas mettre aux voix les conclusions du bureau;

car il n'y a lieu de renvoyer devant les électeurs qu'autant qu'il n'y aurait aucune élection valable; si on déclare l'une des deux valables, la troisième question n'existe plus. C'est cet ordre de délibération qui fut adopté. L'élection de M. Flourens fut d'abord mise aux voix et annulée; il en fut de même ensuite de celle de M. Viennet. M. Salverte, rapporteur. (23 décembre 1837; *Monit.* du 24, p. 2531 et 2532.)

115. *Dans un pareil cas, lorsqu'une élection est contestée entre deux candidats, dont l'un a été proclamé par le bureau du collége électoral, et dont l'autre prétend que c'est lui qui aurait dû l'être dans une séance précédente, la chambre ne doit pas être consultée d'abord sur la régularité des opérations électorales, ensuite sur leur résultat, mais bien sur l'élection de l'un des candidats, puis, si elle est annulée, sur celle de l'autre candidat.*

C'est ainsi qu'il a été procédé pour l'élection contestée, en 1839, entre M. Deshameaux et M. d'Houdetot. Un débat s'éleva sur la manière dont le président devait poser la question; M. Odilon Barrot pensa que la chambre devait être d'abord consultée sur la régularité et la légalité des opérations, et que ce n'est qu'ensuite qu'elle pouvait l'être sur le résultat.

M. Hébert répondit que la chambre ne pouvait être consultée sur une question abstraite de régularité d'opérations, mais seulement sur la validité de la nullité d'une élection; il dit que l'ordre logique, déjà suivi par la chambre, était celui-ci : une élection a été proclamée; c'est de celle-là que la chambre est saisie; on doit demander d'abord: l'élection proclamée est-elle valable? Si la réponse est affirmative, tout est terminé; si elle est négative, on demandera : l'élection de l'autre candidat est-elle valable? Si, sur cette question, on déclare que le candidat a été élu, on doit le proclamer député; si, par une raison quelconque, on décide qu'il n'a pas eu la majorité, le résultat final sera qu'il n'y aura eu aucune élection, et qu'il faudra renvoyer les deux candidats devant les électeurs.

M. de Las-Cases fils dit que la question avait été posée, en 1834, sur la demande de M. Teste. (Election Dintrans.)

M. Deslongrais soutint, comme M. Barrot, que l'on devait d'abord prononcer sur la question de savoir si les opérations du collége étaient valables ou nulles; on juge les opérations avant les hommes, et on ne s'expose pas à multiplier les votes.

M. Laurence, pour laisser une entière indépendance sur le vote relatif à l'influence réciproque des deux élections, proposa de mettre aux voix d'abord cette question : Y a-t-il eu élection? En cas d'affirmative, on reste libre de donner la préférence à la première ou à la seconde élection.

M. Jacques Lefèvre repoussa cette position de la question en faisant observer qu'il pourrait en résulter qu'après avoir décidé qu'il y a eu élection, la réponse fût négative sur chacune des élections considérée spécialement.

M. Chégaray repoussa également la proposition de M. Laurence, comme complexe et confuse; il demanda qu'on mît aux voix d'abord la validité de l'une des élections, puis la validité de l'autre.

Le président mit aux voix la proposition de M. Hébert; en conséquence l'élection de M. Deshameaux fut d'abord soumise à la chambre, puis celle de M. d'Houdetot. (Séance du 10 avril 1839, *Monit.* du 11, p. 515, 516.)

Il avait été procédé différemment, en 1833, quant à la priorité, sur une élection contestée entre MM. Harlé et Fould. M. Harlé aurait eu la majorité si on avait déduit du compte des suffrages exprimés un billet blanc; mais le bureau ayant compté ce billet, déclara qu'aucun concurrent n'avait la majorité, et, le lendemain, un nouveau scrutin eut lieu; M. Fould eut la majorité et fut proclamé député. Devant la chambre la question de préférence s'éleva; si le billet blanc était déclaré devoir rester en dehors du compte de la majorité des suffrages exprimés, M. Harlé se trouvait avoir eu la majorité, et l'élection du lendemain tombait. Une discussion vive, longue, confuse, s'engagea sur la position de la question. M. le président proposa, comme l'avait fait M. Bernard (de Rennes), au rapporteur, de mettre aux voix d'abord la question de validité de l'élection de M. Harlé. M. Charles Dupin demanda, comme rappel au règlement, que la question fût posée sur la validité de l'élection de M. Fould, parce que c'était le seul député proclamé, par conséquent celui dont les pièces étaient soumises au bureau, celui dont l'élection pouvait seule être mise en délibération, car on ne saurait venir demander si une autre personne que celle qui a été élue est vraiment député. M. Odier rappela un précédent; la chambre avait refusé d'admettre M. Cassaignolles, qui avait eu le plus de voix après celui qui avait été proclamé, mais dont l'élection était vicieuse; M. Cassaignolles lui-même soutint que la chambre n'avait pas le droit de faire un député. De même ici, la seule chose à faire, c'est de voter sur la validité de l'élection de M. Fould. — M. Laffitte soutint qu'il n'y avait pas autre chose à faire, pour se conformer au règlement, que de mettre aux voix les conclusions du rapport, ainsi que l'avait proposé le président.

Un débat de priorité s'engagea, les uns soutenant que, l'élection de M. Fould étant seule déférée à la chambre, c'était sur sa validité qu'il fallait prononcer, les autres prétendant que la chambre était saisie de toutes les opérations des colléges et qu'il fallait commencer par juger celles du premier jour. C'est ce dernier parti qui l'emporta. La chambre, consultée, décida qu'elle n'accordait pas la priorité à la vérification de l'élection de M. Fould. (25 février 1833, *Monit.* du 26, p. 527, 528.)

A l'élection de M. Dintrans, ce candidat aurait eu la majorité si on lui avait attribué un bulletin qui portait son nom, et que, par erreur, le présisident avait lu comme s'il portait le nom de son concurrent. Le lendemain, M. Bureaux de Pusy obtint la majorité. Devant la chambre, on soutint la validité de l'élection du premier jour. Un débat long et confus s'engagea sur la position de la question; M. Laurence prétendit qu'il fallait d'abord mettre aux voix la validité de toutes les opérations du collége, puis successivement celle de chaque élection en particulier. Conformément à la demande de plusieurs députés, notamment de M. Teste, et du consentement de M. Odilon Barrot, c'est la validité de l'élection de M. Dintrans qui fut d'abord mise aux voix; la chambre ayant validé cette élection, il n'y eut pas lieu de délibérer sur la seconde. (5 août 1834, *Monit.* du 6, p. 1655, 1656.)

A un second tour de scrutin, le président déclara que personne n'avait eu la majorité, et qu'il serait procédé le lendemain à un scrutin de ballottage; il y avait eu 208 bulletins, et M. Nicod avait obtenu 104 voix : mais dans les 208 bulletins, il y avait eu 3 billets blancs; on prétendit qu'ils devaient être déduits, et qu'alors M. Nicod avait la majorité; le bureau rejeta cette réclamation. Le lendemain, au ballottage, l'autre candidat l'emporta. Le bureau de la chambre pensa, à l'unanimité, que les billets blancs ayant dû être retranchés, M. Nicod avait eu la majorité, qu'il avait été valablement élu, et qu'ainsi l'élection du lendemain était nulle. Le président mit aux voix, sans opposition de personne, d'abord l'annulation de l'élection de M. de Fermon, qui fut prononcée, puis la validité de celle de M. Nicod, qui le fut également. M. Caumartin, rapporteur. (23 déc. 1837, *Monit.* du 24, p. 2529.)

116. *Mais si, indépendamment de l'incertitude d'attribution des bulletins qui déterminent la majorité entre deux candidats qui ont passé le même jour au scrutin de ballottage, l'élection présente une irrégularité de forme, la chambre peut voter d'abord sur l'annulation des opérations électorales, sauf, en cas de rejet des conclusions à l'annulation, à voter sur l'admission de l'un ou de l'autre candidat.*

Election de M. Drault, M. Jollivet, rapporteur; la question fut ainsi posée sur la demande de M. Odilon Barrot.

(6 août 1834, *Monit.* du 7, p. 1660.)

117. *La proposition d'ajournement d'une élection doit être mise aux voix d'abord, bien que faite après l'épreuve et avant la contre-épreuve sur la question de validité de l'élection, si elle est appuyée.*

Election de M. Marchal. (20 déc. 1837, *Monit.* du 21, p. 2509.)

L'importance que la chambre attache, avec raison, à la vérification des pouvoirs de ses membres, peut expliquer cette dérogation aux règles ordinaires, qui défendent de parler, et, à plus forte raison, d'introduire une proposition nouvelle entre deux épreuves.

118. *Pour prononcer l'annulation d'une élection, il ne suffit pas, comme pour la simple admission d'un député, de la seule déclaration du président; il faut qu'un vote formel de la chambre intervienne, et, pour cela, que la chambre soit en nombre.*

Ainsi décidé pour l'élection de M. Auguste Portalis, et sur l'observation de M. Guizot, rapporteur. (26 juill. 1831, *Monit.* du 27, p. 1270.) — De même, la nécessité d'un vote formel, sur les conclusions du bureau, pour l'annulation de l'élection de M. Guizard, a été reconnue sur l'observation de M. Teste. (2 août 1834, *Monit.* du 3, p. 1631.) — De même encore, pour l'annulation de l'élection de M. Vigier. (5 août 1834, *Monit.* du 6, p. 1650.)

Quant à la nécessité que la chambre soit en nombre pour délibérer sur les vérifications de pouvoirs, voy. plus haut, § 3.

§ 6. De l'admission et de la prestation de serment.

119. L'art. 5 du règlement porte que le président proclame députés ceux dont les pouvoirs ont été déclarés valides. S'il y a eu contestation, le président est obligé de consulter la chambre : car la proclamation de l'admission d'un député est l'expression de la volonté présumée ou déclarée de la chambre; et dès qu'il y a débat il devient nécessaire de lever le doute en mettant l'admission aux voix.

120. *Lorsque la chambre a rejeté les conclusions d'un bureau demandant l'annulation d'une élection, l'admission du député élu est la conséquence de ce rejet, et n'a pas besoin d'être mise aux voix; le président peut la proclamer et faire immédiatement prêter serment, après quoi aucune réclamation n'est plus admissible* (1).

Election de M. Valette des Hermeaux. (1er mars 1834, *Monit.* du 2, p. 458.)

121. *Lorsqu'un rapport collectif a été présenté sur toutes ou plusieurs élections d'un département, l'admission des députés peut-elle être prononcée en masse, ou doit-on appeler l'un après l'autre les députés nommés ?*

Une observation dans le sens de l'admission individuelle fut présentée dès la première vérification de pouvoirs après les élections générales de 1834. Le président s'y conforma. (1er août 1834, *Monit.* du 2, p. 1626.)

Dans la même séance, après un rapport sur l'élection de MM. Thil et Guizot, le président prononça successivement l'admission de chacun d'eux. (*Ibid.*, p. 1627.)

Au contraire, en 1837, M. Laurence, premier rapporteur des élections non contestées, ayant conclu à l'admission de tous les députés du département de l'Ain, le président, après avoir demandé s'il n'y avait pas d'opposition, prononça cette admission générale. Les admissions ultérieures furent individuelles. (19 décemb. 1837, *Monit.* du 20, p. 2500.) Dans la même séance, et sur le rapport de M. Perrier (de l'Ain), trois députés des Bouches-du-Rhône ont été admis simultanément. (*Eod.*, p. 2500 et 2501.)

Dans la séance du lendemain 20, l'admission fut prononcée collectivement, pour plusieurs députés de la Meuse, sur le rapport de M. Taillandier; du Morbihan, sur le rapport de M. Liadières; de la Nièvre, sur le rapport de M. Thil; du Bas-Rhin, sur le rapport de M. Schneider; de la Seine, sur le rapport de M. Vatry; de

(1) Sur cette dernière conséquence de l'admission, voyez les décisions recueillies ci-après, no 121 et suivants.

la Seine-Inférieure, sur le rapport de M. Legentil; des Deux-Sèvres, sur le rapport de M. Barbet; enfin, de Seine-et-Marne, sur le rapport de M. Saint-Albin. (*Monit.* du 21, p. 2509, 2510.)

Dans la séance du 21, plusieurs admissions collectives eurent encore lieu, au rapport de MM. Molin, Duvergier de Hauranne, Ganneron, Vergne, Glais-Bizoin, de Laborde, Duboys (d'Angers), Barada, Genoux. (*Monit.* du 22, p. 2512 et 2513.)

122. Lorsque le rapport d'une élection a été fait, l'admission doit être immédiatement prononcée, s'il n'y a pas de contestation.

Il a été décidé en ce sens que, *lorsqu'une élection n'est pas contestée, et que, seulement le rapporteur est chargé, par son bureau, de faire une observation sur cette élection, il n'y a pas lieu à l'ajournement; le député doit être admis, ou, s'il s'élève des difficultés dans la chambre, l'incident doit être vidé immédiatement.*

M. Antoine Passy, présentant le rapport des élections du département de l'Aveyron, proposa l'admission de quatre des députés de ce département; quant à M. Guizard, le rapporteur se déclara chargé, par son bureau, de présenter une observation. M. Roger (du Loiret) demanda la parole. Les députés dont l'admission venait d'être prononcée prêtèrent serment; M. Guizard demanda qu'on prononçât sur son admission; des réclamations s'étant élevées, il insista pour que l'incident fût vidé, ce qui eut lieu après un discours de M. Roger contre la validité de l'élection. (Chambre des députés, 5 avril 1839, *Monit.* du 6, p. 476.)

123. De même *on ne peut considérer une élection comme contestée lorsque l'admission du député a été proposée par le bureau purement et simplement, si un député fait une simple observation à laquelle le rapporteur répond; en conséquence, l'admission peut être prononcée immédiatement.*

Le bureau proposait purement et simplement l'admission de M. Jollan; M. Desmortiers fit une observation tendant à critiquer comme insuffisante la production des pièces justificatives du cens. M. de Marmier demanda que, puisqu'il y avait réclamation, l'admission fût renvoyée au lendemain, M. Berger répondit que cela ne serait pas juste, qu'il ne faudrait qu'une observation pour retarder l'admission d'un député, et le priver ainsi de son droit de voter. Le président dit qu'il allait mettre aux voix la validité de l'élection, mais qu'il prévenait la chambre qu'aux termes du règlement, lorsqu'une élection donne lieu à discussion, elle doit être renvoyée après la formation du bureau définitif (1). — *Une voix:* Ce n'est pas là une discussion. — La chambre fut consultée et prononça l'admission. (Séance du 6 novembre 1840, *Monit.* du 7, p. 2206.)

124. *Si le président, après avoir demandé s'il n'y avait pas de réclamation, a prononcé l'admission d'un député, et qu'aussitôt après un membre ait demandé la parole contre l'admission, le président peut, malgré sa proclamation d'admission, faire délibérer la chambre sur ce point.*

C'est ce qui a eu lieu pour l'élection de M. Voysin de Gartempe. M. le président avait à peine prononcé l'admission que M. Charamaule, prenant immédiatement la parole, soutint que la chambre ne pouvait pas valider l'élection. Après une explication de la manière dont il avait procédé, le président mit aux voix, et la chambre prononça la régularité de l'élection et l'admission du député. (22 septembre 1831, *Monit.* du 23, p. 1655.)

Cette solution, fondée sur une circonstance particulière, peut s'expliquer par un scrupule du président

(1) Cette observation, si elle est bien conforme, dans son expression, aux paroles prononcées par M. le président, n'est pas exacte; l'art. 4 du règlement dit seulement que les élections non contestées sont rapportées les premières, et que les élections contestées sont rapportées ensuite par des rapporteurs particuliers; mais aucun texte n'oblige à renvoyer ces dernières après la formation du bureau définitif; l'usage est contraire à cette idée: d'ailleurs si le nombre des élections contestées était très-considérable, le choix du bureau définitif pourrait, par l'exclusion des élus contestés, n'être plus l'expression réelle de la majorité de la chambre.

en faveur de la liberté de la tribune, par une crainte de sa part de paraître avoir agi avec précipitation et comme par surprise, s'il refusait la parole demandée immédiatement après la prononciation de la formule. Mais elle est contraire au respect de la chose jugée et à la jurisprudence de la chambre. Il doit être, et il est de règle que, lorsque le président a proclamé l'admission, tout est irrévocablement consommé.

125. Aussi a-t-il été décidé que : *aucune observation relative à l'élection d'un député dont l'admission a été prononcée ne peut être entendue, même de la part de l'élu qui demanderait à s'expliquer sur une protestation dirigée contre son élection, et qu'il présenterait comme contenant des faits à lui personnels.*

Après un rapport sur son élection, M. Charamaule avait été admis sans opposition; deux autres députés avaient été admis après lui. C'est alors seulement que M. Charamaule demanda la parole pour un fait personnel, relatif à la vérification de ses pouvoirs, et voulut répondre, de sa place, à une protestation dirigée contre son élection. Plusieurs voix s'y opposèrent; M. le président Dupin fit observer au réclamant qu'il n'y avait rien de personnel contre lui; qu'il avait été admis sans opposition, qu'il y avait décision de la chambre. M. Charamaule ayant voulu insister, M. le président termina l'incident par ces paroles accueillies par des marques d'adhésion de la chambre : « Je ne laisserai pas introduire maintenant une critique quelconque contre votre élection ; vous êtes député admis, vous avez prêté serment ; je ne dois pas laisser davantage introduire aucune observation sur une chose qui est consommée ». (5 décembre 1834, *Moniteur* du 6, p. 2174.)

126. *De même, lorsque, après une première épreuve douteuse, le président, ayant consulté le bureau, proclame l'admission d'un député, il y a décision contre laquelle on ne peut revenir en demandant le scrutin, sous prétexte qu'il y a eu erreur.*

Admission de M. Debès, contre laquelle les membres de la gauche ont protesté, et ont demandé le scrutin, notamment M. Hortensius de Saint-Albin, en soutenant que le bureau n'était pas d'accord, qu'il y avait erreur. Plusieurs voix, et M. Amilhau, demandèrent le maintien de la décision. Le président dit que l'opinion du bureau était trois voix pour l'admission et une contre; puis il fit prêter serment à M. Debès. (Séance du 15 avril 1839, *Monit.* du 16, p. 555.)

127. *Toutefois, après que l'admission d'un député a été prononcée, le débat peut se renouveler sur une question soulevée par le rapport; mais alors il n'y a lieu à aucun vote, et la discussion n'a d'autre résultat que la mention au procès-verbal de la séance.*

C'est ce qui s'est passé à l'élection de M. Horace Sébastiani; M. Gaillard Kerbertin, rapporteur. (2 août 1831, *Monit.* du 3, p. 1299.)

128. *Après le rapport sur des élections non contestées, il doit être procédé avant tout à la prestation de serment des députés dont l'élection est proclamée valide.*

Ainsi procédé, d'après observation de MM. Janvier et Étienne. (5 avril 1839, *Monit.* du 6, p. 476.)

Observation dans le même sens, de MM. Liadières et Berryer, et prestation de serment dans la première séance de vérification des pouvoirs en 1837. (19 déc., *Monit.* du 20, p. 2500.)

129. *Il n'est pas nécessaire que le serment soit prêté immédiatement après chaque rapport et chaque admission ; afin de ne pas répéter la formule, le président peut recevoir les serments des divers députés admis après la vérification qui vient d'être faite de leurs pouvoirs.* (Séance du 2 déc. 1834, *Monit.* du 3, p. 2156, 2157.)

Il est bien entendu que, si le président peut ne prononcer qu'une fois la formule du serment pour plusieurs députés admis, afin d'abréger, chacun de ces députés doit individuellement prêter le serment.

130. C'est le président qui appelle à la prestation de serment les députés admis.

Cet appel doit être fait, si la voix du

président ne peut être entendue de la chambre, par un des secrétaires, et non par le rapporteur des élections qui viennent d'être déclarées valides.

Ainsi procédé, sur l'observation de M. Laffitte. (5 avril 1839, *Monit.* du 6, p. 476.)

131. *La prestation de serment n'est pas nécessaire pour l'admission. Ainsi, un député non présent à la séance peut être admis, sauf à prêter serment ultérieurement.*

Ainsi décidé pour M. Roussilhe (1er août 1834, *Monit.* du 2, p. 1627); pour M. Tiburce Sébastiani (*eod.*); pour M. de la Pinsonnière (*eod.*); — M. de Dreu (2 août 1834, *Moniteur* du 3, p. 1630); — M. Genoux (page 1631); — M. Fondre-Dieu (p. 1632); — MM. de Montozon, Hennequin (4 août, page 1641); — M. Demarçay (*eod.*), p. 1646; — M. Chasles (5 août, *Monit.* du 6, p. 1650); — M. Lariboissière (*eod.*); — M. Gauthier d'Hauterserve (*eod.*), 1651; — M. Reybaud (6 août, *Monit.* du 7, p. 1664); — M. Persil (6 juin 1837, *Monit.* du 7, p. 1438).

132. *Un député qui a été admis, en son absence, dans une précédente session, doit, à l'ouverture de la session, demander et être reçu à prêter serment.*

M. Guizot, dont les pouvoirs avaient été vérifiés pendant qu'il était à Londres, en qualité d'ambassadeur, demanda à prêter serment, et le prêta dès la première séance de la session de 1841. (Séance du 6 nov. 1840, *Monit.* du 7, p. 2206.)

133. *Les députés qui déclarent avoir prêté serment à la séance royale ne sont pas tenus de le prêter de nouveau au moment de leur admission après la vérification de leurs pouvoirs.*

Elections de l'Ain. (Séance du 25 juill. 1831, *Monit.* du 26, p. 1264.)

134. La prestation du serment n'est que la conséquence de l'admission. Ainsi *lorsque, sur un rapport qui proposait l'ajournement d'un député, le président a, par erreur, reçu le serment d'un député, la prestation de serment n'annule pas la décision qui ajournait l'admission; en conséquence, et sans s'y arrêter, le bureau doit examiner toutes les pièces produites; et si, par suite de cet examen, le député est admis, il doit prêter un nouveau serment.*

Un rapport collectif avait été fait sur les élections du département du Tarn; le rapporteur avait proposé, au nom du bureau, l'admission de plusieurs députés de ce département, et l'ajournement de M. de Ranchin, l'un d'eux; son nom se confondit apparemment avec celui des députés admis : car il fut appelé et prêta serment. Cependant les pièces de M. de Ranchin, qui avait été ajourné, arrivèrent au bureau; on prétendit que ce député, ayant prêté serment, était définitivement admis. Mais le bureau pensa que la prestation de serment, résultat d'une erreur, ne pouvait annuler la décision qui ajournait l'admission, décision définitive et à laquelle la prestation de serment ne portait pas atteinte; en conséquence, le bureau examina toutes les pièces; elles lui parurent régulières, et il conclut à l'admission; elle fut prononcée sans réclamation. Le président reçut le serment de M. de Ranchin. M. Demarçay dit que cette prestation de serment était inutile. M. le président répondit qu'il y avait eu erreur, et que la nouvelle prestation de serment avait eu lieu pour que le député fût installé d'une manière plus régulière; il ajouta que si on reçoit le serment dans la séance royale, c'est qu'il y a présomption que l'élection sera validée; ici le serment a été prêté par erreur, puisqu'il y avait eu ajournement. M. Demarçay tira de là la conséquence qu'il faudrait supprimer le serment des séances royales, attendu que les députés ne devaient le prêter qu'après leur admission. M. Duboys (d'Angers), rapporteur. (16 mai 1838, *Monit.* du 17, p. 1276.)

DEUXIÈME PARTIE.

DÉCISIONS DE LA CHAMBRE SUR LES QUESTIONS ÉLECTORALES.

135. Les nombreuses décisions qui vont être recueillies sous ce titre font connaître comment la chambre appli-

que la charte et la loi électorale du 19 avril 1831.

En examinant avec soin ces solutions diverses, influencées nécessairement par les circonstances particulières qui composent la jurisprudence électorale de la chambre, on peut en extraire quelques principes généraux qui dominent la matière. Ce sont ces principes qui forment le *lien commun* et constituent le caractère traditionnel des précédents ; car il n'en est pas des décisions de la chambre comme de celles des tribunaux : elles ne sont pas motivées, et on ne peut connaître qu'en partie, par la discussion, les considérations qui ont déterminé l'assemblée. « La chambre, dit à ce sujet M. de Cormenin, ne motive pas ses solutions ; plusieurs de ses membres se déterminent, indépendamment du point de droit, par leurs affections politiques ou par leurs répugnances pour l'opinion du député élu, ou même pour sa personne. Mais, dans une grande assemblée, la généralité cède d'ordinaire à un sentiment d'équité, et les solutions de la chambre en sont empreintes, il faut en convenir. Il est donc utile de rappeler les précédents pour servir de guides, sinon de juges, d'analogues sinon de décisoires, dans les cas semblables. »

136. Un autre caractère distingue encore la jurisprudence de la chambre. Elle n'est pas (ce sont les expressions de M. de Cormenin) une jurisprudence de droit strict, mais d'équité ; elle s'attache moins à la lettre qu'à l'esprit, et elle considère l'observation des formes, la bonne foi de l'opération et le vœu de la majorité.

137. *La non-observation des formalités prescrites pour les opérations des colléges électoraux n'entraîne pas nécessairement nullité. La chambre apprécie souverainement s'il y a lieu de valider ou d'annuler, selon la gravité de l'irrégularité commise.*

Entre autres moyens proposés contre l'élection de M. Harlé, on disait que des électeurs avaient voté en présence de deux membres seulement du bureau, et avaient eux-mêmes déposé leurs bulletins dans la boîte, au lieu de les remettre au président, ce qui était contraire à la loi. La minorité du bureau de la chambre avait vu là une cause de nullité. La majorité, par l'organe de M. Bernard (de Rennes), rapporteur, répondit que les dispositions de la loi électorale n'étaient pas prescrites à peine de nullité ; que les colléges électoraux n'étaient pas investis du droit de déclarer que telle infraction entraînait nécessairement nullité ; que le pouvoir souverain d'apprécier la validité des élections n'appartient qu'à la chambre ; que l'absence de sanction pénale dans la loi est la conséquence du principe que la chambre est seule juge des faits et des circonstances.

M. Mauguin a répondu : Devant la cour de cassation, il n'y a de nullité que celles qui sont écrites dans la loi. Mais, en matière d'élection, la loi ne prononce pas la peine de nullité pour l'inobservation des formalités qu'elle prescrit, de sorte qu'il n'y aurait jamais d'élections nulles pour défaut de formes. Alors pourquoi prescrire des formes? On ne doit pas laisser sur ce point un pouvoir discrétionnaire aux bureaux. La pureté des élections est intéressée au maintien du principe. — La chambre déclara l'élection valide. (25 fév. 1833, *Monit.* du 26, p. 526, 527.)

M. Lherbette a soutenu aussi que la loi, en s'abstenant d'attacher la peine de nullité à telle ou telle formalité, a voulu laisser la chambre libre de décider, non comme juge, mais comme juré. Election de M. Falguerolles. (2 août 1834, *Monit.* du 3, p. 1632.)

138. Une des règles les mieux établies et les plus fréquemment appliquées par la jurisprudence de la chambre est la suivante :

Lorsqu'une irrégularité n'aurait pour résultat, si elle était reconnue, que d'enlever un ou plusieurs suffrages au candidat élu, elle n'entraîne pas la nullité de l'élection, si, défalcation faite des suffrages nuls, la majorité légale existe encore au profit de l'élu.

On en verra de nombreux exemples. Le principe a été rappelé dans sa généralité par M. Corne, rapporteur de l'élection de M. Delbecque. (11 avril 1839, *Monit.* du 12, p. 520.)

M. de Cormenin le pose et l'explique en ces termes : « Du principe que la majorité des suffrages constitue le député, et qu'ainsi l'élection est sincère et légitime, lorsque la majorité est réelle, il suit : qu'il n'y a lieu qu'à examiner si, en défalquant les bulletins argués de nullité, le surplus donne au député élu une majorité réelle.

« L'adoption de cette règle épargne une infinité de discussions ardues sur les bulletins incriminés ; car on suppose qu'ils n'existent pas, et l'on compte le reste. Si, par exemple, le nombre des suffrages obtenus était de 300, que le chiffre nécessaire pour être député fût de 250, et que 40 billets fussent argués de nullité, comme il en resterait 260 bons, la chambre passerait outre, à moins que les circonstances de captation et de violence fussent telles qu'il fût évident que la majorité n'eût pas voté dans l'exercice d'une pleine indépendance. La raison en est dans le dernier cas, qu'il y aurait doute sur la majorité réelle. »

139. L'exposé des nombreux précédents électoraux de la chambre, depuis la loi de 1831, va être présenté dans l'ordre suivant : actes antérieurs à la réunion des colléges ; composition et opération des colléges ; fraudes, violences, manœuvres, force majeure dans les élections ; capacité des électeurs ; capacité des éligibles ; incompatibilités ; élections doubles, options, réélections.

§ 1er. Des listes électorales, de la convocation et de la réunion des colléges électoraux ; des cartes d'électeurs ; introduction d'étrangers.

140. C'est à l'autorité administrative que la loi du 19 avril 1831 confie la confection, la publication, l'affiche des listes électorales. La chambre ne pourrait s'immiscer dans ces actes pour les réformer ou les modifier. C'est une question de savoir jusqu'à quel point elle peut examiner la capacité des électeurs portés sur les listes ; mais il est hors de doute qu'elle n'a pas compétence pour examiner la valeur des preuves et titres que les électeurs ont fournis pour pouvoir être inscrits.

141. Il a été décidé, en ce sens, que *la chambre n'est pas compétente pour examiner si des citoyens ont été inscrits, sans justifications suffisantes, sur la liste électorale.*

Élection de M. Chasles, M. Lévêque de Pouilly, rapporteur. (30 juill. 1831, *Monit.* du 31, p. 1287.)

142. *L'inexécution de la loi, quant à la publicité des listes électorales, n'entraînerait pas nécessairement la nullité de l'élection.*

En effet, a dit M. Lachèze, rapporteur de l'élection de M. Gauthier d'Hauteserve, il pourrait y avoir eu, dans la publication des listes, négligence de la part soit du préfet, soit du sous-préfet, soit des maires eux-mêmes, sans que, pour cela, la formation du collége fût entachée d'un vice radical. Autrement il suffirait à une administration, qui pourrait être mal intentionnée, d'omettre ou seulement de retarder l'accomplissement des formalités prescrites par la loi, pour paralyser en quelque sorte les colléges électoraux et pour invalider d'avance les élections. Cette conséquence est inadmissible. L'élection fut validée. (22 déc. 1837, *Monit.* du 23, p. 2523.)

Il faut, dit M. de Cormenin, consulter les circonstances.

143. Il avait été décidé de même que *le retard ou l'irrégularité dans l'affiche et le dépôt des listes électorales, d'ailleurs régulières, n'est pas une cause de nullité, surtout s'il n'a pu en résulter une influence notable sur la composition du collége.*

Des reproches de cette nature étaient dirigés par une protestation contre l'élection de M. Boyer de Pierreleau. M. Jaubert, rapporteur, dit, au nom du bureau, que ces irrégularités ne viciaient pas l'élection ; en effet, il ne peut dépendre de la négligence ou de l'erreur d'un maire, d'un sous-préfet ou d'un préfet, d'entacher d'un vice radical la composition d'un collége : ce serait mettre les élections à la merci de l'administration. La loi n'a pas attaché la nullité à l'inobservation des formes ou des délais de la publication des listes; la nullité dépend de circonstances que la chambre peut apprécier. Ici le retard n'a pu influer d'une manière notable sur la composition du collége; la protestation se plaint de ce que la cour royale a rejeté *plusieurs* demandes en radiation comme formées trop tard; or le candidat élu a obtenu 58 voix de majorité; il n'est donc pas probable que le résultat eût été changé quand même les demandes en radiation auraient été accueillies. — L'admission fut prononcée sans opposition. (28 juill. 1831, *Monit.* du 29, p. 1277.)

144. De même encore, *le défaut d'affiche d'une liste rectificative dans laquelle un candidat figurait pour un cens d'éligibilité trop élevé ne peut être reproché à ce candidat : il s'agit là d'un fait administratif dont il ne peut répondre ni être victime.*

Election de M. Chegaray, M. Delespaul, rapporteur. (Séance du 9 avril 1839, *Monit.* du 10, p. 509.)

145. Au surplus, *la preuve que les listes ont été publiées conformément à la loi résulte de la production des arrêtés des préfets qui précèdent les listes, et qui, portant des dates se référant aux époques indiquées par la loi, disent tous qu'ils seront affichés conformément à ce que la loi prescrit. Cette preuve légale de publicité ne peut être détruite par une attestation de maires.*

Election de M. Gauthier d'Hauteserve, M. Lachèze, rapporteur. (22 déc. 1837, *Monit.* du 23, p. 2523.)

146. *Lorsqu'un nom d'électeur a été omis sur une liste électorale lithographiée, cette omission peut être réparée par l'insertion, écrite à la main, du nom omis.*

Election de M. Chasles; M. Lévêque de Pouilly, rapporteur. (30 juillet 1831; *Monit.* du 31, p. 1287.)

147. L'art. 40 de la loi électorale porte que les colléges électoraux sont convoqués par le roi et se réunissent dans la ville de l'arrondissement électoral ou administratif que le roi désigne.

La chambre peut-elle examiner si le gouvernement avait le droit de changer le siége d'un collége électoral?

Dans l'élection de M. Colomès, un électeur avait protesté par le motif que le ministère avait illégalement transporté à Tarbes le collége électoral qui précédemment se rassemblait à Argèles. En présence de l'art. 40 de la loi du 19 avril 1831, qui porte que les colléges électoraux se réunissent dans la ville de l'arrondissement électoral ou administratif que le roi désigne, il semblait que la protestation devait être rejetée comme non recevable, le gouvernement ayant usé de son droit en transférant le siége du collége d'une ville à l'autre. Toutefois, le rapporteur, M. Gaétan de la Rochefoucault examina et justifia les motifs qui avaient déterminé la décision du ministère. (5 août 1834; *Monit.* du 6, p. 1651.)

148. La convocation étant laissée, dans les termes les plus généraux, parmi les attributions du gouvernement, *il n'y a pas lieu de s'arrêter à une protestation d'électeurs qui se plaignent que la convocation du collége électoral n'ait pas été faite régulièrement.*

Election de M. Champanhet. (1er août 1834; *Monit.* du 2, p. 1626.)

149. Des cartes sont délivrées aux électeurs, par les soins de l'autorité administrative. Cette précaution de police, qui sert à constater l'individualité des personnes arrivant pour avoir entrée dans le collége, ne confère nullement le droit électoral.

Il ne résulte donc pas nullité de ce que plusieurs électeurs se seraient introduits dans la salle du collége sans être porteurs de leur carte.

La carte, a dit M. Bernard, rapporteur de l'élection de M. Tiburce Sébastiani, n'est qu'une formalité; le point important c'est que le vote ne soit déposé que par les électeurs ayant droit de voter. (2 août 1831; *Monit.* du 3, p. 1299.)

Dans l'élection de M. Arthur de la Bourdonnaye, l'administration avait envoyé à la chambre des récépissés de cartes, et des cartes non retirées; elle avait, dans les correspondances avec le ministre, conclu de là que des électeurs *auraient pu voter* sans avoir justifié préalablement de leur identité.

M. Jaubert, rapporteur, fit observer qu'on ne pouvait pas dire que des personnes qui n'ont pas présenté leurs cartes ne fussent pas des électeurs véritables. Il y a présomption qu'elles ont fait constater leur identité dans le collége; il est de principe que les listes d'émargement et l'absence de réclamation font foi; pour soutenir la non-identité, il faudrait s'inscrire en faux. L'élection fut validée. (22 déc. 1837; *Monit.* du 23, p. 2522.)

On lit aussi dans l'Instruction sur la tenue des colléges électoraux : « C'est pour prévenir l'introduction de personnes étrangères au collége ou à la section que des cartes individuelles sont distribuées aux électeurs. Si l'un d'eux avait oublié ou perdu sa carte, le bureau devrait l'admettre, après s'être assuré de l'identité et de l'inscription sur la liste. »

150. *Il ne résulte pas non plus nullité de ce que les cartes adressées aux électeurs auraient indiqué, pour la réunion du collége, un lieu autre que celui où il s'est réellement assemblé.*

La carte n'étant pas un titre, a dit M. Laurence, rapporteur, l'électeur, qui tire son droit de son inscription sur la liste, doit, pour voter, se présenter dans la ville où siége le collége, et là s'informer du lieu de la réunion; le changement de lieu ne pourrait jamais entraîner la nullité de l'opération. Election de M. Julien Bessières. (5 mars 1833; *Monit.* du 6, p. 610.)

151. *Les cartes ne doivent être délivrées qu'aux électeurs; eux seuls peuvent faire partie du collége, eux seuls ont le droit d'entrer dans le local des séances.* « Si des personnes tout à fait étrangères au collége ou à la section (porte l'Instruction sur la tenue des colléges électoraux) se présentaient pour voter, ou seulement pour assister aux opérations, le président devrait les avertir, et au besoin leur enjoindre de ne pas rester dans la salle. » La présence de personnes étrangères serait donc illégale, bien qu'il n'en résultât pas toujours nécessité d'annuler l'élection : telle est la jurisprudence de la chambre, ainsi qu'on va le voir par plusieurs décisions.

On ne fait pas un grief de ce qu'un électeur infirme se serait avancé dans la salle pour venir voter, en s'appuyant sur le bras de parents ou amis étrangers au collége; il a été reconnu qu'on ne devait pas voir là le vice d'une intervention étrangère dans l'intérieur du collége.

L'élection de M. Deportes, attaquée à raison d'une circonstance pareille, fut validée sans discussion. M. Demeufve, rapporteur. (19 déc. 1837, *Monit.* du 20, p. 2500.) — V. encore ci-après, § 13.

152. *Il n'y a pas lieu de s'arrêter à une protestation fondée sur ce que des étrangers se seraient introduits dans la salle du collége, si la présence de ces personnes n'a pas été assez notoire pour que le bureau s'en soit aperçu, que l'une de celles qu'on a signalées soit sortie, et qu'on ne prétende pas, d'ailleurs, qu'il y ait eu aucun vote.*

Election de M. Arthur de la Bourdonnaye, M. Jaubert, rapporteur. (22 déc. 1837, *Monit.* du 23, p. 2522.)

Dans la même séance, M. Lambert, rapporteur de l'élection de M. Armand, avait dit que le bureau n'avait pas jugé digne d'une discussion sérieuse l'allégation d'une protestation portant que des électeurs étrangers à l'assemblée y avaient été présents. (*Monit.* du 23, p. 2520.)

153. De même, *l'entrée d'un étranger, au moyen de la carte d'un électeur, dans un collége électoral avant la clôture du scrutin, et une courte conversation qu'il aurait eue avec le président de ce collége, son parent, ne sont pas une cause de nullité de l'élection, mais peuvent donner lieu à un blâme du fait de l'introduction illégale, et de la conduite du président. Il n'y a pas lieu, dans ce cas, à ordonner un ajournement pour faire une enquête sur les faits.*

M. d'Hubert avait été élu par la 2e section du 5e collége électoral du département de la Seine, présidée par lui. Il fut dit, dans une protestation rédigée séance tenante, et constatée par un procès-verbal du commissaire de police, que M. Versepuy, beau-frère de M. d'Hubert, était entré dans la salle du collége, à l'aide de la carte d'un électeur, avant la clôture du scrutin, et s'était entretenu avec M. le président. Le bureau de la chambre, par l'organe de M. Glais-Bizoin, rapporteur, pensa que, sans rechercher les motifs de ces communications, et sans y voir un motif de nullité, il y avait lieu de proposer de frapper d'un blâme sévère l'introduction d'un étranger dans le collége, et la conduite du président qui, au lieu de lui ordonner de se retirer, s'était avancé à sa rencontre et était entré en conversation avec lui.

M. d'Hubert se justifia en disant qu'il ne s'était rapproché de son beau-frère que pour lui dire de se retirer, et que cette introduction ne pouvait avoir aucune influence sur l'élection, puisqu'elle avait eu lieu un quart-d'heure avant la clôture du scrutin, c'est-à-dire à un moment où le sort de l'élection était décidé.

M. Portalis soutint que si l'introduction d'un étranger dans le collége ne suffisait pas pour faire annuler immédiatement l'élection, elle portait atteinte à la sincérité de la représentation nationale; c'était, du moins, le cas d'ajourner l'admission pour faire une enquête sur les faits signalés et sur d'autres dont on avait parlé dans le public.

M. le rapporteur persista dans ses conclusions; il répéta qu'il y avait lieu à un blâme, mais qu'il ne pouvait exister de doute sur la légalité de l'élection : déclarer que l'introduction d'un étranger dans un collége électoral, alors même qu'il y serait entré par la connivence du président, son allié ou parent, est un cas de nullité, ce serait un précédent qui pourrait devenir fatal à toutes les opinions. (Séance du 26 déc. 1839, *Monit.* du 27, p. 2195, 2196.)

154. *L'introduction d'une personne étrangère au collége, mais appartenant à l'administration, et venue pour conférer, avec le bureau exclusivement, sur un incident élevé dans une autre section du même collége, ne vicie pas l'élection.*

Election de M. Locquet, M. Lebeuf, rapporteur. (22 déc. 1837, *Monit.* du 23, p. 2524.)

155. Aux termes de l'art. 41 de la loi électorale, dans les arrondissements où il y a plus de 600 électeurs, le collége est divisé en sections; chaque section comprend au moins 300 électeurs, et concourt directement à la nomination du député que le collége doit élire.

La division d'un même collége en deux ou plusieurs sections a-t-elle pour effet de faire considérer les membres d'une section comme des étrangers non électeurs, relativement aux autres sections?

L'Instruction pour la tenue des colléges électoraux porte : « Si le collége est partagé en sections, nul électeur ne peut voter que dans la section dont il fait partie. Aucun électeur étranger à une section ne peut entrer dans la salle des séances de cette section, si ce n'est les membres des bureaux qui, lors du dépouillement du scrutin pour l'élection du député, se rendent au bureau central... L'électeur qui aurait droit de voter en vertu d'un arrêt de la cour royale ou d'un recours suspensif, et qui ne serait porté sur la liste d'aucune section, devrait être admis dans la section à laquelle appartiennent les électeurs de son canton ou de son quartier, s'il est domicilié dans une ville dont les électeurs forment plusieurs sections. »

156. Il a été décidé que *le président d'une section d'un collége électoral peut interdire l'entrée du lieu de l'assemblée aux électeurs d'une autre section du même collége. Une telle interdiction ne peut être un moyen de nullité contre l'élection.*

Cette difficulté s'est présentée à l'occasion d'une protestation de plusieurs électeurs, contre l'élection de M. Gosse de Gorre. Le bureau de la chambre a pensé qu'une semblable protestation ne pouvait infirmer une élection réunissant, d'ailleurs, toutes les conditions prescrites par la loi; toutefois il déclara soumettre à la chambre l'appréciation de la valeur de cet acte. La chambre, sans discussion, déclara l'élection valide. M. Salverte, rapporteur. (26 fév. 1834, *Monit.* du 27, p. 426.)

« Il n'y a nullité, dit M. de Cormenin, ni à refuser ni à admettre les électeurs d'une autre section du même collége ; c'est une simple mesure d'ordre et de police. Il est convenable que les électeurs restent dans leurs sections respectives. »

157. D'un autre côté, la chambre a décidé que *l'entrée d'un électeur d'une section dans une autre section du collége, et sa participation, comme scrutateur, aux opérations de la première journée, constituent bien une irrégularité, une erreur involontaire, mais ne peuvent porter atteinte à la sincérité et à la validité des opérations électorales, surtout si, les jours suivants, cet électeur n'a plus pris part aux opérations de la section.*

Election de M. d'Hubert, à Paris, M. Glais-Bizoin, rapporteur. (Séance du 27 déc. 1839, *Monit.* du 28, p. 2195.) V. encore ci-après, § 3, n° 176, 177, 178.

§ 2. De la composition des colléges électoraux.

158. Les colléges électoraux se composent de tous les électeurs de l'arrondissement, quel que soit leur nombre. La loi n'ayant pu prévoir ni fixer le maximum, s'est bornée, dans des vues de bon ordre, à ordonner la division, en sections, des colléges de plus de 600 électeurs. Mais, d'un autre côté, elle a déterminé un minimum. Elle prescrit (art. 20 de la loi du 19 avril 1821) que, s'il y a moins de 150 électeurs, le préfet ajoute, sur la liste publiée le 15 août, les citoyens les plus imposés au-dessous de 200 fr. qui doivent compléter le nombre de 150. S'il n'y a que 150 électeurs, le préfet publie une liste complémentaire contenant les noms des dix citoyens susceptibles d'être appelés éventuellement à compléter le nombre de 150 par suite des changements qui surviendraient ultérieurement dans la composition du collége.

Ces dispositions ont donné lieu à de graves difficultés, qui se sont présentées dans une double hypothèse, celle où le nombre légal se trouvait dépassé, et celle où il n'était pas atteint.

159. Le préfet, qui doit porter la liste au complet de 150 électeurs, si elle ne s'élevait pas à ce nombre, ne peut pas excéder le chiffre fixé par la loi ; il ne saurait lui être permis de créer des électeurs arbitrairement.

160. Ainsi, *la circonstance qu'au lieu de se borner à compléter la liste au nombre de 150 électeurs, le préfet en a inscrit 152, doit faire annuler l'élection si elle n'a eu lieu qu'à la majorité d'une voix.*

Election de M. Allier, M. Vatout, rapporteur. Il avait été conclu, précédemment (28 juill. 1831, *Monit du* 29, p. 1279), à la validité de la même élection : mais l'admission avait été ajournée à raison de l'annonce de pièces nouvelles qui déterminèrent un rapport et une décision contraires. La chambre prononça l'annulation de l'élection. (2 août 1831, *Monit.* du 3, p. 1298.)

161. Par suite du même principe, *la liste portée à 150 par l'adjonction d'électeurs complémentaires, ne peut plus être augmentée de deux militaires pensionnés payant 100 fr. d'impôts. Toutefois, si cette irrégularité a été commise, elle n'emporte pas nullité au cas où, les deux adjonctions illégales étant retranchées du nombre des suffrages obtenus par l'élu, la majorité resterait encore acquise.*

M. Gaillard-Kerbertin, rapporteur de l'élection de M. Horace Sébastiani, regarda cette adjonction comme l'effet d'une fausse interprétation de la loi du 19 avril 1831, art. 3; les mots *en outre*, qui commencent cet article, ne s'appliquent pas à la liste de 150, mais veulent dire seulement que, indépendamment des électeurs à 200 fr., les militaires pensionnés, réunissant les conditions requises, sont inscrits sur la liste électorale. Le rapporteur, à raison de la majorité de 23 voix qu'avait obtenue l'élu, proposa, et le président prononça l'admission.

Après cette décision, qui ne fut pas contestée, le débat se renouvela sur la doctrine professée par le rapporteur. M. Rouille-Fontaine prétendit que les officiers pensionnés devaient être portés sur la liste *en outre* des 150, ce qu'il faisait résulter du rapprochement des art. 2 et 3 de la loi électorale. M. Gaëtan de la Rochefoucault appuya cet avis. M. de Tracy prétendit également que le nombre 150 était un minimum ; que le droit conféré aux 150, soit payant 200 fr. d'impôts, soit plus imposés au-dessous de cette somme, n'empêchait pas les adjonctions admises par la loi.

M. le rapporteur répondit : La loi veut 150 électeurs; si on les trouve en adjoignant aux électeurs à 200 fr. les officiers retraités, il n'est pas nécessaire d'appeler les plus imposés, qu'on ne doit inscrire qu'en cas d'insuffisance des deux premières classes. M. Fiot émit la même opinion. Selon lui, le mot *en outre*, de l'art. 3, s'unit à l'art 1er, qui tous deux classent les électeurs, et non à l'art. 2 qui s'occupe, dans une circonstance donnée, de la composition du collége électoral. La loi met les officiers retraités qu'elle désigne sur la même ligne que les électeurs à 200 fr. ; il faut donc les compter avec ces derniers avant de compléter le nombre 150; les compter au-delà de ce nombre, ce serait violer la loi. (2 août 1831, *Monit.* du 3, p. 1299.)

Il est à remarquer qu'une circulaire du ministre de l'intérieur a décidé que les électeurs adjoints qui font l'objet de l'art. 3 de la loi du 19 avril 1831, ne sont point comptés dans le nombre de 150 électeurs.

162. La question du chiffre de 150, que le préfet ne doit pas dépasser dans les cas prévus, se complique d'une manière embarrassante lorsqu'elle se trouve en contact avec les conséquences du principe de la permanence des listes ; c'est ce qui arrive lorsque des électeurs non inscrits, ou induement rayés, sont réintégrés sur la liste après que le préfet l'a complétée jusqu'à concurrence de 150 noms.

163. Sur ce point, la jurisprudence de la chambre est fixée; elle décide que *dans les arrondissements où le nombre des électeurs ne s'élève pas à 150, lorsque le préfet a porté, dans la dernière révision d'octobre, la liste à ce nombre, et que, postérieurement à la clôture, des électeurs se sont fait rétablir dans leur droit par arrêts de la cour royale, il ne doit pas, à l'époque de l'élection, retrancher un nombre d'électeurs supplémentaires égal à celui des nouvelles inscriptions ordonnées. Tous peuvent prendre part à l'élection et compter dans le calcul de la majorité légale.*

Cette solution, importante et controversée, s'est présentée plusieurs fois aux délibérations de la chambre. Elle a été discutée, lors de la vérification des pouvoirs en 1838, pour l'élection de M. Limperani.

Le collége de Bastia ne s'élevant pas à 150 électeurs payant 200 fr. avait été complété par l'appel des plus imposés; depuis le 20 octobre 1837, des arrêts de la cour de Bastia avaient rétabli 14 électeurs rayés par le conseil de préfecture. Fallait-il rayer les 14 électeurs supplémentaires inscrits pour la cote la plus faible, afin que la liste ne contînt que 150 noms? Le préfet pouvait-il opérer cette radiation? Une protestation dirigée contre l'élection soutenait l'affirmative.

M. Jollivet, rapporteur, après avoir rappelé un précédent de 1831, dans l'élection de M. Gauthier d'Hauteserve, dont il sera question plus loin, posa, en citant les textes de la loi, le principe de la permanence des listes. Quand les listes sont arrêtées, la révision administrative cesse, et il n'y a plus lieu qu'à la révision judiciaire. — On dit que la radiation des 14 électeurs les moins imposés est implicitement ordonnée par les arrêts qui prononcent l'admission de 14 électeurs payant un cens plus élevé. Mais les arrêts avaient à prononcer sur des admissions demandées : ils n'avaient point à statuer sur des radiations, et n'ont pu les ordonner en l'absence des intéressés, qui auraient pu les combattre s'ils avaient été parties dans les instances. — L'objection la plus forte se tire de ce que la liste s'est trouvée composée de 14 électeurs de plus que la loi ne le veut. Mais quand 50 électeurs inscrits auraient cessé, depuis le 20 octobre, de payer le cens, ils n'en voteraient pas moins s'ils le voulaient; c'est l'inconvénient de la permanence des listes. D'ailleurs l'exécution est impossible. Si quatorze arrêts postérieurs admettaient 14 électeurs plus imposés, le préfet devrait-il rayer les 14 admis en vertu des précédents arrêts? la loi ne lui reconnaît pas ce droit. Les électeurs admis en vertu d'arrêts ne sont point obligés de notifier ces décisions; ils peuvent les présenter le jour même de l'élection : comment le préfet, qui ne connaîtra pas les nouvelles admissions, pourra-t-il opérer des radiations en nombre équivalent?

M. Martin (de Strasbourg) invoqua les précédents de 1831, en demandant à la chambre de les confirmer. Si, dans le cas dont il s'agit, un préfet ne pouvait éliminer les derniers inscrits, il pourrait, selon son bon plaisir, élever le nombre des électeurs à 180, à 200; il aurait une influence immense sur la formation des listes, et les citoyens perdraient leurs garanties, puisqu'il ne serait pas possible de faire rayer les derniers. On objecte que l'électeur, une fois inscrit, ne peut être rayé sans avoir été entendu, sans s'être défendu; cela est vrai pour les électeurs qui, payant un cens de 200 fr., ont un droit définitivement acquis; mais les électeurs supplémentaires cessent d'avoir droit dès qu'il se présente des électeurs titulaires dont le droit n'est point variable. On dit encore qu'on pourrait forcer les électeurs qui se font admettre à conclure en même temps à l'élimination des derniers inscrits, et qu'alors le préfet rayerait en vertu d'une décision formelle. Mais cela est impossible, car les électeurs qui réclament, ne réclament pas simultanément, mais individuellement, chacun pour soi seul; si chacun était ainsi astreint à une double action, il faudrait que chacun conclût contre le dernier inscrit; car aucun ne pourrait conclure contre deux, et il se trouverait que les recours individuels, portés à la cour royale, tendraient tous à l'élimination du dernier inscrit, et non des 14 derniers qui devraient cependant être tous éliminés. Il est donc évident que la radiation des derniers inscrits doit avoir lieu par une conséquence nécessaire et virtuelle de l'arrêt qui en admet de plus imposés.

M. de Montalivet, ministre de l'intérieur, déclara repousser le pouvoir dont on voulait investir les préfets, d'abord parce que ce serait de l'arbitraire, ensuite parce que ce droit n'est pas écrit dans la loi. Après avoir rappelé le précédent de 1831, le ministre dit que la question se représenta trois ans plus tard, mais qu'ayant été examinée dans le bureau, elle n'arriva pas jusqu'à la tribune. Quant au rejet d'une proposition législative, faite par M. Vatout en 1831, il n'eut lieu que pour ne pas porter atteinte à la loi existante.

Si on donne au préfet le droit dont il s'agit, a dit le ministre, on fera prévaloir de mauvais principes de législation, le désordre dans la juridiction, le mépris de la chose jugée, l'absence de la défense, la confusion dans la juridiction! En effet, après le 15 août, le préfet n'agit plus comme administrateur : il devient juge en conseil de préfecture, et ses décisions sont jugées elles-mêmes, après le 30 septembre, par les tribunaux. Donner au préfet le droit d'intervenir encore après le 20 octobre, c'est revenir à l'autorité administrative entièrement mise de côté après le 15 août. Mépris de la chose jugée! supposez que le 150e électeur soit inscrit en vertu d'un arrêt de cour royale, et qu'une nouvelle réclamation étant faite, il intervienne un nouvel arrêt : (un citoyen peut, en effet, prouver qu'il paie plus d'impôts que ce 150e électeur); il faudra donc que le préfet interprète l'arrêt rendu, et que, contrairement à un arrêt, sa signature puisse effacer le nom d'un électeur! C'est le renversement de tous les principes : on conçoit un arrêt de cour royale primant celui du préfet, mais non la signature du préfet infirmant un arrêt de la justice.

On priverait les citoyens d'un droit précieux sans les entendre. Qui dit que l'électeur éliminé ne peut pas faire valoir certaines contributions, qu'il ne peut pas avoir des droits plus réels que l'électeur qui vient d'obtenir un arrêt? Dans ce cas, il faudra changer tout ce qui existe : car toute la loi électorale est faite pour qu'un citoyen ne puisse être privé de son droit sans avoir été appelé à se défendre.

Supposez un citoyen qui, ayant obtenu un arrêt, ferait, dans le système qu'on voudrait voir adopter, sortir le 150e électeur. Supposez que la cour de cassation annule l'arrêt. L'électeur qui avait obtenu la décision aura usé de son droit, et l'élection sera confirmée. Or, si on est forcé d'admettre qu'un électeur, reconnu plus tard sans droit, ne peut retirer son vote après l'avoir émis, ni revenir sur l'usage qu'il en a fait, autorisera-t-on un électeur à priver son concitoyen de l'exercice du droit? Il est impossible de consacrer une pareille doctrine. La loi ainsi interprétée serait inexécutable.

M. Limperani prit la parole pour défendre son élection. Indépendamment des considérations de fait qu'il présenta, il traita aussi la question de droit. Voici ceux de ses arguments qui ne reproduisent pas complètement ceux que les préopinants avaient fait valoir. Dans le doute, il faudrait interpréter dans le sens le plus large et le plus favorable à l'augmentation du nombre des électeurs ; mais il n'y a pas doute. La liste électorale une fois close, les électeurs inscrits et non attaqués dans le délai ont un droit acquis, passé en force de chose jugée ; la règle est générale et exclut toute distinction entre les électeurs à cens absolu et les électeurs à cens relatif. De ce que la cour royale a ordonné des inscriptions, il ne s'ensuit pas qu'il faille opérer des radiations corélatives sur la liste complémentaire; les électeurs à cens relatif sont vraiment et définitivement électeurs dès qu'ils n'ont pas été attaqués en temps utile; ils le sont en vertu d'une décision aussi irrévocable que peut l'être celle de la cour. — En sollicitant son inscription, le réclamant devant la cour avait le droit d'y appeler le dernier inscrit ; mais le dernier inscrit, non attaqué ni appelé, ni averti légalement, ne pouvait se présenter spontanément pour obtenir la confirmation d'un droit que la clôture de la liste avait rendu incontestable. L'élimination, qui serait la conséquence de l'introduction de nouveaux électeurs admis par la cour, constituerait, en faveur de ces derniers, un double privilége. En effet, on peut produire toutes nouvelles pièces à la cour : ainsi un électeur qui n'a pas figuré sur la liste du préfet, et qui serait admis par la cour sur la production de nouvelles pièces, aurait trouvé le moyen de se soustraire à l'intervention des tiers et à l'investigation de ses titres, tandis que, d'autre part, son admission ferait sortir de la liste un électeur qui n'aurait été ni appelé ni entendu, et qui n'aurait pu contester les droits de son remplaçant.

On dit que le collége électoral ne doit pas excéder 150 électeurs. D'abord, l'esprit de la loi est plus pour l'extension que pour la limitation du nombre des électeurs. Puis, comment empêcher que le collége se compose de plus de 150 électeurs, puisqu'il se peut que le préfet n'ait pas le temps d'opérer les inscriptions et radiations la veille ou le matin même de l'ouverture du collége? les électeurs n'étant pas obligés, par la loi, de notifier les arrêts de la cour, il dépendrait d'eux d'augmenter ou de diminuer à leur gré la liste électorale. Il y a des cas où, quand il le voudrait, le préfet ne pourrait empêcher que le nombre de 150 fût dépassé : c'est lorsqu'il a rayé des électeurs de la liste et que ces électeurs se sont pourvus devant la cour, pourvoi qui est suspensif.

Enfin, le principe de la permanence des listes protége les électeurs à cens relatif comme les électeurs à cens absolu. L'opinion contraire ne tendrait à rien moins qu'à établir, après la clôture, des électeures provisoires et des électeurs définitifs, ce qui renverserait le principe de la permanence. M. Limperani fit observer qu'en 1831 et en 1834, malgré des protestations qui soulevaient la même difficulté, le bureau ne jugea pas même nécessaire de soumettre la question à la chambre. (Séance du 20 déc. 1838, *Monit.* du 21, p. 2596 et suiv.)

Aux élections de 1839, la difficulté se présenta de nouveau lors de la vérification des pouvoirs du même M. Limperani. La liste affichée dans la salle du collége électoral de Bastia, au lieu de contenir les noms des 150 plus imposés, portait 180 noms; ce fait s'expliquait de la manière suivante : la liste arrêtée le 15 août par le préfet ne contenait que 150 noms; postérieurement des admissions nouvelles furent prononcées, soit par le préfet lui-même, soit en vertu d'arrêts de cours royales; mais les listes furent réduites définitivement, le 16 octobre, à 150 noms, ainsi que la loi l'exige. Après cette époque, trente nouvelles introductions furent ordonnées par la cour royale; les électeurs, ainsi réintégrés, prirent part à l'élection. Une protestation fut dirigée contre la nomination de M. Limperani, élu par le collége ainsi composé.

Le bureau de la chambre conclut à l'admission de M. Limperani. M. Chegaray, rapporteur, présenta, sur la question légale, les considérations suivantes, que je dégage, à dessein, des raisons de fait qui durent être exposées à la chambre. La question n'est pas nouvelle; plusieurs fois elle s'est présentée devant la chambre à des époques diverses, et elle a reçu des solutions diverses. En 1831, l'élection de M. Gauthier d'Hauteserve par le collége électoral de Bagnière fut annulée par le motif que la cour royale de Pau ayant introduit sur les listes un certain nombre d'électeurs excédant le chiffre de 150, le préfet n'avait pas retranché d'office sur ces listes un nombre d'électeurs égal à celui des nouveaux inscrits. La décision rigoureuse prise par la chambre sur cette élection ne fut adoptée que contre les conclusions du bureau, après deux épreuves douteuses, et aussi contre l'opinion des jurisconsultes les plus éminents de l'assemblée, notamment de M. de Vatisménil et de M. Odilon Barrot. (Séance du 30 juill. 1831, *Monit.* du 31, p. 1285, 1286.) L'opinion contraire fut soutenue vivement par M. Charpentier, aussi jurisconsulte (1).

Dans le courant de la session de 1831, M. Vatout proposa de faire passer dans la loi la *décision* prise dans le cas particulier de M. d'Hauteserve. M. Dumon, rapporteur de cette proposition, conclut au rejet. — Dans la dernière session, l'élection du même M. Limperani a présenté la même difficulté; l'élection fut maintenue.

Les faits qui se sont passés dans la nouvelle élection ramènent le même débat; c'est une question grave que celle de savoir ce que devait faire le préfet en présence de trente arrêts, rendus par la cour, et qui lui enjoignaient de porter sur la liste un pareil nombre d'électeurs : l'on a prétendu qu'il aurait dû retrancher un nombre égal des électeurs inscrits depuis le 16 octobre, et dont l'inscription n'était pas attaquée. Cette opération eût été doublement contraire à la loi; elle aurait violé le principe de la permanence des listes, et elle serait contraire aux droits des électeurs, à l'inscription desquels on ne peut pas toucher non plus sans les avoir appelés, ce que la loi ne permet pas de faire après le 16 octobre. Il y a plus, il aurait fallu que le préfet se permît de choisir entre les arrêts de la cour, et de porter atteinte à la chose jugée, car, en fait, sur les électeurs admis par arrêt, il y en avait très-peu dont le cens fût supérieur à celui des quatre derniers inscrits sur la liste du 16 octobre. Les opérations du préfet auraient eu cela de singulier qu'il aurait dû choisir entre des arrêts également souverains, se constituer juge d'actes judiciaires, ce qui n'appartient jamais à l'autorité administrative, et, de plus, confirmer, par le fait, des actes émanés de la juridiction légalement supérieure à la sienne propre. C'était une véritable confusion, une usurpation de pouvoirs que l'on eût voulu imposer au préfet.

(1) Dans l'élection de M. Horace Sébastiani, M. Gaillard-Kerbertin, rapporteur, après avoir exposé que, par suite de rectifications ordonnées par arrêts de cour royale, trois électeurs complémentaires, inscrits d'abord pour atteindre les 150, se trouvaient dépasser ce nombre, rappela que la chambre avait décidé qu'ils étaient éliminés de droit. (2 août 1831; *Monit.* du 3, p. 1299.)

Le bureau a reconnu qu'il y avait inconvénient à ce que le nombre d'électeurs établi par la loi se trouvât dépassé; mais il a pensé qu'il y aurait un inconvénient plus grave à autoriser le préfet, soit à retrancher de la liste des électeurs maintenus au 16 octobre, soit à retrancher de la liste des électeurs sans les entendre, soit enfin à faire un choix entre les arrêts de la cour royale. Il a donc pensé que le système adopté par le préfet était plus régulier, et que l'inconvénient qui se réduit à grossir de quelques noms la liste électorale, était bien moins grave que les autres inconvénients signalés.

M. Mottet commença aussi par rappeler les précédents; il cita la décision formelle prise en *1831*, et dit qu'on ne pouvait y opposer une admission de M. Limperani en 1839, parce que, dans ce dernier cas, la question n'avait été ni discutée ni même soulevée. Quant à la proposition de M. Vatout, on lui oppose le rapport de M. Dumon, mais la chambre n'a pas discuté sur ce rapport. On peut donc considérer la question comme non encore définitivement vidée.

Les électeurs payant le cens sont toujours portés sur la liste, quel que soit leur nombre; on ne recourt aux plus imposés qu'au cas où les premiers ne seraient pas au nombre de 150. D'après l'art. 32 de la loi électorale, les listes sont closes, c'est-à-dire qu'après le 20 octobre ceux qui n'ont pas justifié de leurs droits sont forclos; les listes sont permanentes en ce sens que tous ceux qui y sont portés ne peuvent plus en être éliminés administrativement; mais, d'autre part, sous la réserve expresse des changements qui seront ordonnés par des arrêts passés en force de chose jugée. L'art. 35 statue plus expressément sur ces changements, à opérer même après le 20 octobre; il veut que si, par le résultat des arrêts, un certain nombre d'électeurs doit être rayé de la liste, le préfet fasse passer les électeurs complémentaires, qui n'avaient pas le droit de voter, sur la liste des électeurs en titre. « Je pense de même, ajouta l'orateur, que lorsqu'au lieu de diminuer le nombre des électeurs, les arrêts de la cour l'augmentent, le devoir du préfet est de ne maintenir sur la liste que les 150 plus imposés, et de rayer tous les autres, quoique après le 20 octobre. »

En s'abstenant de faire sortir aucun des électeurs réintégrés par arrêts, le préfet n'a exécuté qu'à moitié les décisions de la cour. En effet, dans un collége de 150 électeurs, le droit de chaque électeur c'est d'être le 150e du collége, c'est-à-dire de n'avoir à opposer sa voix qu'à 149 autres électeurs; au contraire, le préfet, en maintenant 30 électeurs de plus, n'a laissé à chacun que le 180e du droit total, c'est-à-dire que chaque électeur s'est trouvé opposé à 179 électeurs : ce n'est pas là l'esprit de la loi. D'ailleurs, ou il faut soutenir que les 30 qui sont sur la liste doivent y rester toujours, ce qui est contraire à la loi, ou il faut convenir qu'au 20 octobre suivant, le préfet devra les faire sortir. Pourquoi donc le préfet, investi du droit d'exécuter de suite les arrêts de la cour, serait-il tenu d'attendre un an?

On objecte la permanence des listes. Mais, en établissant ce principe, quel est le but, le sens de la loi? La loi a voulu d'abord avoir toujours une liste d'électeurs pour pourvoir en tout temps aux nécessités politiques; elle a voulu ensuite épargner aux électeurs la production réitérée des pièces justificatives. Mais le principe de la permanence des listes ne peut pas avoir pour objet de protéger ceux qui n'ont pas de droit; ce principe est fait pour ceux dont le droit est définitif, positivement reconnu. Or, ici, les 30 derniers inscrits sur la liste y avaient été portés en remplacement d'électeurs qu'un arrêté du préfet venait d'éliminer, d'électeurs qui s'étaient pourvus, dont la cause était pendante devant la cour; le droit des 30 nouvellement inscrits était résolutoire, subordonné au résultat de l'arrêt à intervenir; le principe de la permanence ne protége évidemment d'autre droit que celui qui existait réellement.

On a dit que les électeurs pourraient être éliminés sans avoir été entendus; cet argument n'est spécieux que parce qu'on isole la radiation opérée par le préfet de la contestation qui l'a amenée et de l'arrêt qui l'a ordonnée. Sans doute le préfet, agissant administrativement et spontanément, ne pourrait pas, après le 20 octobre, prendre un arrêté pour rayer des électeurs sur les listes; mais le préfet, s'il avait rayé les électeurs dont il s'agit, n'aurait fait qu'exécuter un arrêt de la cour, intervenu à la suite d'une contestation publique, que les nouveaux inscrits connaissaient ; ceux-ci pouvaient intervenir devant la cour et y défendre leurs droits. Enfin, considérez quelle immense latitude vous laisseriez aux préfets, si, après avoir fait sortir des listes un nombre indéterminé d'électeurs pour en inscrire un pareil nombre de leur choix, ils n'étaient tenus, en exécution des arrêts de réformation, que de faire rentrer les anciens sur les listes, sans en faire sortir les nouveaux; ce serait mettre le sort des élections des petits colléges dans les mains des préfets.

M. Limperani rappela que trois fois, avant l'élection actuelle, il avait été nommé par le même collége; que la même protestation avait toujours accompagné son élection, et que la chambre l'avait toujours admis. Si on cédait à l'opinion contraire, ne seraitce pas reconnaître la nullité des élections précédentes, et supposer que la chambre consentirait à se dédire de sa propre jurisprudence? Le système qu'on oppose est inadmissible en droit, inapplicable dans l'exécution. Il est inadmissible en droit, à cause du principe de la permanence des listes; un électeur porté sur la liste ne peut plus en être retranché s'il n'y a pas eu contre lui un pourvoi formé par-devant la cour; sinon des électeurs pourraient être rayés sans avoir été entendus ni appelés. Mais il y a plus; quels seraient les électeurs qui primeraient les électeurs inscrits sur la liste du préfet? On peut se présenter devant la cour royale avec de nouvelles pièces que le préfet n'aurait pas connues; ainsi ceux qui se présentent devant la cour auraient le double privilége de chasser de la liste les électeurs inscrits par le préfet, et non entendus ni appelés, tandis qu'eux, dont on n'a pu contester les droits, et contre lesquels l'action des tiers n'a pu s'exercer, viendraient prendre la place des premiers. — Ce système est inexécutable dans l'application. En effet, comment peuvent se faire les retranchements? aucun article de la loi ne prescrit de notifier les arrêts du préfet; il dépend de ceux qui les ont obtenus de ne pas les faire notifier, et cela arrive; ainsi, l'électeur inscrit ne sortira de la liste que si cela convient aux porteurs d'arrêts; après avoir examiné la liste, s'il reconnaît que le dernier inscrit n'est pas de son opinion, celui qui a obtenu un arrêt le notifiera au préfet pour faire opérer la radiation. Les arrêts peuvent être rendus la veille, le jour même de l'élection; comment le préfet peut-il faire des changements sur la liste, quand il n'a pas eu connaissance de ces arrêts?

M. Mauguin commença par lire les articles de la loi électorale, d'où il résulte que, lorsqu'il n'y aura pas 150 électeurs, on complétera ce nombre; on ne restera pas au-dessous, mais on n'ira pas au-dessus. Ici le préfet, pour compléter les 150, a dû recourir à la liste supplémentaire; mais l'élection, au lieu de se faire sur une liste de 150, s'est faite sur une liste de 180, donc cette élection est nulle... Sans doute, jusqu'au jugement des réclamations de la part des électeurs éliminés, le préfet avait dû provisoirement maintenir ceux qu'il avait inscrits pour arriver au nombre de 150; mais les droits des électeurs, provisoirement et conditionnellement inscrits, avaient cessé du moment où il avait fallu rétablir les noms des électeurs réintégrés par la cour royale. En cumulant, de manière à porter la liste à 180, les noms des électeurs dont l'inscription a été ordonnée par la loi et ceux des électeurs inscrits par le préfet, on a commis une nullité qui entraîne celle des opérations du collége électoral.

M. Vatout rappela ce qui s'était passé lors de sa proposition en 1831; M. de Vatisménil y fit de si fortes objections qu'on n'y donna pas de suite.

La plus forte de ces objections fut la suivante : « Les listes sont permanentes, on ne peut plus les changer après le 16 octobre ; mais, en fait, il pourrait arriver que l'électeur qui se serait pourvu devant une cour royale arrivât le jour même de l'élection, et qu'il se présentât au bureau après même que l'électeur dont il aurait dû prendre la place aurait voté lui-même. » — Qu'est-il arrivé ici? la liste permanente était close : il est donc naturel que ceux qui étaient inscrits sur cette liste aient exercé leurs droits, comme il est très-légal que ceux qui étaient munis d'un arrêt de cour royale aient exercé le leur. Après cette discussion, l'admission de M. Limperani fut prononcée à une forte majorité. (11 avril 1839, *Monit.* du 12, p. 518 et suiv.)

M. de Cormenin, vº *Élections parlementaires*, rappelle cette décision, et ajoute : « La raison en est que l'électorat des supplémentaires ne peut périr par l'adjonction rétroactive des censitaires de droit. La faveur des élections vient en aide à cette interprétation. »

164. *En supposant que la réintégration d'électeurs par arrêt de cour royale ne dût jamais porter la liste au-delà du nombre de 150, l'élection, faite par un collége plus nombreux, ne serait pas nulle si, en retranchant les membres excédant ce nombre, la majorité était acquise à l'élu.*

Élection de M. Horace Sébastiani, M. Gaillard-Kerbertin, rapporteur. (2 août 1831, *Monit.* du 3, p. 1299.)

165. Passons à la seconde hypothèse, celle où le complet de 150 ne serait pas atteint.

La chambre ne regarde pas cette composition irrégulière du collége électoral comme une cause de nullité absolue ; elle fait à ce cas l'application de sa jurisprudence générale sur le nombre des suffrages qui ont formé la majorité.

166. Ainsi, elle a décidé *qu'il n'y a pas nullité par cela que, dans un collége de 150 électeurs, un électeur a été inscrit par erreur dans deux cantons, ce qui réduit la liste à 149, si, d'ailleurs, le candidat élu a obtenu plusieurs voix de plus que la majorité des suffrages exprimés.*

Élection de M. Boissy-d'Anglas, M. Rihouet, rapporteur. Il n'y eut pas de discussion. (Séance du 25 juillet 1831, *Monit.* du 26, p. 1265.)

167. Il a été décidé de même que *le principe qui veut qu'il n'y ait pas de collége électoral au-dessous de 150 électeurs, ne peut faire annuler une élection faite par un moindre nombre, si, en supposant l'adjonction nécessaire pour compléter le chiffre légal, le nombre de suffrages obtenus par l'élu suffisait encore pour lui assurer la majorité.*

Cette question a été débattue pour l'élection de M. Goury en 1839. M. Billault, rapporteur, rappela que la chambre avait prononcé la validité de l'élection de M. Muntz, sur le rapport de M. Lachèze, bien qu'il n'y eût que 148 électeurs inscrits : l'admission fut proposée par le motif que l'élu avait obtenu 101 suffrages; la chambre la prononça sans aucune discussion. (Séance du 26 juill. 1831, *Monit.* du 27, p. 1269.)

De même, dans l'élection de M. Goury, la liste se trouvait réduite à 148 et même à 146 électeurs; il y avait eu 117 votants : l'élu avait obtenu 61 suffrages, nombre qui lui donnait encore la majorité, si on supposait le nombre de 121 formé avec les quatre noms qui auraient dû être ajoutés. Ce fait, a dit M le rapporteur Billault, n'a pas paru décisif ; le bureau n'a pas cru qu'il dût prédominer sur les principes fondamentaux qui règlent et garantissent la constitution régulière des colléges électoraux ; d'ailleurs, a-t-on fait observer, les électeurs non appelés n'ont pas seulement la valeur intrinsèque et individuelle de leurs votes; ils ont aussi la valeur d'action dans le collége, et de leur influence relative.

M. Daguenet, au contraire, insista beaucoup sur la considération de majorité, tellement qu'il déclara qu'à ses yeux elle rendait inutile la discussion de la question de droit élevée sur la nécessité absolue de maintenir toujours la liste au complet de 150 électeurs.

M. Barrot combattit cette doctrine, et soutint le principe, ajoutant que, s'il était violé, il n'y avait pas lieu d'examiner le chiffre de la majorité: puisque le corps électoral se trouvait vicié dans sa composition, ses actes se trouvaient nuls; qu'ainsi il ne pouvait pas y avoir majorité.

La chambre, après une première épreuve douteuse, refusa d'annuler l'élection. (Séance du 12 avril 1839, *Monit.* du 13, p. 527 et suiv.)

168. Ici encore le principe de la composition des colléges se trouve en lutte avec celui de la permanence des listes; c'est à ce dernier que la chambre, dans sa jurisprudence, a donné la préférence, comme pour le cas où le chiffre des 150 a été dépassé.

Elle décide donc que, « *lorsque la liste électorale contient* 150 *noms d'électeurs payant le cens, et d'électeurs complémentaires pris parmi les plus imposés, et qu'au moment des élections la liste se trouve réduite à un nombre inférieur par suite de décès, notifiés ou non notifiés, il n'est pas nécessaire que le préfet appelle un égal nombre d'électeurs complémentaires pour maintenir la liste au chiffre de* 150. *L'élection faite sans cette adjonction n'est pas nulle, surtout si, en supposant que l'adjonction eût eu lieu, le nombre des voix données à l'élu formait encore la majorité.* »

Cette solution a été fort contestée; le bureau qui avait examiné la question à l'occasion de l'élection de M. Goury, en 1839, avait chargé M. Billault, son rapporteur, de proposer une décision contraire. Depuis la révision de la liste générale du département du Finistère, deux électeurs étant décédés, la liste se trouvait réduite à 148 noms par suite de la radiation opérée par le préfet; le deuxième électeur supplémentaire a protesté contre la mesure qui, en retranchant les décédés, n'a pas appelé un égal nombre d'électeurs supplémentaires, et l'a ainsi privé de son droit électoral. C'est en cet état que la chambre a été saisie de la question. M. le rapporteur a commencé par rappeler les précédents. Aux élections de 1839, cinq colléges ont fonctionné sur une liste de moins de 150 électeurs inscrits; les députés qu'ils ont nommés ont été admis : mais la question n'a été ni soulevée ni décidée explicitement; ces admissions ne peuvent donc former jurisprudence. Une circulaire ministérielle du 1er juin 1831 porte qu'en cas de radiation, par décès, après la clôture des listes, il ne doit pas être fait de remplacement par l'appel d'électeurs supplémentaires; cette circulaire peut bien justifier le préfet, mais ne saurait faire loi contre la loi elle-même. Le 26 juillet 1831, la difficulté se présenta, pour l'élection de M. Muntz, mais M. Lachèze, rapporteur, proposa l'admission en se fondant sur ce que la majorité avait été trop forte pour que l'addition ou le retranchement de deux électeurs supplémentaires pût avoir aucune influence; la chambre prononça l'admission. (Voyez *Monit.* du 27 juillet 1831, p. 1269.) Enfin, la jurisprudence des préfets eux-mêmes n'est pas uniforme; ainsi les radiations par suite de décès ont été compensées au moyen de l'appel de supplémentaires dans les élections de certains colléges de la Creuse et des Hautes-Pyrénées.

Il faut, en présence de cette diversité de faits, examiner la loi en elle-même. La loi, pour assurer toujours le minimum du chiffre de 150 électeurs par chaque collége, a fait fléchir le principe du cens, en admettant un cens inférieur à 200 fr., et le principe de la permanence des listes, en permettant, dans certains cas, même après la révision annuelle, l'admission d'électeurs pris sur une liste complémentaire de dix noms, permanente et sujette au contrôle public. Quand le principe et les moyens d'exécution sont ainsi déterminés, faudrait-il que, parce que la loi n'aurait pas prévu, par un texte spécial, le cas de radiation pour décès, méconnaître la règle générale, et ne pas user de la liste supplémentaire créée précisément pour toutes les éventualités de radiation? Évidemment non. D'ailleurs, les textes sont décisifs. L'art. 20 porte que la liste supplémentaire contient les noms de dix personnes appelées par suite des changements qui surviendraient ultérieurement dans la composition du collége, dans les cas prévus par les art. 30, 32 et 35. Or le cas de décès est prévu par l'art. 32, où on lit : « La liste restera jusqu'au 20 octobre de l'année suivante telle qu'elle aura été arrêtée, sauf les changements qui seraient ordonnés par les arrêtés, dans la forme déterminée par les articles ci-après, et sauf la radiation des noms des électeurs décédés, etc. »

On objecte l'art. 35 qui porte : « Si, par suite de la radiation prescrite par arrêt de la cour royale, la liste se trouve réduite à moins de 150, le préfet en conseil de préfecture complétera ce nombre en prenant les plus imposés de la liste supplémentaire arrêtée le 16 octobre, et seulement jusqu'à épuisement de cette liste. » On en induit que la loi ne permet le recours à la liste supplémentaire que pour le cas de radiation par arrêt de la cour royale, et que, même pour ce cas, l'adjonction n'est possible que jusqu'à épuisement de la liste supplémentaire, de sorte que la liste reste au-dessous de 150 s'il y a plus de dix électeurs décédés. A ces objections on répond : L'énonciation d'un cas spécial d'exécution pour l'application d'un principe général n'est pas l'exclusion de l'application de ce principe pour des cas analogues ; d'ailleurs, l'article dont il s'agit n'était pas dans le projet primitif; il a été ajouté par la chambre des pairs, et n'est pas devenu ensuite l'objet d'un examen attentif, parce que les circonstances politiques obligeaient la chambre à hâter le vote. Quant à la supposition du décès de plus des dix électeurs portés sur la liste supplémentaire, il est possible sans doute, mais non probable, et la loi ne statue que pour les cas ordinaires. Ces principes ne doivent point fléchir devant les considérations de bonne foi et du nombre des votants.

M. Daguenet a combattu le rapport. Il a fait remarquer qu'en fait il y avait deux électeurs décédés, dont le décès n'a été constaté qu'après l'élection, de sorte que le préfet n'a pas été mis en demeure de les remplacer. Quant au refus de remplacement par des électeurs supplémentaires, il est inutile d'examiner la question, puisque, de toutes les manières, le calcul de la majorité était favorable à M. Goury. Dans cette situation, pourquoi traiter une question théorique, discuter une jurisprudence, et cela aux dépens d'un député. Si on pense que l'administration ne suit pas des errements conformes à la loi, il faut l'avertir, sans pour cela annuler l'élection. Il y a d'autant moins lieu de procéder par voie d'annulation que la chambre a admis plusieurs députés nommés dans des circonstances semblables. Ainsi, M. Glais-Bizoin a été admis bien que le collége eût moins de 150 électeurs ; de même M. Mangin-d'Oins, M. Bresson (une voix : Et M. Dalloz ?) M. Parès a été aussi admis sans difficulté (M. Antoine Passy répond que cette élection a été rapportée comme non contestée, et n'a soulevé aucune discussion). Enfin, en 1834, M. Blaque-Belair, récemment le concurrent de M. Goury, a été nommé par un collége composé seulement de 147 membres, et cependant l'élection fut déclarée régulière, au rapport de M. Jouffroy. (*Monit.* du 2 août 1834, p. 1627.) Ces précédents repoussent le principe absolu proposé par le rapporteur, et il faut subordonner la décision, essentiellement relative, au calcul de la majorité obtenue par l'élu.

M. Odilon Barrot pensa qu'il y avait un principe constitutionnel engagé, principe sur l'application duquel la chambre devait prononcer, non par de simples conseils, mais en faisant acte de pouvoir souverain, en déclarant la régularité ou l'irrégularité de l'élection. La loi, selon l'honorable orateur, a fixé un minimum au-dessous duquel il n'y a pas de corps politique électoral; et l'on voudrait que cette disposition ne fût pas strictement, rigoureusement observée ! on voudrait qu'au-dessous de ce minimum on pût reconnaître un corps électoral! mais où s'arrêterait-on? Le minimum est de rigueur; toutes les fois que la loi a déterminé un corps politique moins important que le corps électoral, elle a toujours établi les conditions constitutives de ce *corps*, le nombre des personnes par lesquelles il pouvait légalement se constituer et opérer: il n'y a peut-être pas un exemple, dans notre législation, d'un corps dont le minimum constitutif ne soit pas fixé par la loi ou la constitution. Il était donc absolument nécessaire de fixer pour le corps électoral un minimum au-dessous duquel il n'y a qu'une agrégation de citoyens, mais plus de corps politique ayant le droit de donner un représentant à la France. La loi électorale reproduit ce principe à chacune de ses dispositions.

Maintenant, il n'y a pas de principe qui puisse prévaloir contre l'impossibilité. Lors qu'une liste électorale est dressée, et que la veille de l'élection il survient un décès, s'il y a impossibilité de remplacer l'électeur décédé, si même le décès a été ignoré par l'administration, que par conséquent elle se soit trouvée dans l'impossibilité non plus matérielle, mais morale, d'opérer le remplacement, le principe absolu doit fléchir devant l'impossibilité d'y satisfaire. Mais lorsque l'administration a été mise à même de satisfaire à la loi, qu'elle a pu se conformer à la disposition constitutionnelle en élevant le nombre des électeurs à 150, et qu'elle ne l'a pas fait, dans ce cas, le principe constitutionnel a été violé; il n'y a pas, dès lors, de corps électoral. On ne doit pas même examiner quelle a été la majorité, ni si la majorité se trouve obtenue même avec l'addition de telle ou telle voix; il n'y a rien de légal dans ce qu'a fait un corps électoral ainsi mutilé; toutes les opérations sont nulles, et il n'y a plus de chiffre de majorité.

M. de Carné reconnut le principe du minimum de 150 électeurs; mais, selon lui, la législation électorale est dominée par une autre pensée, celle de la permanence des listes. Si c'est là la base de la loi, il est de règle, en droit politique comme en droit civil, que des exceptions à un principe doivent être nécessairement formulées; si elles ne le sont pas, l'interprétation est régie et doit l'être par le principe lui-même. L'art. 20 pose le principe; les exceptions, s'il y en a, sont dans les art. 30, 32, 35. L'art. 30 ne dit rien de précis relativement à la question; dans l'art. 32, il y a deux choses distinctes : pour le cas où des arrêts de cour royale interviennent, et pour ce cas seulement, on prescrit à l'administration des *changements*, c'est-à-dire des substitutions, car la synonymie est évidente. Pour le cas, au contraire, de décès d'électeurs, que prescrit-on? Une simple radiation. Ce sens est confirmé par l'article 35 qui indique les cas d'exceptions au principe de la permanence des listes, et où il n'est pas question des décès. Or les exceptions ne doivent pas s'étendre.

Dans cette opinion, la pensée du législateur s'explique par la différence de situation entre l'électeur décédé et l'électeur radié. Tant que l'électeur est vivant, tant qu'il peut exercer ses droits en personne, il ne fait tort à aucun tiers. La situation d'un électeur radié par arrêt de la cour est différente.... Le désir manifesté par la chambre de fermer la discussion, empêcha l'orateur d'achever le développement de sa pensée.

La proposition, faite par le bureau, d'annuler l'élection fut rejetée, après une première épreuve douteuse. (Séance du 12 avril 1839; *Monit.* du 13, p. 527 et suiv.)

La question s'est présentée de nouveau pour l'élection de M. de Peyramont, qui avait eu lieu sur une liste de 147 électeurs, réduite à ce nombre par deux décès et une faillite. M. Odilon Barrot, rapporteur, déclara qu'il persistait dans son opinion, dont il rappela brièvement les motifs; toutefois, il proposa, au nom du bureau, l'admission de M. de Peyramont, en faisant cette observation : Dans l'occurrence actuelle, la chambre aura à examiner si cette circonstance particulière, que les décès n'avaient pas été notifiés, ne pourrait pas faire échapper l'élection à l'application rigoureuse du principe.

M. Charamaule demanda l'annulation. Le principe fondamental, dit l'honorable orateur, c'est qu'il faut qu'il y ait compétence dans une autorité pour que ses actes puissent avoir quelque effet. Si une agrégation de personnes auxquelles la loi attribue le caractère de corps politique, civil ou judiciaire, n'est pas au nombre légal, le corps politique, civil ou judiciaire n'existe pas, et rien de valable ne peut sortir de cette aggrégation de simples individus. Supposons un jugement émané de deux juges comme formant un tribunal que la loi veut être composé de trois juges au moins, il est évident que ce jugement sera annulé par la cour royale; de même la cour de cassation annulera un arrêt rendu par moins de sept conseillers. Ici il n'y avait pas réellement de collége électoral assemblé; la loi ne reconnaît le caractère de collége électoral qu'à une réunion de 150 électeurs au moins, ou, si on veut, à l'inscription de 150 électeurs sur les listes électorales; là où ce nombre n'existe pas, il n'y a pas de collége électoral, il ne peut pas y avoir élection.

Il importe peu que le décès de deux électeurs n'ait pas été notifié; en résulte-t-il qu'il y ait eu un corps constitué, qu'il y eût compétence dans ce nombre insuffisant d'électeurs? Évidemment non. Ce sera bien un motif pour justifier l'administration qui, dans l'ignorance des faits, n'aura pas satisfait à la loi : mais, par un motif indépendant de sa volonté, les prescriptions de la loi sur la constitution du collége n'auront pas été accomplies; en conséquence, les actes de ce collége sont nuls.

M. de Golbéry admit le principe, mais il pensa que la question de droit disparaissait devant la question de fait. Les décès n'avaient pas été notifiés; or, un préfet ne peut pas toujours apprendre qu'un collége est incomplet; exiger que le collége soit toujours complet, c'est faire dépendre la validité d'une élection d'une apoplexie, d'une mort subite. M. de Golbéry rappela le précédent de M. Goury, où même il y avait eu décès notifiés, et fit observer que plusieurs députés siégeaient envoyés par des colléges de moins de 150 membres, tels que MM. Pagès (de l'Ariége), Dalloz, etc. La chambre prononça l'admission de M. de Peyramont. (Séance du 6 juin 1839; *Monit.* du 7, p. 898-899.)

M. de Cormenin, v° *Élections parlementaires*, rappelle et approuve ces deux décisions.

M. Goury ayant été soumis, en 1840, à une nouvelle élection, sa nomination, encore par le collége de Châteaulin, souleva, de nouveau, la question. La liste qui avait servi à l'élection ne contenait que 143 noms. Mais, au 20 octobre, elle avait porté, conformément à la loi, 150 noms. Une protestation fut rédigée. M. Manuel, rapporteur du bureau, commença par faire observer que, si le système de la protestation était fondé, l'élection paraîtrait contestable, parce que, au premier tour de scrutin, le concurrent de l'élu ayant eu 61 suffrages sur 122, on pourrait supposer que la chance lui eût été favorable si la liste avait été au complet. Il rappela les précédents, depuis 1831 à 1839, et ajouta que le bureau n'avait pas cru la jurisprudence de la chambre, quelque respectable qu'elle fût d'ailleurs, assez impérative pour commander un vote, même dans des circonstances analogues. En conséquence, il se livra à un examen nouveau de la loi, relativement au principe de la permanence des listes; après avoir rappelé les dispositions des articles 13, 20, 30, 31, 32, de la loi de 1831, M. le rapporteur présenta les considérations suivantes :

Tous ces articles se rapportent à la formation des listes, qui doit commencer et finir à des époques fixes, et le pourvoi contre les arrêtés des préfets ne peut être formé que dans des délais très-courts; de là on doit conclure que la liste de 150 électeurs doit être permanente comme celle des colléges plus nombreux. C'est vainement qu'on argumenterait de l'art. 20, relatif à la liste supplémentaire de dix noms ; cette liste, toute spéciale, n'a été ordonnée que pour faire face aux changements qui pourraient être prescrits en vertu de l'art. 32. Remarquez que ce dernier article porte : « La liste restera jusqu'au 20 octobre de l'année suivante telle qu'elle aura été arrêtée. » Si la pensée du législateur avait été qu'en tout état de cause la liste électorale dût contenir 150 noms, il aurait dit formellement que la liste supplémentaire serait toujours maintenue au nombre de dix électeurs, pour être constamment en mesure de combler les vacances résultant des décès ou de la perte des droits civils ou politiques. Il y a mieux : l'art. 32 dit qu'il ne sera fait de changements que ceux qui seront ordonnés par des arrêts rendus dans la forme déterminée par l'art. 33, et sauf aussi la radiation des noms des électeurs décédés ou privés des droits civils ou politiques. Évidemment, si la loi avait voulu que la liste supplémentaire servît à remplacer les électeurs décédés ou privés de leurs droits politiques, elle l'eût dit textuellement; elle ne l'a pas voulu parce que le principe de la permanence aurait été compromis.

La liste supplémentaire n'a certainement d'autre but que de maintenir, au 20 octobre, le minimum fixé par l'art. 2. En effet, ce n'est qu'à l'époque de la révision annuelle que les cours royales sont appelées à juger les questions électorales, et l'exploit introductif d'instance doit être notifié dans les dix jours, dix jours seulement, quelle que soit la distance, tant au préfet qu'aux parties intéressées. Enfin l'art. 35 porte que si, par suite de la radiation prescrite par la cour royale, la liste se trouve réduite à moins de 150, le préfet la complétera au moyen de la liste supplémentaire.

Sans doute, c'est un vice que l'élection des représentants du pays puisse être faite par un nombre si restreint d'électeurs dans quelques arrondissements. On peut regretter que la loi n'ait pas fixé un minimum sans lequel il n'y aurait pas d'élection possible; mais, en l'absence d'une disposition formelle, la chambre, revenant sur sa jurisprudence, ne pourrait faire usage de l'omnipotence qu'elle s'est quelquefois attribuée : car elle qui, plus que personne, doit respecter la loi, ferait de l'arbitraire, et l'arbitraire est dangereux, quelle que soit sa source et quels que soient ses motifs.

M. Luneau a pensé que le bureau était dans l'erreur en supposant qu'il y avait, sur le point contesté, jurisprudence établie. Les précédents ne présentent pas les mêmes caractères, les mêmes circonstances; l'orateur rappela les précédents, et fit observer que c'était seulement en 1839 que la question avait été portée à la tribune et discutée. En 1839, le bureau proposa l'annulation, et ce ne fut qu'après deux épreuves que l'admission fut prononcée ; encore beaucoup de membres pensèrent que le bureau de la chambre s'était trompé. A cette époque, deux électeurs étaient décédés parmi ceux qui avaient été adjoints pour porter la liste à 150 ; et il résulte des paroles des défenseurs de l'élection, notamment de M. Daguenet, que l'admission fut prononcée parce que ce petit nombre faisait qu'en supposant le complément opéré, la majorité n'aurait pas été changée. La chambre, en prononçant ainsi, avait voulu ne point consacrer de principe absolu. Cette fois, les choses sont différentes ; il n'y avait que 143 électeurs appelés à voter. Le premier jour il y eut 44 voix pour la présidence, une voix au doyen d'âge, et M. Goury ne l'emporta sur son concurrent que parce qu'il était le plus âgé ; le second jour, M. Blaque-Belair obtint 61 suffrages, et M. Goury 60 ; il y eut une voix perdue : ce tour de scrutin fut sans résultat, mais l'adjonction d'un électeur seulement pouvait changer le résultat ; le lendemain, il n'y avait plus que 112 votants : M. Goury a obtenu 62 voix, M. Blaque-Belair 50.

On invoque le principe tutélaire de la permanence des listes ; mais M. le rapporteur se trompe en disant que la liste supplémentaire ne doit servir qu'à faire les remplacements dans les cas de l'art. 35, c'est-à-dire d'arrêts de la cour royale : en effet, l'art. 20, relatif aux colléges de moins de 150 électeurs, renvoie à l'art. 30 qui ordonne aux préfets de toujours maintenir le collége électoral au complet de 150. On dit : mais l'art. 35 ne prescrit l'inscription qu'en remplacement des électeurs rayés en vertu d'un arrêt de cour royale. Cette précaution surabondante pour un cas particulier n'infirme pas les règles générales tracées précédemment.

Il n'y a pas encore jurisprudence de la chambre sur le point qui lui est soumis; au contraire la jurisprudence a été d'infirmer l'élection chaque fois que les réclamations portaient sur un point qui aurait pu changer le vote; eh! bien, dans le cas présent, il est certain que le complément de la liste aurait pu changer l'élection; il faut donc prononcer l'annulation.

L'élection fut validée, et M. Goury admis. (Séance du 7 novembre 1840; *Moniteur* du 8, p. 2212.)

169. *Des citoyens qui ont été retranchés, par arrêts de la cour royale, de la liste des électeurs, peuvent être portés parmi les plus imposés pour maintenir la liste au complet de 150, dans les départements où les électeurs en titre n'atteignent pas ce chiffre, si, par suite de radiations successives, le préfet a dû descendre jusqu'au cens que la cour royale a reconnu à ces citoyens.*

Élection de M. Horace Sébastiani. M. de Golbéry, rapporteur, a soutenu que la cour royale, en déclarant certaines personnes non électeurs ne les avait pas privées du droit de figurer comme plus imposées sur la liste complémentaire des plus imposés; en procédant ainsi, en appelant les plus imposés avec le cens qui leur a été reconnu par la cour, on ne viole pas, on exécute l'arrêt. (11 janv. 1838; *Moniteur* du 12, p. 74.)

§ 3. De la formation des bureaux provisoire et définitif.

170. La loi a dû régler la composition du bureau provisoire, puisqu'il précède essentiellement toute opération électorale, et qu'avant de faire un choix quelconque, le collége a besoin de recevoir une constitution qui lui permette de procéder avec ordre. L'art. 42 de la loi du 19 avril 1831 décerne la présidence provisoire aux présidents, vice-présidents, juges et juges suppléants des tribunaux de première instance, dans l'ordre du tableau, lorsque les colléges s'assemblent dans une ville chef-lieu d'un tribunal; dans les autres villes, comme aussi en cas d'insuffisance du nombre des juges s'il y a plusieurs colléges ou sections, la présidence est déférée aux autorités municipales.

Dans une ville où il y a un tribunal, le maire n'est appelé qu'après le dernier juge suppléant; et, selon l'art. 5 de la loi du 21 mars 1831 sur les élections municipales, et selon un avis du comité de l'intérieur du conseil d'État, du 22 février 1832, l'ordre du tableau pour les conseillers municipaux s'établit suivant le nombre de suffrages qu'ils ont obtenus, sans aucun égard à l'antériorité de nomination. Lorsque le collége d'un arrondissement est convoqué dans une ville autre que le chef-lieu judiciaire de cet arrondissement, la présidence provisoire appartient au maire de cette ville, et non au président du tribunal. La prétention contraire, manifestée quelquefois par les présidents des tribunaux, est donc mal fondée; leur droit de présider le collége électoral n'existe que lorsqu'il est convoqué dans la ville où siége le tribunal. (Circulaires du ministre de l'intérieur aux préfets pour les élections générales.)

171. *Lorsque le bureau provisoire est présidé par un juge au lieu de l'être par le président du tribunal civil, il doit être donné connaissance aux électeurs des motifs qui ont empêché le président; toutefois le silence gardé à ce sujet n'influe point sur la validité de l'élection.*

M. Lavielle, rapporteur de l'élection de M. Gaillard de Kerbertin; (19 décembre 1837, *Moniteur* du 20, p. 2502.)

L'Instruction sur la tenue des colléges électoraux porte : « Si l'absence ou l'empêchement de quelqu'un des fonctionnaires désignés à l'article 42 de la loi du 19 avril a fait passer la présidence à un fonctionnaire placé plus bas sur le tableau, celui-ci fera connaître à l'assemblée comment il se trouve appelé à la présider. A cet effet, il donnera lecture de la lettre ou de l'avis qu'il aura reçu, soit du préfet, soit du sous-préfet, soit du maire. »

172. L'ordre dans lequel la loi indique les présidents provisoires des colléges doit être suivi, et ce n'est qu'à défaut du premier qu'on peut appeler successivement ceux que la loi désigne après lui.

173. Les fonctions de président provisoire d'un collége sont un honneur, mais non une obligation rigoureuse : elles peuvent donc être refusées par ceux à qui la loi les confère.

Le fait que les juges du tribunal civil ont refusé la présidence provisoire du collége n'est pas de nature à vicier l'élection.

Rapport de M. Amilhau sur l'élection de M. Emile de Girardin. (Séance du 13 avril 1839, *Moniteur* du 14, p. 537.)

174. Outre le président, le bureau provisoire est composé de quatre scrutateurs, qui sont les deux électeurs les plus âgés et les deux plus jeunes inscrits sur la liste du collége ou de la section. (Article 42 de la loi électorale.) Il est bien entendu que si les deux plus âgés et les deux plus jeunes de la liste ne sont pas présents à la séance, on prend ceux qui viennent ensuite dans l'ordre de l'âge, et qui assistent à la réunion du collége.

« Le président, porte l'Instruction de juin 1831, sur la tenue des colléges électoraux, appellera les électeurs les plus âgés, sur la liste dressée à cet effet, où ils seront inscrits par ordre, en descendant du plus âgé au plus jeune. Les deux premiers qui répondront à l'appel prendront place au bureau comme premier et second scrutateurs. Il appellera ensuite les électeurs les plus jeunes, sur la liste dressée à cet effet, où ils seront inscrits par ordre, en remontant du plus jeune au plus âgé. Les deux premiers qui répondront à l'appel prendront place au bureau comme troisième et quatrième scrutateurs. Si quelqu'un des électeurs présents, inscrit sur l'une ou l'autre liste, ne pouvait, par quelque cause que ce fût, remplir les fonctions de scrutateur, il devrait le déclarer aussitôt, et il serait considéré comme absent. Si l'appel des deux listes d'âge ne suffisait pas pour compléter les nombres respectifs de scrutateurs provisoires, le président inviterait les électeurs présents, les plus âgés ou les plus jeunes en dehors des deux listes, à venir prendre place au bureau. L'époque de leur naissance serait par eux déclarée, et il en serait fait mention au procès-verbal. »

175. D'après le texte de la loi, le président n'est tenu de consulter que la liste pour déterminer le rang d'âge parmi les électeurs présents.

Il ne résulte donc pas nullité de ce qu'un président provisoire a maintenu un scrutateur désigné comme moins âgé sur la liste électorale, bien qu'un des votants ait présenté, pour faire remplacer ce scrutateur par un autre électeur, un acte de naissance tendant à prouver que ce dernier était moins âgé.

Election de M. le général Tiburce Sébastiani ; M. Bernard, rapporteur. (2 août 1831, *Monit.* du 3, p. 1298.)

L'Instruction sur la tenue des colléges électoraux dit que le bureau provisoire, une fois formé, ne peut plus être modifié, lors même qu'il arriverait dans le cours de la séance des électeurs plus âgés ou plus jeunes que ceux qui siégent déjà comme scrutateurs.

176. Le président provisoire est indiqué par la loi ; il n'importe donc pas qu'il appartienne à telle ou telle section du collége : il peut même n'être pas électeur, à la différence du président définitif, ainsi qu'on le verra plus loin. Mais il n'en est pas de même des scrutateurs, qui doivent être pris sur la liste du collége ou de la section, ce qui exclut le droit de les choisir

hors de la section à laquelle ils appartiennent.

Toutefois, il ne résulte pas nullité de ce que, dans une section de collége, un électeur appartenant à une autre section a été désigné par le président, comme le plus âgé, pour siéger comme scrutateur provisoire, et a concouru en cette qualité au choix du secrétaire, surtout si l'erreur a été réparée, dès qu'elle a été connue, par l'appel du plus âgé des électeurs présents, et si, d'ailleurs, il y a eu toujours, depuis le commencement de l'opération, quatre membres présents au bureau.

Élection de M. Guizot; M. Amilhau, rapporteur; (21 nov. 1832, *Moniteur* du 22, p. 1989.)

177. D'un autre côté, il a été décidé, avec une rigueur conforme aux principes, que *lorsqu'un électeur d'une section s'étant présenté à une autre section, y a été désigné, à raison de son âge, pour faire partie du bureau provisoire, et que l'erreur a été reconnue seulement à l'appel de la lettre à laquelle appartient le nom de cet électeur, le bureau peut et doit annuler l'opération commencée, et renvoyer au lendemain la formation du bureau provisoire.*

Élection de M. Locquet; M. Lebeuf, rapporteur. (22 décembre 1837, *Moniteur* du 23, p. 2524.) — Voyez encore, ci-dessus § 1er, n° 156.

178. Le président provisoire qui ne serait pas membre du collége ou de la section n'a pas le droit d'émettre de suffrage pour la nomination des président et scrutateurs définitifs. S'il appartenait par son domicile à une autre section, il pourrait aller dans cette section voter comme simple électeur pour la formation du bureau définitif. Mais le président provisoire a le droit de participer à la nomination du secrétaire provisoire et aux décisions sur les difficultés qui peuvent s'élever touchant les opérations du collége ou de la section. (Instruction sur la tenue des colléges électoraux.)

179. Le bureau définitif est le produit de l'élection; l'art. 44 de la loi électorale porte que le collége ou la section élit à la majorité simple le président et les scrutateurs définitifs. L'Instruction sur la tenue des colléges électoraux porte que les art. 45, 46, 47, 48, 50, 51, 52 et 56 de la loi de 1831, sont applicables aux scrutins pour la formation du bureau comme à ceux pour l'élection des députés.

180. Lorsqu'il y a plusieurs sections, chacune d'elles procède séparément, et avec une mutuelle indépendance, à la nomination du bureau. En conséquence, *il ne résulte aucune nullité de ce qu'une section a continué le scrutin pour la formation définitive du bureau, tandis qu'une autre section a arrêté ses travaux par suite d'un incident, aucune disposition de la loi ne prescrivant, sous peine de nullité, la simultanéité des opérations dans tous les bureaux.*

Élection de M. Locquet; M. Lebeuf, rapporteur. (22 décembre 1837, *Monit.* du 23, p. 2524.)

181. La loi ne limite pas le choix des électeurs; doit-il se renfermer dans le cercle du collége et de la section?

Il a été décidé qu'*un citoyen étranger à un collége électoral ne peut être choisi pour la présidence du bureau définitif.*

Opinion de la majorité du bureau dans l'élection de M. Leroy-Myon; M. Laurence soutint le contraire; la chambre n'avait pas à décider et ne décida pas la question. M. Bavoux, rapporteur. (30 juillet 1831; *Monit.* du 31, p. 1286.)

182. Mais il a été décidé aussi qu'*une élection n'est pas nulle par cela que, dans une section de collége, le magistrat chargé par la loi de la présidence provisoire, a été élu président définitif, quoiqu'il appartînt à une autre section, où il est allé déposer son vote.*

Ce fait du choix d'un président définitif étranger au collége n'a point paru, à M. Agier, rapporteur de l'élection de M. Falquerolles, une cause de nullité. MM. Gillon et Teste ont soutenu le contraire en s'appuyant sur ce qu'une assemblée, surtout une assemblée politique, ne peut, sans manquer à la pureté de sa composition, sans risquer de subir des influences du dehors, sans violer les principes et l'esprit de la loi, appeler pour la présider une personne qui lui soit étrangère ; il n'est pas besoin d'un texte formel pour prononcer une nullité aussi évidente. — Le rapporteur a répondu qu'il y avait une lacune dans la loi qui ne défendait pas aux électeurs de continuer leur confiance au président provisoire. — M. Lherbette a pensé qu'il fallait apprécier si, en fait, il y avait eu influence exercée sur les élections par suite de la nomination du président ; or, ce qui prouve que tout s'est fait avec une entière bonne foi, c'est qu'aucune question n'a été soumise au bureau, aucune réclamation élevée contre la manière d'opérer. (2 août 1834, *Monit.* du 3, p. 1632.)

M. de Cormenin avait d'abord pensé que la présidence définitive peut se continuer dans la personne du magistrat président provisoire, *même non électeur;* mais il a modifié son opinion par la note suivante : « Cette solution n'est pas très-sûre, et même il faut dire que, si le président s'était permis de voter, s'il avait influencé l'élection d'une manière quelconque, s'il avait émis son vote avec le bureau sur une question grave, il y aurait lieu à l'annulation de l'élection pour excès de pouvoir. C'est donc ici une solution de circonstance plutôt que de principe, et c'est, dans tous les cas, une sérieuse et blâmable irrégularité. Le président, magistrat, doit, moins que personne, prétexter l'ignorance de la loi que tous les citoyens sont censés connaître. Or, la loi n'admet dans le sein des colléges définitifs que les électeurs inscrits sur le tableau. Il en serait de même si le bureau provisoire décide que celui d'entre eux, qui a eu le plus de voix, présidera, au refus ou pour défaut de capacité légale du président nommé. » (Sur cette dernière solution, voy. n° 190 et suiv.)

Dans la discussion de la loi électorale, à la chambre des pairs, on a demandé si le collége pouvait élire pour président un citoyen qui ne fût pas électeur. M. le duc Decazes a pensé que la charte, en laissant aux électeurs le choix de leur président, avait entendu que le choix se fît parmi eux. Cette doctrine ne fut point combattue ; elle est formellement établie par le gouvernement dans l'instruction sur la tenue des colléges électoraux : les président et scrutateurs définitifs doivent être choisis parmi les membres du collége ou de la section. Il y aurait illégalité à les choisir hors du collége, et de graves inconvénients, que l'expérience a fait reconnaître, à les prendre dans une autre section. Des difficultés en sont résultées pour l'exercice du droit de suffrage et pour le calcul du nombre des votants.

Quant à la présidence provisoire, il a été bien entendu, dans les explications données devant les chambres, que les fonctionnaires désignés pour présider provisoirement les colléges électoraux peuvent n'être pas électeurs. C'est aussi la remarque que fait M. Duvergier dans son *Recueil des lois*, 1831, p. 237.

183. Pour éviter la confusion, il doit être voté séparément sur le président et sur les scrutateurs. L'erreur qui aurait produit le mélange de quelques uns des votes de l'une de ces élections avec ceux de l'autre, n'entraînerait cependant pas essentiellement, et dans tous les cas, la nullité de la nomination du député.

184. La chambre a décidé, en ce sens, que *si*, *dans l'urne destinée aux bulletins pour la nomination du président*, *on a trouvé des billets destinés à la nomination des scrutateurs, on ne doit statuer sur cette irrégularité qu'après le dépouillement des scrutins*, *et il n'y a pas lieu de s'y arrêter si, sans compter les voix ainsi réservées*, *les scrutateurs choisis ont obtenu la majorité légale.*

Élection de M. Deslongrais; M. Bédoch, rapporteur. (17 février 1834, *Moniteur* du 18, p. 346.)

185. Il a été décidé aussi, aux élections de 1837, qu'*il n'y a pas nullité par cela que les membres du bureau provisoire n'ont pas annulé un bulletin pour la présidence, qui s'est trouvé dans la boîte des scrutateurs*, *ni un bulletin pour la nomination des scrutateurs*, *qui s'est trouvé dans la boîte pour la présidence.*

Le bureau a pensé, disait le rapporteur, que, d'après l'esprit des lois électorales, une méprise dans le choix des boites, pour y déposer les bulletins, n'avait pu invalider l'opération, que c'était une erreur matérielle qui ne préjudiciait en rien à la nomination. Élection de M. de Portes; M. Demeufve, rapporteur. (19 déc. 1837, *Moniteur* du 20, p. 2500.)

186. De même, *lorsque, par suite d'une confusion entre les bulletins destinés à la nomination du président et ceux destinés à la nomination des scrutateurs définitifs, il se trouve des billets portant cinq noms au lieu de quatre pour le choix des scrutateurs, l'opération n'est pas nulle, même en ne rayant pas le cinquième nom, si celui qui a obtenu le moins de voix en avait encore plus que le nombre voulu.*

Election de M. Deslongrais; M. Bédoch, rapporteur. (17 février 1834, *Monit.* du 18, p. 346.)

L'Instruction sur la tenue des colléges électoraux a soin de prescrire les règles suivantes : « Il est procédé à l'élection du président et des quatre scrutateurs définitifs par deux scrutins, qui se feront en même temps, mais dans deux boites séparées. Le premier sera individuel, c'est-à-dire que chaque votant n'écrira qu'un seul nom sur son bulletin; le second sera de liste simple, c'est-à-dire que chaque bulletin devra contenir quatre noms. Les scrutateurs veilleront avec soin à ce que les votants, en déposant leurs bulletins, ne prennent pas une boite pour l'autre. Afin d'éviter les erreurs de ce genre, les bulletins, qui auront été préparés d'avance par l'administration, seront de couleurs différentes. »

« Le double scrutin, dit une note insérée dans l'Instruction, était prescrit par les ordonnances rendues sur les élections en 1817 et en 1820. Il y aurait des inconvénients à faire l'élection des président et scrutateurs par un seul scrutin, en portant cinq noms sur le même bulletin, et désignant par les mots président, scrutateurs, ou par l'ordre d'inscription, les suffrages donnés pour les diverses fonctions du bureau. Si ce dernier mode paraît plus simple et plus prompt, il peut donner lieu à des difficultés dans le calcul des suffrages. »

187. Les bulletins pour la formation du bureau définitif doivent désigner les personnes individuellement par leurs noms.

Des bulletins portant : LES MÊMES, *ne peuvent être comptés pour les scrutateurs provisoires; ils doivent être annulés.*

Deux bulletins ainsi conçus avaient été donnés lors de l'élection de M. Emile de Girardin en 1839; le bureau les avait annulés; le bureau de la chambre confirma cette décision. La loi a exigé, dit M. Amilhau, rapporteur, que l'électeur inscrivit le nom du scrutateur qu'il voulait désigner; le défaut de désignation nominative pourrait donner lieu à des surprises et à des erreurs; ce serait consacrer le plus étrange abus que d'adopter que les bulletins portant les mots *les mêmes* pourraient être comptés; on a donc eu raison de les annuler. (Séance du 13 avril 1839, *Moniteur* du 14, p. 538.)

188. Il faut que les bulletins désignent clairement les personnes auxquelles il sont consacrés. On peut consulter à cet égard les règles suivies pour la nomination des députés. (*Voy.* le § 9.) L'Instruction sur la tenue des colléges électoraux porte que le bureau doit rayer les noms qui ne désigneraient pas clairement l'individu auquel ils s'appliquent.

189. *Des bulletins désignant un électeur, dont le nom est composé de deux noms, par un de ces noms, doivent lui être comptés, par le bureau provisoire, pour la présidence du bureau définitif.*

Election de M. de Portes; M. Demeufve, rapporteur. (19 décembre 1837; *Moniteur* du 20, p. 2500.)

190. La loi n'a pas prévu le cas où le président ne pourrait ou ne voudrait pas accepter les fonctions à lui déférées, et elle n'a rien décidé sur la manière de procéder à son remplacement. La jurisprudence de la chambre a comblé cette lacune.

Elle a décidé que *lorsque le président définitif élu ne se présente pas, le bureau peut appeler à la présidence le premier scrutateur dans l'ordre des suffrages.*

Election de M. Arthur de Labourdonnaye; M. Jaubert, rapporteur. (22 décembre 1837; *Moniteur* du 23, p. 2522.) — De M. Sauzet (Cod. p. 2524.)

191. De même, *lorsque le président élu refuse, il y a lieu, de la part du bureau, à le remplacer, non par celui qui a eu le plus de voix pour la présidence, après le refusant, mais par celui des scrutateurs qui a obtenu le plus de suffrages, sauf à remplacer ce dernier par le cinquième candidat sur la liste des scrutateurs.*

Election de M. Pétiniaud, au rapport de M. Laurent de Jussieu, et sur l'observation de M. de Valon. (6 avril 1839; *Moniteur* du 7, p. 484.)

192. Cependant, *si le choix du président définitif a été annulé, que le bureau ait appelé celui qui, après ce premier élu, avait obtenu le plus de voix, que celui-ci, et un autre, désigné par le même motif, ait refusé la présidence, que le président provisoire s'étant retiré, les quatre scrutateurs lui aient offert la présidence pour laquelle il avait eu des voix, et qu'il ait refusé à son tour, qu'enfin les scrutateurs aient désigné l'un d'eux, non comme ayant eu le plus de voix parmi les scrutateurs, mais comme ayant eu des voix pour la présidence; dans ces circonstances, et vu le silence de la loi sur le mode de remplacement du président d'abord désigné, il n'y a pas lieu d'annuler l'élection, surtout si le député élu l'a été à une majorité suffisante pour faire penser que le choix du président n'a pu influer en rien sur l'élection, que les électeurs qui ont ensuite protesté aient eux-mêmes voté, et que le député nommé n'ait point participé aux fonctions du bureau.*

Election de M. Leroy-Myon; M. Bavoux, rapporteur, conclut à l'admission; M. Laurence soutint qu'il y avait irrégularité assez grave pour entraîner l'annulation de l'élection. M. Leroy-Myon répondit en s'appuyant sur les faits particuliers, et demanda que la question fût jugée comme question de bonne foi. L'admission fut prononcée à une grande majorité. (30 juillet 1831; *Moniteur* du 31, p. 1286.)

M. de Cormenin pense qu'une telle opération peut être jugée par la bonne foi, mais qu'il serait plus régulier de recommencer le scrutin.

193. *Le bureau définitif qui, après avoir remplacé son président absent, par le premier scrutateur définitif, dans l'ordre des suffrages, a essayé en vain de se compléter en appelant successivement les électeurs qui avaient obtenu le plus de suffrages après les quatre scrutateurs en exercice, peut, composé de quatre membres y compris le secrétaire, procéder à l'ouverture du scrutin pour l'élection du député.*

Election de M. Sauzet; M. Sapey, rapporteur. (22 décembre 1837; *Moniteur* du 23, p. 2524.)

194. On procède pour le remplacement des scrutateurs absents ou refusants, comme pour celui du président.

Il n'y a pas nullité d'une élection par cela que l'un des scrutateurs du bureau définitif, ayant été nommé, quoique absent, et n'arrivant pas le lendemain, à l'ouverture de la séance, le président, après avoir consulté le collége, l'a remplacé par celui qui avait obtenu le plus de voix.

Election de M. Blondeau; M. Caumartin, rapporteur. (28 juill. 1831; *Monit.* du 29, p. 1279 et 1280.)

Dans l'élection de M. Arthur de La Bourdonnaye, qui a été validée, il avait été procédé de même au remplacement d'un scrutateur absent. M. Jaubert, rapporteur, fit observer que cela était conforme aux usages et aux instructions ministérielles. (22 décembre 1837; *Monit.* du 23, p. 2522.)

195. Voici comment s'explique, à l'égard du remplacement des membres du bureau définitif qui seraient absents ou n'accepteraient pas, l'Instruction sur la tenue des colléges électoraux. « En cas de refus du président ou de l'un des scrutateurs élus, ou s'il y en a un ou plusieurs d'absents au moment de l'installation, il est d'u-

sage que leurs fonctions passent à celui ou à ceux des électeurs qui, dans l'ordre des suffrages, viennent après le président ou les scrutateurs proclamés d'abord. Cependant, ce mode qui ne présente pas d'inconvénients en ce qui concerne les scrutateurs, puisqu'il n'introduit au bureau qu'un seul membre du choix de la minorité pour coopérer au dépouillement du scrutin avec trois élus de la majorité, pourrait donner lieu à des difficultés quant à la présidence, en ce qu'il aurait pour effet de la faire tomber aux mains de l'élu de la minorité, ayant quelquefois réuni un très-petit nombre de voix. Il semblerait donc plus convenable, si l'on ne voulait pas procéder à un nouveau scrutin, d'appeler à la présidence le premier scrutateur dans l'ordre des suffrages, et de compléter le nombre des scrutateurs en prenant le cinquième candidat de la liste. Il y a eu des exemples de ces trois manières de procéder; la dernière paraît préférable. »

196. L'art. 44 de la loi du 19 avril 1831 donne au bureau le droit de nommer le secrétaire. Quand la loi dit : *le bureau*, elle entend indiquer le concours de toutes les personnes qui le composent.

197. *Toutefois, une élection n'est pas nulle par celà qu'en l'absence d'un des scrutateurs, le secrétaire du bureau a été élu par le président et trois scrutateurs.*

Election de M. Audry de Puyraveau; M. Estancelin, rapporteur. (6 décembre 1834 ; *Monit.* du 7, p. 2184.)

198. Le choix des membres du bureau doit être, comme toutes les opérations faites depuis l'ouverture du collége, constaté par un procès-verbal. Il en est de même du choix du secrétaire.

199. *Mais il ne résulte pas nullité de ce que le procès-verbal relatif à la formation du bureau définitif ne contiendrait la mention expresse du choix du secrétaire définitif que par un renvoi porté en marge et non signé ou paraphé par tous les membres du bureau; surtout si, d'ailleurs, la désignation se trouve constatée par les termes du procès-verbal, notamment par ces mots : « Ont signé, le président, les scrutateurs et le secrétaire définitif. »*

M. Emile de Girardin avait été nommé secrétaire définitif du bureau du collége de Bourganeuf; la mention de son choix se trouvait, signée de lui seulement, en marge du procès-verbal. M. de Girardin fut élu député. Son élection fut attaquée, et entre autres moyens de nullité, on invoqua l'irrégularité du procès-verbal. On dit que la désignation du secrétaire était un des actes principaux du bureau définitif ; que cette désignation, n'ayant pas été constatée dans les mêmes formes que le procès-verbal, c'était comme s'il n'y avait pas eu de nomination, omission qui devait faire annuler l'élection. On a répondu que l'insuffisance de la mention marginale était suppléée par les énonciations du procès-verbal. Cette dernière opinion a été celle du bureau. La chambre annula l'élection, mais il est probable qu'elle se décida par les moyens du fond, et qu'elle n'entendit point prononcer sur les questions de forme, qui étaient beaucoup moins graves. M. Amilhau, rapporteur.

(Séance du 13 avril 1839 ; *Monit.* du 14, p. 538.)

§ 4. Des fonctions et de la présence du bureau.

200. Les membres du bureau forment ensemble une sorte de tribunal que la loi investit du droit de prononcer provisoirement sur les difficultés relatives aux opérations du collége ou de la section. « Les difficultés relatives au scrutin d'une section sont décidées par le bureau de la section, et ne sont portées au bureau central du collége que si elles sont de nature à influer sur le résultat du recensement. Lorsque le bureau central statue sur les difficultés qui ne sont pas particulières à la première section, et qui intéressent l'ensemble des opérations du collége, telles que le recensement général des votes ou la liste de ballottage, il est convenable que les vice-présidents délibèrent avec les mem-

bres du bureau central. » (Instruction sur la tenue des collèges électoraux.)

201. Les membres du bureau ont, selon leur qualité respective, des attributions particulières; le président a la police de l'assemblée et la direction des opérations qui constituent le vote électoral; les scrutateurs sont spécialement chargés des détails du scrutin; le secrétaire y participe également, et rédige le procès-verbal : c'est ce qui résulte de diverses dispositions de la loi électorale.

202. Les membres du bureau doivent rester dans la salle pour vaquer aux fonctions dont la loi les investit. Toutefois, ils peuvent se retirer dans un local particulier pour délibérer plus tranquillement et seuls sur les difficultés soulevées dans la réunion générale. La question, dans ce cas, est de savoir si le temps consacré à la délibération doit être déduit des six heures pendant lesquelles la loi ordonne de laisser le scrutin ouvert. (*Voy.* ci-après, § 8.)

203. Il a été décidé qu'*il ne résulte aucune nullité de ce que, pendant le scrutin pour le bureau définitif, les membres du bureau provisoire avaient quitté la salle électorale pour passer dans une autre, et y délibérer sur des incidents qui s'étaient élevés.*

Election de M. Rivière de Larque; M. Amilhau, rapporteur. (8 août 1834, *Monit.* du 9, p. 1674.)

« La constitution du bureau provisoire, dit M. de Cormenin, en citant cette décision, préjuge mais ne fait pas l'élection. S'il s'agissait du bureau définitif, il faudrait que les six heures de relevée fussent augmentées proportionnellement au temps de l'absence pendant laquelle les électeurs ont été empêchés de voter. Encore pourrait-on dire que cette infraction constitue un empêchement au libre exercice du vote, qui vicierait l'élection. »

204. *On ne peut tirer un moyen de nullité de ce que les scrutateurs élus par le bureau provisoire ne se seraient pas trouvés présents au moment où la séance a commencé, s'il résulte du procès-verbal que l'un d'eux est arrivé pendant la réclamation, et que l'autre est venu pendant le cours de l'opération, et que le procès-verbal constate également qu'il y a eu trois scrutateurs présents au bureau pendant toute la durée de la séance.*

Election de M. Guizot; M. Amilhau, rapporteur. (21 nov. 1832, *Monit.* du 22, p. 1989.)

205. Les décisions doivent être rendues à la majorité des voix du président et des scrutateurs.

Un scrutateur provisoire ne doit pas être écarté des délibérations sur une difficulté relative au scrutin pour la formation du bureau définitif, par cela seul qu'il aurait un intérêt personnel comme candidat dans ce scrutin. Toutefois la décision contraire d'un bureau de collége ne vicie pas l'élection; elle donne lieu seulement à un blâme de la part de la chambre.

Election de M. Saubat; M. Berryer, rapporteur. (2 août 1834; *Moniteur* du 3, p. 1631.)

206. Quant au secrétaire, l'art. 44 de la loi du 19 avril 1831 lui accorde seulement voix consultative.

Mais le bureau du collége ne peut refuser d'entendre le secrétaire sur une difficulté née du scrutin, sous prétexte qu'il n'a voix consultative qu'autant que le bureau l'appelle à la délibération. Toutefois ce refus n'affecte point la validité de l'élection.

Opinion émise par MM. Odilon Barrot, Gillon et Mauguin, dans l'élection de M. Molin. M. Virey, rapporteur, avait jugé la difficulté trop peu importante pour faire autre chose que la mentionner en exposant la protestation qui l'avait soulevée. (2 août 1834, *Moniteur* du 3, p. 1632.)

207. L'art. 45 de la loi électorale veut que trois membres au moins soient toujours présents. C'est une garantie donnée à la liberté, à la sincérité des votes. Aucune sanction n'est attachée à cette disposition, dont l'inobservation perd surtout de sa gravité dans le cas où aucun vote n'aurait été déposé durant l'absence momentanée de la majorité des membres du bureau, réduits par là à moins de trois. Sur ce point, la jurisprudence de la chambre est fixée, comme

on va le voir par les décisions suivantes :

208. *Il ne résulte pas nullité de ce que, pendant quelques minutes, après l'appel et le réappel, il n'y a eu, au bureau, que le président et un scrutateur; si, dans cet intervalle, où le bureau est resté ainsi incomplet, il n'a été élevé aucune discussion, ni déposé aucun vote.*

Election de M. Harlé père. (1er août 1834, *Moniteur* du 2, p. 1628.)

209. *Il en est de même s'il n'est resté que deux membres du bureau pendant l'absence du président, laquelle n'a duré que quelques minutes, et pendant laquelle aucun électeur ne s'est présenté pour voter, et si, d'ailleurs, le scrutin est resté ouvert pendant plus de six heures.*

C'est à raison de ces circonstances particulières que M. Meilheurat, rapporteur, a dit qu'il n'y avait pas lieu de s'arrêter à l'irrégularité résultant de l'inexécution de l'art. 45 de la loi électorale. La chambre valida l'élection de M. le comte Lemarois. (20 décembre 1837, *Moniteur* du 21, p 2506.)

210. *La disposition de la loi qui exige la présence continue de trois membres au bureau, n'est pas violée par cela que, des trois membres du bureau, un, ayant eu un léger besoin à satisfaire, est passé pour cela dans un couloir attenant à la salle, derrière le bureau, si, d'ailleurs, la porte du couloir d'où l'on voyait le bureau, est restée ouverte, que cette absence ait duré au plus une demi-minute, pendant laquelle le bureau n'a fait aucune opération, et que le scrutin soit resté ouvert pendant six heures et un quart.*

Election de M. Bonnefons; M. Josserand, rapporteur. (Séance du 10 avril 1839, *Monit.* du 11, p. 512.)

211. *Il ne résulte pas de nullité de ce que, pendant une heure, durant le scrutin, le bureau est resté composé de deux membres et du secrétaire, si, d'ailleurs, le bureau, ainsi affaibli, a refusé de recevoir les suffrages des électeurs qui se sont présentés, et qui ont voté lorsque le bureau a été complet.*

Election de M. Pouliot; M. Pelet de la Lozère, rapporteur. (28 juill. 1831, *Monit.* du 29, p. 1276.)

En citant cette décision, M. de Cormenin s'exprime ainsi : « Cette exception, fondée sur un motif circonstanciel, ne saurait faire règle. »

212. Une décision semblable a été rendue, même sans distinction du cas où aucun vote n'aurait été déposé.

La chambre a statué *qu'on ne peut annuler une élection par cela seul que, pendant un certain temps, le bureau n'aurait été occupé que par le secrétaire et deux scrutateurs; la loi exige bien la présence constante de trois membres du bureau; mais le secrétaire, quoique choisi par le bureau, en fait partie.*

Election de M. Lebeuf; M. Chapuis de Montlaville, rapporteur. (Chambre des députés, 6 avril 1839, *Monit.* du 7, p. 483.)

Décidé de même pour l'élection de M. Lacaze; M. Leyraud, rapporteur. (4 août 1834, *Monit.* du 5, p. 1645.) — De M. de la Pinsonnière; M. Meynard, rapporteur. (20 déc. 1837, *Monit.* du 21, p. 2506.)

Cette interprétation, porte l'Instruction sur la tenue des colléges électoraux, s'accorde avec la disposition de l'art. 47 de la loi du 22 juin 1833, sur les élections départementales.

« Le secrétaire, dit M. de Cormenin, est membre du bureau par son origine, car il émane du choix du bureau lui-même; par ses fonctions, car il rédige la pièce la plus importante de l'opération électorale, savoir : le procès-verbal. » — Il n'est pas exact de prétendre, comme on l'a fait dans l'élection de M. Pouliot, en 1831, que le secrétaire ne fait pas partie du bureau, d'après la loi nouvelle; cette loi ne contient rien de semblable; elle ne sépare ni n'exclut le secrétaire du bureau, dont il partage et constate les travaux; seulement, dans les délibérations, elle ne lui accorde que voix consultative. Toutefois, le texte de l'art. 44 donne lieu à une objection dont il ne faut pas se dissimuler la force; après avoir dit que le collége élit le président et les scrutateurs définitifs, il ajoute que *le bureau, ainsi formé*, nomme le secrétaire; d'où il semble résulter que le bureau est constitué par l'élection du président et des scrutateurs, et que le secrétaire choisi ensuite demeure en dehors : la réponse à l'objection paraît se trouver dans la nature des attributions conférées au secrétaire, et dans la voix consultative qui lui est accordée.

213. *Une élection n'est pas nulle par cela que, le premier jour, le président et deux scrutateurs s'étant retirés dans une pièce contiguë à celle des séances, et deux électeurs s'étant présentés pour voter, ont déposé leur vote dans le moment où un des scrutateurs restant était allé demander les autres membres du bureau, c'est-à-dire en présence du secrétaire et d'un scrutateur seulement, surtout si, de la pièce voisine, on pouvait voir le bureau et la boîte du scrutin, si tout s'est passé de bonne foi, si aucun reproche de fraude ne s'est élevé, et que l'irrégularité n'ait été constatée que le lendemain.*

Dans ces circonstances, la majorité du bureau chargé de vérifier les pouvoirs de M. Harlé pensa qu'il n'y avait pas nullité, la question de bonne foi devant dominer. M. Mauguin, au contraire, soutint qu'il y avait là une nullité radicale, fondée sur ce que la loi exigeait d'une manière précise la présence permanente de trois membres du bureau, au moins, disposition dont l'accomplissement ne devait pas être abandonné au pouvoir presque discrétionnaire des membres du bureau. M. de Rambuteau dit aussi que, quand la loi établit des formes, elles sont impératives, car on ne place dans la loi que des choses nécessaires. La chambre déclara l'élection valide. M. Bernard, de Rennes, rapporteur. (25 fév. 1833; *Monit.* du 26, p. 527.)

214. *Il ne résulte pas nullité de ce qu'un électeur aurait voté pendant que le bureau n'était composé que de deux membres, surtout si, indépendamment de ce suffrage, l'élu avait encore la majorité.*

Election de M. Saunac; M. Charlemagne, rapporteur. (22 déc. 1837; *Monit.* du 23, p. 2522.)

215. Ce qui est décidé à l'égard du vote l'est aussi à l'égard du dépouillement du scrutin.

Il n'y a donc pas nullité par cela que le bureau, étant sorti pour satisfaire un besoin, il n'est resté dans la salle qu'un scrutateur et le secrétaire, pour le dépouillement du scrutin.

Election de M. Jay; M. Persil, rapporteur, a pensé que la conduite du bureau devait être blâmée sans qu'il en résultât une cause de nullité de l'élection. La chambre prononça l'admission. (30 juill. 1831; *Monit.* du 31, p. 1286.)

216. En cas d'absence, le président est remplacé par le plus âgé, et le secrétaire par le plus jeune des scrutateurs. En cas d'absence de l'un des scrutateurs, il n'est pas nécessaire de le remplacer. En général, le bureau, une fois formé, ne doit pas subir de modifications. (Instruction sur la tenue des colléges électoraux.)

§ 5. De la tenue des séances et du procès-verbal.

217. Les électeurs, convoqués et réunis conformément à la loi, ne peuvent, aux termes de l'art. 40, s'occuper d'autres objets que de l'élection des députés; toute discussion, toute délibération leur sont interdites. « Si donc, porte l'Instruction sur la tenue des colléges électoraux, il s'élève des discussions dans le sein d'un collége ou d'une section, le président doit rappeler aux électeurs cette disposition de la loi. Si, malgré cette observation, la discussion continue, et si le président n'a pas d'autre moyen de la faire cesser, il prononce la levée de la séance, et l'ajournement au lendemain au plus tard. Les électeurs sont obligés de se séparer à l'instant. »

218. Il peut néanmoins se présenter des incidents dont les électeurs soient obligés de s'occuper, si, d'ailleurs, ces incidents sont directement relatifs à l'élection.

Par exemple, *lorsque, sur la demande de plusieurs électeurs, le président du collége accepte la candidature, à la séance même où se fait un second tour de scrutin, la circonstance que la séance a été interrompue pendant qu'un électeur est allé demander, a rapporté et lu le désistement d'un candidat, ne suffit pas pour faire prononcer l'annulation de l'élection du président, surtout si elle a eu lieu à une forte majorité.*

Ainsi décidé pour l'élection de M. Moreau (de la Meurthe), dont le bureau de la chambre demandait cependant l'annulation. (4 août 1834; *Moniteur* du 5, p. 1643.)

« Ce n'est pas, dit M. de Cormenin, s'occuper d'un objet étranger à l'élection que de s'occuper du désistement d'un candidat. »

219. De la prohibition de toute discussion dans les colléges, la chambre a induit que *le président d'un collége électoral ne doit faire aucun discours qui se rapporte plus ou moins à l'élection de tel ou tel candidat, ou qui traite de politique. Un pareil discours, s'il a eu lieu, n'entraîne pas la nullité de l'élection, mais autorise un blâme de la part de la chambre.*

M. Boudet, rapporteur de l'élection de M. Vatout (séance du 6 avril 1839), annonça qu'il était chargé par le bureau de prononcer un blâme contre l'usage quelquefois pratiqué, et qui avait été suivi, dans le cas particulier, d'un discours du président provisoire du collége sur les candidats à élire. M. Auguste Portalis prétendit que la partialité manifestée dans cette circonstance par le président provisoire devait suffire pour faire annuler l'élection. Mais le rapporteur, en lisant l'analyse du discours, montra que le fond de ce discours ne méritait aucune mention dans le rapport, et qu'il y avait lieu seulement à blâmer, d'une manière générale, l'usage des discours dont il s'agissait. La discussion sur ce sujet n'alla pas plus loin. (*Monit.* du 7 avril 1839, p. 485, 486.)

En terminant son rapport sur l'élection de M. Duvergier de Hauranne, M. Duprat dit aussi : « Le bureau a remarqué que le président du bureau définitif a cru pouvoir prononcer un discours dans l'intérêt de l'élection : le bureau m'a chargé de blâmer cet usage. » (Séance du 8 avril 1839; *Monit.* du 9, p. 497.)

Il en avait été de même en 1834, pour l'élection de M. Duséré qui, président provisoire et nommé président définitif, avait prononcé un discours aux électeurs. M. Leyraud, rapporteur. (2 août, *Moniteur* du 3, p. 1630.)

Dans la même séance, et pour l'élection de M. Pons, M. Rouillé de Fontaines, rapporteur, dit qu'il posait la question parce qu'il était bon de décider une fois pour toutes si un discours prononcé par le président du collége pouvait annuler l'élection, tandis que l'usage était qu'il y eût un discours. MM. Leyraud et Barrot firent observer qu'il ne s'agissait pas de nullité, mais de convenance; que la loi interdit aux colléges toute discussion, et que cependant, si on autorise un discours, on sera forcé de permettre aussi la réponse, ce qui sera discuter. (*Eod.*, p. 1631.)

L'inconvénient des discours prononcés par le président du collége électoral a été surtout démontré dans l'élection de M. Hernoux; le président du collége, qui était son compétiteur, avait fait un discours auquel, le lendemain, M. Hernoux avait demandé à répondre; le bureau, malgré l'avis du président, avait décidé qu'il n'aurait pas la parole; de là, protestation contre l'élection. M. Passy, rapporteur, tira de ces faits un motif de réprouver les discours prononcés dans les colléges. (4 août 1834, *Monit.* du 5, p. 1642.)

M. Gillon, rapporteur de l'élection de M. Fumeron d'Ardeuil, a formulé le même blâme en disant : Souvenez-vous que ce que vous toléreriez dans les colléges politiques, il faudrait l'accorder dans les assemblées nommant les conseillers d'arrondissement et de département, et dans les trente-huit mille assemblées choisissant les officiers municipaux. (5 août 1834, *Monit.* du 6, p. 1650.)

« On a prétendu, dit M. de Cormenin, que discourir n'était pas délibérer; mais discourir, c'est énoncer une opinion. Énoncer une opinion, c'est discuter, et ce qui pis est, c'est discuter sans adversaire possible; car répliquer ce serait délibérer, et toute délibération est interdite. La parole serait donc exclusivement à tous les présidents définitifs de colléges, et, par voie d'analogie, à tous les présidents provisoires et à tous les juges de paix de canton et aux maires des trente-huit mille villages qui voudraient s'aviser de faire, dans les élections parlementaires, départementales et communales, un petit cours de politique à l'usage et au profit de leurs opinions personnelles. La minorité opprimée n'aurait pas la réplique, et le président, qui doit maintenir l'ordre, le troublerait. Les bienséances et l'équité ne permettent pas ces sortes d'allocutions. »

220. *On ne peut considérer comme une discussion, et par conséquent comme une infraction à la loi électorale, la conversation établie entre le président du collége et des électeurs qui lui proposaient de se porter candidat, alors même que son acceptation n'aurait eu lieu que sous certaines conditions immédiatement débattues; il n'en résulte pas une cause de nullité de l'élection de ce président.*

Ainsi décidé pour l'élection de M. Moreau (de la Meurthe), dont le bureau de la chambre avait demandé l'annulation. M. Arago, rapporteur. (4 août 1834, *Monit.* du 5, p. 1643.)

221. Le président, chargé de diriger la tenue des séances, ne doit pas abandonner la place qu'il occupe au bureau; toutefois *il peut quitter momentanément son siége si, d'ailleurs, il n'est pas prouvé qu'il soit allé près d'un électeur pour influencer son vote.*

Élection de M. Tiburce Sébastiani; M. Bernard, rapporteur. (2 août 1831, *Monit.* du 3, p. 1299.)

222. L'art. 43 de la loi électorale veut que la liste des électeurs de l'arrondissement reste affichée dans la salle des séances pendant le cours des opérations. Peut-être pourrait-on dire que l'absence de cette formalité, essentielle à la tenue des séances, entraînerait la nullité de l'élection, solution douteuse toutefois, et contredite, comme on va le voir bientôt, par une décision de la chambre; mais il n'y aurait pas nullité si, la liste étant affichée, il s'y trouvait des irrégularités ou des lacunes dans les détails des indications prescrites par l'article 19 de la loi de 1831, pourvu que l'ensemble des noms et des énonciations présentât le moyen de s'assurer de l'identité de chacun des électeurs.

223. *Ne peut être proposé, contre une élection, le moyen d'inscription irrégulière de plusieurs électeurs, admis cependant à voter, tiré de ce que le tableau affiché dans la salle du collége ne contenait pas, à leur égard, outre le total de leurs contributions, la quotité de la contribution foncière, personnelle, mobilière, de patente, etc., surtout si le tableau, affiché en cet état, n'a été l'objet d'aucune réclamation avant l'élection.*

Élection de M. Blondeau; M. Caumartin, rapporteur. (28 juillet 1831, *Monit.* du 29, p. 1280.)

224. *Il n'est pas nécessaire non plus, à peine de nullité, que les dates des actes de naissance des électeurs soient inscrites sur les listes électorales.*

Élection de M. Chasles; M. Lévêque de Pouilly, rapporteur. M. Salverte soutint qu'il y avait là une irrégularité suffisante pour annuler l'élection. La chambre admit M. Chasles. (30 juillet 1831; *Moniteur* du 31, p. 1287, 1288.)

225. *Il ne résulte pas moyen de nullité contre une élection de ce qu'il n'y avait point, dans la salle des séances du collége, de liste imprimée des électeurs, de ce que la liste manuscrite qui s'y trouvait ne contenait pas, à côté des noms des électeurs, toutes les mentions que la loi exige, et de ce qu'une liste des éligibles ne se trouvait pas non plus dans la salle.*

Élection de M. Champanhet. (1er août 1834, *Monit.* du 2, p. 1626.)

226. On voit, par la décision qui précède, que la chambre ne regarde pas comme nécessaire l'existence, dans la salle, d'une liste d'éligibles. On avait soutenu le contraire : mais les règles, à cet égard, ont été très-clairement expliquées dans les circulaires adressées aux préfets par le ministère de l'intérieur, lors des élections générales. On y lit :

« Aucune disposition législative ne

prescrit la formation de listes d'éligibles, et ces listes ne sont pas nécessaires pour constater le droit d'éligibilité, excepté dans les départements où il n'y a pas cinquante citoyens, âgés de trente ans, y possédant domicile politique et payant 500 francs de contributions directes. Pour tous les autres départements la condition du cens est absolue : elle consiste dans une cote d'impôt de 500 francs, et le député élu peut justifier devant la chambre de cette condition comme de toutes les autres, indépendamment de son inscription sur une liste spéciale. Vous n'aurez donc pas à vous occuper de former une liste d'éligibles, à moins que votre département ne soit du très-petit nombre de ceux où le nombre des éligibles est porté, suivant l'article 33 de la Charte, à cinquante, au moyen de citoyens payant moins de 500 francs. »

« S'il y avait dans le département moins de cinquante contribuables âgés de trente ans et payant 500 fr. de contributions directes, la liste des éligibles devrait être imprimée et publiée dans le département avant d'être affichée dans la salle des séances de chaque collége ou section de collége. » (Circulaire du 4 octobre 1820.)

227. La liste affichée constate le nombre des électeurs inscrits, nombre qu'il est nécessaire de connaître puisque l'élection n'est valable qu'autant que le candidat a réuni le tiers au moins des électeurs inscrits. (Art. 54.) Pour que ce nombre demeure constant, il doit être mentionné au procès-verbal. Voyez à cet égard le § 10.

228. Le secrétaire rédige, et les membres du bureau signent le procès-verbal des opérations de chaque séance.

Le procès-verbal doit constater que chacune des formalités prescrites a été successivement remplie; il ne suffit pas de mentionner en termes généraux que toutes les formalités requises ont été accomplies.

Observations de M. Roger (du Loiret), rapporteur de l'élection de M. Martin (du Nord). (28 déc. 1836, *Moniteur* du 29, p. 2284.)

229. Les mentions du procès-verbal font foi, et doivent l'emporter sur les allégations qu'on leur oppose. On en trouvera de fréquents exemples dans les solutions de la chambre, recueillies sous les divers paragraphes de cette deuxième partie; voyez aussi 1re partie, § 4.

230. La loi n'a rien ordonné relativement à la signature du procès-verbal.

Il ne résulte donc pas nullité de ce que le procès-verbal de la première séance d'un collége a été signé par le président et le secrétaire, mais non par les scrutateurs provisoires.

Élection de M. Voysin de Gartempe; M. Parant, rapporteur. (22 sept. 1831, *Monit.* du 23, p. 1655.)

231. *La circonstance que le procès-verbal de cette première séance a été signé par le bureau définitif et non par le bureau provisoire, n'est point une cause de nullité de l'élection, bien qu'elle constitue une irrégularité.*

Ainsi décidé pour l'élection de M. Duvergier de Hauranne en 1839. M. Duprat, rapporteur, reconnut que telle était la jurisprudence de la chambre, et il cita plusieurs précédents, remontant à 1830 : ils sont relatifs à l'élection de MM. Casimir Périer, Pavée de Vandœuvre, Lenouvel et Guizot. « Votre bureau, continua le rapporteur, a trouvé que, sans doute, c'était une chose irrégulière. Mieux vaudrait que les membres du bureau provisoire signassent la séance du bureau provisoire, attendu qu'il serait très-possible que les membres du bureau définitif n'eussent même pas pris part aux opérations du bureau provisoire. Il m'a chargé d'en faire la remarque, afin que l'abus ne se reproduise plus, et que dans les élections futures on ne retrouve plus une semblable irrégularité. » (Séance du 8 avril 1839, *Monit.* du 9, p. 497.)

C'est aux officiers électoraux qui ont fait l'acte, à certifier par leur signature que l'acte est sincère, régulier, authentique, dit M. de Cormenin.

232. La lecture du procès-verbal aux électeurs peut être utile afin que tous soient mis à même de faire les

observations dont la rédaction serait susceptible; mais la loi ne prescrit pas cette lecture, qui n'est jamais refusée, qui a lieu ordinairement d'office, et qui, au besoin, serait suppléée, jusqu'à un certain point, par la communication officieuse qui pourrait être prise par chacun des électeurs.

La chambre a décidé qu'*une élection ne peut être annulée parce que le procès-verbal constatant l'élection n'a pas été lu publiquement le lendemain ou le soir de l'élection. La loi n'oblige pas à cette lecture, prescrite seulement par les instructions ministérielles qui ne peuvent entraîner aucune nullité devant la chambre.*

Élection de M. Vatout, rapport de M. Boudet. (6 avril 1839, *Monit.* du 7, p. 485.)

En pratique, dit M. Cormenin, la séance du lendemain est publique, les portes du collége s'ouvrent, les électeurs sont absents, et le bureau ne lit que devant le bureau le procès-verbal de l'élection.

233. *Lorsque les opérations électorales ont été terminées, que le président a prononcé la séparation du collége, et que le procès-verbal a été dressé et signé par le président et les scrutateurs, le président ne peut pas, le lendemain, retourner dans la salle des séances, donner lecture du procès-verbal à des électeurs, recevoir une observation qui y serait relative, et dresser, du tout, un procès-verbal. Une semblable démarche n'entraîne pas nullité de l'élection, mais fait encourir un blâme de la chambre, sinon contre le président, du moins contre son action.*

Élection de M. Aroux; M. Delespaul, rapporteur. (4 août 1834; *Monit.* du 5, p. 1642.)

§ 5. Du serment des électeurs.

234. L'article 47 de la loi électorale veut qu'avant de voter pour la première fois, chaque électeur prête le serment prescrit par la loi du 31 août 1830. L'accomplissement de cette formalité doit être constaté par le procès-verbal; et il semble qu'à cet égard une énonciation particulière soit nécessaire.

Cependant, par une interprétation large et facile des dispositions de la loi, la chambre a décidé que *le défaut de mention spéciale de la prestation du serment n'est pas une cause de nullité si le procès-verbal mentionne que toutes les formalités prescrites par la loi ont été accomplies.*

Élection de M. Martin (du Nord); M. Roger (du Loiret), rapporteur. (28 décembre 1836, *Moniteur* du 29, p. 2284.)

235. Le mode de mention de la prestation de serment n'étant pas prescrit d'une manière limitative, on peut trouver la preuve de l'accomplissement de la formalité dans l'appréciation des termes du procès-verbal, rapprochés des circonstances de l'élection.

C'est ainsi que la chambre a décidé que *si, lors de la nomination des scrutateurs, le procès-verbal doit mentionner explicitement la prestation de serment des électeurs qui ont voté sur le réappel, comme de ceux qui ont voté sur l'appel; toutefois l'omission de cette mention expresse n'entraîne pas la nullité de l'élection, s'il est constaté qu'à la séance où cette élection a eu lieu, le serment a été prêté par tous les électeurs qui y ont pris part.*

Élection de M. Dumon; M. Roger, rapporteur. (24 décembre 1833; *Moniteur* du 25, p. 2493.)

236. *Si, au premier jour d'une élection, un père s'est présenté avec la carte de son fils, et a prêté serment, que le fils soit venu le dernier jour, sans que le procès-verbal mentionne qu'on ait reconnu qu'il venait voter au lieu de son père, on ne peut pas néanmoins dire qu'il y a présomption que le fils n'a pas prêté serment, lorsque, d'une part, le procès-verbal du scrutin de ballottage porte que les électeurs, votant pour la première fois, ont prêté le serment voulu, et que d'une autre part le procès-verbal constate qu'à cette séance on n'avait admis dans le collége que des individus reconnus comme électeurs.*

Ainsi décidé pour l'élection de M. de Larcy; M. Leyraud, rapporteur. (Séance du 11 avril 1839, *Moniteur* du 12, p. 523.)

237. Le silence ou l'insuffisance du procès-verbal, en ce qui concerne la prestation de serment, peut être suppléé de différentes manières, par la rédaction d'un procès-verbal supplémentaire, par les explications données à la chambre par le député élu, par l'attestation des membres du bureau du collége. C'est ce que consacrent les décisions suivantes :

238. *Lorsque les membres du bureau provisoire, refusant de remettre leur procès-verbal au bureau définitif, l'ont envoyé au préfet qui fait savoir à ce dernier bureau que le procès-verbal ne mentionne pas la prestation de serment, cette formalité est suffisamment constatée par un nouveau procès-verbal signé par le président et deux scrutateurs du bureau provisoire.*

Election de M. Rivière de Larque ; M. Amilhau, rapporteur. (8 août 1834, *Moniteur* du 9, p. 1674.)

239. *Lorsque le procès-verbal d'une seconde séance ne fait pas mention de la prestation du serment par les électeurs, et que cependant le nombre de ces électeurs est plus considérable qu'il n'a été le premier jour, l'élection peut être validée sur les simples explications du député nommé, tendant à prouver que la prestation de serment, non mentionnée au procès-verbal, a réellement eu lieu.*

Election de M. Bernard ; M. Guizot, rapporteur. (26 juillet 1831, *Moniteur* du 27, p. 1270.)

240. *L'omission, dans le procès-verbal d'élection, de la mention de prestation de serment par les électeurs qui se sont présentés pour voter, n'est pas une cause de nullité de l'élection, si, d'ailleurs, les membres du bureau ont signé une déclaration attestant que tous les électeurs qui se sont présentés ont réellement prêté le serment.*

Peu importe que les attestations aient été faites un certain temps (vingt et quelques jours par exemple) après l'expiration des fonctions électorales des attestants, si ces attestations n'ont été données que pour répondre à une protestation faite depuis l'élection.

La chambre a prononcé ainsi, lorsqu'elle a validé l'élection de M. Pétiniaud. M. Laurent de Jussieu, rapporteur, a conclu en ces termes : « Votre bureau a pensé que lorsqu'il était constaté d'ailleurs, d'une manière qui ne pouvait pas être révoquée en doute, que le serment avait été prêté par les électeurs, on ne pouvait proposer l'annulation de l'élection, et rendre ainsi un député victime d'une omission qui aurait eu lieu dans la rédaction du procès-verbal. S'il en était ainsi, il dépendrait dans certains cas du rédacteur d'un procès-verbal de mettre en doute la validité de l'élection. »

Cette doctrine a eu pour contradicteurs MM. Teste et Hébert. « Il ne s'agit de rien moins, a dit M. Teste, que de décider, dans un cas particulier, que les formalités prescrites par la loi pour la régularité des opérations électorales peuvent être constatées autrement que par le procès-verbal de ces opérations ; en d'autres termes, que des attestations données après coup, quand la qualité de président et de scrutateur est éteinte sur la tête de ceux qui ont exercé ces fonctions, peuvent suppléer aux omissions du procès-verbal. Si nous entrons dans cette carrière, nous pourrons aller loin. Il me semble qu'en matière politique, il faut appliquer, avec plus de rigueur encore, les principes dont on ne pourrait contester l'application dans les choses qui appartiennent à la vie civile. Il est certain que le procès-verbal doit renfermer en lui-même la constatation pleine et entière de toutes les formalités prescrites par la loi, qui ont été accomplies ; mais si l'on peut suppléer à cette énonciation par des attestations données après coup, vous rendez l'exécution de la vérification des pouvoirs absolument impossible. Il n'en saurait être ainsi ; si vous l'admettez pour le serment prêté, vous l'admettrez pour la durée des fonctions, pour toutes les choses qui sont de l'essence des élections, et sans lesquelles une élection ne pourrait être validée. Alors il faudrait supprimer le procès-verbal comme inutile. La loi exige que le scrutin reste ouvert pendant six heures. Eh bien, le procès-verbal serait muet, et l'on pourrait y suppléer par des attestations données après coup, et portant que, malgré le silence du procès-verbal, le scrutin est demeuré ouvert pendant six heures; et c'est sur des attestations de ce genre que la chambre prononcerait! Il doit donc être admis pour règle que le procès-verbal seul doit faire foi quand il s'agit de savoir si les formalités voulues par la loi ont été ou non accomplies. »

Les opérations seraient incontestablement nulles, a dit M. Hébert, si rien ne venait contredire l'absence d'énonciation au procès-verbal : car lorsque la loi prescrit la prestation du serment, c'est une formalité essentielle qu'elle exige, et dont elle veut en même temps la constatation dans le procès-verbal. Le procès-verbal est la *première*, et, on peut dire jusqu'à un certain point, la seule pièce qui fasse foi pour la chambre de l'accomplissement de toutes les formalités prescrites. Ici, pour ajouter à ce qui manque au procès-verbal, on produit un certificat signé des membres du bureau plus de vingt jours après l'élection; une pareille pièce ne peut suppléer au procès-verbal; il est permis de révoquer en doute, non la sincérité des attestants, mais la certitude, la présence de leurs souvenirs. Il faut d'ailleurs remarquer que le procès-verbal, muet sur la prestation du serment, a été lu en présence de tous les électeurs, comme le veut la loi, ou, du moins, les électeurs ont été mis à même de venir en entendre la lecture. Si le procès-verbal contenait quelque chose de contraire à la vérité, les électeurs étaient mis à même de réclamer; mais cela leur est-il possible quand un certificat contraire au procès-verbal est signé plus de vingt jours après? Non; la chambre n'a plus que l'opinion de quelques personnes; mais les électeurs n'ont pas pu la contredire, et cependant les électeurs ne sont admis à la lecture du procès-verbal que pour le contredire. Il manque ici la constatation d'un fait sans lequel l'élection ne serait pas valable.

L'opinion contraire, consacrée par la chambre, a été défendue par MM. de Valon, Charamaule, de Golbéry, Coraly et de Las Cases fils. M. de Valon a dit que, *conformément aux précédents adoptés depuis* 1831, *l'omission* dont il s'agit n'entraîne pas nullité de l'élection, si la chambre peut obtenir par des témoins ou par les députés eux-mêmes la certitude du fait; l'explication de l'élu lui-même suffit : ce n'est pas en face d'hommes honorables qu'un député attesterait un fait qui ne serait pas vrai.

M. Charamaule a fait observer qu'il ne s'agissait que d'un moyen de forme, puisqu'on reconnaissait que le serment avait été prêté. Si on y voyait une cause de nullité, la validité de l'élection serait abandonnée au mauvais vouloir d'un bureau, et les protestations contre le procès-verbal n'en rempliraient pas la lacune : au surplus, ajoutait l'orateur, la question n'est pas neuve; la chambre l'a déjà décidée plusieurs fois en faveur de l'élection contestée par ce motif. Elle a statué ainsi le 25 juillet 1831, élection de M. de Las Cases fils (*Moniteur* du 26 juillet 1831, p. 1265); le 26 juillet 1831, élection de M. Bernard (*Voy.* ci-dessus n° 239.)

A ces précédents, M. de Golbéry a joint celui de l'élection de M. Hernoux (4 août 1834, *Moniteur* du 5, p. 1642). M. de Las Cases fils vint rappeler que, lors de son élection, dont le procès-verbal ne mentionnait pas la prestation de serment, ce n'est que vingt ou vingt-cinq jours après qu'il y eut un certificat attestant que le serment avait été prêté. — M. Coraly présenta des observations fondées sur les circonstances particulières de l'élection, et qui tendaient à lever toute espèce de doute sur l'accomplissement de la formalité.

(Séance du 6 avril 1839, *Monit.* du 7, p. 484.)

241. C'est avant de voter pour la première fois que chaque électeur doit prêter serment; la loi ne dit pas quel acte constitue le vote; on a élevé un doute à ce sujet : mais la chambre a décidé, avec raison, que c'est par le

dépôt de leurs bulletins dans l'urne du scrutin que les électeurs votent.

Il n'y a donc pas lieu de s'arrêter à la protestation d'un électeur, fondée sur ce que le président, au lieu d'exiger la prestation du serment au moment de la remise du bulletin blanc pour écrire le vote, ne l'avait exigé qu'au moment du dépôt du bulletin.

Élection de M. Véjux. (1er août 1834, *Monit.* du 2, p. 1627.)

242. Le serment doit être prêté par l'électeur dans les termes réglés par la loi du 31 août 1830; la constatation de l'observation de la loi sur ce point résulte des mentions contenues dans le procès-verbal.

243. *Lorsque le procès-verbal du premier jour d'une élection constate que le serment a été prêté dans les termes de la loi, que ce procès-verbal a été signé sans réclamation, que, le lendemain, un électeur a présenté et exigé qu'on insérât sa protestation contre la prétendue irrégularité de la prestation de serment, et qu'enfin le bureau, après délibération, a reconnu que le président aurait exigé de chaque électeur, des uns de prêter le serment voulu par la loi, des autres le serment prescrit par la loi, et que les électeurs auraient levé la main, en disant : Je le jure; dans ce cas, il n'y a pas lieu, devant la chambre, à s'arrêter à la protestation.*

Élection de M. Allier; M. Desabes, rapporteur. (Séance du 9 avril 1839, *Monit.* du 10, p. 510.)

244. *Le président d'un collége électoral ne doit point recevoir ni mentionner au procès-verbal une protestation contre l'usage de lever la main pour prêter serment.*

Au fond, les électeurs doivent, en prêtant serment, se conformer à l'usage de lever la main, surtout s'ils n'allèguent, pour s'en dispenser, aucun motif religieux. Toutefois, l'irrégularité du mode de prestation de serment de la part d'un électeur serait sans importance si l'élu avait obtenu plus de suffrages qu'il ne lui en fallait pour avoir la majorité.

Élection de M. Glais-Bizoin, M. Leyraud, rapporteur. (2 août 1834, *Monit.* du 3, p. 1630.)

245. Le serment doit être prêté purement et simplement, sans restriction, sans commentaire; à plus forte raison ne peut-il être accompagné d'une protestation contre le serment lui-même. A cet égard, on va voir que la jurisprudence de la chambre est bien fixée; elle est, d'ailleurs, rappelée et confirmée en ces termes par l'Instruction sur la tenue des colléges électoraux : « Il est quelquefois arrivé que des électeurs ont refusé de prêter le serment; que d'autres ont voulu y ajouter des explications, restrictions ou additions. Les présidents ont rempli un devoir en refusant constamment de recevoir le vote de l'électeur qui voulait se dispenser du serment ou qui prétendait le modifier; car il est inutile de rappeler que le serment ne peut être reçu que dans les termes prescrits par la loi; et qu'il est un préalable indispensable à l'exercice du droit de l'électeur. Toute question de ce genre ne peut donner lieu ni à une discussion ni à une décision de la part du bureau, l'observation pure et simple de la loi, qui exige le serment sans restriction, ni addition, ni modification, étant de rigueur. »

246. *Le serment des électeurs doit être prêté sans protestation ni commentaire; s'il en a été autrement, il y a lieu à un blâme de la part du bureau de la chambre, mais non à l'annulation, alors que le nombre des électeurs qui ont prêté serment d'une manière irrégulière n'atteint pas le chiffre de la majorité.*

Élection de M. de Rancé. (15 mars 1834, *Monit.* du 16, p. 598.)

247. Décidé de même que *le bureau du collége ne doit point autoriser l'annexe au procès-verbal d'une protestation contre le serment. Si une telle irrégularité a été commise, l'élection n'est pas nulle, mais il y a lieu à un blâme de la part de la chambre.*

Élection de M. de Marmier; M. Barada, rapporteur. (2 août 1834, *Monit.* du 3, p. 1631.) — De M. Thiers; M. Jacques Lefebvre, rapporteur (*eod.*, p. 1632.)

248. *Une élection n'est pas viciée par cela que, durant les opérations, une personne a lu, en son nom et au nom d'autres personnes de son opinion, ou*

bien qu'il a été déposé, une protestation contre la prestation de serment. Une pareille protestation est en dehors de l'élection, puisqu'on n'est électeur qu'après avoir prêté serment.

Election de M. Drault; M. Odier, rapporteur. (24 déc. 1833, *Monit.* du 25, p. 2493.) — Election de M. Tupinier; M. de Las-Cases, rapporteur. (13 janv. 1834, *Monit.* du 14, p. 95.) — Election de M. Rondeau; M. Ganneron, rapporteur. (12 fév. 1834, *Monit.* du 13, p. 303.)

§ 7. Du vote, de ses formes, du secret des votes; du dépouillement du scrutin.

249. Une fois le scrutin ouvert, et pendant sa durée entière, tous les électeurs doivent être admis à voter sans qu'aucune entrave matérielle ni morale puisse être apportée à l'exercice de ce droit. Il sera particulièrement traité, au § 13, des différentes causes qui peuvent porter atteinte à la liberté ou à la sincérité des élections.

250. *Lorsqu'un électeur demande qu'on reçoive son bulletin à l'instant où l'on va procéder à un second appel, et que le président l'engage à attendre un moment, il ne résulte pas de là une entrave à l'exercice du droit électoral.*

Election de M. Ballot; M. Thil, rapporteur. (1er août 1834, *Monit.* du 2, p. 1628.)

251. *Une élection déterminée par une seule voix de majorité doit être annulée si, au moment où un électeur s'est présenté pour voter, le président, lui ayant repris son bulletin et lui ayant refusé de le laisser voter, par le motif que son nom avait été déjà émargé, lui a donné un certain temps pour venir vérifier le fait avec l'un des scrutateurs absents, et que l'électeur, revenu à l'heure indiquée, ait trouvé le scrutin clos, et n'ait pas été admis à voter, bien qu'il ait été reconnu que c'était par erreur que son nom avait été émargé.*

Ainsi décidé, après une longue discussion qui porta plutôt sur les faits que sur le droit, pour l'élection de M. de Pontevès; M. Augustin Giraud, rapporteur. (4 août 1834, *Monit.* du 5, p. 1643 et suiv.)

252. M. de Cormenin pense que l'élection serait nulle si des électeurs avaient été privés indûment de leur droit de voter. « Toutefois, ajoute-t-il, il faut distinguer : si l'élection tenait à la majorité d'une voix, elle serait nulle; si la majorité se compose de suffrages incontestés, il y a lieu de ne pas s'arrêter à cette irrégularité, puisque, en admettant ce suffrage contre le député élu, il aurait encore obtenu la majorité réelle. Or, quelle a été la majorité réelle? Voilà toute la question. »

253. C'est en ce sens que la chambre a décidé *qu'il n'y a pas lieu de s'arrêter à cette circonstance, qu'un électeur, interpellé sur la question de savoir s'il payait ou non le cens, s'est abstenu de voter, lorsque, soit que l'on décide pour, soit que l'on prononce contre le droit qu'aurait eu l'électeur de voter, le calcul des suffrages est tel que la majorité reste acquise au candidat élu.*

Election de M. de Bryas; M. Duboys (d'Angers), rapporteur. (30 décembre 1835, *Monit.* du 31, p. 2561.)

254. Aux termes de l'art. 48 de la loi électorale, le vote se fait de la manière suivante : chaque électeur, après avoir été appelé, reçoit du président un bulletin ouvert sur lequel il écrit ou fait écrire son vote par un électeur de son choix, puis il remet son bulletin écrit et fermé au président, qui le dépose dans la boîte destinée à cet usage.

255. *Une élection n'est pas nulle par cela seul que deux électeurs ont déposé eux-mêmes leurs bulletins dans l'urne, tandis que la loi veut que ce soit le président.*

Election de M. Harlé père; M. Bernard (de Rennes), rapporteur. (25 fév. 1833, *Monit.* du 26, p. 526.)

256. *Il ne résulte non plus aucune nullité de ce que, en l'absence du président, un des scrutateurs a, par distraction, roulé dans ses doigts et déchiré un bulletin, puis a remis à l'électeur auquel appartenait ce bulletin un autre bulletin qui a été régulièrement déposé.*

Election de M. de la Pinsonnière; M. Meynard, rapporteur. (20 décembre 1837, *Monit.* du 21, p. 2506.)

257. On vient de voir que la loi au-

torise chaque électeur à faire écrire son vote par un électeur de son choix.

Cette faculté peut être exercée même par des électeurs qui savent écrire.

Election de M. Blondeau ; M. Caumartin, rapporteur. (28 juill. 1831, *Monit.* du 29, p. 1279.) — De M. Arthur de la Bourdonnaye ; M. Jaubert, rapporteur. (22 déc. 1837, *Moniteur* du 23, p. 2522.)

La loi, en effet, ne contient aucune distinction entre ceux qui savent et ceux qui ne savent pas écrire.

258. *Il ne saurait résulter un moyen de nullité contre une élection de ce qu'un électeur aurait proposé à plusieurs votants son office pour écrire les bulletins.*

Election de M. Duprat ; M. le général Schneider, rapporteur. (Séance du 6 avril 1839, *Monit.* du 7, p. 484.)

259. *Le concert entre un grand nombre d'électeurs qui ont fait écrire leurs bulletins par le frère d'un des candidats, peut être l'objet d'un blâme, mais non une cause de nullité de l'élection, surtout si ce n'est pas le candidat auquel appartenaient ces bulletins qui a été élu.*

Election de M. Limperani ; M. Jollivet, rapporteur. (Séance du 20 décembre 1838, *Monit* du 21, p. 2596.)

260. La loi n'admet que des électeurs à écrire les bulletins d'autres électeurs. Cependant la chambre a décidé qu'*il n'y a pas lieu à contestation, ni, à plus forte raison, matière de nullité d'une élection dans ce fait, qu'un électeur octogénaire s'est fait accompagner par son fils, qui lui donnait le bras, l'a conduit jusqu'au bureau, a écrit le bulletin de son père, et celui de deux de ses parents. Ce fait n'est pas conforme à la loi; mais, à raison de la parenté, on peut user de tolérance, surtout si le fait a été sans influence sur la majorité qui a été considérable (par exemple 53 voix) en faveur d'un candidat élu.*

Election de M. Jouvet; M. Dupin, rapporteur. (Séance du 5 avril 1839, *Monit.* du 6, p. 476.) On a considéré, dit M. de Cormenin, que dans la réalité, les trois bulletins n'étaient que l'expression sincère du vote. Mais il y avait irrégularité.

261. Le secret des votes est considéré comme une puissante garantie de la liberté des élections. Les précautions, en apparence ombrageuses, que la loi actuelle établit, ont eu pour origine les abus qui s'étaient manifestés pendant les luttes électorales si vives des dernières années de la restauration; le législateur a voulu rendre impossible jusqu'au soupçon de ces abus. D'abord il ordonne que le vote soit écrit secrètement; il prescrit de l'écrire sur une table disposée à cet effet, et séparée du bureau; il veut que le bulletin soit remis fermé au président, et déposé par celui-ci dans une boîte destinée à cet usage. (Art. 48 de la loi du 19 avril 1831.)

C'est l'ensemble de ces dispositions qui constitue le secret des votes. M. Armand Dalloz, dans son *Dictionnaire de Jurisprudence*, au mot *Elections législatives*, n° 527, demande si la violation du secret des votes emporterait nullité. Il répond que cette question n'a pas été formellement jugée par la chambre des députés, mais que, dans la session de 1828, plusieurs fois les rapporteurs des bureaux chargés de la vérification des pouvoirs ont manifesté l'opinion que la violation du secret des votes pourrait entraîner la nullité de l'élection; il cite l'opinion de M. de Martignac, qui, en 1828, insistait sur l'obligation impérative du secret, et ces paroles de M. de Beaumont : « Désormais il n'y aura pas de président assez peu soigneux de son honneur pour encourir un pareil blâme : au surplus, les électeurs devraient protester, et demander l'insertion de leur réclamation au procès-verbal. » M. Duvergier s'exprime dans le même sens, et rappelle les mêmes autorités. Peut-être la question n'est-elle pas bien posée en ces termes. Si la violation du secret des votes était flagrante, la nullité de l'élection ne saurait être douteuse; car il y aurait évidente violation des garanties données à l'indépendance des opinions, à la liberté électorale, et mépris de toutes les règles fondamentales dont le législateur a poursuivi l'exécution jusque dans les plus minutieux détails, tant il y attache d'importance. Mais le scandale d'une infraction ouverte, effrontée, de la loi du secret, n'est pas probable, on pourrait presque dire pas possible.

Le principe de l'impérieuse obligation du secret des votes est supposé, et non contesté, dans les difficultés qui s'élèvent à ce sujet; la question est alors de savoir si les actes déférés à la chambre violent ou non le mystère légal du scrutin. C'est une appréciation morale qui varie selon les circonstances de fait.

Il n'est pas exact de dire que la question n'a pas été décidée par la chambre. Aux élections vérifiées en août 1830, elle s'est présentée souvent; il y eut alors des élections annulées par le motif qu'on n'avait pas pris de précautions suffisantes pour protéger le secret des votes; de ce nombre ont été celles de M. Bastoulh, où on avait refusé aux électeurs des cartons pour cacher leurs bulletins, en leur disant qu'ils pouvaient se servir de leur main ou de leur chapeau; de M. de Vaulchier, qui présentait la même circonstance; de MM. Mieulle et Magnan, où des électeurs avaient voté sur la table et en face du bureau, malgré les réclamations des autres électeurs qui avaient fait allonger une table de manière à ce qu'on pût écrire sans que le bureau pût lire les bulletins; de tous les députés nommés par le grand collége d'Ille-et-Vilaine, où le président avait dit que le secret des votes était facultatif, et où plusieurs électeurs avaient écrit leurs votes sous les yeux les uns des autres; de M. de Murat, où le président avait fait enlever une table et un carton qui protégeait le secret du vote, et avait refusé de les rétablir, malgré de nombreuses réclamations; de M. de Beauquesne, où se présentaient des circonstances analogues; de M. Conen de Saint-Luc, où il résultait de la disposition du bureau, de la largeur et de la forme de la table, que le secret des votes avait été violé. (Voyez les séances des 4, 5, 6, 10, 17, 19, 24, 30 août 1830, *Monit.* des 5, 6, 7, 11, 18, 20, 25 et 31.) La loi de 1831 et les instructions données pour son exécution ont tari la source des difficultés de cette nature. On va voir, dans le petit nombre de questions qui se sont élevées depuis, que la protection n'a pas manqué au principe du secret.

262. Des votes donnés à haute voix violeraient évidemment cette règle tutélaire.

Toutefois la chambre a décidé qu'*une élection n'est pas nulle par cela qu'un électeur malade a prié à haute voix le président du collége d'écrire son bulletin, que le président l'a écrit sur le bureau et l'a montré à toute l'assemblée, si, d'ailleurs, l'élu a obtenu un certain nombre de voix au-delà de la majorité. Mais, dans ce cas, il y a lieu de blâmer l'électeur, et surtout le président du collége.*

Élection de M. de Laboulie, M. Jacques Lefebvre, rapporteur. (14 août 1834, *Monit.* du 15, p. 1705.)

M. de Cormenin a exprimé une opinion conforme à cette décision. « L'expression d'un suffrage à haute voix, dit-il, peut, selon le cas, ne pas être une cause de nullité. C'est une infraction à la loi qui veut que les votes soient écrits secrètement, mais qui n'entraîne pas la nullité de l'opération, lorsqu'elle se borne à un fait isolé. »

263. *Un électeur viole le secret de son vote en le signant; toutefois un bulletin contenant cette irrégularité ne fait pas annuler l'élection, si, en le retranchant, l'élu a encore la majorité.*

Élection de M. Quinette; M. Teste, rapporteur. (3 août 1835, *Monit.* du 4, p. 1809.)

264. *Il n'y a pas violation du secret des votes par cela que plusieurs électeurs ont écrit leurs bulletins sur la table du bureau, si les membres du bureau ne pouvaient pas voir ce que ces électeurs écrivaient.*

Élection de M. Gauthier d'Hauteserve; M. Dudouyt, rapporteur. (30 juillet 1831; *Monit.* du 31, p. 1284.)

265. *Ne peut être considérée comme une irrégularité la circonstance que les électeurs ont écrit sur le devant du bureau, s'ils l'ont fait librement, à cause de la grande affluence des votants.*

Élection de M. Fulchiron; M. Barrot, rapporteur. (2 août 1834, *Monit.* du 3, p. 1630.)

266. *A plus forte raison ne peut-on arguer une élection de nullité par cela qu'un électeur aurait fait écrire son bulletin sur le bureau, si l'élection a eu lieu à une forte majorité (par exemple de 200 voix).*

Rapport de M. Corne sur l'élection de M. Delbecque, validée par la chambre. (11 avril 1839, *Monit.* du 12, p. 520.)

267. *Ne peut être proposé contre une élection ce fait qu'au moment du scrutin un électeur aurait surveillé le vote d'un de ses collègues, s'il est constaté que l'électeur lui-même avait déclaré avoir appelé son collègue pour s'éclairer de son avis, et si, d'ailleurs, l'électeur s'est retiré de la salle dès qu'on lui eut signalé l'irrégularité de sa démarche.*

Election de M. Tiburce Sébastiani; M. Bernard, rapporteur. (2 août 1831; *Monit.* du 3, p. 1299.)

268. *Une élection ne peut non plus être annulée par cela seul qu'un électeur se serait approché d'un autre, si l'électeur, interrogé par le bureau, a déclaré qu'il ne lui avait été nullement parlé d'élection.*

Election de M. Duprat; M. le général Schneider, rapporteur. (6 avril 1839, *Monit.* du 7, p. 484.)

269. Le dépouillement du scrutin se fait avec autant de précaution que le vote. D'abord la loi veut que l'opération soit soumise au contrôle immédiat des électeurs. A cet effet, l'art. 49 porte que la table placée devant le président et les scrutateurs définitifs sera disposée de telle sorte que les électeurs puissent circuler à l'entour pendant le dépouillement du scrutin. D'après l'art. 51, lorsque la boîte du scrutin a été ouverte, et le nombre des bulletins vérifié, un des scrutateurs prend successivement chaque bulletin, le déplie, le remet au président, qui en fait lecture et le passe à un autre scrutateur; le résultat de chaque scrutin est immédiatement rendu public.

270. *Un scrutin n'est pas nul par cela que c'est le président lui-même qui a pris les bulletins dans l'urne et les a ouverts, si, d'ailleurs, il est constaté que, dans le dépouillement du scrutin, tout s'est passé avec une entière bonne foi.*

Election de M. Thiers; M. Jacques Lefebvre, rapporteur. (2 août 1834; *Monit.* du 3, p. 1632.)

271. *Il ne résulte aucune nullité de ce que le procès-verbal ne mentionne pas que l'un des scrutateurs a pris les bulletins dans l'urne et les a présentés au président. Cette circonstance est surtout indifférente si elle se rapporte au premier tour de scrutin et que l'élection n'ait été consommée qu'au second tour.*

Election de M. le comte Lemarois; M. Meilheurat, rapporteur. (20 déc. 1837; *Monit.* du 21, p. 2506.)

272. *L'élection, faite à un second tour de scrutin, ne peut être annulée par cela qu'au premier tour qui avait eu lieu la veille, les bulletins pour la nomination du président du bureau n'ayant pas été brûlés, le dépouillement du scrutin a présenté ces bulletins mêlés dans l'urne avec ceux qui avaient pour but la nomination du député, si d'ailleurs les uns étaient distingués des autres par la couleur du papier.*

Election de M. de Gasparin; M. Paixhans, rapporteur. (20 décembre 1837; *Monit.* du 21, p. 2505.)

273. *Il ne résulte pas nullité de ce que le président, ayant, durant un recensement préalable des votes nécessité par un incident, trouvé un bulletin blanc qui en renfermait un autre écrit, l'aurait montré à l'assemblée, et, avec le consentement des électeurs, dont aucun n'avait réclamé, l'aurait mis de côté.*

Election de M. Saunac; M. Charlemagne, rapporteur. (22 déc. 1837; *Moniteur* du 23, p. 2522.)

274. Les décisions recueillies ici n'ont rapport qu'aux formalités du dépouillement du scrutin; quant aux questions qui naissent du nombre, de la rédaction, de l'attribution des bulletins pris dans l'urne, et de la proclamation du résultat définitif du scrutin, il en sera traité dans les paragraphes suivants.

§ 8 De la durée du scrutin.

275. La loi électorale, dans ses ar-

ticles 50 et 57, pose les règles suivantes : 1° Chaque scrutin doit rester ouvert pendant six heures au moins ; 2° il est clos à trois heures du soir ; 3° il est dépouillé séance tenante ; 4° il ne peut y avoir qu'un seul scrutin par jour. La jurisprudence de la chambre a fait l'application de chacune de ces règles.

276. 1° On doit comprendre dans les six heures le temps nécessaire pour l'accomplissement des formalités très-peu nombreuses qui ouvrent la première séance, et pour la délibération sur les incidents relatifs au scrutin, pourvu toutefois que ces opérations ne prennent pas trop de temps, et qu'aucun électeur n'ait été privé de son droit de voter.

277. *Ainsi, décidé qu'on ne doit pas déduire des six heures que doit durer le scrutin pour la formation du bureau définitif le temps pendant lequel le bureau provisoire a délibéré sur des incidents élevés pendant ce scrutin.*

Élection de M. Rivière de Larque ; M. Amilhau, rapporteur. (8 août 1834 ; *Moniteur* du 9, p. 1674.)

278. *Lorsque le procès-verbal porte que la séance a commencé à neuf heures du matin, et que le scrutin a été fermé à trois heures après midi, on ne peut soutenir que le scrutin n'a pas été ouvert, de fait, pendant six heures, parce qu'on a employé un certain temps à lire l'ordonnance de convocation des colléges électoraux, si, d'ailleurs, il ne s'est présenté, après la clôture du scrutin, qu'un seul électeur, et que le candidat élu ait obtenu une forte majorité.*

Election de M. le comte Lemarois ; M. Meilheurat, rapporteur. (20 décembre 1837, *Monit.* du 21, p. 2506.)

279. Décidé, dans le même sens, qu'*il ne résulte pas nullité de ce que le procès verbal ne constate pas en termes formels que le scrutin a été ouvert pendant six heures au moins, s'il porte que « la* SÉANCE *est restée ouverte depuis neuf heures moins dix minutes, et que le scrutin a été fermé à trois heures dix minutes » si d'ailleurs, dans cet intervalle il n'y a eu à régler que des opérations de très-courte durée.*

Le procès-verbal de l'élection de M. Emile de Girardin, en 1839, constatait que la séance avait été ouverte à neuf heures moins dix minutes, et que le scrutin avait été fermé à trois heures dix minutes. On a attaqué l'élection, en disant : Le scrutin n'est pas resté ouvert pendant six heures, car rien ne le constate dans le procès-verbal. Les opérations auxquelles on s'est livré ont dû prendre du temps ; dès qu'il y a un simple doute sur un point aussi essentiel, l'élection doit être annulée. Si une partie quelconque des six heures que la loi attribue impérativement à la durée du scrutin est distraite, il y a nullité.

On a répondu : La question doit être appréciée de bonne foi. La loi dit bien que le scrutin doit rester ouvert pendant six heures, mais on n'y trouve pas la prescription d'une mention sacramentelle, et en termes exprès, de la durée du temps pendant lequel il était resté ouvert ; il suffit que, de bonne foi, il résulte, et de l'époque de l'ouverture et de celle de la fermeture, qu'il est resté ouvert pendant six heures, pour que cette équipollence rentre dans les termes de la loi et satisfasse à son vœu. Dans l'espèce, il n'y avait pas eu de longues formalités à remplir ; avant que la séance fût ouverte, le président avait donné lecture des lettres par suite desquelles il avait été appelé à la présidence provisoire ; tout s'était borné à lire l'ordonnance de convocation du collége électoral, le chapitre 4 de la loi, à appeler les deux électeurs plus âgés et les deux plus jeunes pour scrutateurs provisoires ; pour cela, quatre ou cinq minutes ont suffi : le vœu de la loi a été rempli puisque c'est à neuf heures moins dix minutes que la séance a été ouverte et qu'à trois heures dix minutes on demandait encore si quelqu'un voulait voter, en déclarant que le scrutin allait être fermé. Cette dernière opinion a été celle de la majorité du bureau, exposée par M. Amilhau, rapporteur. La chambre annula l'élection, mais probablement par des motifs du fond, qui seuls furent discutés, et qui avaient bien plus de gravité que les moyens de formes. (Séance du 13 avril 1839, *Monit.* du 14, p. 538.)

Déjà pour l'élection de M. Martin (du Nord), M. Roger (du Loiret), rapporteur, avait fait observer, pour la régularité, mais sans en faire résulter un moyen de nullité, que le procès-verbal constatait bien l'heure de l'*ouverture de la séance*, et celle de la *clôture du scrutin*, mais ne constatait pas également l'heure de l'*ouverture du scrutin*. (28 décembre 1836, *Monit.* du 29, p. 2284.)

« Une omission, dit M. de Cormenin, ne prouve pas l'inexistence d'une obligation, et toute obligation légale se présume jusqu'à preuve contraire. »

280. *Il n'y a pas suspension prise sur la durée que doit avoir le scrutin, lorsque le président, après que l'appel des votants a été entièrement terminé, a annoncé que le réappel aurait lieu dans une demi-heure, trois quarts d'heure ou une heure et demie, que le réappel a réellement eu lieu après ce délai, et que les électeurs qui s'étaient présentés dans l'intervalle ont voté à ce réappel.*

La question s'est offerte pour l'élection de M. Bonnefons. Le bureau, dont l'opinion a été confirmée par la chambre qui a admis le candidat, a conclu de la manière suivante, par l'organe de M. Josserand, rapporteur : « Le bureau a pensé que l'intervalle, qui a existé entre l'appel et le réappel, ne constituait pas, par cela même, une interruption du scrutin ; que s'il était permis de conclure, soit de la protestation, soit du procès-verbal, que les électeurs qui s'étaient présentés après le premier appel n'avaient voté que lors du réappel, il n'était pas établi que le scrutin leur eût été interdit auparavant ; qu'au fond, on n'apercevait là qu'une mesure d'ordre par suite de laquelle, et pour éviter une confusion dans l'inscription des votants, le président aurait engagé, mais pas contraint quelques électeurs à ne déposer leurs suffrages qu'à mesure que leur nom serait réappelé. Le bureau a donc pensé que ce fait ne pouvait pas vicier ni faire annuler l'élection. » (Séance du 10 avril 1839, *Moniteur* du 11, p. 512.)

Dans l'élection de M. Alexis de Jussieu, le scrutin avait été ouvert dix minutes avant neuf heures ; à neuf heures et demie, l'appel était terminé ; le président annonça que le réappel aurait lieu à onze heures. A neuf heures quarante minutes, neuf électeurs sont venus demander à voter et se sont plaints de l'ajournement du réappel : le bureau, qui était resté, a délibéré pendant cinq minutes et à neuf heures quarante-cinq minutes, les électeurs ont voté. Le scrutin a été fermé à trois heures, de sorte qu'il avait duré un peu plus de six heures, et qu'il n'y avait pas eu clôture de scrutin, ni interruption des opérations. Le rapporteur du bureau, M. Jars et M. Teste soutinrent l'élection qui fut attaquée par MM. Portalis et Luneau ; la chambre la déclara valide. (22 décembre 1837, *Moniteur* du 23, p. 2524, 2525.)

281. *La mention que la séance a été suspendue pendant une heure après l'appel, entraîne-t-elle la conséquence que le scrutin a été fermé pendant le même temps, et ainsi n'aurait pas été ouvert aussi longtemps que la loi l'exige, si, d'ailleurs, le procès-verbal porte que* TROIS MEMBRES RESTENT CONSTAMMENT AU BUREAU, *qu'une heure après le réappel a commencé, et, enfin, que le* SCRUTIN AYANT ÉTÉ OUVERT PENDANT PLUS DE SIX HEURES, IL A ÉTÉ DÉCLARÉ CLOS ?

La question se présentait en ces termes dans l'élection de M. d'Houdetot, en 1839. M. Lavielle, rapporteur, convenait que, si le scrutin avait été réellement suspendu pendant une heure, il devait être annulé, car les électeurs n'auraient pas eu, pour se présenter, tout le temps que la loi a entendu leur ménager ; mais que les expressions du procès-verbal prouvaient qu'il n'en avait pas été ainsi ; en effet, la suspension de la séance ne s'appliquait qu'à la suspension d'une heure entre l'appel et le réappel ; dans cet intervalle, les bulletins n'en furent pas moins reçus ; tous les doutes sont levés par l'énonciation que le scrutin était resté ouvert pendant plus de six heures, et par l'habitude constante du collége dont il s'agissait, d'accorder ainsi un repos d'une heure ou d'une demi-heure, sans qu'il y ait eu, du reste, aucune protestation. M. Lavielle invoquait le précédent de l'élection de M. Bonnefons (voy. nº 280) que, malgré la réclamation de M. Teste et de quelques autres députés, il trouvait identique.

M. Deshameaux, tout en reconnaissant ce qu'il y avait de positif dans les termes du procès-verbal, donna des explications d'où il induisait que ce procès-verbal était en contradiction avec les faits, et que, durant la suspension, les électeurs n'avaient pas été admis à voter.

M. Boudet reconnut qu'il y avait quelque chose de contradictoire entre l'assertion que la séance avait été suspendue pendant une heure, et celle que le scrutin était resté ouvert pendant plus de six heures, et dit que la seconde assertion semblait détruire la première. Mais est-il certain que, pendant la suspension, les électeurs ont été reçus à voter, ou les a-t-on ajournés à ne voter qu'au bout d'une heure? Là est un point de fait douteux. Or, quand il y a doute sur un point qui entraîne nullité, et qu'il existe, d'ailleurs, d'autres doutes, peut-on, de bonne foi, proclamer la régularité des opérations?

L'élection a été annulée par la chambre; mais la décision, dans cette affaire, hérissée de difficultés, a pu reposer sur des motifs étrangers à la question dont il s'agit ici; elle ne semble donc pas pouvoir offrir un précédent bien tranché.

(Séance du 10 avril 1839, *Moniteur* du 11, p. 514, 515.)

282. *Lorsque le président provisoire n'a trouvé dans la salle qu'un très-petit nombre d'électeurs, et a, en conséquence, renvoyé le commencement de la séance à une heure plus avancée, ce qui oblige à reculer aussi la clôture du scrutin, le procès-verbal doit constater qu'il n'a agi ainsi que dans l'impossibilité de constituer le bureau à l'heure indiquée par les instructions.*

Élection de M. David, M. de Montozon, rapporteur. (4 août 1834, *Monit.* du 5, p. 1642.)

283. Dans les cas qui précèdent, le moyen tiré d'une prétendue abréviation du scrutin n'a pas été admis par la chambre, parce qu'on a considéré le scrutin comme ayant été, en réalité, ouvert pendant six heures. Mais si cette durée a été effectivement diminuée, le droit électoral se trouve lésé; il y a lieu de prononcer la nullité, solution qui a été appliquée même aux opérations du bureau provisoire.

284. *Ainsi la chambre a décidé que si, le premier jour de la réunion du collége électoral, le bureau provisoire n'a pu être formé qu'à onze heures, par suite de l'absence ou du refus des électeurs, et que le scrutin pour le bureau définitif ait été fermé à trois heures et demie, c'est-à-dire n'ait duré que quatre heures et demie au lieu de six, l'élection faite un des jours suivants doit être annulée, bien qu'elle ait eu lieu avec bonne foi et à une grande majorité.*

Élection de M. de Bastard; M. Amilhau, rapporteur; l'annulation, demandée par le bureau et prononcée par la chambre, avait été appuyée par M. Teste, repoussée par MM. Duprat et Dumon. (4 août 1834, *Monit.* du 5, p. 1646.)

285. 2° Le scrutin est clos à trois heures. Cette disposition est impérative et absolue; elle ne doit pas être subordonnée à celle qui porte que le scrutin dure six heures; quelque matinale qu'ait été l'ouverture du scrutin, la clôture ne peut avoir lieu avant trois heures.

« L'élection serait nulle, dit M. de Cormenin, si le scrutin était fermé avant l'heure, c'est-à-dire s'il ne restait pas ouvert pendant six heures au moins, et s'il n'était pas dépouillé séance tenante. La clôture anticipée du scrutin équivaudrait, dans les colléges ruraux surtout, à une interdiction du droit électoral pour beaucoup d'habitants de la campagne. »

286. *Tout en reconnaissant que le scrutin ne peut, en aucun cas, être fermé avant trois heures, même lorsqu'il a été commencé assez tôt pour durer plus de*

six heures, la chambre a décidé que cette irrégularité n'est pas une cause de nullité de l'élection si le candidat élu a obtenu plus que la majorité des électeurs inscrits, de telle sorte qu'en supposant même le vote de ceux des électeurs qui ne sont pas venus, le candidat n'en aurait pas moins réuni la pluralité absolue des suffrages. Il n'y a pas lieu, dans ce cas, de blâmer la conduite du président, qui a pu être déterminée par une fausse interprétation de la loi.

Le second jour de l'élection de M. Gay-Lussac, le scrutin ayant été ouvert à huit heures du matin, le président crut pouvoir le fermer à deux heures et un quart après-midi. Le bureau de la chambre, par l'organe de M. Pelet, signala cette irrégularité, mais conclut à l'admission à raison de la grande majorité obtenue par M. Gay-Lussac. M. Baudet-Lafarge demanda que le président du collége fût blâmé. M. le rapporteur s'y opposa, en disant que sa conduite n'était pas empreinte de mauvaise foi, mais provenait de l'ignorance du vrai sens de la loi. La chambre prononça purement et simplement l'admission. (Séance du 28 juillet 1831, *Monit.* du 29, p. 1276.)

M. de Cormenin fait remarquer que, nonobstant la circonstance de la majorité, il y avait infraction à la loi.

287. *La chambre paraît avoir décidé en sens contraire dans l'élection de M. Haguenot, et avoir regardé la clôture du scrutin avant trois heures comme une cause de nullité absolue, sans considération du nombre des électeurs qui n'ont pas pris part à l'élection, et du chiffre de la majorité.*

En effet, M. Arnetz, rapporteur du bureau qui s'était prononcé à l'unanimité, concluait à la nullité de l'élection parce que le scrutin avait été fermé à deux heures et demie. On demanda quel était le nombre des votants et le chiffre de la majorité; le rapporteur, après avoir fait observer que cela était indifférent pour la question de violation de la loi, répondit que la majorité était de 299 sur 547, et que 141 électeurs inscrits n'avaient pas participé à l'élection. M. Teste dit que ce n'était pas seulement au nombre qu'il fallait s'attacher, mais à la présence des électeurs et à leur degré d'influence; et que, dès qu'il était constaté par le procès-verbal que l'on s'était conduit de manière à retrancher quelque chose du droit des électeurs, il y avait violation de la loi. L'élection fut annulée. (22 décembre 1837, *Monit.* du 23, p. 2521.)

288. *Il y a lieu d'annuler une élection où le scrutin a été fermé avant trois heures de l'après-midi, bien que commencé avant neuf heures du matin, alors même qu'un incident a reculé le dépouillement du scrutin et la clôture des opérations jusqu'après trois heures, et qu'aucun électeur n'a réclamé comme ayant été privé de son droit par la clôture prématurée du scrutin.*

Par suite de circonstances particulières, le président du collége avait prévenu les électeurs du quatrième collége électoral de l'Aube que la réunion du lendemain aurait lieu à huit heures du matin; un scrutin de ballottage fut ouvert à huit heures vingt minutes, et fermé à deux heures et demie; avant cette heure, un électeur demanda à voter; une discussion s'établit parce qu'on prétendit que cet électeur avait déjà voté; toutefois il fut admis à déposer son suffrage, dans une boîte séparée, d'où on le tira quand on eut constaté, par le recensement des votes, qu'il y avait un bulletin de moins que le nombre des votants; ensuite le dépouillement du scrutin eut lieu, et M. Armand ne fut nommé qu'à une voix de majorité.

M. Lambert, rapporteur, proposa l'admission en se fondant sur ce que l'incident avait prolongé le scrutin jusqu'après trois heures, et que d'ailleurs personne n'avait réclamé. Mais la violation de la loi électorale fut démontrée par MM. Berryer et Cunin-Gridaine; la chambre déclara l'élection nulle. (22 décembre 1837, *Monit.* du 23, p. 2520.)

289. *Si le scrutin ne peut jamais être fermé avant, il peut l'être après trois heures, sans qu'il en résulte nullité de l'élection.*

La fermeture du scrutin après trois heures, le premier jour de l'élection de M. Gay-Lussac, fut signalée par le rapporteur, M. Pelet (de la Lozère), comme une irrégularité. M. Duvergier de Hauranne fit observer, seulement pour la règle, qu'il était reçu que si la loi défendait de fermer le scrutin avant trois heures, elle ne défendait pas de le fermer après, s'il se trouve des électeurs qui n'ont pas encore voté. M. Gay-Lussac fut admis.

Dans le débat soulevé par une autre élection, le même jour, M. de Tracy soutint que le scrutin, à quelque heure qu'il eût commencé, devait être fermé à trois heures, autrement les électeurs non prévenus de la prolongation ne viendraient pas passé trois heures, et ceux qui auraient été avertis par un président de leur opinion pourraient encore voter. M. Duvergier de Hauranne répondit que souvent les opérations du collége se prolongent après trois heures; il faut alors reculer la clôture jusqu'à ce que tous les électeurs aient voté. Il n'y a pas d'abus possible, les deux partis étant là pour surveiller. C'est une question de bonne foi. (28 juillet 1831, *Monit.* du 29, p. 1276, 1277.)

Le bureau de la chambre a également proposé, sans rencontrer de contradiction, de rejeter un moyen de nullité de l'élection de M. Gauthier d'Hauteserve, fondé sur ce que le scrutin avait été fermé un peu après trois heures; M. Dudouyt, rapporteur. (30 juillet 1831, *Monit.* du 31, p. 1285.)

La chambre a validé l'élection de M. de Frémicourt, où le scrutin avait été fermé à quatre heures, pour qu'il pût avoir la durée de six heures; M. Hervé, rapporteur. (4 août 1834, *Monit.* du 5, p. 1641.)

Dans l'élection de M. le comte Lemarois, le scrutin était resté ouvert depuis neuf heures du matin jusqu'à cinq heures du soir; les électeurs avaient été prévenus qu'il en serait ainsi; tout le monde avait pu en profiter, et nul n'avait aucun motif de s'en plaindre. M. Meilheurat, rapporteur. (20 décembre 1837, *Monit.* du 21, p. 2506.)

Le scrutin, pour l'élection de M. Bonnefons, avait duré jusqu'à quatre heures de l'après-midi, c'est-à-dire sept heures. L'élection fut validée sans difficulté, sur le rapport motivé de M. Laporte. (20 décembre 1837, *Monit.* du 21, p. 2507.)

Dans l'élection de M. Lemestre, le second jour, le scrutin avait été ouvert à onze heures vingt-cinq minutes et fermé à cinq heures vingt-cinq minutes; une protestation demanda la nullité par le motif que le scrutin était resté ouvert après trois heures. La chambre valida l'élection. M. Bignon, rapporteur. (20 décembre 1837, *Monit.* du 21, p. 2509.)

« La fixation de la clôture à trois heures, dit aussi M. de Cormenin, est seulement limitative, dans ce sens que le scrutin ne pourrait être fermé avant trois heures du soir. » — M. Armand Dalloz, dans son *Répertoire de jurisprudence*, v° *Elections législatives*, n° 536, motive plus fortement, dans les termes suivants, la jurisprudence de la chambre : « Le législateur, en assignant l'heure à laquelle le scrutin devait être fermé, a pensé que le temps par lui accordé était suffisant pour les opérations électorales, et cela est vrai en général; mais il est évident qu'en s'occupant de ce qui arrive le plus généralement, il n'a point voulu empêcher le vote d'une partie des électeurs trop nombreux pour avoir pu voter tous avant trois heures : la disposition qu'il a introduite est favorable et a pour but de prévenir une précipitation funeste et scandaleuse dans la clôture du scrutin, et, dès lors, on ne saurait, sans violer l'esprit de la loi, s'en tenir judaïquement à ses termes. »

L'Instruction sur la tenue des colléges électoraux contient les dispositions suivantes, conformes à la jurisprudence de la chambre et à la doctrine des auteurs : « L'usage est que chaque séance commence à huit heures du matin; c'est ce que prescrivaient les ordonnances du 20 août 1817 et du 11 octobre 1820. Dans les colléges ou sections qui ne renferment pas un très-grand nombre d'électeurs, cette durée de six à sept heures suffit pour recevoir tous les votes ; mais elle est insuffisante quand il y a cinq à six cents électeurs. L'obligation d'écrire ou de faire écrire chaque vote sur un bulletin remis par le président, ainsi que le décrit l'art. 48 de la loi du 19 avril 1831, ne permet pas quelquefois que l'appel et le réappel puissent être terminés à trois heures du soir. Dans ce cas, la force des choses, la nécessité, doivent prévaloir sur des expressions purement littérales ; car la loi veut, avant tout, que les électeurs qui se sont rendus au collége pour y exercer leurs droits votent et aient le temps de voter ; il ne paraît pas douteux que, dans une pareille situation, le président peut et doit même prolonger le scrutin au-delà de trois heures du soir. Si les heures que la loi a fixées pour *minimum* à la durée du scrutin ne sont pas écoulées, ou si, après ce délai, il n'est pas encore trois heures du soir, le bureau attendra l'expiration des six heures ou la troisième heure après-midi pour clore le scrutin ; et, dans ce cas, il recevra les bulletins des électeurs qui se présenteraient pour voter. Si, à l'expiration des six heures ou à trois heures du soir, il y avait dans la salle d'assemblée un ou plusieurs électeurs qui n'eussent pas voté, il faudrait recevoir leurs suffrages ; mais on ne devrait pas attendre ceux qui ne seraient pas présents. »

290. En général, les présidents de colléges doivent avertir les électeurs de l'heure à laquelle le scrutin sera fermé, quand la clôture s'opère après trois heures, quoique la fixation légale de la clôture à trois heures soit un avertissement de plein droit, et que, si la durée de six heures est remplie, personne n'ait rien à demander de plus.

291. Mais une fois que l'heure fixée est arrivée, aucun vote n'est plus reçu.

Ainsi un électeur qui se présente au moment où l'horloge sonne l'heure de la clôture du scrutin, et où le président vient de déclarer que le scrutin est fermé, ne doit pas être admis à voter.

Élection de M. Limperani ; M. Jollivet, rapporteur. (Séance du 20 déc. 1838, *Monit.* du 21, p. 2596.)

292. 3° Le scrutin doit être dépouillé séance tenante. « La chambre, dit M. de Cormenin, a annulé, en décembre 1820, les opérations du collége de Saint-Junyen, parce que le bureau, attendu l'heure tardive, avait remis au lendemain le dépouillement du scrutin pour l'élection du secrétaire. Mais elle a approuvé celles du collége de Narbonne, qui, pour ne pas prolonger le scrutin dans la nuit, avait dépouillé les bulletins déjà déposés et remis au lendemain la continuation du scrutin. »

293. 4° La loi en vigueur avant celle du 19 avril 1831 exigeait déjà qu'il n'y eût qu'un seul scrutin par jour. Aussi M. de Cormenin rappelle que la chambre a, en décembre 1822, annulé les opérations du collége des Hautes-Alpes, pour avoir, dans une même séance, formé le bureau et nommé les députés.

294. *Une élection n'est pas nulle par cela seul que le scrutin pour la formation du bureau définitif, commencé la veille de l'élection, n'a été fermé qu'à onze heures du soir.*

Ainsi décidé par la chambre des députés, à l'occasion de l'élection de M. Guizard ; M. Roger (du Loiret) en demandait l'annulation, en se fondant sur ce que le dépouillement du scrutin fermé seulement à onze heures, n'avait pas pu être terminé à minuit ; qu'ainsi, le jour de l'élection, il y aurait eu deux scrutins, ce que la loi défend. (Séance du 5 avril 1839, *Moniteur* du 6, p. 476.)

On peut dire, à l'appui de cette solution, que ce que la loi défend, c'est qu'il y ait deux votes le même jour, ce qui n'arrive pas lorsque le premier scrutin est fermé avant minuit, et le second ouvert le lendemain matin. Quant au dépouillement du scrutin, opération qui suppose nécessairement le scrutin tout à fait terminé, il doit avoir lieu à quelque heure que ce soit, dût-il se prolonger après minuit, car la loi veut qu'il ait lieu séance tenante : on sent qu'il serait peu raisonnable que, parce qu'un dépouillement de scrutin aurait eu lieu après minuit, les électeurs, surtout ceux qui viennent du dehors, fussent condamnés à l'inaction pendant toute la journée ainsi commencée; ce serait nuire aux intérêts privés sans aucun avantage pour l'intérêt public.

295. *Un électeur qui n'a point participé aux opérations préliminaires du collége, vote pour la nomination du député, sans prêter serment; après son vote, il demande à prêter serment: le bureau refuse, et non seulement déclare nul le vote de cet électeur, mais annule tout le scrutin commencé et ordonne qu'il sera recommencé le même jour; les électeurs sont immédiatement prévenus; le nouveau scrutin a lieu, et le procès-verbal atteste, d'une part, que tous les électeurs qui avaient déjà voté ont pris part au nouveau scrutin; d'autre part, qu'il y a eu six heures pour le second scrutin. Dans ces circonstances, il y a lieu de valider l'élection.*

C'est ce qu'a décidé la chambre pour l'élection de M. de Drée; mais le rapporteur, M. Odilon Barrot, a eu bien soin de faire observer que l'on ne voulait ni ne pouvait pas décider en principe qu'il est permis de procéder dans la même journée à un second scrutin, quand le premier a été annulé; mais seulement que, dans les circonstances spéciales de l'élection dont il s'agissait, les formalités prescrites pour les scrutins avaient été remplies selon l'esprit de la loi. L'admission fut prononcée. (Séance du 26 juillet 1831, *Monit.* du 27, p. 1270.)

M. de Cormenin regarde la décision du collége, sur le défaut de prestation de serment d'un seul électeur, comme un excès de rigorisme. Tout ce qu'il y aurait de plus à faire, dit-il, serait de considérer, non pas le scrutin comme nul, mais le bulletin, en retranchant un suffrage dans la supputation finale des votes.

§ 9. De la rédaction des bulletins, et de leur attribution aux candidats.

296. A mesure qu'un bulletin sort de l'urne, il en est donné publiquement lecture, et il compte dans le nombre des suffrages attribués au candidat qu'il désigne. Mais, pour qu'il profite à un candidat, il faut qu'il n'y ait pas de doute sur la personne à laquelle il s'adresse. Les bulletins irréguliers donnent lieu à des contestations fréquentes et de la plus haute importance; car, selon qu'ils sont attribués ou non à telle personne, ils augmentent ou diminuent le nombre des suffrages qui peuvent lui donner la majorité, et selon qu'ils sont validés ou annulés, ils comptent ou ne comptent pas dans le calcul général des suffrages exprimés. Il va être question ici des difficultés sur l'attribution des bulletins. Au § 10, il sera parlé du calcul des suffrages.

297. Dans cette matière, on retrouve d'abord une application du principe si fréquemment mis en usage par la chambre, et qui a été posé au commencement de cette deuxième partie.

Il a été décidé que *la contestation de l'attribution de quelques suffrages à un candidat élu est indifférente, si, en admettant l'hypothèse la plus défavorable, l'élu se trouve avoir obtenu plus que la majorité des voix.*

Élection de M. le général Doguereau; M. Dumon, rapporteur. (Séance du 15 avril 1839, *Moniteur* du 16, p. 557.) — De M. Ballot, où la contestation portait sur 52 bulletins; M. Thil, rapporteur. (1er août 1834, *Monit.* du 2, p. 1628.)—De M. David; M. de Montozon, rapporteur. (4 août 1834, *Monit.* du 5, p. 1642 et 1643.)

Dans l'élection de M. Troy, juge d'instruction, trois ou quatre bulletins portaient le nom seul *Troy*, ou bien *Troy, juge*. Le bureau de la chambre pensa, sans examiner la question d'insuffisance de la désignation, qu'il y avait lieu de prononcer l'admission, parce que le nombre des bulletins non contestés dépassait encore la majorité. M. Lacrosse, rapporteur. (14 mars 1835, *Monit.* du 15, p. 518.)

Un bulletin mal ortographié avait été compté à M. de Monthierry; en le retranchant, ce candidat aurait encore eu une grande majorité; l'élection fut validée. M. Fulchiron, rapporteur. (20 fév. 1836, *Monit.* du 21, p. 315.)

Des bulletins portaient le nom, sans prénoms, du concurrent de M. Lherbette; ce dernier ayant obtenu plus que la majorité, le bureau de la chambre pensa qu'il n'y avait pas lieu de s'occuper de la difficulté. L'admission fut prononcée sans discussion. (19 décembre 1837, *Monit.* du 20, p. 2500.)

Dans l'élection de M. Monnier, quatorze bulletins n'avaient point paru, à tous les électeurs, désigner suffisamment ce candidat; toutefois, le rapporteur conclut à la validité de l'élection, par le motif que, lors même que ces quatorze suffrages n'auraient pas été attribués à M. Monnier, il lui en serait resté plus que suffisamment. L'élection fut validée sans discussion. M. Paixhans, rapporteur. (19 décembre 1837, *Monit.* du 20, p. 2501.)

Dans l'élection de M. Pétiot-Groffier, quatre billets portaient la dénomination seulement de Pétiot; le bureau pensa que l'élection était valable, parce que, malgré ces quatre voix, la majorité existait. M. d'Angeville, rapporteur. (21 déc. 1837, *Monit.* du 22, p. 2513.)

298. *De même, la question de validité de bulletins contestés comme ne contenant aucun suffrage exprimé est indifférente si l'attribution ou la suppression de ces votes ne change rien à la majorité.*

Election de M. Taillandier. Le bureau de la chambre déclara nuls deux billets portant, l'un : *ni l'un ni l'autre*, l'autre une seule lettre; mais il n'en conclut pas moins à la validité, qui fut prononcée par la chambre, parce que l'élu avait eu 259 voix sur 512 votants. M. Ganneron, rapporteur. (21 déc. 1837, *Monit.* du 22, p. 2512.) — Election de M. Troy, où se présentait la question de validité d'un bulletin portant deux noms. M. Vatout, rapporteur. (22 déc. 1837, *Monit.* du 23, p. 2521.)

299. *De même encore, l'allégation que des bulletins ont été mal à propos déclarés nuls, comme n'exprimant aucun nom, est indifférente si, en ajoutant ces bulletins au nombre des suffrages, l'élu se trouvait encore avoir la majorité.*

Election de M. Bessières. M. Pascalis, rapporteur. (15 avril 1839, *Moniteur* du 16, p. 552.)

300. *En vertu du même principe, n'est pas recevable la réclamation d'électeurs qui se plaignent de ce que le bureau du collége a refusé d'attribuer à un candidat plusieurs bulletins, à raison de l'existence, dans le département, d'une autre personne du même nom, si, en attribuant ces bulletins au candidat dont il s'agit, la majorité ne lui était pas encore acquise.*

Election de M. Ballot; M. Thil, rapporteur. (1er août 1834, *Monit.* du 2, p. 1628.) — De M. David; M. de Montozon, rapporteur. (4 août 1834, *Monit.* du 5, p. 1643.)

Afin de mettre plus de clarté parmi les nombreuses solutions recueillies dans le présent paragraphe, elles seront réparties dans quatre sections, savoir :

Section 1re. — De la désignation des candidats par leur nom sans autre désignation.

Section 2. — De l'altération des noms.

Section 3. — Des désignations explicatives, des désignations obscures ou insuffisantes.

Section 4. — Des qualifications erronées, inutiles, injurieuses.

Section 1re. — De la désignation des candidats par leur nom, sans autre indication.

301. Si le nom d'un individu le désigne assez clairement pour qu'il ne soit pas confondu avec une autre personne, les bulletins qui ne portent pas d'autre indication sont valables et doivent être attribués à la personne désignée de cette manière. « La loi, dit fort bien M. de Cormenin, n'oblige pas l'électeur à mettre sur son bulletin autre chose que le nom. D'après l'art. 56, le bureau ne proclame que les noms. L'addition des qualités, titres, ou prénoms, ou fonctions, n'a pour but que de rendre le suffrage plus expressif en le rendant plus nettement applicable : mais lorsque l'identité individuelle se constate par l'absence de tout autre nom sur les listes, le doute ne peut naître, et le bulletin doit être admis. »

302. La bonne foi, l'intention des électeurs doivent être consultées avant tout. Si donc une personne désignée seulement par son nom est bien certainement celle que les électeurs avaient en vue, les bulletins doivent lui être attribués, bien qu'il existe, soit dans le département, soit dans l'arrondissement, des homonymes, même éligibles; à plus forte raison en est-il de même si les homonymes ne sont pas éligibles, ou s'il existe des circonstances qui prouvent que ce n'est pas eux que les électeurs pouvaient avoir en vue. La jurisprudence constante de la chambre a consacré ces principes.

303. Elle a, plusieurs fois, décidé que *des bulletins portant le nom d'un candidat, sans autre désignation, doivent être admis pour lui, quoiqu'il existe un homonyme éligible dans le même département, si l'intention des électeurs est bien constante sur la personne qu'ils entendaient nommer.*

Election de M. Lavocat; M. Saunac, rapporteur. (Séance du 9 avril 1839, *Monit.* du 10, p. 510.)

La question s'est représentée, et a été vivement débattue, pour l'élection de M. Goury en 1839. Le bureau du collége lui avait attribué sept bulletins portant le seul nom de Goury, bien qu'on eût fait observer, dans une protestation, qu'il existait dans le département trois frères Goury, dont deux éligibles. M. Billault, rapporteur, exposa, sans conclure sur ce moyen, les raisons pour et contre, en insistant toutefois davantage sur les motifs défavorables au maintien de l'élection. Il rappela d'abord la jurisprudence ordinaire de la chambre, suivant laquelle, lorsqu'un seul candidat du même nom se présente, tous les bulletins lui sont attribués; c'est une affaire de bonne foi, et du moment qu'il n'y a aucune apparence sérieuse de doute, il ne peut y avoir de distraction de bulletin. On a répondu, continua M. le rapporteur, qu'à la vérité la jurisprudence décide ainsi, surtout quand, par exemple, dans un scrutin de ballottage, le candidat se trouve, par le ballottage même, naturellement indiqué, ou bien encore quand, soit comme député sortant, soit à raison de son importance politique déjà notoire, soit par suite de toute autre circonstance suffisamment désignative, il y a lieu de présumer notoriété suffisante et impossibilité de toute équivoque; mais qu'ici aucune de ces circonstances supplétivement indicatives ne pouvait être invoquée; qu'il y a dans le département deux frères du nom de Goury, tous deux éligibles et figurant sur la liste électorale pour un cens important, bien que l'élu seul payât ses impôts dans l'arrondissement; que le frère de l'élu était fort connu et estimé; qu'ainsi c'était lui que les électeurs avaient pu avoir en vue quand ils avaient entendu le nom du candidat; qu'au moins l'équivoque était possible; qu'ainsi les bulletins ne pouvaient être attribués d'une manière absolue, et qu'en les retranchant on ne trouvait plus la majorité nécessaire.

M. Daguenet maintint l'attribution des bulletins; il commença par rappeler des précédents, et d'abord celui de M. Molin, élu en 1834. Trois bulletins portant le nom de Molin, sans autre indication, lui furent appliqués; on protesta, en se fondant sur ce que M. Molin avait dans l'arrondissement un frère portant le même nom que lui, et comme lui éligible; on demandait que ces bulletins fussent supprimés, et que, par suite, l'élection fût annulée, parce qu'elle était subordonnée, pour la majorité, à l'appréciation de ces bulletins; la chambre, sans s'arrêter au fait dénoncé, et appréciant uniquement la notoriété publique, qui signalait M. Molin aîné comme seul candidat, valida l'élection. (V. 2 août 1834, *Monit.* du 3, p. 1632.) (1).

A la même époque, l'élection de M. Reybaud (des Bouches-du-Rhône) fut validée à peu près dans les mêmes circonstances. (V. 6 août 1834, *Monit.* du 7, p. 1663, 1664.)

Une seule règle est consacrée par la

(1) Les orateurs qui attaquaient l'élection insistaient sur ce qu'il y avait un autre Molin, frère du candidat et éligible, et qu'il ne s'agissait pas d'un scrutin de ballottage.

chambre dans cette matière ; la voici : il faut qu'il soit bien établi par la notoriété publique que le candidat auquel on attribue les bulletins contestés et incertains est le seul candidat sérieux du même nom. En fait, l'élu était le seul de son nom qui se posât comme candidat dans l'arrondissement; seul il a écrit aux électeurs et fait des démarches auprès d'eux.

L'élection de M. Goury ne fut point annulée, malgré les conclusions du rapport. (12 avril 1839, *Monit.* du 13, p. 527, 528.)

Dans l'élection de M. Bessières, il y avait sur la liste électorale du département deux éligibles du même nom, et autres que le candidat, qui lui-même n'était pas électeur dans le département qui l'avait nommé. Un bulletin avait dû être appliqué à un de ces autres Bessières, très-clairement désigné par son prénom. Une protestation demanda l'annulation de l'élection, en se fondant sur ce que quatre bulletins, portant seulement le nom de Bessières, devaient être supprimés, ce qui enlevait la majorité qui n'avait été que de trois voix. M. Pascalis, rapporteur, fit remarquer que le jour de l'élection tous les bulletins portant Bessières ont été attribués à l'élu, comme tous ceux portant Murat ont été attribués à son concurrent; cette attribution n'excita de réclamation que le lendemain de l'élection. D'ailleurs, il est de jurisprudence que, toutes les fois qu'un bulletin porte le nom d'un candidat notoire et connu, ce bulletin doit lui être attribué, parce que si un ou plusieurs électeurs voulaient sortir de ce qui est de notoriété dans le collége pour attribuer leurs suffrages à une autre personne, ils devraient désigner cette autre personne de manière à la distinguer. Mais la bonne foi veut que les bulletins qui portent le nom du candidat notoire et connu soient présumés de plein droit lui appartenir. Ici M. le rapporteur rappela l'élection de M. Bonnefons en 1837. Elle présentait 18 bulletins portant le nom de Bonnefons seulement, avec cette circonstance qu'un bulletin avait dû être attribué à un autre Bonnefons très-évidemment désigné ; elle fut validée. (V. 20 déc. 1837, *Monit.* du 21, p. 2507.)

La chambre a validé l'élection de M. Bessières. (15 avril 1839, *Monit.* du 16, p. 552.)

Dans l'élection de M. Reybaud, également validée par la chambre et citée ci-dessus, la majorité n'était que d'une voix, et on prétendait qu'il fallait en défalquer deux suffrages portant le nom seul de l'élu, parce qu'il y avait deux personnes de ce nom également éligibles, le père et le fils ; ce dernier était le seul candidat reconnu. Le bureau avait conclu à l'annulation ; M. Teste soutint la validité en invoquant la bonne foi et les précédents de la chambre. (*Monit.* du 7 août 1834, p. 1664.)

Des protestations contestaient l'attribution de plusieurs bulletins, portant seulement le nom de M. Renou, à M. Renou de Ballon, tandis qu'il y avait dans le département une autre personne du nom de Renou. Le bureau n'eut aucun égard à ces protestations, et la chambre valida l'élection. M. Martin (de Strasbourg), rapporteur. (23 déc. 1837, *Monit.* du 24, p. 2532.)

303 *bis*. *Ne doit-il pas en être de même, à plus forte raison, lorsque le candidat élu n'avait pour homonymes qu'un frère non éligible, par exemple un pair de France, et un autre frère qui n'était ni électeur ni éligible, ou un électeur non éligible ?*

La question s'est élevée, en 1839, pour l'élection de M. d'Houdetot. Le bureau d'une des sections du collége électoral avait refusé d'attribuer à ce candidat un bulletin qui ne portait que son nom, sans autre désignation. Lors de la vérification des pouvoirs, M. Lavielle, rapporteur, déclara, au nom du bureau, que le bulletin portant seulement le nom d'Houdetot devait être appliqué au candidat qui se présentait publiquement, notoirement, à l'élection ; il rappela que tels étaient les précédents de la chambre ; il ajouta que le frère du candidat faisait bien partie du collége électoral, mais qu'il n'était pas éligible, puisqu'il appartenait à la chambre des pairs ; enfin qu'un troisième frère, dont on avait parlé, n'était ni éligible ni électeur.

Sur ce point, M. Deshameaux répondit : On prétend que ce troisième frère n'est pas éligible : mais la liste de tous les éligibles n'est pas affichée dans les colléges électoraux, et il est impossible aux électeurs de savoir quels sont ceux qui sont éligibles et ceux qui ne le sont pas quand on va chercher des éligibles en dehors de l'arrondissement. En 1837, ces motifs firent retrancher à M. d'Houdetot plusieurs bulletins qui ne portaient que son nom sans désignation ; il en était arrivé autant à lui réclamant. Dans l'espèce particulière, l'intention des électeurs paraît résulter clairement d'un avis distribué à la porte du collége, et engageant les électeurs à mettre les désignations et qualifications. Il avait été fait une sorte de convention réciproque tendant à faire considérer comme non avenus les bulletins où l'un ou l'autre candidat ne serait indiqué que par son nom. M. Boudet s'appuya sur cette convention pour soutenir qu'il y avait au moins doute sur le bulletin sans désignation, qu'en conséquence il ne pouvait être compté à M. d'Houdetot.

La discussion, quant à l'attribution du bulletin sans qualification, s'arrêta là. L'élection de M. d'Houdetot fut annulée par la chambre : mais, à raison des circonstances compliquées de cette élection, il n'est guère possible d'induire de cette décision un précédent contraire à la jurisprudence habituelle. (Séance du 10 avril 1839, *Monit.* du 11, p. 514.)

La chambre a aussi validé, sans discussion, l'élection de M. Genot; sept bulletins l'avaient désigné par son nom seul; un autre M. Génot était électeur, mais non éligible. M. Auguis, rapporteur. (1er août 1834; *Monit.* du 2, p. 1628.)

304. *De même, des bulletins portant le nom seul d'un candidat doivent lui être attribués, s'il est seul candidat de ce nom, et que son père soit membre de la pairie; il en est de même d'un bulletin portant le titre nobiliaire du père de ce candidat; il en doit être ainsi, alors même que d'autres bulletins avec la seule désignation du nom propre auraient été annulés comme ne laissant pas connaître avec assez de certitude la personne indiquée.*

Des bulletins portant le nom de *Praslin, de Praslin, duc de Praslin*, avaient été attribués par le bureau du collége à M. le marquis de Praslin, par le motif qu'il était seul candidat, et que son père, M. le duc de Praslin, faisant partie de la chambre des pairs, n'était point éligible. Pour la constitution du bureau définitif et pour l'élection, on avait annulé des bulletins portant des noms d'éligibles, sans autre désignation, parce que ces personnes avaient des fils également éligibles. M. le marquis de Praslin obtint juste le nombre de voix nécessaire pour former la majorité. Son élection fut attaquée par une protestation. Le bureau de la chambre pensa que les bulletins critiqués devaient être attribués à l'élu. La chambre valida l'élection. M. Pérignon, rapporteur. (Séance du 16 avril 1839; *Moniteur* du 17, p. 560, 561.)

On attaqua pour le même motif l'élection de M. Bertin de Vaux, dont le père, membre de la chambre des pairs, était électeur dans le même collége. Il était évident que ce n'était pas ce dernier que les électeurs avaient pu vouloir désigner par leurs suffrages. Aussi le bureau du collége, celui de la chambre, et la chambre elle-même, confirmèrent l'élection. M. Vergne, rapporteur. (21 déc. 1837; *Monit.* du 22, p. 2512.)

305. *A plus forte raison, les bulletins portant le nom seul du candidat sans autre désignation doivent compter à ce candidat s'il n'y a ni éligible ni électeur du même nom que lui dans l'arrondissement, ou s'il est le seul candidat qui porte son nom dans le département.*

Élection de M. Bonnefous; M. Jacqueminot, rapporteur. (1er août 1834; *Moniteur* du 2, p. 1627.) — De M. Ballot; M. Thil, rapporteur. (*Eod.*, p. 1628.) — de M. Bedoch; M. Blaque Belair, rapporteur. (2 août 1834; *Monit.* du 3, p. 1630.) — de M. Troy; M. Vatout, rapporteur. (22 décembre

1837; *Moniteur* du 23, page 2521.)

306. *Doivent être comptés à un candidat des bulletins portant son nom seul sans autre désignation, bien qu'à une époque voisine de l'élection, un journal répandu de Paris dans toute la France ait publié la candidature d'une personne du même nom, si la désignation faite par ce journal était générale et ne portait ni sur le département, ni sur l'arrondissement du candidat, où cette personne n'avait jamais été proposée à l'élection, et si l'élu ainsi contesté était le seul éligible de son nom dans le département, et y eût déjà été nommé député.*

Élection de M. le baron Roger; M. Jobart, rapporteur. Dans cette élection, 27 voix avaient été données à M. Roger; or quelque temps avant l'élection, la Gazette de France avait publié une liste de candidats où se trouvait M. Roger, ancien secrétaire général des postes. (4 août 1834; *Monit.* du 5, p. 1641.)

307. *Pour savoir si des bulletins qui ne portent que le nom seul d'un candidat doivent être attribués à ce candidat, bien qu'il existe d'autres personnes de son nom, l'on ne doit pas admettre, comme preuve de l'éligibilité des homonymes, des avertissements de contributions, lorsque la liste officielle, affichée, n'indiquait aucun autre éligible du nom du candidat dont il s'agit.*

Élection de M. Bernardi; M. Rouillé de Fontaine, rapporteur. (4 août 1834; *Monit.* du 5, p. 1645.)

308. *Un candidat est valablement désigné par un nom de terre au lieu de l'être par son nom de famille, lorsqu'il est connu notoirement sous ce double nom.*

Une protestation dirigée contre l'élection de M. de Peyramont portait que le candidat proclamé se nommait Duléry, nom de sa famille, et point de Peyramont, nom du village habité par son père. M. Odilon Barrot, rapporteur, déclara que ce moyen n'était pas sérieux, le candidat étant notoirement connu sous son double nom; c'était un usage, régulier ou irrégulier, mais enfin notoire. (Séance du 6 juin 1839; *Moniteur* du 7, p. 898.)

309. *Lorsqu'un candidat a un nom composé de deux noms, des bulletins annulés par le bureau du collége parce qu'ils ne portaient qu'un de ces noms avec une altération, doivent être attribués à ce candidat, si le nom porté sur les bulletins contestés n'appartenait à aucune autre personne.*

Élection de M. Leroy-Mion; M. Anisson Duperron, rapporteur. (4 août 1834, *Monit.* du 5, p. 1641.)

310. De même, *lorsqu'un candidat porte un nom composé de deux noms, on peut lui attribuer les bulletins portant soit l'un soit l'autre de ces deux noms, sans autre désignation, alors même que le candidat avait un frère éligible, qu'un autre éligible portait un des deux noms, que la majorité n'a été que de quelques voix, et que le procès-verbal d'élection n'indiquait pas le nombre des bulletins qui pouvaient présenter quelque équivoque, si, d'ailleurs, dans cette question, toute de bonne foi, il n'y avait pas de doute sur l'identité de la seule personne qui se présentât notoirement à la candidature électorale.*

Élection de M. Poupard-Duplessis. Des bulletins portaient le nom de Poupard, d'autres celui de Duplessis; or ces noms pouvaient s'appliquer à d'autres éligibles du département. Le bureau et la chambre ont, conformément à la jurisprudence établie, attribué ces bulletins à l'élu; la chambre a prononcé l'admission. M. Charlemagne, rapporteur. (Séance du 18 juin 1839, *Monit.* du 19, p. 1022.)

311. *La désignation d'un candidat par un seul des deux noms qu'il porte est suffisante, lors même qu'il existe sur la liste électorale deux autres personnes de ce nom, si, d'ailleurs, il est le seul candidat notoire, et que les bulletins portant un nom seulement aient été attribués de même à son concurrent.*

Ainsi décidé par le bureau du collége où avait été élu M. Pelletier-Dulas, à l'égard de plusieurs bulletins portant le nom seul de Pelletier, commun à deux autres électeurs de l'arrondissement; les bulletins portant le nom de Delangle, son concurrent, sans autre désignation, avaient été comptés également à celui-ci. Dans son rapport, présenté à la chambre, M. Allard supposa que ces bulletins relatifs à M. Pelletier étaient nuls, puisqu'il dit qu'en admettant qu'ils fussent au nombre de trois, le nombre des suffrages se trouvait par là réduit à une voix au-dessous de ce qui aurait été nécessaire pour arriver à la majorité.

La chambre valida l'élection. (Séance du 13 janv. 1841, *Monit.* du 14, p. 98.)

On voit, par les trois solutions qui précèdent, que cette question est considérée avant tout comme une question de bonne foi.

312. Il arrive souvent dans les colléges électoraux que, pour éviter les difficultés, et pour ne pas exposer les électeurs à l'obligation de recommencer de nouveaux scrutins, l'on convient d'attribuer à chaque candidat les bulletins portant seulement son nom. « C'est, dit M. de Cormenin, un arrangement impartial et licite qui ne dépasse pas les bornes des pouvoirs du bureau et du collége. » La chambre sanctionne ces conventions.

313. Ainsi, elle a décidé que *des bulletins ne peuvent être refusés à un candidat sous prétexte d'insuffisance de désignation, parce qu'ils portent des prénoms ou des qualifications différentes, s'il a été convenu, avant l'ouverture du scrutin, que l'on accorderait aux deux seuls candidats reconnus tous les bulletins qui porteraient leur nom, sans indication de prénoms ou de qualités.*

Election de M. Merlin; M. Lachèze fils, rapporteur. (6 août 1834, *Monit.* du 7, p. 1660, 1661.)

314. Décidé de même que *l'attribution d'un bulletin portant le nom seul d'un candidat ne peut être critiqué, s'il a été convenu devant le bureau électoral que les bulletins qui portaient des noms sans qualification seraient attribués à ceux que cela concernait, et si, d'ailleurs, aucune réclamation ne s'est élevée au moment de la lecture du bulletin.*

Election de M. Goupil de Préfeln; M. Tesnières, rapporteur. (22 déc. 1837, *Monit.* du 23, p. 2521.)

315. Un signe, une initiale, dont on ferait précéder le nom d'un candidat, n'enlevant rien à la certitude de la désignation, ne feraient point perdre à la personne ainsi nommée l'avantage de sa désignation. C'est aussi ce que la chambre a pensé, comme le prouvent les deux décisions suivantes.

316. *Ne doivent pas être retranchés à un candidat des billets portant une croix à côté du nom de ce candidat; cette circonstance est surtout indifférente si, en supposant ces billets supprimés, la majorité existe encore.*

Election de M. Pataille; M. Vatout, rapporteur. (2 déc. 1834, *Monit.* du 3, p. 2156.)

317. *Doit être attribué à un candidat le bulletin portant le nom de ce candidat, mais précédé d'une initiale autre que celle de son prénom, s'il n'y a pas, dans l'arrondissement, d'autre éligible du même nom, bien que ses fils soient portés sur la liste électorale, mais sans avoir le cens d'éligibilité.*

Dans de telles circonstances, que présentait l'élection de M. Cuny, le bureau du collége et celui de la chambre ont pensé que la notoriété de la candidature avait déterminé le vote contesté, et que ce vote devait par conséquent être classé parmi ceux qui avaient été donnés au candidat. M. Delebecque, rapporteur. (Séance du 15 avril 1839, *Monit.* du 16, p. 557.)

318. *Il ne résulte pas nullité de ce que le président a attribué à un candidat des bulletins portant son nom seul, sans délibération du bureau.*

Election de M. Renou; M. Martin (de Strabourg), rapporteur. (23 déc. 1837, *Monit.* du 24, p. 2532.)

Une délibération et une décision motivée du bureau seraient nécessaires s'il y avait réclamation de la part des électeurs contre l'attribution faite par le président.

Section 2. — De l'altération des noms.

319. Lorsqu'on prétend que des noms de candidats ont été altérés, et que le nombre de ces altérations a dû influer sur le résultat de l'élection, il faut d'abord s'enquérir de la vérité des faits, et, pour cela, consulter le procès-verbal.

320. *Il n'y a pas lieu de s'arrêter à une protestation dirigée contre l'altération du nom d'un candidat, si ce fait n'est pas constaté par le procès-verbal des opérations électorales.*

Election de M. Frémicourt; M. Hervé, rapporteur. (4 août 1834, *Monit.* du 5, p. 1641.)

321. La question d'altération des noms est, comme toutes celles d'attribution des bulletins, une question de circonstances et de bonne foi. Le bureau du collége d'abord, puis la chambre décident, pour l'appréciation du bulletin, si l'altération du nom est ou n'est pas suffisante pour que l'on reconnaisse le candidat désigné par les bulletins irréguliers. On examine aussi si, par leur nombre, les bulletins critiqués peuvent avoir eu de l'influence sur la majorité, en les supposant nuls. La jurisprudence de la chambre est conforme à ces idées.

322. *Il n'y a pas lieu de s'arrêter à une protestation d'un certain nombre d'électeurs alléguant que deux bulletins avaient été mal à propos attribués au candidat élu, parce qu'ils contenaient des noms différents du sien (par exemple* Pataque, Pariape, *au lieu de* Paranque) *si, d'une part, déduction faite de ces deux bulletins, la majorité absolue existe encore, et si, d'une autre part, les membres des bureaux du collége attestent, dans un acte notarié, que les faits allégués sont faux et que tous les bulletins ont dû être attribués, sans aucun doute, au candidat élu.*

Election de M. Paranque; M. Larabit, rapporteur. (10 janv. 1838, *Monit.* du 11, p. 65.)

323. *On a pu régulièrement compter à un candidat un bulletin portant un nom différent du sien (par exemple un bulletin portant* M. P. Montin *au lieu de* M. de Montépin), *si le bureau a expliqué comment ce suffrage ne peut appartenir qu'au candidat élu.*

Election de M. de Montépin; M. Manuel, rapporteur. (6 avril 1839, *Monit.* du 7, p. 484.)

324. *Dans une élection où il n'y a que deux candidats reconnus, l'altération du nom de l'un d'eux, qui laisse néanmoins reconnaître le nom ou une partie du nom, n'empêche pas que le bulletin ne soit attribué à ce candidat. De même on doit attribuer à l'autre candidat un bulletin soit mal orthographié, soit mal écrit, effacé, et où on ne reconnaît bien que la première lettre du nom de ce candidat.*

M. Meynard avait obtenu juste la majorité. On lui contesta un bulletin comme ne lui étant pas applicable; il portait *Meyard* ou *Megard*, ou *Megary*. Le bureau lui avait compté ce bulletin; il avait de même attribué au concurrent, M. de Gasparin, un bulletin fort mal écrit, effacé, et ne laissant voir clairement que la première lettre G. Après une discussion et des explications de fait entre le rapporteur, et MM. Salverte, Tavernier, et Meynard, l'admission fut prononcée. (28 juillet 1831, *Monit.* du 29, p. 1276.)

M. Fumeron-d'Ardeuil n'avait obtenu qu'une voix de majorité; on lui contestait un suffrage, comme n'exprimant pas son nom, ce qui lui faisait perdre la majorité. Il n'y avait que deux concurrents, MM. Charamaule et Fumeron-d'Ardeuil; le bureau avait attribué au premier des bulletins où son nom était fort mal orthographié, et même défiguré; de même, il avait compté à l'autre candidat un bulletin où on semblait lire *Piam Darrieu* ou *Frim Darrius*, mais que par suite d'appréciations diverses, et en considération de la notoriété de la candidature, il avait pensé ne pouvoir appartenir qu'à M. Fumeron-d'Ardeuil. La chambre, sur la demande de plusieurs de ses membres qui désiraient un plus mûr examen de l'état matériel du bulletin contesté, prononça l'ajournement. M. Gillon, rapporteur. (5 août 1834, *Monit.* du 6, p. 1650, 1651.) Dans un rapport ultérieur, M. Gillon rappela que le bulletin avait été vu par tous ceux qui l'avaient désiré : mais il ajouta qu'en le supposant attribué à M. Fumeron-d'Ardeuil, la question était indifférente puisque l'élu se trouvait, quant au cens d'éligibilité, dans la même situation que deux autres députés dont l'élection venait d'être annulée : l'annulation fut, en effet, prononcée. (11 août 1834, *Monit.* du 12, p. 1692.)

Un bureau de collége avait attribué à M. Boulouvard des bulletins portant Boulard, Boulonard, Boulouart. Élection de M. Reybaud. (6 août 1834, *Monit.* du 7, p. 1664.)

On avait attribué à M. *Monthiery* un bulletin portant *Montchiery* : par compensation, on avait compté à son concurrent un bulletin également mal orthographié ; l'élection fut validée. M. Fulchiron, rapporteur. (20 février 1836, *Monit.* du 21, p. 315.)

Dans l'élection de M. Durand de Corbiac, des bulletins portant *Gaza*, *Gajac*, de *Gac*, avaient été attribués à M. de Gageac, au scrutin de ballottage ; le bureau du collége et celui de la chambre pensèrent que l'irrégularité de cette désignation était insuffisante pour faire annuler des bulletins qui avaient été appliqués de bonne foi par les électeurs. M. Edmond Blanc, rapporteur. (22 décembre 1837, *Moniteur* du 23, p. 2525.)

325. *A plus forte raison, l'omission d'une seule lettre dans le nom d'un candidat ne doit pas empêcher de lui attribuer le bulletin qui contient cette omission, surtout s'il porte la qualification d'ancien député, qui le désignait suffisamment.*

Dans l'élection de M. Cuny, un bulletin portait M. *Cuy*, *ancien député*. Le bureau du collége avait rejeté ce bulletin. M. Delebecque, rapporteur, exprima l'opinion qu'il aurait dû être compté à M. Cuny ; mais il n'en fit pas la proposition, parce qu'en comptant les voix attribuées à ce candidat, par le bureau du collége, la majorité était atteinte. (Séance du 15 avril 1839, *Monit.* du 16, p. 557.)

De même, le bureau de la chambre avait proposé, sans rencontrer de contradiction, d'admettre M. Gauthier d'Hauteserve, malgré une protestation où l'on attaquait l'élection parce qu'un bulletin portant *Gatier* avait été attribué à M. Gauthier. M. Dudouyt, rapporteur. (30 juillet 1831, *Monit.* du 31, p. 1285.)

De même, le bureau pensa qu'on devait attribuer à M. *Troy, juge*, un bulletin portant *Toy, juge*. M. Vatout, rapporteur. L'élection fut validée. (22 décembre 1837, *Moniteur* du 23, p. 2521.)

326. *Est également indifférente l'omission, dans un bulletin, d'une lettre dont l'absence ne change pas la prononciation du nom du candidat, et ne constitue qu'une faute d'orthographe.*

Election de M. Gauthier d'Hauteserve, où un bulletin portait *Gautier*. M. Dudouyt, rapporteur. (30 juillet 1831, *Monit.* du 31, p. 1285.)

327. *Il en est de même de l'addition d'une lettre.*

Ainsi un bulletin écrit *Troye* a été jugé devoir être attribué à M. *Troy*. M. Vatout, rapporteur. (22 décembre 1837, *Monit.* du 23, p. 2521.)

328. L'altération du nom peut être non seulement le résultat de l'ignorance ou de l'erreur des votants, mais aussi la conséquence d'un accident, par exemple d'une tache d'encre.

329. Il a été décidé que *le bureau et la chambre peuvent attribuer à un candidat un bulletin dont plusieurs lettres sont couvertes d'une tache d'encre, si ces lettres peuvent être reconnues malgré la maculation ; par exemple, si, dans le nom de Vatout, une tache d'encre tombée sur la seconde syllabe laisse néanmoins lire distinctement le* u *et le* t *de la fin, et une partie de l'*o. *Il ne peut pas rester de doute si, à ce nom ainsi maculé, le bulletin ajoute en toutes lettres la qualité de député sortant, applicable exclusivement au candidat désigné par le bulletin contesté.*

Le bureau du collége et celui de la chambre, ont exprimé cette opinion ; mais à M. Boudet, rapporteur, et à M. Hennequin, MM. Mauguin et Auguste Portalis ont opposé qu'en examinant le bulletin, on pouvait, en fait, apercevoir d'autres lettres que celles qui composent le nom de Vatout. M. Mauguin dit, au surplus, que c'était là une question de bonne foi dont la chambre était juge. (6 avril 1839, *Monit.* du 7, p. 485, 486.)

Section 3. — Des désignations explicatives, des désignations obscures ou insuffisantes.

330. Il peut arriver que le nom d'une personne ne la fasse pas suffisamment connaître; le bureau du collége et la chambre sont alors appelés à juger de l'efficacité des désignations ajoutées au nom.

331. Ici se présentent deux principes généraux consacrés par la jurisprudence parlementaire. Le premier, c'est que la chambre apprécie comme elle l'entend les bulletins contestés, les attribue à un candidat auquel le bureau du collége les a refusés, les refuse à celui à qui le bureau les a attribués, selon le résultat de son travail d'examen et d'appréciation.

332. *Ainsi le bureau de la chambre peut proposer de regarder comme bon et d'attribuer à l'élu un bulletin qui avait été annulé par le bureau du collége pour insuffisance de désignation ou inapplicabilité au candidat.*

Election de M. Bourgeois; M. Thiers, rapporteur. (17 août 1831, *Monit.* du 18, p. 1409.) — De M. Martineau; M. Jollivet, rapporteur. (6 août 1834, *Monit.* du 7, p. 1658.)

333. *De même le bureau de la chambre procède, par l'inspection et l'appréciation, à l'égard de bulletins attribués à l'élu par le collége électoral, et annexés au procès-verbal pour que la chambre puisse prononcer définitivement.*

Election de M. de Chastellux, M. Truttat, rapporteur. (21 décembre 1837, *Monit.* du 22, p. 2513.)

334. Le second principe, c'est que *s'il peut y avoir du doute sur l'attribution de bulletins qui sembleraient pouvoir s'appliquer à d'autres éligibles que celui qui a été proclamé, ce doute doit cesser s'il s'agit de bulletins donnés dans un scrutin de ballottage où les suffrages ne pouvaient porter que sur deux personnes bien déterminées.*

Deux bulletins, contestés à M. Vigé, portaient, l'un M. *Begier*, l'autre M. *Begier, premier avocat;* on disait contre l'application de ces bulletins au candidat, qu'ils devaient plutôt s'appliquer à deux autres MM. Vigé, tous deux éligibles, et dont un était avocat. On répondait que dans le midi, on prononce le B comme un V, et que, d'ailleurs, comme on votait au scrutin de ballottage, comme les suffrages ne pouvaient porter que sur les deux candidats qui y étaient entrés, la présomption et la bonne foi étaient favorables à M. Vigé, que le bureau avait donc décidé que les bulletins devaient lui être appliqués. Cette opinion, consignée dans le rapport de M. Leyraud, ne pouvait pas être sanctionnée par la chambre, puisque la validité de l'élection de M. de Larcy, concurrent de M. Vigé, était demandée et fut prononcée par la chambre. (11 avril 1839, *Moniteur* du 12, p. 522.)

Il en avait été de même dans l'élection de M. Vernier, auquel on attribua des bulletins portant son nom seul, au scrutin de ballottage, bien qu'il y eût un autre Vernier éligible, et bien que la question eût fait difficulté dans les premières séances du collége. M. Berryer, rapporteur. (1er août 1834, *Monit.* du 2, p. 1626.)

A Châtellerault, à un scrutin de ballottage, on avait compté à M. Drault, un bulletin portant *Drault*, nom suivi de caractères peu lisibles et où l'on crut voir le mot *de Lesigny* ou *Enligny* (*Vienne*); or il y avait un autre éligible du nom de *Drouault*, de Lesigny. On avait refusé de compter à M. Martineau un bulletin portant le nom de *Martineau père*, parce que M. Martineau n'avait pas d'enfant, quoiqu'il eût avec lui un neveu qu'il traitait comme son fils, et que, dans le pays, on lui donnât le nom de père Martineau. En retranchant le bulletin contesté à M. Drault, ou en attribuant à M. Martineau celui qu'on lui avait retranché, le nombre des voix était égal entre les deux candidats, et M. Martineau l'emportait comme étant le plus âgé. M. Martineau fut admis après une longue discussion. (6 août 1834, *Monit.* du 7, p. 1658 et suiv.)

Au scrutin de ballottage, M. Durand de Corbiac avait été désigné par des bulletins portant *Durand, Durand aîné, le maire de Bergerac* (qualité qui lui appartenait en effet); ces suffrages lui avaient été comptés, par le motif qu'il s'agissait d'un scrutin de ballottage où l'intention des électeurs ne pouvait pas être douteuse, et que les électeurs du nom de Durand n'étaient pas éligibles. La chambre prononça l'admission. M. Edmond Blanc, rapporteur. (22 décembre 1837, *Monit.* du 23, p. 2525.)

« Au ballottage, dit M. de Cormenin, entre deux noms différents et deux candidats forcés, il ne peut y avoir doute; à moins que l'intention bien manifeste de l'électeur ne fût d'exclure l'un et l'autre candidat; alors on ne compterait pas ce bulletin; ou à moins que le ballottage n'eût lieu entre deux candidats portant le même nom; cas auquel une qualification additionnelle serait nécessaire pour singulariser leur non-identité. »

335. *Toutefois, même à un scrutin de ballottage, on ne doit pas attribuer à un des deux candidats un bulletin portant un nom très-différent de son nom véritable, surtout si ce suffrage détermine seul la majorité.*

Ainsi, dans l'élection de M. Monthierry, on avait compté à ce candidat un bulletin portant *Méverise*, et sans lequel la majorité n'était plus acquise. Le bureau de la chambre pensa que le bulletin n'aurait pas dû être attribué à M. de Monthierry. La chambre annula les opérations électorales. M. Janvier, rapporteur. (8 janv. 1836 (*Moniteur* du 9, p. 38 et suiv.)

336. *Les bulletins employant des dénominations diverses pour désigner un candidat ne doivent pas être annulés s'ils s'appliquent d'une manière certaine à ce candidat.*

Tels seraient les bulletins portant Vatout, Jean Vatout, Vatout de Villefranche (lieu de la naissance), Vatout de Paris (lieu du domicile actuel). Ainsi décidé sur l'élection de M. Vatout; M. Boudet, rapporteur, a déclaré que de pareils bulletins ne soulevaient pas même une question, parce qu'ils portaient une désignation suffisante. (Séance du 6 avril 1839; *Moniteur* du 7, p. 485.)

337. *Un bulletin portant*, le député sortant, *doit être attribué à celui des candidats qui était député à la dernière session, alors même qu'il y aurait dans le collége un ancien député à qui quelques suffrages auraient été donnés, surtout si l'attribution ainsi faite n'a excité au moment même où elle a eu lieu, aucune réclamation.*

Election de M. Goupil de Préfeln; M. Tesnières, rapporteur. (22 décembre 1837; *Moniteur* du 23, p. 2521.)

338. On ne doit pas attribuer à un candidat des bulletins rédigés de manière à laisser du doute.

Par exemple, *est nul un bulletin qui porte deux noms, dont l'un est celui du candidat proclamé député; on ne peut choisir entre ces deux noms pour attribuer à un candidat le bulletin qui les contient; ce bulletin est également nul, comme violant le secret des votes, si l'une des signatures est celle de l'électeur qui l'a donné. Toutefois l'existence de ce bulletin ne peut faire annuler l'élection, si, en le retranchant, l'élu a encore plus que la majorité.*

Election de M. Quinette; M. Teste, rapporteur. (3 août 1835; *Moniteur* du 4, p. 1809.)

339. *Un bulletin portant* M... et moi, *doit être attribué au candidat dont le nom est ainsi désigné.*

C'est ce que le bureau de la chambre a décidé pour un bulletin portant: *Flourens et moi.* M. Prosper de Chasseloup-Laubat, rapporteur. (3 mars 1838; *Moniteur* du 4, p. 472, 473.)

340. *Il ne résulte pas nullité de ce qu'un bulletin presque illisible, et paraissant inapplicable à aucun des candidats, a été rejeté par le président sans délibération du bureau.*

Election de M. Renou; M. Martin (de Strasbourg) rapporteur. (23 déc. 1837; *Moniteur* du 24, p. 2532.)

S'il y avait réclamation, une délibération serait nécessaire; mais l'absence de cette garantie ne serait pas encore suffisante pour faire annuler l'opération, la chambre ayant en son pouvoir l'attribution du bulletin irrégulièrement rejeté par le président du collége.

Section 4. — Des qualifications erronées, inutiles, injurieuses.

341. *Une erreur dans la qualification donnée à un candidat n'empêche pas l'attribution du bulletin à ce candidat, si l'identité est, d'ailleurs, certaine.*

Élection de M. Gauthier d'Hauteserve, qu'un bulletin qualifiait *ancien sous-préfet à Saint-Gaudens*, tandis qu'il avait été sous-préfet à Bagnères. M. Dudouyt, rapporteur. (30 juillet 1831; *Monit.* du 31, p. 1285.)

342. De même, *lorsqu'un candidat, le seul de son nom qui se présente à l'élection, a été désigné par son nom et ses prénoms, avec une qualité qui ne lui appartient pas, mais qui appartient à son concurrent, les bulletins ainsi rédigés peuvent néanmoins, en vertu de la bonne foi, être comptés à ce candidat.*

Des bulletins portant D.-J. Dubois, *président du tribunal civil*, avaient été attribués à D.-J. Dubois, inspecteur général de l'université, qui n'avait pour concurrent que M. Colombel, président du tribunal civil. Le bureau compta ces bulletins à M. Dubois; la chambre, sur le rapport de M. de Montozon, reconnut l'élection régulière. (26 juillet 1831; *Monit.* du 27, p. 1268.)

343. Décidé encore de même que *doit être compté à un candidat un bulletin qui lui donne le titre de comte au lieu de celui de baron, qui est le sien, si d'ailleurs, il n'y a pas, dans le collége, d'autre éligible de son nom.*

Élection de M. le baron Roger; M. Jobart, rapporteur. (4 août 1834; *Monit.* du 5, p. 1641.)

344. Des qualifications inutiles pour faire bien connaître un candidat sont indifférentes; évidemment elles n'empêchent pas l'attribution, au candidat désigné, des bulletins qui les renferment; elles ne sont pas non plus une cause de nullité de l'élection.

345. La chambre a décidé, en ce sens, que *l'existence d'un grand nombre de bulletins portant diverses désignations ajoutées au nom d'un candidat, tandis que le bulletin imprimé distribué aux électeurs ne portait que le nom, ne peut être considérée comme une preuve de l'atteinte portée à l'indépendance des électeurs, si la plupart des désignations sont naturelles en ce qu'elles énoncent les fonctions anciennes ou actuelles du candidat, et servent ainsi à lever toute incertitude sur l'individualité, et si les autres, moins naturelles, sont en trop petit nombre pour pouvoir influer sur le résultat de l'élection.*

Élection de M. de Ressigeac; M. Isambert, rapporteur. (Séance du 15 avril 1839; *Monit.* du 16, p. 555.)

M. de Cormenin cite cette décision à l'appui d'une proposition qu'il formule ainsi : « C'est à bon escient qu'on suspecte l'indépendance du vote, lorsqu'un grand nombre de bulletins portent, outre le nom du candidat, des désignations extraordinaires. » C'est dans la discussion que cette idée a été émise; mais, renfermée dans ses limites véritables, la solution ne pouvait pas porter et n'a pas porté sur l'appréciation d'une suspicion morale, mais sur la validité de l'élection dans les circonstances données; l'élection a été trouvée pure, puisque la chambre l'a validée.

346. Plusieurs fois la chambre a repoussé des moyens de nullité tirés de ce que des bulletins contenaient des qualifications différentes, que l'on présentait comme des moyens employés pour connaître les auteurs des bulletins, et violer ainsi, avec le secret des votes, l'indépendance des électeurs.

347. Elle a décidé que *les désignations particulières données à un candidat sur plusieurs bulletins ne prouvent pas une influence étrangère qu'on aurait voulu exercer sur les électeurs; on ne saurait surtout les reprocher à un candidat si des signes de ralliement de cette nature se sont rencontrés aussi sur les bulletins attribués à son concurrent.*

Rapport de M. Daguenet sur l'élection de M. le général d'Houdetot; des bulletins, comptés au général, portaient : M. d'*Houdetot, n° 2;* d'*Houdetot, n° 17 ;* d'*Houdetot, frère du pair de France.* (Séance du 1er juin 1839; *Monit.* du 2, p. 843.)

348. A plus forte raison, *il n'y a pas cause de nullité dans le fait que, sur*

des bulletins, des qualifications diverses, telles que celles d'excellent citoyen, de magistrat intègre, ou de républicain, se trouvent jointes au nom du candidat élu, si la majorité des bulletins ne portait pas de semblables qualifications.

Election de M. Limperani. Une protestation prétendit que ces qualifications avaient pour objet de faire connaître qui avait voté pour M. Limperani. M. Jollivet, rapporteur, dit que, si cela était ainsi, le bureau prononcerait un blâme. M. Martin (de Strasbourg) signala le fait comme une violation du secret, et par conséquent de la liberté des votes; il fit surtout remarquer la différence de chacune des désignations, afin qu'on fût plus sûr de reconnaître la main qui avait tracé le bulletin. Peu importe que les adversaires de l'élu aient eu recours à des moyens semblables; les torts des uns ne justifient pas ceux des autres. La chambre valida l'élection. (Séance du 20 déc. 1838, *Monit.* du 21, p. 2596 et 2597.)

On a de même validé l'élection de M. Bonnefons, à laquelle on reprochait l'emploi d'un bulletin ajoutant au nom de l'élu la qualification de républicain. M. Jacqueminot, rapporteur. (1er août 1834, *Moniteur* du 2, p. 1627.)

349. *Une élection ne peut être annulée non plus par cela qu'il a été allégué qu'un certain nombre d'électeurs ont ajouté, sur leurs bulletins, des qualifications diverses au nom d'un candidat, de manière à ce que leur vote fût reconnaissable, si, à la fin des opérations, le président du collége a interpellé les électeurs pour savoir s'il y avait des réclamations sur les bulletins, sur les opérations et les formes de la séance; qu'aucune réclamation ne se soit élevée, et que le fait allégué ne soit constaté par aucune énonciation du procès-verbal.*

Une protestation, dirigée contre l'élection de M. Ardoin, énonçait que l'on avait remis d'avance à certains électeurs douteux des bulletins portant des désignations diverses, telles que : Ardoin, ami politique d'Odilon Barrot; Ardoin, acquéreur de M. Delphin; Ardoin, décoré de l'ordre du Christ, etc.; on signalait ce fait comme une atteinte au secret des votes. M. O. Barrot, rapporteur, tout en blâmant le procédé dénoncé, dit que le fait n'était pas suffisamment prouvé, puisqu'il n'était pas mentionné au procès-verbal, et que le président, ayant demandé si personne n'avait de réclamation à élever sur les bulletins, les électeurs, ainsi provoqués, avaient gardé le silence. (22 déc. 1837, *Monit.* du 23, p. 2523.)

350. On vient de voir que les additions inutiles ne portent pas, du moins en général, atteinte à la liberté ni à la validité de l'élection. La question s'est élevée de savoir si elles doivent être lues par le président; la négative a été adoptée par la chambre.

Ainsi, lorsque des bulletins portent, indépendamment des noms, prénoms et professions des candidats, des mots ajoutés, inutiles à la désignation des candidats, et même inconvenants, le bureau du collége peut décider que ces mots ajoutés ne seront pas lus, afin de ne point porter atteinte au secret des votes, qui serait violé si on reconnaissait les désignations individuelles écrites sur les bulletins.

Election de M. Valette des Hermeaux; M. Pataille, rapporteur. (1er mars 1834, *Monit.* du 2, p. 456.)

351. *Le bureau peut même, si un électeur a annoncé que l'on avait engagé plusieurs électeurs à placer sur leurs bulletins des chiffres ou des termes de convention, décider, avant le commencement du scrutin, qu'on ne lira ni les chiffres ni les mots inutiles, mais seulement le nom et la profession du candidat.*

Election de M. Dufaut; M. Leyraud, rapporteur. (4 août 1834, *Monit.* du 5, p. 1645.)

« Les art. 49, 51, 52, 54 et 55 de la loi électorale, dit M. de Cormenin, ne parlent que de bulletins, de votes et de suffrages. A la vérité, il résulte de l'art. 52 que le président est tenu de faire lecture, à haute voix, des bulletins, terme absolu, qui laisserait croire que le président ne pourrait se dispenser de lire tout le contenu des bulletins; mais l'art. 56 dit que le bureau ne doit proclamer que les *noms* des candidats. La combinaison de ces divers articles explique suffisamment l'intention de la loi. »

352. De même, *le bureau du collége peut et doit refuser la lecture d'expressions obscènes ou injurieuses ajoutées sur des bulletins au nom d'un candidat, mais il ne doit pas détruire ces bulletins; il doit les conserver pour les soumettre à la chambre.*

C'est ce qui a été reconnu dans la discussion élevée à l'occasion de l'élection de M. Persil; on a fait observer que la garantie des électeurs était dans leur droit de surveiller l'opération du dépouillement du scrutin, et que la garantie des droits de la chambre était dans l'annexe des bulletins. M. Teste, rapporteur. (19 décembre 1837, *Monit.* du 20, p. 2502.)

« Un collége électoral, dit avec beaucoup de sagesse M. de Cormenin, n'est pas une arène où les partis doivent se prendre aux mains et se jeter des injures ou des obscénités au visage, dans la personne de leurs candidats. Il ne doit sortir de l'urne que des noms et rien de plus. Le droit et le devoir du bureau est d'omettre, en proclamant le nom, toutes les qualifications louangeuses ou injurieuses, également blessantes pour les opinions contraires qui se disputent la victoire. L'addition de ces inutilités ou de ces inconvenances, ne donne aucune certitude de plus à la désignation du candidat. Elle ne sert qu'à exprimer des répugnances politiques ou personnelles sous le voile de l'anonyme, à faire ressortir des engagements de parti, honorables ou peu honorables, à divulguer indirectement le secret des votes, à exciter du scandale, des récriminations et des rixes, à troubler la solennité grave de l'opération électorale, la première et la plus importante de toutes les opérations civiques. Il y a une sorte de lâcheté à diffamer publiquement un adversaire sous le voile de l'anonyme, et, s'il y a lieu, le bureau peut annexer les bulletins qualificatifs au procès-verbal, pour réserver, sous plus d'un rapport, le droit de la chambre. »

353. *Des bulletins portant des qualifications injurieuses ne peuvent compter au candidat qui s'y trouve dénommé.*

Le bureau électoral avait refusé de compter des bulletins de cette nature dans l'élection de M. Emile de Girardin. Une protestation réclama contre cette décision; mais M. Amilhau, rapporteur, ne fit qu'indiquer ce moyen, sans donner l'avis du bureau; l'élection fut annulée par d'autres motifs. (*Monit.* de 1839, p. 537, 538.) On ne peut donc pas dire, avec M. de Cormenin, que la chambre ait décidé la question, qui ne l'a été que par le bureau du collége. L'attribution, dit cet auteur, avec raison, ne serait pas rationnelle; mais qui empêcherait le président d'omettre la qualification et de ne lire que le nom?

§ 10. Du nombre des électeurs, des votants et des suffrages; des bulletins considérés comme exprimant un suffrage.

Section 1re. — Du nombre des électeurs, des votants et des suffrages.

354. Aux termes de l'article 50 de la loi électorale, un des scrutateurs ou le secrétaire constate chaque vote en écrivant son propre nom en regard de celui du votant, sur une liste à ce destinée, et qui contient les noms et qualifications de tous les membres du collége ou de la section.

355. Indépendamment de ce contrôle de tous les votes déposés, il importe que le nombre total des électeurs inscrits soit constaté par le procès-verbal; car la majorité nécessaire à la validité de l'élection doit être non seulement de plus de moitié des suffrages exprimés, mais aussi du tiers, au moins, des électeurs inscrits. L'Instruction sur la tenue des colléges électoraux a soin de rappeler la nécessité de cette mention.

356. Toutefois, *il ne résulte pas nullité de ce que le procès-verbal ne mentionne pas le nombre total des électeurs inscrits.*

Election de M. de Jouvencel; M. Mangin d'Oins, rapporteur. (Séance du 26 juill. 1831, *Monit.* du 27, p. 1270.) — De M. Champanhet; M. Isambert, rapporteur. (19 décemb. 1837, *Monit.* du 20, p. 2500.)

357. *Le défaut de cette mention, dans le procès-verbal d'élection, peut être suppléé par un certificat délivré par le préfet du département.*

Ainsi décidé, sur l'élection de M. Girod (de l'Ain), au rapport de M. Antoine Passy. (5 avril 1839, *Monit.* du 6, p. 476.)

C'est une jurisprudence établie dès 1831 ; élection du maréchal Clausel ; M. Salverte, rapporteur. (11 septemb. 1831, *Monit.* du 12, p. 1554.) — Election de M. Valette des Hermaux. M. Pataille, rapporteur. (1er mars 1834, *Monit.* du 2, p. 456.)

358. L'annotation des votes, au moment où chaque électeur les dépose, a pour objet d'en constater le nombre; mais une distraction, une omission sont possibles de la part des scrutateurs ou du secrétaire : le nombre des votes se prouve donc surtout par le compte des bulletins trouvés au moment du dépouillement du scrutin. C'est à cette règle que la chambre a cru, avec raison, devoir s'arrêter.

359. Elle a décidé qu'*on ne peut compter comme suffrages exprimés que les bulletins qui ont été déposés dans l'urne; peu importe que la liste émargée des votants indique un suffrage de plus qu'il n'en a été reconnu par le dépouillement du scrutin.*

Élection de M. Pontevès; M. Augustin Giraud, rapporteur. (4 août 1834, *Monit.* du 5, p. 1643.)

De même, dans l'élection de M. Troy, le bureau avait noté 263 électeurs, et il ne se trouva que 262 bulletins; l'élection fut validée, sur le rapport de M. Vatout. (22 déc. 1837, *Monit.* du 23, p. 2521.)

360. *Une élection n'est pas nulle par cela qu'il s'est trouvé, au moment du compte des votes, deux bulletins de moins qu'il n'y a eu d'électeurs émargés, et qu'au moment du dépouillement du scrutin la différence n'a plus été que d'un bulletin, surtout si rien n'indique que cette différence provienne d'un fait volontaire de la part du bureau, présidé par un des candidats.*

Élection de M. Goupil de Préfeln; M. Tesnières, rapporteur. (22 déc. 1837, *Monit.* du 23, p. 2521.)

« Il peut en effet, dit M. de Cormenin, y avoir eu erreur par l'enroulement d'un bulletin dans l'autre, ou par l'oubli du scrutateur de l'émargement. C'est d'après le chiffre donné par le dépouillement que le nombre des votants s'établit. La bonne foi et la majorité reconnues trancheraient la question ici comme dans les autres cas, s'il y avait doute. »

361. La solution est la même lorsqu'au lieu de donner moins, le dépouillement du scrutin donne plus que le nombre des votes émargés.

Il ne résulte donc pas nullité de ce que, par suite d'un oubli d'émargement, il se trouve une voix de moins, sur les listes de votants tenues par le bureau, qu'il n'y a eu de billets déposés, si, d'ailleurs, il est constaté que le nombre des bulletins tirés de l'urne, est égal à celui des électeurs qui ont été présents et appelés.

Élection de M. Aroux (4 août 1834, *Monit.* du 5, p. 1641); M. de Lespaul, rapporteur.

362. *Il en est de même pour le cas où le nombre des votants et celui des bulletins ayant d'abord été reconnu égal, le dépouillement des suffrages en a donné un ou plusieurs en sus, surtout si, en défalquant les suffrages excédants, la majorité reste encore acquise à l'élu, et que l'erreur ne puisse être attribuée qu'aux incidents du dépouillement du scrutin et non à la mauvaise foi.*

Dans l'élection de M. le général Merlin, le nombre des bulletins trouvés dans l'urne fut égal à celui des votants : puis, quand on récapitula les bulletins lus par le président, et notés par les scrutateurs, il s'en trouva cinq de plus; en les retranchant, la majorité restait au général Merlin; aussi le bureau conclut-il à l'admission. M. Odilon Barrot prétendit que l'élection était, par là, entachée d'une fraude, et qu'il ne suffisait pas, pour donner satisfaction à la loi violée, de retrancher rigoureusement et mathématiquement le nombre des suffrages résultant de cette fraude. M. Martin (du Nord) répondit qu'il n'y avait pas fraude, mais erreur provenant de ce que le dépouillement du scrutin avait été très-long, très-laborieux, et que le même nom avait pu être lu plusieurs fois par le président, tandis que les bulletins passaient des mains des scrutateurs aux siennes. La chambre valida l'élection. (6 août 1834, *Monit.* du 7, p. 1661 et suiv.)

Dans l'élection de M. Delbecque, il s'est trouvé un seul bulletin en sus du nombre des émargements, et la majorité était de 200 voix. M. Corne, rapporteur. (11 avril 1839, *Monit.* du 12, p. 520.)

363. *Une élection n'est pas nulle par cela que le dépouillement du scrutin a présenté trois voix de plus que le nombre porté à la feuille d'inscription, si, en retranchant ces trois voix, l'élu avait encore la majorité légale.*

Election de M. Salvandy; M. de Tracy, rapporteur. (Séance du 15 avril 1839, *Monit.* du 16, p. 557.)

« Lorsque la majorité existe réellement, il ne faut pas, dit M. de Cormenin, s'arrêter à la circonstance qu'il y aurait différence entre le nombre supérieur des bulletins extraits de l'urne et celui des votants, constaté par le procès-verbal : l'urne constate préférablement le nombre des votants. C'est dans ce sens que la chambre, par décision du 9 février 1828, a admis M. de Villeneuve, quoiqu'il y eût dans l'urne un billet de plus que n'annonçait la feuille d'inscription. La différence provient, ou de ce que l'on a omis d'inscrire un ou plusieurs votants, ou de ce qu'un ou plusieurs votants ont déposé plus d'un bulletin. On ne s'arrête pas ordinairement à cette différence quand elle est légère : on présume et quelquefois même on vérifie l'omission. Il n'en serait pas de même si la différence était considérable. Un grand nombre d'omissions sur la feuille des votants serait peu vraisemblable, et il y aurait présomption de fraude. »

364. *Lorsqu'au dépouillement du scrutin il se trouve des bulletins de plus que le nombre des votants inscrits, il n'y a pas lieu de s'arrêter à cet incident, si, même en comptant les suffrages exprimés en plus, aucun des candidats n'a obtenu la majorité; il est procédé régulièrement le lendemain à un second tour de scrutin, et ces circonstances ne peuvent influer sur la validité de l'élection.*

Election de M. David; M. de Montozon, rapporteur. (4 août 1834, *Monit.* du 5, p. 1642.)

365. *Lorsque le nombre des bulletins écrits est égal au nombre des votants, il importe peu qu'il se trouve en outre deux billets blancs.*

Dans l'élection de M. Limperani, en 1838, il y eut 158 votants, 158 bulletins, plus deux billets blancs; des électeurs réclamèrent; le bureau déclara que les deux bulletins blancs étaient imperceptiblement attachés à deux autres bulletins; que ce qui le prouvait c'était la coïncidence du nombre des billets écrits avec celui des votants; qu'ainsi les deux bulletins seraient considérés comme nuls. Le bureau de la chambre (M. Jollivet, rapporteur) ne s'arrêta pas à cette difficulté qu'il ne considéra pas comme sérieuse. La chambre valida l'élection. (Séance du 20 déc. 1838, *Monit.* du 21, p. 2596.)

366. Il en serait de même si, *en retranchant un bulletin blanc trouvé en sus du nombre des votants, la majorité était encore acquise à l'élu.*

En effet, il est à supposer que la présence d'un bulletin de trop n'a été occasionnée que par l'adhérence du papier de deux bulletins remis comme un seul par le président, et qui se seront séparés seulement dans l'urne. Election de M. Decazes, en 1839; M. Armez, rapporteur. (Séance du 13 avril 1839; *Moniteur* du 14, p. 534.)

La même décision avait été déjà proposée par le bureau de la chambre, dans l'élection de M. Gauthier d'Hauteserve; M. Dudouyt, rapporteur. (30 juillet 1831; *Monit.* du 31, p. 1284.)

367. *Il ne résulte pas nullité de ce qu'un électeur s'étant présenté pour voter, et son nom ayant été trouvé déjà émargé sur les listes de contrôle, on a, pour s'assurer s'il y avait eu erreur, ouvert l'urne du scrutin, et compté les bulletins qui y étaient déposés, surtout si l'opération a eu lieu du consentement de l'assemblée entière, et quelques instants seulement avant la clôture du scrutin.*

Election de M. Saunac; M. Charlemagne, rapporteur. (22 déc. 1837; *Monit.* du 23, p. 2522.)

Section 2. — Des bulletins considérés comme exprimant un suffrage.

368. L'art. 54 de la loi du 19 avril 1831 veut que pour être élu, aux deux premiers tours de scrutin, on réunisse plus de la moitié *des suffrages exprimés*. Ici s'élève la question de savoir ce qu'on doit entendre par suffrages exprimés.

Il faut d'abord se garder de confondre, avec les bulletins qui n'expriment point de suffrages, ceux qui émettent un vote très-clair, mais non applicable à aucun des candidats qui se disputent sérieusement l'élection. L'insuffisance de la désignation du candidat n'empêche pas non plus de compter le suffrage entaché de cette irrégularité; il ne peut pas être attribué, mais il doit être compté. La chambre a consacré cette distinction, comme le prouvent les solutions suivantes :

369. *Des bulletins portant des désignations jugées insuffisantes ne doivent pas cependant être considérés comme nuls; ils doivent compter, pour la fixation de la majorité, comme des suffrages exprimés.*

Élection de M. David; M. de Montozon, rapporteur. (4 août 1834; *Monit.* du 5, p. 1643.)

370. De même, *un bulletin portant un nom et une qualité ne peut pas être considéré comme un suffrage non exprimé, par cela seul qu'il ne doit pas s'appliquer au candidat qu'il semble avoir indiqué.*

L'élection de M. Dieudonné était attaquée par le motif qu'on aurait dû considérer comme suffrage non exprimé un bulletin portant : *M. Dieu, ex-notaire.* Le bureau pensa que, bien que ce vote ne dût pas être attribué à M. Dieudonné, ce n'était pas moins un suffrage exprimé. La chambre prononça l'admission; M. Vitet, rapporteur. (26 déc. 1837; *Monit.* du 27; p. 2540.)

371. *Doit être compté parmi les suffrages exprimés un bulletin portant le nom d'un candidat, suivi d'une indication qui semble s'appliquer à l'électeur qui a déposé ce vote.*

C'est ce qu'a décidé le bureau pour un vote ainsi rédigé : *Viennet par Murat aîné.* M. Prosper Chasseloup-Laubat, rapporteur. (3 mars 1838; *Monit.* du 4, p. 472, 473.)

Un pareil bulletin est vicieux, mais il n'exprime pas moins très-clairement le suffrage de celui qui l'a écrit.

372. Pour être valable, et pour pouvoir être compté, il faut qu'un bulletin exprime quelque chose; s'il ne contient rien, on ne doit pas y avoir égard.

Aussi, malgré des objections souvent répétées, il est de jurisprudence que *les billets blancs ne doivent pas être compris dans le compte des suffrages.*

Élection de M. Decazes; M. Armez, rapporteur; M. Joly et M. Decazes ont pris la parole. (Séance du 13 avril 1839; *Monit.* du 14, p. 534 et suiv.)

Lors de l'élection de M. Chasles, en 1831, M. Gaëtan de Larochefoucault soutint que déposer un billet blanc, c'était voter en témoignant le refus de donner son suffrage aux candidats existant, pour le réserver à un autre; il cita l'exemple d'une élection de 1816 ou 1817, où il s'était trouvé 39 billets blancs (30 juillet 1831; *Monit.* du 31, p. 1287.)

Dans l'élection de M. Bourgeois, annulée par d'autres motifs, M. Thiers, rapporteur, reconnut comme constant qu'un billet blanc ne devait pas être compté. (17 août 1831; *Monit.* du 18, p. 1409.)

La question s'est représentée, et a été vivement discutée dans l'élection de M. Harlé, qui ne pouvait avoir la majorité d'une voix qu'autant qu'on n'aurait pas compté un billet blanc comme suffrage exprimé. La minorité du bureau fut d'avis de compter le bulletin blanc, comme on devrait compter un bulletin illisible ou ne donnant qu'une désignation insuffisante, parce qu'il exprime une intention de neutralité. La majorité embrassa l'avis contraire; l'expression de *suffrages* lui parut avoir été employée avec intention dans la nouvelle loi pour lever les doutes qu'avaient fait naître les mots *votants*, *électeurs présents, membres du collège;* on a distingué entre le bulletin et le vote, le premier n'étant que l'instrument qui sert à constater le second; le bulletin est le papier sur lequel on écrit le vote : il n'y a donc pas de vote quand rien n'est écrit sur le bulletin. Quand la loi demande, en matière d'élection, des suffrages exprimés, elle demande le choix, la désignation d'un citoyen, l'expression de la volonté de le nommer. Le rapporteur invoquait à l'appui de cette opinion l'instruction ministérielle sur les élections, et les deux précédents de l'élection de M. Chasles et de M. Rimbaud. (*Voy.* n. 375.)

M. de Rambuteau, tout en disant que la loi et l'usage pouvaient laisser des doutes, fit observer qu'en établissant que les billets blancs compteraient, on fournirait aux minorités un moyen d'infirmer les élections et de passer les deux premières séances sans résultats.

M. Emmanuel de Lascases soutint qu'un billet blanc n'exprime pas un suffrage; la loi veut que chaque électeur remette son *bulletin écrit*, et que le président en *donne lecture à haute voix;* les billets blancs ne remplissent évidemment pas ces conditions. — M. Mauguin dit qu'un billet blanc doit compter, parce qu'il n'est pas supposable qu'un électeur se déplace et participe aux opérations d'un collége pour déposer un bulletin qui n'ait aucun sens. — La chambre déclara l'élection valide, et admit l'élu. (25 fév. 1833; *Monit.* du 26, p. 526.)

L'élection de M. Drouet présentait deux billets blancs; le bureau du collége et celui de la chambre considérèrent ces bulletins comme nuls pour le calcul des suffrages qui formaient la majorité; l'admission fut prononcée; M. Mayer-Genétry, rapporteur. (21 déc. 1837; *Monit.* du 22, p. 2513.)

Le bureau de la chambre proposa également de ne pas compter un billet blanc, dans l'élection de M. Flourens; M. Prosper de Chasseloup-Laubat, rapporteur. (3 mars 1838; *Monit.* du 4, p. 472, 473.)

« Un billet blanc, dit M. de Cormenin, en rappelant la jurisprudence de la chambre, n'est pas un billet écrit, et la loi exige un billet écrit. Un billet blanc n'est pas un suffrage matériellement ni moralement exprimé, et la loi exige des suffrages exprimés. Un billet blanc ne peut être lu à haute voix, et la loi veut que les billets soient lus à haute voix. Enfin un billet blanc, mille billets blancs, dix mille billets blancs ne sauraient faire un député, et la loi veut faire des députés. Un billet blanc ne porte aucun nom et le président ne peut proclamer que des noms. Un billet blanc n'écrit rien, ne signifie rien, n'exprime rien, donc il n'est pas un suffrage exprimé. » — M. Favard, et M. Duvergier, dans sa collection des lois, 1831, p. 239, expriment aussi cette opinion, rapportée et appuyée par M. Armand Dalloz, dans son Dictionnaire de Jurisprudence, v° *Élections législatives,* n° 562.

373. Des caractères sans signification graphique ne donnent pas à un bulletin plus de valeur que s'il ne portait rien.

Ainsi ne doit pas être compté comme exprimant un suffrage un bulletin sur lequel on n'a tracé que trois croix.

Élection de M. Flourens; M. Prosper de Chasseloup-Laubat, rapporteur. (3 mars 1838; *Monit.* du 4, p. 472, 473.)

On ne compte pas parmi les suffrages exprimés, dit l'Instruction sur la tenue des colléges électoraux, les billets qui, ne portant aucun nom, ne peuvent, par conséquent, influer sur la régularité de l'opération, ni sur le nombre des suffrages exigé pour être élu.

374. Des signes alphabétiques ne peuvent être considérés comme un suffrage qu'autant qu'ils expriment ou laissent reconnaître un nom.

Un bulletin qui ne contient qu'une seule lettre doit donc être annulé comme n'exprimant point de suffrage.

Élection de M. Taillandier; M. Ganneron, rapporteur. (21 décembre 1837, *Monit.* du 22, p. 2512.) — De M. Troy; M. Vatout, rapporteur. (22 déc. 1837, *Monit.* du 23, p. 2521.)

375. Il n'en est pas des bulletins

illisibles comme des billets blancs ou couverts de caractères évidemment dénués d'aucun sens.

Le bureau du collége ne peut pas retrancher du nombre des voix un bulletin qu'il déclare illisible; un pareil bulletin constitue un suffrage exprimé, et doit être compté dans le calcul des votes sur lesquels s'établit la majorité.

Le bureau chargé de l'examen de l'élection de M. Raimbaud, qui avait obtenu 91 voix sur 182 votants, mais avec un bulletin déclaré nul comme illisible, et retranché par le bureau du collége, avait proposé l'admission. MM. Hely d'Oissel, Gaëtan de Larochefoucault, Salverte, de Rambuteau, de Tracy, Beaudet-Dularry, soutinrent que le billet déclaré illisible aurait dû être compté, ce qui enlevait la majorité à l'élu; ils se fondaient sur ce qu'un billet illisible n'en était pas moins un suffrage exprimé; si, par suite de défaut d'intelligence ou d'habitude de la lecture, le bulletin ne peut être lu par le bureau, rien ne dit qu'un autre bureau ne l'aurait pas trouvé lisible; on ne doit pas laisser à l'arbitraire du bureau la question de lisibilité, ce serait lui laisser la facilité de changer la majorité. Celui qui écrit un nom exprime son vote; si vous ne pouvez pas le lire, le bulletin ne compte pas pour les candidats, mais il doit compter au nombre des suffrages exprimés. M. Guizot, rapporteur, a répondu que, par analogie avec les billets blancs, qu'on ne compte pas, un bulletin déclaré complètement illisible, c'est-à-dire ne portant aucun nom dont le bureau puisse prendre connaissance, n'est vraiment pas un suffrage exprimé.

La chambre annula l'élection. (28 juillet 1831, *Monit.* du 29, p. 1277.)

La même décision a eu lieu pour l'élection de M. Viennet; ce candidat aurait eu la majorité si on l'avait calculée en déduisant un bulletin déclaré illisible; le bureau de la chambre pensa qu'on avait eu raison de compter le bulletin illisible. M. Salverte, rapporteur, rappela le précédent de 1831, et fit une distinction entre le bulletin blanc qui n'exprime rien, et le bulletin illisible qui ne permet pas de supposer que l'électeur a écrit un suffrage sans objet, distinction développée avec beaucoup de lucidité par M. Berryer. M. Amilhau soutint qu'un billet illisible ne doit pas être compris dans le calcul, parceque la loi nouvelle demande des suffrages qui puissent être comptés à quelqu'un; or on ne peut attribuer à personne un bulletin qu'on ne parvient pas à lire, et qui ne contient même pas certainement des signes d'écriture quelconque, ou dont les lettres reconnaissables ne peuvent former aucun nom. En annulant l'élection de M. Viennet, la chambre décida que le billet illisible avait dû être compté. (23 décembre 1837, *Moniteur* du 24, p. 2529 et suiv.)

376. *De même, un bulletin portant un nom maculé par une tache d'encre n'en est pas moins un suffrage exprimé, qui doit être compté dans le nombre de voix nécessaire pour former la majorité.*

Observation de M. Boudet dans son rapport sur l'élection de M. Vatout. (Séance du 6 avril 1839, *Monit.* du 7, p. 485.)

377. Des mots qui ne forment pas un nom, et qui n'ont aucun rapport avec le choix d'un candidat, ou qui ne peuvent servir à l'accomplissement d'aucune élection, ne constituent pas des suffrages exprimés.

Ainsi ne doit pas être compté un bulletin portant seulement le mot RIEN.

Election de M. Flourens; M. Prosper de Chasseloup-Laubat, rapporteur. (3 mars 1838, *Monit.* du 4, p. 472, 473.)

378. *Ne peut non plus être considéré comme exprimant un suffrage un bulletin qui porte* : La Providence; *en conséquence, il doit être retranché du compte des votes.*

Election de M. Decazes; M. Armez, rapporteur; M. Joly, opinion conforme, et M. Decazes. (Séance du 13 avril 1839, *Monit.* du 14, p. 534.)

379. *Doit être annulé comme n'exprimant aucun suffrage, et, par suite, retranché du calcul des voix formant la majorité, un bulletin qui ne contient aucune désignation de candidat, mais*

seulement ces mots : Ni légitimité, ni république.

Election de M. Drault; M. Mayer-Genetry, rapporteur. (21 décembre 1837, *Moniteur* du 22, p. 2513.)

380. *Il en est de même d'un bulletin portant seulement ces mots :* Au patron de la ville.

C'est ce qu'a décidé le bureau du collége électoral dans l'élection de M. Flourens. M. Salverte, rapporteur. (23 décembre 1837, *Moniteur* du 24, p. 2529.)

381. *La désignation conditionnelle d'un candidat est-elle valable et doit-elle être comptée dans le nombre des suffrages exprimés ?*

Un bulletin portait : « *M. Drault, s'il est monarchiste; sinon, non.* » Au recensement des votes, on a cru que ce bulletin exprimait un vote, et devait être conservé. Mais le bureau de la chambre s'abstint de prononcer, parce que, même en retranchant ce bulletin, l'élu avait encore la majorité. — M. Mayer-Genetry, rapporteur. (21 décembre 1837, *Monit.* du 22, p. 2513.)

382. Un suffrage donné sous une forme alternative à deux personnes différentes ne permet pas de comprendre à qui il s'adresse, ni quel sens il comporte.

En conséquence, *ne doit pas être compté parmi les suffrages exprimés un bulletin portant M... ou M...*

Un bulletin portait *Viennet ou Flourens.* On prétendit qu'il ne devait pas être compris dans le calcul de la majorité qui avait élu M. Flourens; l'électeur doit élire, choisir; celui qui ne se prononce pas entre deux candidats, qui écrit *l'un ou l'autre*, ne fait pas connaître son choix, n'exerce pas son droit, ne fait pas un acte sérieux. On ne peut démêler sa volonté; pour l'exécuter il faudrait choisir, à la place de l'électeur qui ne l'a pas fait. On a objecté qu'un pareil bulletin, s'il ne peut être attribué à aucun candidat, exprime du moins un suffrage : il manifeste la volonté de préférer ces deux candidats à tous autres. Le bureau se prononça pour la première opinion. M. Prosper de Chasseloup-Laubat, rapporteur. (3 mars 1838, *Monit.* du 4, p. 472, 473.)

383. Il n'en est pas de même d'un bulletin désignant deux personnes d'une manière conjonctive.

Ainsi doit être compté dans le calcul des suffrages exprimés, un bulletin portant deux noms de candidats écrits chacun sur une ligne différente, bien qu'un pareil bulletin ne puisse être attribué à aucun des candidats qu'il désigne.

Un bulletin portait, sur deux lignes différentes : *M. Flourens le médecin, M. Viennet de Paris;* on le compta à M. Flourens dont le nom s'y trouvait le premier; mais, dans la discussion devant la chambre, il fut reconnu que cette attribution n'aurait pas dû avoir lieu. Si ce bulletin avait été déduit du nombre des suffrages exprimés, M. Viennet aurait eu la majorité, tandis que le scrutin renvoyé au lendemain donna la majorité à son concurrent, dont l'élection fut attaquée par des protestations. M. Salverte, rapporteur, dit, au nom du bureau, que le bulletin dont il s'agissait, quelque irrégulier qu'il fût, n'avait pas dû être déduit du calcul des suffrages; en effet, l'électeur qui se présente, et qui vote, est censé avoir voulu désigner un nom ; pour admettre que sa volonté ne s'est pas exécutée, il faut prouver qu'il n'existe pas d'explication de l'erreur qui a pu accompagner l'expression de son suffrage : or ici, on peut croire que l'électeur pensait avoir suffisamment indiqué sa volonté de nommer le premier dont il mettait le nom en ligne. On a prétendu qu'un pareil vote était équivalent à celui qui portait : ni l'un ni l'autre; que c'était une manière de ne pas exprimer de suffrage. Assurément, de toutes les manières de ne pas exprimer un suffrage, la moins naturelle serait celle qui consisterait à en exprimer deux. Si on ne veut pas exprimer de suffrage, on ne vient pas, ou on met un billet blanc. L'assimilation avec *ni l'un ni l'autre* est fausse; cette formule indique nettement l'intention d'exclure les deux candidats; il n'y a pas d'erreur à supposer, d'interprétation à faire. Celui qui, après avoir écrit un nom, en écrit un autre, peut avoir eu une distraction : cela est même probable, et arrive souvent dans les scrutins. Un tel bulletin ne peut être attribué, mais il doit être compté. M. Berryer a soutenu la même opinion ; M. Amilhau l'a combattue ; suivant lui, la personne qui écrit deux noms sur un bulletin ne donne pas un suffrage, car donner un suffrage, c'est désigner, choisir quelqu'un. Eh bien, celui qui écrit : *ni l'un ni l'autre*, exprime qu'il ne veut aucun des deux candidats ; celui qui écrit à la fois deux noms, exprime qu'il ne veut attribuer la préférence ni à l'un ni à l'autre. Cette exclusion de toute préférence, et, par conséquent, de tout choix, est surtout évidente lorsqu'il s'agit de deux candidats de couleur tout opposée, dans un collége fort divisé d'opinions, circonstances qui ne permettent pas de supposer une distraction ; on ne peut pas non plus admettre l'idée d'une erreur comme cela est plus facile pour un vote dans un scrutin de liste contenant un plus ou moins grand nombre de noms. M. Liadières soutint également que le bulletin aurait dû être déduit. En annulant l'élection de M. Viennet, la chambre décida que le bulletin avait dû être compté. (23 décembre 1837, *Moniteur* du 24, p. 2529 et suiv.)

384. *Doit être aussi compté parmi les suffrages exprimés, un bulletin portant :* M... et moi.

Décidé ainsi par le bureau de la chambre pour un bulletin portant : *M. Flourens et moi.* La majorité a pensé que ce bulletin exprimait évidemment l'intention de choisir la personne nommée ; que l'addition *et moi* était vicieuse, ridicule, mais que ne pouvant s'appliquer à personne, elle devait être considérée comme nulle, et laissait à la première désignation toute sa puissance. M. Prosper de Chasseloup-Laubat, rapporteur. (3 mars 1838, *Monit.* du 4, p. 472, 473.)

M. de Cormenin comprend un pareil suffrage parmi ceux qui ne doivent pas être comptés ; c'est à tort, nous le pensons, qu'il appuie son opinion sur le précédent que nous rapportons ici, et qui nous semble contraire.

L'instruction sur la tenue des colléges électoraux dit que les bulletins portant deux noms ont été quelquefois annulés, attendu qu'il n'en est pas d'un scrutin individuel comme d'un scrutin de liste, où le votant peut se trouver sur le nombre de candidats à élire, et qu'il n'est pas vraisemblable qu'il ait voulu exprimer un suffrage indiquant deux personnes pour le même mandat.

385. Deux négatives ne peuvent constituer un suffrage sérieux.

Un bulletin portant : Ni l'un ni l'autre, *ne doit donc pas être compris au nombre des suffrages exprimés.*

M. Lévêque de Pouilly, rapporteur de l'élection de M. Chasles, posa cette solution comme résultant des précédents. M. Gaëtan de la Rochefoucault la combattit ; il soutint qu'un bulletin pareil exprimait un vote puisqu'il repoussait également deux candidats. M. Chasles prétendit que, de même que dans le cas de billet blanc, ce bulletin indiquait le refus de voter. La chambre s'est prononcée dans le sens du rapport, en admettant M. Chasles, pour lequel il n'y avait majorité qu'en retranchant le bulletin contesté. (30 juillet 1831, *Monit.* du 31, p. 1287.)

Le bureau chargé de vérifier l'élection de M. Taillandier, pensa aussi qu'un bulletin portant *ni l'un ni l'autre* était nul comme n'exprimant aucun suffrage. M. Ganneron, rapporteur. (21 déc. 1837, *Monit.* du 22, p. 2512.)

M. Vivien, rapporteur de l'élection de M. Jacques Lefebvre, développa la même doctrine. M. Odilon Barrot soutint vivement le contraire ; il blâma la jurisprudence qui annule les bulletins blancs, dans lesquels il vit des votes négatifs ; mais tout en reconnaissant l'autorité morale des précédents, il pensa que ce serait se jeter dans un arbitraire sans limites que d'aller du bulletin blanc au bulletin illisible ; du bulletin où il y a *ni l'un ni l'autre*, à celui qui dirait : *l'un et l'autre*. M. Mauguin prétendit que les bulletins blancs, ou des bulletins portés comme nuls devaient être comptés, qu'autrement on enlèverait à l'électeur quelque chose de son droit qui consiste, d'une part, à nommer un député, de l'autre à exiger pour la nomination du député la plus grande majorité possible. Si les deux candidats lui déplaisent, il peut exprimer son suffrage en les refusant; il doit venir donner son vote, quel qu'il soit : dès qu'il est présent, sa présence doit compter dans le chiffre de la majorité. M. Billault établit une différence entre un billet blanc qui ne dit rien, et un billet écrit, qui exprime toujours un suffrage, une idée quelconque. — M. Chaix-d'Estange, après avoir rappelé la jurisprudence sur les billets blancs, ajouta qu'elle ne devait pas s'étendre à des bulletins écrits; car alors il faudrait entrer dans l'appréciation arbitraire de chaque vote, et débattre la question de savoir si tel ou tel suffrage est ou non un suffrage sérieux. Le bulletin portant *ni l'un ni l'autre*, exprime une volonté, c'est un suffrage d'exclusion. La chambre, à une forte majorité, déclara l'élection valable, ce qui, d'après les faits, supposait le retranchement des bulletins portant, ni l'un ni l'autre. (21 décembre 1837, *Monit.* du 22, p. 2513 et suiv.)

La question a été décidée de même dans l'élection de M. Flourens; M. Prosper de Chasseloup-Laubat, rapporteur. (3 mars 1838, *Monit.* du 4, p. 472, 473.)

386. *La question de savoir si, sous la dénomination de* voix nulles, *les membres d'un bureau ont compris un bulletin portant, ni l'un ni l'autre, est une question de bonne foi, de loyauté, dans laquelle la chambre, jugeant comme jury, peut prononcer, en appréciant, d'une part l'énonciation du procès-verbal parlant de* voix nulles, *d'autre part la déclaration de plusieurs membres des bureaux électoraux qui expliquent le sens de ces mots.*

Élection de M. Jacques Lefebvre; M. Vivien, rapporteur. (21 décembre 1837, *Monit.* du 22, p. 2514.)

387. *Lorsque le recensement des voix de plusieurs sections indique des votes par la seule qualification de* voix nulles, *les membres des bureaux de ces sections peuvent être appelés par le premier bureau pour expliquer si, sous la dénomination de* voix nulles *on n'a pas compris un bulletin portant :* ni l'un ni l'autre.

C'est ce qui a eu lieu encore pour la même élection de M. J. Lefebvre; M. Vivien, *rapporteur*, dit que l'existence du billet portant, ni l'un ni l'autre, pouvait être prouvée de cette manière. M. Berger, qui avait présidé le bureau de la 1re section, donna des détails sur la manière dont les choses s'étaient passées. M. Barrot soutint que le rôle du bureau de la 1re section se bornait au recensement général des votes et à la proclamation du résultat; qu'après cela, sa mission était terminée. M. Michel (de Bourges) développa la même opinion, et refusa au bureau central le droit de faire une enquête dans les bureaux partiels, pour interpréter des bulletins. L'élection fut validée à une forte majorité. (21 déc. 1837, *Monit.* du 22, p. 2515, 2516.)

§ 11. De la destruction des bulletins; de l'annexe des bulletins contestés, et de leur examen par la chambre.

388. La destruction des bulletins, précaution nécessaire au secret et à l'indépendance des votes, est la règle générale; la conservation et l'annexe ne sont prescrites qu'à l'égard des bulletins contestés ou déclarés d'office douteux par le bureau du collége.

Immédiatement après le dépouillement du scrutin, les bulletins sont brûlés en présence du collége. Art. 52 de la loi électorale.

Cette opération applicable aux scrutins pour la formation du bureau comme aux scrutins pour la nomination du député, ne doit avoir lieu qu'après le dépouillement; jusque là tous les bulletins doivent être conservés.

389. *Toutefois une élection ne saurait être annulée par cela que, lors de la formation du bureau, des bulletins non dépouillés ont été lacérés, si cette irrégularité a été la suite d'une méprise dans le choix des boîtes destinées à recevoir les bulletins.*

Élection de M. de Las-Cases; M. de

Lespaule, rapporteur. (21 décembre 1837, *Monit.* du 22, p. 2512.)

390. *L'omission, dans le procès-verbal, de la mention qu'à la fin de la séance où ont été nommés le président et les scrutateurs définitifs, les bulletins ont été brûlés, est une irrégularité qui, toutefois, n'emporte pas la nullité de l'élection.*

M. Lemercier, rapporteur de l'élection de M. Janet. (19 décembre 1837, *Monit.* du 20, p. 2502.)

391. *Ne doit être prise en aucune considération une protestation qui, lorsque le procès-verbal constate que les bulletins ont été brûlés après le scrutin, prétend induire une violation du secret des votes, de ce fait qu'un électeur aurait fouillé dans les cendres et y aurait trouvé des fragments de bulletins sur lesquels on prétendait qu'on pouvait découvrir l'indication de l'électeur.*

Election de M. Bonnefons; M. Laporte, rapporteur. (20 décembre 1837, *Monit.* du 21, p. 2507.)

392. *Il n'y a pas lieu d'annuler une élection par cela seul que le président n'aurait brûlé les bulletins qu'après avoir déclaré la séance levée, surtout si c'est tout de suite, et en présence du bureau et de plus de cent électeurs, qu'il a brûlé les bulletins.*

Election de M. Allier; M. Desabes, rapporteur. (Séance du 9 avril 1839, *Monit.* du 10, p. 510.)

393. Un bulletin, quoique brûlé, peut encore être l'objet d'une discussion à la chambre, s'il existe, d'ailleurs, des éléments d'examen et d'appréciation.

La chambre peut donc statuer sur un bulletin comme illisible, quoiqu'il ait été brûlé et ainsi ne se trouve pas produit devant elle, si le procès-verbal explique suffisamment quel était l'état de ce bulletin.

C'est ce qui est arrivé pour l'élection de M. Viennet. (23 décembre 1837, *Monit.* du 24, p. 2529 et suiv.)

394. L'art. 45 de la loi électorale veut que les bulletins excitant des réclamations soient annexés au procès-verbal.

En présence de ce texte impératif, *l'analyse d'un bulletin, où se trouvent des mots lus différemment dans le bureau du collége, ne peut être refusée sous prétexte que ce serait porter atteinte au secret des votes. Toutefois la décision contenant ce refus n'entraîne pas la nullité de l'élection, surtout si le bulletin dont il s'agit appartenait à un autre candidat que celui dont l'élection a été validée.*

Election de M. Drault; M. Jollivet, rapporteur; M. O. Barrot, opinion conforme. (6 août 1834, *Monit.* du 7, p. 1658.)

« S'il s'élève, dit M. de Cormenin en citant cette décision, des réclamations sur l'attribution de bulletins, et surtout si le sort de l'élection en dépendait, le bureau ne devrait pas se refuser à les annexer au procès-verbal et à les transmettre à la chambre, sous le prétexte de la violation du secret des votes, car ce serait mettre la chambre, en l'absence de la pièce matérielle, dans l'impuissance de juger. Nous qui voudrions que les votes fussent publics, nous comprenons peu un scrupule auquel la chambre, d'ailleurs, a eu la sagesse de ne pas s'arrêter. »

395. *Mais lorsqu'un tour de scrutin a été sans résultat, il n'est pas nécessaire que des bulletins annulés comme contenant des désignations insuffisantes ou des noms inconnus, soient conservés et annexés au procès-verbal, si, d'ailleurs, il a été fait mention expresse de l'état de ces bulletins.*

Election de M. Gauthier d'Hauteserve; M. Dudouyt, rapporteur. (30 juillet 1831, *Monit.* du 31, p. 1285.)

396. L'annexe des bulletins a pour but de mettre la chambre à même de juger les réclamations qu'ils ont fait naître; si la contestation élevée à leur occasion est de nature à se vider, indépendamment de l'inspection de l'état matériel de ces bulletins, l'annexe n'est plus de nécessité : car l'inspection des bulletins n'apporterait aucun élément de solution.

397. Par exemple, *il ne résulte pas nullité de ce que deux bulletins contestés, quant à leur attribution, à un candidat, parce qu'ils portent son nom seulement, n'ont pas été annexés au procès-verbal.*

Élection de M. Renou; M. Martin (de Strasbourg), rapporteur. (23 décembre 1837, *Monit.* du 24, p. 2532.)

398. *De même une élection n'est pas nulle par cela seul que la majorité du bureau du collége a refusé d'annexer au procès-verbal des bulletins qui avaient été contestés comme ne portant que le nom d'un candidat, sans autre désignation propre à constater son identité.*

Le jour de l'élection de M. Pelletier-Dulas, il y avait cent soixante-deux suffrages: majorité quatre-vingt-deux. M. Lepelletier-Dulas en avait obtenu quatre-vingt-trois. Le procès-verbal constate qu'au moment où on lisait le soixante-treizième bulletin, des réclamations s'élevèrent, fondées sur ce que la désignation de Pelletier seule était insuffisante, puisqu'il existait dans le collége plusieurs personnes du nom de Pelletier. Le bureau rejeta ces réclamations, et décida que les bulletins portant Pelletier seraient attribués à M. Pelletier-Dulas, seul candidat avec M. Delangle. Un membre du bureau demanda que les bulletins portant la désignation des candidats par leur nom seul fussent joints au procès-verbal; le bureau n'accueillit point cette proposition; il la regarda comme étant sans objet, le procès-verbal constatant que ces bulletins étaient sans désignation spéciale. Deux protestations furent rédigées contre l'élection, et appuyés sur les décisions du bureau.

M. Allard, rapporteur, invoquant l'art. 45 de la loi électorale, proposa l'annulation de l'élection, pour non exécution des formalités prescrites par cet article, et pour violation des droits de la chambre, en ce que les bulletins n'ayant pas été annexés au procès-verbal, il avait été impossible de constater le nombre des billets portant le nom de Pelletier sans désignation. Selon M. le rapporteur, cette constatation était importante: le nombre des votes était de cent soixante-deux; mais il y avait trois billets blancs; restaient donc cent cinquante-neuf; majorité quatre-vingt-un: M. Pelletier-Dulas avait eu quatre-vingt-trois suffrages; or, s'il y avait plus de deux bulletins nuls pour insuffisance de désignation, il n'avait plus la majorité.

Les conclusions du rapport excitèrent quelques rumeurs; M. Glais-Bizoin dit qu'il y avait dans la chambre vingt élections du même genre qui avaient été validées. La proposition d'annuler l'élection fut rejetée par la chambre. (Séance du 13 janvier 1841, *Monit.* du 14, p. 98.)

399. Bien que l'annexe soit prescrite pour tout bulletin contesté, néanmoins la chambre a décidé qu'*une élection n'est pas nulle par cela qu'un bulletin rejeté par le président ayant soulevé une réclamation d'un électeur n'a pas été annexé au procès-verbal.*

Élection de M. Renou; M. Martin (de Strasbourg), rapporteur. 23 décembre 1837, *Monit.* du 24, p. 2532.)

400. Il est bien entendu que, *lorsque des bulletins ont été annulés, qu'ils n'ont donné lieu à aucune réclamation, et que personne ne s'étant opposé à leur destruction, il n'y avait aucun intérêt à les conserver; il ne résulte pas d'irrégularité de ce que ces bulletins n'ont pas été joints au procès verbal.*

Ainsi décidé par le bureau de la chambre des députés, dans l'examen de l'élection de M. Émile de Girardin; la minorité du bureau avait signalé, non comme une cause de nullité, mais seulement comme une irrégularité, le défaut d'annexe des bulletins au procès-verbal. M. Amilhau, rapporteur. (Séance du 13 avril 1839, *Moniteur* du 14, p. 538.)

401. Les réclamations ou protestations relatives à l'annexe des bulletins doivent naturellement avoir lieu avant la destruction de ces bulletins.

Une élection n'est pas nulle par cela qu'au moment où l'on s'est aperçu que tous les bulletins étaient jetés au feu, un électeur ayant demandé que le procès-verbal fît mention des incidents auxquels avait donné lieu l'attribution et la réclamation d'annexe de ces bulletins, cette demande a été rejetée purement et simplement par le bureau.

Élection de M. Renou; M. Martin (de Strasbourg), rapporteur. (23 déc. 1837, *Monit.* du 24, p. 2532.)

402. *Le défaut d'annexe ne peut être reproché au bureau d'un collége, lorsque ces bulletins n'ont été l'objet d'aucune critique le jour de l'élection, et que l'appréciation qui en a été faite par le bureau est attaquée dans une protestation signée seulement le lendemain, c'est-à-dire après que les bulletins avaient dû être brûlés.*

Election de M. Bessières ; M. Pascalis, rapporteur. (Séance du 15 avril 1839, p. 552.)

403. *On ne doit pas non plus avoir égard à une protestation d'un certain nombre d'électeurs, alléguant qu'une réclamation d'un électeur avait été présentée contre l'attribution de deux bulletins à un candidat, que le bureau avait refusé d'y faire droit, de l'insérer au procès-verbal, et d'annexer les bulletins douteux, si un grand nombre d'électeurs et les membres du bureau déclarent, dans des actes notariés, que la réclamation avait été faite d'une manière très dubitative, longtemps après la clôture des opérations et la destruction des bulletins, et que, sur la réponse qu'il était dans l'erreur, l'électeur s'était lui-même désisté. Il y a lieu de s'en rapporter, de préférence, à ce dernier témoignage.*

Election de M. Paranque ; M. Larabit, rapporteur. (10 janvier 1838, *Monit.* du 11, p. 65.)

404. Les bulletins annexés au procès-verbal sont examinés par le bureau de la chambre chargé de la vérification de l'élection à laquelle ils se rapportent. Le bureau peut proposer, à ce sujet, et la chambre adopter une solution immédiate, sauf, si on le demande, à faire passer, séance tenante, sous les yeux de la chambre, les bulletins contestés.

405. *Un bulletin dont l'écriture est contestée peut être remis par le rapporteur à un huissier, pour être placé sous les yeux de plusieurs membres, sauf au président à le réclamer pour le remettre au bureau de la chambre.*

Ainsi procédé pour l'élection de M. Meynard. (28 juill. 1831, *Monit.* du 29, p. 1276.)

406. *Les bulletins qu'on prétend ou qu'un bureau du collége a déclarés illisibles, ou qui présentent des noms différents du véritable nom d'un des candidats, peuvent et doivent être soumis à la chambre, qui examine et décide si, de bonne foi, ils doivent être attribués à ce candidat.*

Lors de l'élection du général d'Houdetot, des bulletins adressés à la chambre avec le procès-verbal, et reproduits par des *fac-simile*, portaient : le *général Hotetot*, le *général de brigade d'Houtéaux, ancien député*, le *général d'Houdet*. Ces bulletins avaient été rejetés, comme illisibles, par le bureau du collége ; M. Lavielle, rapporteur, pensa, au contraire, que la bonne foi exigeait qu'ils fussent attribués au général d'Houdetot, qu'ils désignaient suffisamment.

M. Deshameaux prétendit que l'on n'avait pas pu et qu'on ne pouvait pas trouver d'Houdetot dans des bulletins où on voyait soit *genneralle Potot*, soit *Potéot*, ou *Onotéot*; il en est de même du bulletin portant : le *général de brigade d'Antéot*. Il ajoutait que les bulletins illisibles avaient été annulés par le bureau sans aucune réclamation de personne.

M. Boudet soutint que de la contexture des bulletins contestés il résultait au moins un doute, et que cela suffisait, quand l'élection dépendait de suffrages ainsi disputés, pour ne pas admettre le candidat.

L'élection de M. d'Houdetot fut annulée ; mais comme il y avait d'autres moyens de nullité, et que les circonstances particulières de l'élection présentaient des difficultés spéciales, on ne saurait considérer la décision de la chambre comme un précédent contraire à ceux qui ont admis l'attribution, à des candidats, de bulletins peu lisibles, lorsqu'il était constant, par leur aspect, ou par leurs mentions, ou par d'autres faits, qu'ils ne pouvaient concerner que ces candidats. (10 avril 1839, *Monit.* du 11, p. 514 et 515.)

Dans l'élection de M. de Larcy, validée par la chambre, on a reconnu que le bureau du collége avait eu raison d'appliquer à ce candidat deux bulletins, dont l'un, quoique mal écrit, présentait toutes les lettres du nom de Larcy, et dont l'autre portait *Larchi*. On a décidé de même qu'il fallait appliquer à M. Vigé, concurrent de M. de Larcy, deux bulletins portant : *M. Begier*; mais la circonstance qu'il s'agissait d'un scrutin de ballottage influa sur cette solution. Rapport de M. Leyraud. (11 avril 1839, *Monit.* du 12, p. 522.)

Dans l'élection de M. Decazes, un bulletin portant : *Dequy*, fut attribué à l'élu, en considération de la prononciation du patois du pays, idiome parlé par un grand nombre d'électeurs. Un autre bulletin que le bureau du collége avait déclaré illisible, fut reconnu par le bureau de la chambre comme devant être attribué à M. Decazes. (Séance du 13 avril 1839, *Monit.* du 14, p. 534.)

Dans l'élection de M. Fumeron d'Ardeuil, la chambre examina si un bulletin portant : soit *Piam Darrieu*, soit *Frim Darrius*, pouvait être appliqué à ce candidat; un ajournement fut d'abord prononcé, pour que l'état matériel pût être examiné par tous les députés. (5 août 1834, *Monit.* du 5, p. 1661.)

407. Le bureau peut aussi, et c'est la marche la plus sûre, conclure à un ajournement pendant lequel des mesures sont prises pour que les membres de la chambre puissent avoir une connaissance personnelle des bulletins litigieux.

Lors donc que des difficultés s'élèvent sur les mots que présente un bulletin, et, par suite, sur son application à tel candidat, la chambre peut prononcer l'ajournement pour que ses membres puissent examiner par eux-mêmes le bulletin contesté.

Élection de M. Fumeron d'Ardeuil; M. Gillon, rapporteur, avait conclu à l'admission immédiate; la chambre prononça l'ajournement. (5 août 1834, *Monit.* du 6, p. 1651.)

408. *Lorsqu'un bulletin est maculé, que, par exemple, une tache d'encre cache une partie des lettres du nom qu'il porte, ou lorsqu'il présente des noms différents de ceux du candidat auquel il a été attribué, la question de ce bulletin litigieux et de son application à tel candidat, ne peut être décidée que par l'examen du bulletin lui-même par le bureau et par la chambre, dont chaque membre peut le consulter; on peut en faire faire des fac-simile; mais cette mesure n'est pas nécessaire; il suffit que le bulletin soit déposé à la questure, où tous les députés peuvent en prendre connaissance.*

C'est ce qu'a exposé M. Boudet, rapporteur de l'élection de M. Vatout, à la séance du 6 avril 1839. M. Auguste Portalis demandait davantage; il voulait que le bulletin contesté fût déposé à la questure, et qu'avant de statuer chacun des membres de la chambre en reçût un *fac-simile*. Cette dernière proposition n'eut pas de suite : la chambre valida, séance tenante, l'élection. (*Monit.* du 7 avril, p. 485, 486.)

Pour la discussion relative à l'élection du général d'Houdetot, des *fac-simile* de bulletins illisibles ou portant des noms différents de celui du candidat furent distribués dans la chambre, mais sans que cette mesure eût été ordonnée par le bureau ni par la chambre. (Séance du 10 avril 1839, *Monit.* du 11, p. 515.)

Un bulletin attribué à M. Fumeron d'Ardeuil et contenant des noms différents de ceux de ce candidat, était vivement contesté; la chambre prononça l'ajournement pour permettre l'examen de l'état matériel de ce bulletin; M. Barrot demanda que le président fît faire un *fac-simile;* on répondit que le dépôt suffirait. Le président déclara que les pièces seraient déposées à la questure, où les trouveraient ceux des députés qui voudraient en prendre connaissance. (5 août 1834, *Monit.* du 6, p. 1651.)

Dans l'élection de M. de Monthierry, un bulletin dont l'attribution déterminait le maintien ou la perte de la majorité pour le candidat, fut autographié et distribué par ordre du bureau. M. Janvier, rapporteur. (8 janvier 1836, *Monit.* du 9, p. 39.)

§ 12. Du résultat définitif du scrutin; de la majorité légale; de la proclamation du député.

409. Le résultat définitif du scrutin se constate par le dépouillement des votes; cette opération se complète, lorsque le collége est divisé en plusieurs sections, par le recensement des votes, qui a lieu au bureau de la première section, d'après l'art. 53 de la loi électorale.

« Dans ce cas, porte l'Instruction sur la tenue des colléges électoraux, l'état du dépouillement du scrutin de chaque section est signé et arrêté par le bureau. Il est immédiatement porté par le vice-président au bureau central du collége, qui fait, en présence des vice-présidents de toutes les sections, le recensement général des votes. Les membres composant le bureau de chaque section peuvent accompagner le vice-président et assister avec lui au recensement des votes. Le procès-verbal de ce recensement est signé par les membres du bureau central et par les présidents de toutes les sections. »

410. *L'élection faite par un collége composé de plusieurs sections n'est pas nulle par cela que les procès-verbaux ne mentionnent pas que le recensement a été fait dans la première section, s'il résulte de l'addition des chiffres des votes dans les diverses sections, que l'élu avait obtenu plus que la majorité absolue, et qu'aucune réclamation ne se soit élevée contre l'élection.*

Election de M. Reynard; M. Larabit, rapporteur. (20 déc. 1836, *Monit.* du 21, p. 2509.)

411. Chaque jour, la séance est levée après que le résultat du scrutin a été proclamé. Si une ou plusieurs sections n'avaient pas terminé leurs opérations, ou n'en avaient fait que d'irrégulières, le recensement des votes des autres sections n'en aurait pas moins lieu; le scrutin serait considéré comme valable, et le candidat qui aurait obtenu le nombre de voix nécessaire serait proclamé. Il y a eu, en 1819 et en 1821, des décisions de la chambre des députés conformes à ce principe, qui avait été établi par l'article 19 de l'ordonnance du 11 octobre 1820. Ces décisions ont considéré comme valables des scrutins auxquels n'avaient concouru que quelques unes des sections. (Instruction sur la tenue des colléges électoraux.)

412. D'après l'art. 54 de la loi électorale, aux deux premiers tours de scrutin, nul n'est élu s'il ne réunit plus du tiers des voix des électeurs inscrits, et plus de la moitié des suffrages de ceux qui ont voté; ces deux conditions doivent être simultanément et également accomplies.

413. *Une élection doit donc être annulée lorsque le procès-verbal constate que le candidat élu a été proclamé député comme ayant obtenu le tiers, plus un, du nombre des membres du collége, sans qu'il ait eu en même temps la moitié, plus un, des suffrages exprimés. L'explication d'une aussi flagrante irrégularité ne peut être cherchée dans des rumeurs, dans des bruits extérieurs, mais seulement dans le procès-verbal, si aucune autre pièce n'a été produite.*

Election de M. Auguste Portalis; M. Guizot, rapporteur, exposa les faits; M. de Tracy reconnut la nullité, mais témoigna son étonnement d'un fait aussi étrange sur lequel il circulait certaines rumeurs. M. Guizot répondit qu'il ne devait rendre compte d'aucun bruit, mais seulement des pièces qui ne consistaient que dans les procès-verbaux, qu'il lut en effet.

L'élection fut annulée. (28 juillet 1831, *Monit.* du 29, p. 1277.)

414. *On doit considérer comme la moitié, plus un, d'un nombre impair, le nombre qui en excède la moitié réelle.*

En rappelant cette proposition, qui a passé dans la jurisprudence de la chambre, M. de Cormenin cite les exemples suivants, antérieurs à la loi de 1831. Lors de l'élection de M. Hocquart, il y avait 168 votants; trois bulletins ayant été déclarés nuls, il restait 165 suffrages. M. Hocquart, ayant réuni 83 voix, a été admis député par solution de la chambre du 15 mars 1828. (*Monit.* du 16.) La même décision avait été prise pour les élections Fornier de Clauzel et Pavée de Vandœuvre, en 1819 et en 1828.

415. **Décidé**, de même, depuis la loi de 1831, *que la majorité d'une demi-voix est suffisante.*

Élection de M. Harlé père, qui, sur 401 votants, avait obtenu 201 suffrages; M. Duvergier de Hauranne, rapporteur, dit que, d'après la jurisprudence constante, cela suffisait pour constituer la majorité. (21 déc. 1837, *Monit.* du 22, p. 2512.)

Voici en quels termes l'Instruction sur la tenue des colléges électoraux pose la règle relative au calcul des suffrages : « Si le nombre des votants est impair, la moitié, plus un, se calcule en prenant la moitié du nombre pair immédiatement inférieur et l'augmentant d'une unité. Exemple : 165 votants; la moitié est 82, et la moitié, plus un, 83. Si le nombre des membres du collége ne peut se diviser exactement par trois, le tiers, plus un, se calcule en prenant le tiers du multiple de trois immédiatement inférieur, et y ajoutant une unité. Exemple : 194 électeurs; le tiers de 194 est 64 (tiers de 192), et le tiers, plus un, 65. Cette manière de calculer a été consacrée par plusieurs décisions de la chambre des députés. »

416. Aux termes de l'art. 55 de la loi du 19 avril 1831, si les deux premiers tours de scrutin n'ont pas produit la majorité légale, il est procédé, entre les deux candidats qui ont eu le plus de voix, à un scrutin de ballottage, et alors la nomination a lieu à la simple pluralité des suffrages.

417. Il suit de ces dispositions que, *si faible qu'ait été, aux deux premiers tours de scrutin, le nombre des électeurs présents, la nomination faite, au scrutin de ballottage, et à la majorité relative, est valable quel que soit le nombre des votants.*

A l'élection de M. Pontevès, le premier jour, sur 300 électeurs inscrits, on n'avait pu réunir que le nombre nécessaire pour former le bureau provisoire et ensuite le bureau définitif; le second jour, il s'était présenté 14 électeurs, le troisième, 10, le quatrième, 22, sur lesquels 26 votèrent pour M. Pontevès, proclamé. L'élection fut validée par la chambre. (18 avril 1834, *Monit.* du 19, p. 956.)

418. Dans le calcul des votes qui établissent la majorité, il est bien entendu que l'on ne fait entrer que les suffrages valables.

Si donc il est reconnu qu'un individu a voté sans avoir la capacité électorale, sa voix, dans l'incertitude du vote qu'il a émis, ne doit pas être comptée au candidat qui a obtenu la majorité.

Élection de M. Chasles; M. Lévêque de Pouilly, rapporteur. (30 juillet 1831; *Monit.* du 31, p. 1287.)

419. Pour savoir si un suffrage a dû ou non être compté parmi ceux qui constituent la majorité, la chambre peut et doit examiner si les votants qui l'ont exprimé avaient ou n'avaient pas le droit de voter, soit qu'ils n'eussent pas la capacité légale, soit qu'il n'y eût pas identité certaine avec les électeurs du même nom inscrits sur la liste. Voici plusieurs exemples de décisions de cette nature. (*Voy.* encore ci-après le § 14.)

420. *Lorsqu'un individu porté sur la liste électorale est décédé, et qu'un certificat du préfet déclare qu'il n'y a pas d'autre individu du même nom dans le canton, on doit néanmoins considérer comme ayant légalement exercé le droit électoral, le fils qui se présente avec les mêmes nom et prénom que cet électeur, qui paie le cens électoral, et produit son acte de naissance ainsi que l'extrait de ses impositions; en conséquence son suffrage ne doit pas être retranché du chiffre des voix formant la majorité.*

Élection de M. de Larcy; M. Leyraud, rapporteur. (Séance du 11 avril 1839 : *Monit.* du 12, p. 522.)

421. *Lorsqu'un père s'est présenté, avec la carte d'électeur de son fils, et a voté aux deux premiers scrutins d'élection, après avoir prêté serment, mais que c'est le fils qui, au scrutin de ballottage, est venu voter, en présence d'électeurs qui l'attestent, ce dernier vote est donné par un électeur légalement inscrit, et ne peut être retranché du nombre des suffrages qui constituent la majorité.*

Même élection de M. de Larcy. (*Monit.* du 12, p. 523.)

422. *Une élection, faite à une voix*

de majorité, doit être annulée si deux personnes ont voté quoique leurs pères fussent seuls inscrits sur les listes, avec des prénoms et des domiciles différents de ceux de ces deux électeurs, que la carte électorale, renvoyée par le maire au sous-préfet, n'ait été adressée à aucun d'eux, et si un troisième, qui avait encore son père vivant, ait voté, quoique sur la liste il fût inscrit avec l'âge de son père, même avec son propre prénom.

Élection de M. Berryer; M. Amilhau, rapporteur. Le bureau proposa et la chambre prononça l'annulation; la validité fut soutenue par MM. Berryer et Demarçay. M. Amilhau, rapporteur. (7 août 1834, *Monit.* du 8, p. 1668.)

423. *Lorsqu'un individu est porté sur la liste électorale, mais que c'est son fils qui a voté, que la carte électorale a été adressée à celui-ci qui avoue avoir voté, mais en soutenant en avoir le droit en vertu d'un abandon de bien fait par son père, son suffrage n'est pas donné légalement, et doit être retranché du calcul de la majorité, s'il résulte d'un certificat du préfet que c'est le père qui a toujours figuré sur la liste électorale, qu'il n'y a eu aucune radiation, aucune réclamation, aucune demande de mutation.*

Rapport de M. Leyraud; élection de M. de Larcy. (Séance du 11 avril 1839; *Monit.* du 12, p. 522.)

424. La proclamation, par le président du collége, d'un résultat partiel ou du résultat définitif du scrutin, n'est pas un obstacle aux réclamations immédiates des électeurs.

425. *Ainsi une élection n'est pas nulle par cela qu'après la proclamation du dernier bulletin par le président, un des scrutateurs ayant soutenu que ce bulletin portait un autre nom que celui qui a été lu par le président, un recensement général des votes a eu lieu, et que de cette dernière opération il résulte qu'en effet la majorité appartenait à celui dont le nom n'a pas été proclamé.*

C'est ce qui est arrivé pour l'élection de M. Dintrans, laquelle a donné lieu, soit dans le collége, soit dans la chambre, à une discussion passionnée et confuse, où les faits ont été plus contestés que les principes. La chambre a validé l'élection, au scrutin secret. M. Gaëtan de La Rochefoucault, rapporteur. (5 août 1834; *Monit.* du 6, p. 1651 et suiv.)

426. De même, *lorsque le président a déclaré qu'aucun candidat n'a obtenu la majorité, le bureau peut, sur la réclamation d'électeurs présents, examiner la question de savoir si des bulletins ne doivent pas, comme n'exprimant point de suffrages, être retranchés du calcul de la majorité, et, en conséquence, décider que la majorité est acquise à l'un des candidats.*

Le bureau procéda ainsi dans l'élection de M. Jacques Lefèbvre; mais le bureau ne jugea pas nécessaire d'examiner la question de régularité des opérations.

Des circonstances semblables se reproduisirent dans l'élection de M. de Malleville, qui fut examinée le lendemain 22 déc. 1837. M. Edmond Blanc, rapporteur, combattit les conclusions d'une protestation qui prétendait que le bureau n'avait pas pu proclamer le député après l'ajournement qui avait été prononcé; en effet les erreurs ou méprises dans la supputation des votes sont toujours réparables par le bureau, séance tenante ou à une séance subséquente; le bureau, tant qu'il existe et qu'il opère, ne peut pas être lié par les erreurs qu'il a commises, soit par précipitation, soit par insuffisance de renseignements. Les questions d'élection sont des questions de bonne foi, où l'erreur ne doit profiter à personne, surtout lorsqu'elle est reconnue par ceux mêmes qui l'ont commise. La chambre admit M. de Maleville. (*Monit.* du 23 décembre 1837, p. 2525.)

« Il faut bien, dit M. de Cormenin en rappelant cette décision, suppléer à l'inexercice habituel de ces sortes d'opérations. On ne doit pas perdre de vue qu'on ne manie les élections que tous les cinq ans, et tous les présidents ni tous les scrutateurs élus par la seule préférence de la raison politique, ne savent ni tenir un collége ni rédiger un procès verbal. »

427. M. de Cormenin professe cette doctrine pour le cas où il s'agit de la proclamation du député par le président du collége.

« La proclamation du nom du député, dit-il, ne pourrait pas être opposée comme une fin de non recevoir à toutes les réclamations. La raison en est que la proclamation du président du collége termine, mais ne valide pas l'élection; elle est une formalité et non un jugement. Il n'en serait pas de même de la proclamation du député par le président de la chambre. L'élection est alors entièrement consommée. Les pouvoirs sont censés suffisamment vérifiés par ce dernier et solennel acte, et l'omnipotence parlementaire couvre tout. »

428. Le président du collége ne peut, pour aucun motif, se dispenser de proclamer le résultat définitif du scrutin, ni de lire les bulletins qui sortent de l'urne, sauf, ainsi qu'on l'a vu au § 9, le cas où ils contiendraient des qualifications ou additions inconvenantes ou injurieuses : alors on ne lit que les noms.

« Si le bulletin, dit M. de Cormenin, portait le nom d'un personnage notoirement décédé, ou d'un étranger, ou d'une femme, ou d'un pair de France, ou d'un incapable, ou, par exemple, *tous les deux*, ou *ni l'un ni l'autre*, le président ne pourrait s'empêcher de lire le bulletin, soit parce qu'il faut respecter le droit de l'électeur, qui est d'exprimer sa volonté; soit parce qu'on pourrait supposer que le bulletin non lu renferme un suffrage sérieux et applicable qu'on veut faire disparaître; soit parce que c'est au bureau à juger, en cas de réclamation publique, si le bulletin doit compter au nombre des suffrages exprimés; soit enfin parce que la loi exige formellement, et sans distinction, la lecture, à haute voix, du bulletin, dans sa partie du moins significative et nécessaire. »

429. *Lorsque, dans un collége obligé de choisir son député dans le département, les électeurs, faute de pouvoir s'entendre, ont nommé un personnage mort notoirement depuis longtemps, le bureau du collége doit néanmoins proclamer ce député; il ne suffit pas qu'il énonce que le nom sorti de l'urne ne figurait ni sur la liste des électeurs ni sur celle des éligibles du département. Il n'appartient qu'à la chambre de prononcer l'annulation d'une élection.*

M. Josson, rapporteur de l'élection de Bastia, où les électeurs avaient nommé Pascal Paoli, mort depuis 32 ans, et que le collége avait refusé de proclamer, fit remarquer que le bureau du collége avait procédé d'une manière irrégulière. La chambre déclara les opérations nulles. (14 avril 1838; *Monit.* du 15, p. 910.)

430. La proclamation faite par le bureau du collége reconnait, mais ne constitue pas l'élection; elle n'empêche donc, ni l'examen de la validité de l'élection, ni la proclamation par la chambre, du député légalement nommé, quelle qu'ait été, à cet égard, la décision du collége. M. de Cormenin pose et motive nettement le principe en ces termes :

« La chambre respecte dans le corps électoral la source de ses pouvoirs. Mais son omnipotence éclate, pour ainsi dire malgré elle, et lorsqu'un citoyen a été élu par une majorité suffisante, encore bien que le bureau n'ait pas reconnu son droit, et même qu'il ait refusé de le proclamer, la chambre n'hésite pas à dire son élection valable. Elle a hâte d'arriver à sa constitution définitive, et, d'ailleurs, elle ne crée pas un droit, elle le déclare; elle ne nomme pas, elle vérifie ; elle ne procède pas à une élection, elle supplée à une omission; elle ne fait pas un député, elle met en lumière et en exercice celui qui a été élu et qui aurait dû être proclamé. »

431. Cette doctrine ne fait que résumer la jurisprudence parlementaire.

La chambre décide qu'elle peut proclamer député un candidat autre que celui qui l'a été par le collége électoral, si elle reconnait que c'est le premier qui a réellement été nommé par la majorité.

Dans l'élection de M. d'Houdetot,

en 1839, ce candidat aurait eu la majorité si on lui avait compté certains bulletins contestés; mais le bureau les lui ayant retranchés, un nouveau scrutin eut lieu le lendemain; les deux candidats eurent le même nombre de voix : M. Deshameaux l'emporta comme plus âgé. M. d'Houdetot prétendit, plus tard, que les bulletins qu'on lui avait retranchés auraient dû lui être comptés, et qu'alors il aurait eu la majorité au premier jour de scrutin. Le bureau de la chambre fut de cet avis. M. Lavielle, rapporteur, répondit à l'objection que la chambre ne pouvait pas proclamer l'élection de M. d'Houdetot, parce qu'il n'avait pas été proclamé par le collége électoral : « C'est une erreur condamnée par le texte et l'esprit de la loi, aussi bien que par nos précédents. C'est la majorité qui fait l'élection; la proclamation n'est qu'une formalité, une sanction; ce n'est ni la chambre ni le bureau du collége qui font le député, ce sont les électeurs. Si le bureau a refusé à tort de le proclamer, vous pouvez, vous devez réparer l'omission : vous l'avez toujours fait. J'en trouve des exemples sur tous les bancs de cette chambre. Ainsi, je citerai, entre autres, MM. Bureaux de Pusy et Dintrans, Drault et Martineau, Fould et Harlé, de Formon et Nicod. (*Voy.* ci-après la mention de ces divers précédents.) Bien que l'un des candidats fût proclamé député par le bureau, si la chambre reconnaissait que le jour précédent il y avait eu majorité en faveur de son compétiteur, elle n'hésitait pas à le proclamer. »

M. Boudet a combattu ce système : « Comment, a-t-il dit, proclamer M. d'Houdetot, quand le dernier scrutin, au contraire, a fait député M. Deshameaux? La chambre peut bien annuler une élection, mais elle ne peut pas nommer un député. — C'est contraire, dit M. de Las-Cases fils, à la jurisprudence de la chambre. — Mon opinion à moi, répliqua M. Boudet, est que la chambre ne peut résoudre ainsi la difficulté; je sais que la chambre l'a jugé quelquefois, mais enfin je ne souscris pas à sa jurisprudence.

La chambre admit son droit de proclamer un député autre que le dernier candidat nommé par le collége; en effet, elle annula d'abord la nomination de ce dernier; puis elle vota sur la validité de l'élection de son concurrent, ce qui, si elle avait prononcé la validité, l'obligeait nécessairement à proclamer député celui dont elle aurait confirmé l'élection. (Séance du 10 avril 1839; *Monit.* du 11, p. 514, 515.)

Le bureau du collége où s'était présenté M. Harlé ayant déclaré, par suite de l'admission d'un billet blanc dans le nombre des suffrages exprimés, qu'aucun des candidats n'avait la majorité, les opérations recommencèrent le lendemain et donnèrent la majorité à M. Fould. Cette dernière élection fut attaquée; le bureau du collége déclara qu'il ne lui appartenait pas de décider : la chambre fut donc saisie de la question. M. Bernard de (Rennes), après avoir exposé l'objection tendant à dire que c'était au président du collége qu'appartenait le droit de proclamer le député élu, ajouta que ce moyen n'avait rien de sérieux, la loi attribuant la décision souveraine de la validité des élections à la chambre seule, qui seule, en effet, proclame le député.

M. de Rambuteau refusa à la chambre le droit de proclamer un député qui ne l'a pas été par le collége qui l'a nommé; ce serait déplacer, en partie, le principe électoral; la chambre est juge, mais seulement d'un fait. En l'an V, le conseil des cinq-cents s'empara du droit de juger les élections, de les valider ou de les infirmer à son gré; Benjamin Constant signala ce désordre, cet arbitraire qui fut un pas vers la déchéance du conseil. La chambre a procédé d'une manière régulière; elle a infirmé quelques élections : celles qu'elle a validées avaient été proclamées par le bureau électoral. — M. Mauguin prétendit que, même en supposant valable l'élection de M. Harlé, comme il n'y avait pas eu proclamation d'un député, le parti à prendre serait de renvoyer devant les électeurs. La chambre exerça le droit qui lui était contesté, en validant l'élection de M. Harlé, résultat qui ne fut obtenu que par un scrutin, après deux épreuves douteuses. (25 fév. 1833; *Monit.* du 26, p. 526 et suiv.)

Une voix avait manqué à M. Dintrans pour obtenir la majorité, et ce suffrage lui avait été retranché irrégulièrement; le lendemain, M. Bureaux de Pusy fut nommé et proclamé député. Devant la chambre, on discuta la préférence pour l'une ou pour l'autre élection; on soutint que la chambre ne pouvait pas proclamer un député autre que celui qui l'avait été par le collége. Néanmoins l'élection de M. Dintrans fut validée au scrutin, après une épreuve douteuse. (5 août 1834; *Monit.* du 6, p. 1655, 1656.)

M. Drault avait été proclamé député par le collége de Châtellerault. Si on lui retranchait un suffrage contesté, ou si on rendait à M. Martineau un vote également contesté, il y avait égalité entre eux, et M. Martineau devait l'emporter comme plus âgé; ce fut lui, en effet, que la chambre admit. (6 août 1834; *Monit.* du 7, p. 1658 et suiv.)

En 1836, cependant, la chambre a rendu une décision contraire. MM. de Monthierry et Lebeschu de Champsavin avaient obtenu le même nombre de voix à un scrutin de ballottage; le premier avait été proclamé député, par bénéfice d'âge. Des réclamations s'élevèrent sur ce qu'on lui avait attribué un bulletin portant un nom différent du sien. Le bureau de la chambre pensa que cette attribution n'avait pas dû avoir lieu, et conclut à l'annulation de toutes les opérations électorales, en se fondant sur le doute que laissait le vote sur les véritables intentions des électeurs. M. Moreau (de la Meurthe) combattit ces conclusions: suivant lui, si on retranchait à M. de Monthierry le bulletin contesté, il en résultait que c'était son concurrent qui devait être proclamé député. La chambre, par là, ne fera pas le député, pas plus que le bureau ne l'avait fait en proclamant un autre candidat: ce sont les électeurs qui font le député; la chambre applique seulement le résultat des votes émis, et, en jugeant la difficulté élevée sur l'un des bulletins, elle reconnaît la qualité de député à celui qui, par suite de cette décision, a la majorité des suffrages. M. Pataille a dit, dans le même sens, que c'est à tort qu'on objecterait que la chambre commettrait un excès de pouvoir en proclamant un député vraiment élu; elle abdiquerait, autrement, sa propre souveraineté, son droit de vérification. Que le bureau se trompe dans sa décision, qui n'est que provisoire, peu importe; le droit de la chambre reste entier. Ici la seule question est de savoir si le billet contesté est nul · l'affirmative entraîne la proclamation de celui des deux candidats qui, en conséquence de cette décision, se trouve avoir la majorité. La chambre repoussa ce système, en délibérant sur les conclusions du bureau, et en annulant toutes les opérations du collége. M. Janvier, rapporteur. (8 janv. 1836; *Monit.* du 9, p. 39, 40.)

Mais en 1837, la chambre, qui sans doute avait été frappée, dans l'espèce précédente, du doute que présentait une élection décidée d'abord par le seul bénéfice de l'âge, revint à sa jurisprudence, dans des circonstances qui lui offraient à juger la question de droit sans complication de faits particuliers. A un second tour de scrutin, M. Nicod avait obtenu 104 voix, sur 208 bulletins trouvés dans l'urne; son concurrent M. de Formon en avait eu 101. Le président proclama que la majorité étant de 105, et personne ne l'ayant obtenue, il y aurait, le lendemain, scrutin de ballottage. Des réclamations s'élevaient; on fit observer que dans les 208 bulletins on avait constaté 3 billets blancs, lesquels ne devaient pas être comptés; qu'en les déduisant, la majorité, calculée sur 205 suffrages, n'était plus que de 103, et que M. Nicod qui en avait eu 104, avait dû être proclamé député. Le président fut de cet avis; mais on prétendit qu'il ne pouvait pas décider seul et sans le bureau : consulté, le bureau décida que les billets blancs devaient compter, qu'ainsi, il n'y avait pas de majorité, pas d'élection. Le lendemain, au scrutin de ballottage, M. de Formon obtint 96 suffrages sur 101 votants, les électeurs qui avaient nommé M. Nicod ayant refusé de participer à une opération contre laquelle ils protestaient. Le bureau de la chambre pensa, à l'unanimité, que les billets blancs avaient dû être défalqués; qu'ainsi M. Nicod avait eu la majorité; qu'il avait donc été régulièrement élu; que les opérations du lendemain et l'élection de M. de Formon devaient être déclarées nulles et sans effet. La chambre valida l'élection de M. Nicod; M. Caumartin, rapporteur. (23 décembre 1837; *Monit* du 24, p. 2529.)

M. de Cormenin rappelle une observation de M. le président Dupin, qui semble avoir dit que la chambre, ne procédant que par formule générale, n'attribue pas tel bulletin à tel candidat, ce qui serait la fonction d'un bureau de collége électoral; et il répond : « Quelle que soit, en principe, la généralité de la formule, il faut convenir, en fait, que c'est toujours implicitement par l'attribution ou la non-attribution d'un bulletin douteux à tel ou tel candidat que la chambre se détermine. »

432. *La chambre a seule le droit souverain de proclamer définitivement un député, en déclarant quel était le résultat de l'élection, alors même qu'on prétendait qu'il y aurait eu irrégularité dans les opérations électorales, en ce qu'après une déclaration que la majorité n'existait pas, le bureau du collége aurait ensuite proclamé député un des candidats.*

Dans l'élection de M. Jacques Lefebvre, le président de la 1re section avait, après le recensement, déclaré qu'il n'y avait pas majorité, M. Lefebvre ayant obtenu seulement 1,106 voix sur 2,212. Un électeur ayant réclamé, et se fondant sur ce qu'on avait compté plusieurs bulletins nuls dans le nombre des suffrages exprimés, les bureaux de sections délibérèrent de nouveau, et le président du bureau de la 1re section, par le motif que six voix devaient être retranchées du calcul des suffrages, déclara que M. Jacques Lefebvre avait la majorité, et le proclama député. Une protestation soutint que les opérations qui avaient suivi la première déclaration étaient nulles, que la proclamation qui en était la suite se trouvait frappée de la même nullité; qu'ainsi il n'y avait autre chose à faire qu'à procéder à un nouveau scrutin.

M. Vivien, rapporteur, soutint que, même en supposant l'irrégularité des décisions et délibérations dernières des bureaux, la chambre n'en restait pas moins saisie de son droit souverain de décider s'il y avait eu ou non élection, d'après les procès-verbaux, et ainsi, de proclamer le député, véritablement élu, alors même qu'il ne l'aurait pas été par le collége. — M. O. Barrot, tout en insistant sur l'irrégularité des procédés du bureau, reconnut le principe que c'était à la chambre de prononcer comme un grand jury. — M. Mauguin refusa à la chambre le droit de proclamer un député, surtout en ne le faisant que par une décision sur des moyens de formes.

L'admission de M. Lefebvre fut prononcée. (21 déc., 1837, *Monit.* du 22, p. 2513 et suiv.)

La question se présenta le lendemain pour l'élection de M. de Maleville. Sur 374 votants, au 2e tour de scrutin, le candidat avait obtenu 187 voix : il en aurait fallu 188, en calculant la majorité sur ce chiffre total de 374; en conséquence, le président annonça qu'aucun candidat n'ayant obtenu la majorité, il y aurait le lendemain un scrutin de ballottage. Plusieurs électeurs réclamèrent; ils soutinrent que, d'après la jurisprudence de la chambre et la loi, la majorité se calcule, non sur le nombre des votants ni sur celui des bulletins trouvés dans l'urne, mais sur celui des suffrages réellement et valablement exprimés; que, dans l'espèce, il y avait plusieurs bulletins nuls, et que, sans les discuter, il en existait un portant, *ni l'un ni l'autre* : que ce billet, n'exprimant pas un suffrage, devait être retranché du compte, et que, la majorité n'étant plus calculée que sur 373 suffrages, le chiffre de 187 était suffisant. Le bureau délibéra sur ces réclamations, et, à l'unanimité, déclara l'élection acquise à M. de Maloville. Une protestation prétendit que le bureau avait opéré irrégulièrement, et mal calculé la majorité. Le bureau de la chambre fut d'avis que la chambre pouvait déclarer l'élection de M. de Maleville, et qu'elle devait le faire, parce que la majorité ne se comptait que par les suffrages exprimés, parmi lesquels ne se plaçait pas un bulletin portant : *Ni l'un ni l'autre.* La chambre prononça l'admission. M. Edmond Blanc, rapporteur (22 déc. 1837, *Monit.* du 23, p. 2525.)

433. En général, lorsqu'un nom sorti de l'urne a réuni la majorité légale, ce résultat doit être maintenu par la chambre, à moins qu'il n'y ait fraude ou violence. Cependant il est des circonstances où il paraît impossible de ne pas faire fléchir la règle, et de ne pas reconnaître à la chambre le pouvoir de détruire l'œuvre des électeurs. En voici deux exemples.

434. *Doivent être annulées par la chambre les opérations d'un collége électoral qui a nommé pour député un personnage notoirement décédé depuis longtemps.*

Par suite de dissidences locales sur lesquelles on n'était pas parvenu à s'entendre, un certain nombre d'électeurs de Bastia, venus seuls le dernier jour du scrutin, au nombre de 80, et composés, par moitié, des partisans de chacun des deux candidats qui se disputaient réellement l'élection, nommèrent, d'un commun accord, et à l'unanimité, pour leur député, Pascal Paoli, décédé depuis 32 ans. Le bureau de la chambre proposa d'annuler cette étrange élection; ce fut l'avis général des orateurs qui parlèrent sur la question, à l'exception de M. de Jussieu, qui demanda que l'élection fût validée, afin de donner une leçon au collége qui avait si indignement abusé de son droit, et insulté si gravement nos institutions. La chambre déclara les opérations nulles. M. Josson, rapporteur. (14 avril 1838, *Monit.* du 15, p. 910.)

435. *Lorsque, malgré des réclamations d'électeurs, il a été décidé qu'aucun candidat n'avait la majorité et qu'un nouveau scrutin aurait lieu le lendemain, si les électeurs qui avaient protesté la veille ne se présentent pas, que le nombre total des électeurs se trouve réduit de plus de moitié comparativement à la séance précédente et presque à la moitié des électeurs inscrits, et que le compétiteur ait moins de voix qu'il n'en avait eu la veille, dans ces circonstances, l'élection faite le second jour peut être annulée par la chambre.*

M. Viennet aurait obtenu la majorité à un premier scrutin, si on n'avait pas décidé qu'un bulletin contesté devait être compté au nombre des suffrages exprimés. Les électeurs qui avaient réclamé, et qui protestaient contre la déclaration de la non-existence de la majorité pour aucun candidat, et du renvoi au lendemain pour un nouveau scrutin, ne vinrent pas voter à la séance indiquée. Le premier jour, 752 électeurs s'étaient présentés; le lendemain, il ne s'en trouva que 362. M. Viennet qui avait eu 376 voix, n'en eut plus que 3; son concurrent, qui avait eu 373 suffrages, n'en obtint le lendemain que 348. Le nombre des électeurs inscrits était de 825. Dans ces circonstances, le bureau de la chambre pensa que M. Viennet n'avait pas été élu, mais, en même temps, que l'élection de M. Flourens était nulle : on s'est fondé sur ce que les électeurs qui se sont retirés volontairement ont agi dans la conviction erronée que leur vote du premier jour avait épuisé leur droit; cette erreur était celle de la majorité, puisque, indépendamment des électeurs de M. Viennet, 25 voix de M. Flourens avaient manqué le second jour. En présence d'une erreur de droit aussi étendue, dans une situation étrange non prévue par la loi, il a paru qu'on devait renvoyer les candidats devant les électeurs, afin de connaître la majorité d'une manière certaine.

Ce système, présenté par M. Salverte, rapporteur, qui y était personnellement opposé, fut combattu par M. Berryer, qui a développé les raisons suivantes : Le second jour, les opérations ont été régulières ; plus du tiers des membres du collége y ont pris part. L'abstention d'un grand nombre, du plus grand nombre même des électeurs, fondée sur le motif erroné qu'il y avait eu élection valable au premier tour de scrutin, a été toute volontaire, et ne peut faire annuler l'élection du second jour ; s'il en était autrement, une coalition d'un grand nombre d'électeurs empêcherait une élection, en ne se rendant pas au collége électoral. Les électeurs ne peuvent ainsi se mettre au-dessus des décisions du bureau, qui n'ont pour juge supérieur que la chambre. Le nombre légalement exigé, c'est-à-dire plus du tiers des électeurs inscrits, étant complet, on a pu procéder à la seconde élection, qui doit être maintenue, puisqu'on ne lui oppose aucun moyen de nullité autre que cette retraite d'électeurs. — Sur ce dernier point, M. Amilhau a été du même avis ; mais il a soutenu que M. Viennet avait été nommé au premier tour. La chambre annula l'élection de M. Flourens. (23 déc. 1837, *Monit.* du 24, p. 2530 et suiv.)

§ 13. Des faits portant atteinte à la moralité ou à la liberté des élections : manœuvres, fraudes, corruption, violence.

436. « L'élection serait nulle, dit M. de Cormenin, s'il était prouvé que de faux électeurs se sont introduits dans le collége, ou que des votes ont été achetés à prix d'argent, ou que la violence a dominé et déterminé les suffrages, ou que des étrangers, introduits dans le collége, ont entravé la liberté des votes. » Ces principes ont été consacrés par la jurisprudence de la chambre, bien qu'on ait vu, au § 1er, que la présence de personnes étrangères dans le collége ne suffirait pas pour annuler l'élection ; l'abus serait plus grave, et la moralité de l'élection plus douteuse si les faux électeurs introduits dans la salle avaient pris part aux opérations ; au surplus, cela n'est guère possible : les noms des électeurs sont affichés, et il serait toujours fâcheux de repousser les personnes non inscrites sur la liste. Il faudrait supposer que les faux électeurs, par connivence ou usurpation, prennent la place d'électeurs inscrits, et cela n'est admissible que pour les colléges très-nombreux : dans la plupart des localités, les électeurs se connaissent les uns les autres, et ils exercent un contrôle mutuel que l'intérêt d'opinion ou de parti rend ordinairement sévère et ombrageux. Si, après tout, de faux électeurs avaient pris part aux opérations, la chambre apprécierait l'influence que leur nombre et leur coopération auraient pu exercer ; elle déciderait selon les circonstances.

437. *Le fait que des cartes d'électeurs, retirées de la mairie, auraient été déposées par des tiers chez un particulier, ne suffirait pas, en le supposant prouvé, pour faire invalider une élection.*

Élection de M. Decazes ; M. Armez, rapporteur. (Séance du 13 avril 1839, *Monit.* du 14, p. 535.)

Section 1re. — De l'appréciation, par la chambre, de la vérité et de la gravité des faits allégués contre la moralité des élections.

438. La pureté des élections doit être sévèrement maintenue par la chambre ; c'est une condition essentielle à la considération et à l'autorité de l'assemblée elle-même. D'un autre côté, la chambre doit protéger l'expression de la volonté des électeurs contre les attaques passionnées de la minorité, et contre les accusations presque toujours exagérées, souvent calomnieuses, de l'esprit de parti. Sous ce rapport, la jurisprudence parlementaire est généralement empreinte d'un esprit de sagesse et d'équité : la chambre, comme on va le voir par de nombreuses solutions, ne s'arrête ni aux reproches dépourvus de vraisemblance, ni aux allégations dénuées de preuves.

439. *Des allégations de manœuvres et d'influences électorales illicites ne doivent point être admises comme moyens*

de nullité si elles manquent de précision, et qu'aucune preuve ne soit administrée à l'appui; en pareil cas, la chambre n'est même pas mise sur la voie d'enquête, en supposant qu'une proposition d'enquête puisse être admise de la part de la chambre.

La veille de l'élection de M. Parès, une protestation a été déposée; les faits sur lesquels elle était motivée ont été développés dans un mémoire à la chambre des députés. Les signataires y alléguaient un certain nombre de faits qu'ils signalaient comme constituant des manœuvres frauduleuses de la part de fonctionnaires publics.

Sur ces faits, M. Teste, rapporteur, dit que le bureau avait pensé qu'ils avaient de la gravité, et que si réellement une pareille influence avait été exercée par de pareils moyens, ces sortes de manœuvres ne sauraient encourir trop de blâme et pourraient même infirmer l'élection; mais tels qu'ils étaient énoncés, ils manquaient de tout caractère de précision: à l'appui d'aucun il n'était fourni le moindre adminicule de preuves: la chambre n'était pas mise en réalité sur la voie de l'enquête qui lui était demandée; le bureau a senti qu'il y aurait de graves inconvénients à accueillir trop facilement cette proposition d'enquête, qui ferait naître une foule de prétentions semblables, ce qui deviendrait un obstacle à la prompte constitution et aux travaux de la chambre; de même que dans le droit civil on ne doit pas s'enquérir de faits quand ils ne se présentent pas avec un caractère de précision et de vérité qui les recommandent à l'attention de ceux auxquels on les soumet.

M. Dufaure trouva le blâme insuffisant; les faits allégués lui paraissaient précis, et il pensa que peut-être c'était le cas d'un ajournement avant de valider l'élection.

M. Parès nia, en fait, l'existence des manœuvres alléguées.

La chambre valida l'élection, après une première épreuve déclarée douteuse. (Séance du 20 décembre 1838, *Monit.* du 21, p. 2594 et suiv.)

440. Décidé dans le même sens qu'*il n'y a pas lieu de s'arrêter à une protestation reprochant à une élection l'intervention des fonctionnaires publics et la corruption, si elle ne précise aucun fait, et se borne à demander une enquête sans en fournir la base, sans énoncer les actes qui la rendraient opportune.*

Rapport de M. Vivien sur l'élection de M. de l'Espée. Après le rapport, M. Marchal attaqua vivement l'élection, et M. de l'Espée la défendit avec non moins d'énergie; la chambre la déclara valide. (Séance du 11 avril 1839, *Monit.* du 12, p. 523.)

Dans l'élection de M. Chazot, une protestation énonçait des allégations sans fournir aucune preuve, et concluait à une enquête; le rapporteur du bureau dit que, dans cet état de choses, il n'y avait pas lieu d'instituer une enquête: la chambre n'eut pas à en délibérer. M. Hennequin, rapporteur. (26 décembre 1837, *Monit.* du 27, p. 2540.)

441. *De même il n'y a pas lieu de proposer l'annulation d'une élection, fondée sur des manœuvres, sur des faits de corruption, si l'allégation est vague et qu'aucun fait positif ne soit signalé dans les protestations qui attaquent l'élection.*

Tel est le principe posé par M. Boudet, rapporteur, pour motiver la proposition de valider l'élection de M. Vatout, que la chambre a déclarée valable. (Séance du 6 avril 1839, *Monit.* du 7, p. 485.)

Élection de M. le général Tiburce Sébastiani; M. Bernard, rapporteur. (2 août 1831, *Monit.* du 3, p. 1298.)

Élection de M. de Gasparin, où la protestation annonçait une pétition à la chambre, laquelle pétition n'avait pas été envoyée; M. Paixhans, rapporteur. (20 décembre 1837, *Monit.* du 21, p. 2507.)

L'élection de M. Bonnefons était attaquée par une protestation qui prétendait, sans fournir aucune justification, que les suffrages n'avaient été ni libres, ni volontaires, ni secrets. M. Laporte, rapporteur. (20 décembre 1837, p. 2507.)

Celle de M. Goupil de Préfeln était attaquée pour de prétendues manœuvres dont le bureau crut inutile de parler à la chambre, parce qu'elles n'étaient pas justifiées, et n'étaient que des allégations sans preuves. M. Tesnières, rapporteur. (22 décembre 1837, *Monit.* du 23, p. 2521.) — Election de M. Gauthier d'Hauteserve; M. Lachèze, rapporteur. (22 décembre 1837, *Monit.* du 23, p. 2523.) — De M. Chazot. (26 décembre 1837, *Monit.* du 27, p. 2540.)

« La chambre, dit sagement M. de Cormenin, a raison de ne céder qu'à des preuves démonstratives; car les haines des partis sont inventives et crédules. »

442. *Il n'y a pas lieu non plus de s'arrêter à une protestation dirigée contre une élection sous prétexte de corruption, si les articulations que renferme cette protestation sont vagues, et si, quoique des noms aient été prononcés à l'appui dans le bureau, les faits ne sont pas suffisamment prouvés.*

Rapport de M. Isambert sur l'élection de M. Ressigeac, contre laquelle on alléguait plusieurs prétendus faits de corruption, tels que promesses, menaces, contraintes morales. L'élection a été validée. (Séance du 15 avril 1839, *Monit.* du 16, p. 555.)

443. *La chambre peut n'avoir pas égard à une protestation alléguant des faits d'offres d'argent à des électeurs pour obtenir ou empêcher leur vote, et de violences exercées pour les empêcher de se rendre au collége, si ces faits, réprimés par les lois pénales, n'ont été l'objet d'aucun débat contradictoire, d'aucune poursuite, ni même d'aucune plainte en justice.*

Election de M. Flourens; M. Prosper de Chasseloup-Laubat, rapporteur. (3 mars 1838, *Monit.* du 4, p. 473.)

444. Si la chambre ne s'arrête pas aux accusations sans preuve, à plus forte raison ne tient-elle pas compte des allégations démenties ou que diverses circonstances rendent invraisemblables.

445. *Ainsi une protestation alléguant contre une élection des faits graves, ne doit pas néanmoins entraîner la nullité des opérations électorales, si elle a été tardive, non connue de la plupart des électeurs, et qu'elle se trouve démentie par les déclarations d'un très-grand nombre d'électeurs et des deux bureaux du collége, déclarations passées devant notaires.*

Vingt-deux électeurs avaient protesté, le 14 décembre 1837, contre l'élection de M. Paranque. Cette protestation avait d'abord paru au bureau assez grave pour entraîner la nullité de l'élection. Mais M. Paranque, qui n'en avait pas connaissance, ayant demandé un ajournement, fit connaître la protestation aux habitants de Marseille, et répondit aux allégations qu'elle contenait. Cent quatre-vingt-deux électeurs signèrent une réponse par devant notaires; les membres des deux bureaux passèrent aussi devant notaires des actes où ils démentirent la plupart des faits allégués dans la protestation. Le bureau trouvant les réponses satisfaisantes, proposa, et la chambre ordonna l'admission du député. M. Larabit, rapporteur. (10 janvier 1838, *Monit.* du 11, p. 65.)

446. *Lorsque des faits d'influence illégitime, qu'on prétend avoir été exercée sur des électeurs par des agents de l'administration publique sont allégués contre une élection, le bureau peut se borner à déclarer qu'il n'a pas vu dans les faits articulés des motifs suffisants pour invalider l'élection.*

Election de M. Goury; M. Manuel, rapporteur. (Séance du 7 novembre 1840, *Monit.* du 8, p. 2211.)

447. Si, par respect pour la volonté exprimée par la majorité des électeurs, la chambre doit se montrer difficile sur l'admission d'allégations dont le résultat serait de faire annuler l'élection, elle peut et doit se faire rendre compte de tous les faits relatifs à la moralité des opérations; c'est une satisfaction due à l'opinion publique, et un moyen, pour la chambre, d'exprimer un blâme sur les actes répréhensibles (1).

448. *Tout en concluant à la validité*

(1) Sur le droit de blâme, *voyez* première partie, § 3.

d'une élection, le rapporteur peut donc, au nom du bureau, exprimer une opinion sur les abus d'administration publique qui se seraient manifestés à l'occasion de l'élection, tels que l'intervention des députés, surtout s'ils sont hauts fonctionnaires eux-mêmes, dans la dispensation des secours et des faveurs.

Rapport de M. Corne sur l'élection de M. Delbecque. (11 avril 1839, *Monit.* du 12, p. 520.)

449. *De même un bureau peut, en refusant de s'arrêter à des accusations vagues contre des fonctionnaires, charger le rapporteur de déclarer à la chambre que c'était avec regret, avec peine, qu'on voyait des électeurs se livrer ainsi contre des fonctionnaires à des accusations qui ne reposaient sur aucune preuve.*

Election de M. Tiburce Sébastiani; M. Bernard, rapporteur. (2 août 1831, *Monit.* du 3, p. 1299.)

Il en a été de même dans l'élection de M. Lacroix: il y avait, de plus, cette circonstance mentionnée par M. de Rancé, rapporteur, que les signataires de la protestation n'avaient écrit à la suite de leur nom aucune qualité, aucune profession, et que leurs signatures n'étaient ni visées ni légalisées. (2 août 1834, *Monit.* du 3, p. 1634.)

450. *Lorsqu'une protestation énonce des faits de manœuvres électorales, le bureau peut faire prendre des renseignements par son rapporteur, lequel peut en faire part à la chambre, si le bureau pense qu'ils ont assez de gravité, alors même que le rapport conclut à l'admission de l'élu.*

Election du général Doguereau; M. Dumon, rapporteur. (Séance du 15 avril 1839, *Moniteur* du 16, page 557.)

451. *Lorsqu'un bureau n'a pas cru devoir s'arrêter à des reproches non spécifiés de corruption, de menaces et de promesses, et qu'il conclut à la validité de l'élection, il peut néanmoins soumettre à l'appréciation de la chambre des faits allégués comme manœuvres électorales.*

Election de M. le marquis de Praslin; M. Pérignon, rapporteur. (Séance du 16 avril 1839, *Moniteur* du 17, p. 561.)

Section 2e. — Des moyens d'influence, de fraude et de corruption.

452. C'est un droit pour toutes les opinions, pour le gouvernement comme pour l'opposition, d'agir loyalement sur la conviction des électeurs. Lorsque les agents de l'autorité usent de ce droit, ils doivent se garder d'employer leur influence personnelle par une intervention directe dans la lutte électorale. En cette matière, la limite des droits et des devoirs des administrateurs est difficile à préciser; leur pensée dominante doit être de ne rien faire qui porte la moindre atteinte à l'indépendance des électeurs.

453. On ne doit évidemment pas considérer comme un fait reprochable d'influence électorale l'exercice d'un droit politique.

Il ne résulte donc aucune irrégularité de ce que le préfet du département serait entré dans l'enceinte d'un collége et se serait approché du bureau, s'il était lui-même électeur de ce collége.

Election de M. Saunac; M. Charlemagne rapporteur. (22 déc. 1837, *Monit.* du 23, p. 2522.)

454. Des lettres écrites par un administrateur ne sont pas essentiellement, mais peuvent être, selon leur contenu, des actes blâmables d'intervention.

Ne peut pas être considérée comme manœuvre électorale frauduleuse une lettre écrite, en faveur d'un candidat, par le sous-préfet de l'arrondissement, à un électeur, non comme fonctionnaire, mais comme ami de cet électeur et du candidat.

Election du général Tiburce Sébastiani; M. Bernard, rapporteur. (2 août 1831, *Monit.* du 3, p. 1298.)

455. *Si une lettre publique, par laquelle un sous-préfet, électeur lui-même, mais signant comme sous-préfet, a mêlé à une réponse, à une attaque dirigée contre lui, l'apologie d'un des candidats, élu depuis, à la majorité d'une voix, n'entraîne pas la nullité de l'élection, elle peut devenir l'objet d'un blâme du bureau.*

Élection de M. Duchâtel; M. Jars, rapporteur. M. Lherbette avait demandé la nullité de l'élection pour influence illégale destructive de la liberté du vote. La chambre prononça l'admission de M. Duchâtel. (7 août 1834, *Monit.* du 8, p. 1666.)

456. *Lorsqu'une lettre d'un sous-préfet à son préfet, par laquelle il intervient dans les élections en donnant le conseil de rejeter les pièces d'un électeur et de le rayer, a été produite au bureau de la chambre, il y a lieu de renvoyer une pareille lettre au ministre de l'intérieur, pour qu'il instruise sur la conduite de l'auteur de la lettre, et sur le déplacement qui l'a rendue publique.*

Élection de M. Chazot; M. Hennequin, rapporteur. (26 déc. 1837, *Moniteur* du 27, p. 2540 et suiv.)

457. *La présentation d'un candidat frère du sous-préfet, par ce dernier, aux électeurs de l'arrondissement, et ses démarches en sa faveur, peuvent être une cause d'annulation de l'élection.*

Ainsi décidé pour l'élection de M. Bourgeois; mais il faut remarquer que, indépendamment des controverses élevées sur ces faits d'influence, il y avait d'autres moyens de nullité. M. Thiers, rapporteur. (17 août 1831, *Monit.* du 18, p. 1409.)

458. *La lecture qu'a faite, pendant le vote, le président d'un collége électoral, d'une dépêche télégraphique ministérielle, relative au résultat d'autres élections, n'est pas une cause de nullité, mais peut être, de la part du bureau, l'objet d'un blâme envers le préfet qui a envoyé la dépêche, et envers le président qui l'a lue.*

Après le dépôt de quelques bulletins pour les élections d'un des arrondissements du Rhône, le président du collége donna lecture d'une dépêche télégraphique envoyée par le préfet, et que celui-ci avait reçue du ministre de l'intérieur; elle était relative à l'état et aux élections de Paris. Cette lecture fut présentée comme contraire à l'art. 40 de la loi électorale, qui interdit aux colléges de s'occuper d'autre chose que de leurs élections. Le bureau de la chambre reconnut qu'un fait de cette nature ne pouvait invalider l'élection, mais devait encourir une improbation sévère, comme étant l'indice d'une tendance à exercer une influence sur les élections par des faits extérieurs. Telles furent les conclusions de M. Merilhou, rapporteur.

M. Fulchiron répondit qu'il ne fallait point imputer à un collége le fait d'un préfet et d'un président; qu'il n'y avait rien de contraire à la loi dans l'empressement mis par l'autorité à rassurer les citoyens sur la tranquillité publique; que les électeurs n'avaient nullement délibéré, mais seulement entendu une lecture, ce que la loi ne défend pas. MM. Casimir Périer et Jars donnèrent des explications de fait. La chambre prononça l'admission.

M. Dugas-Montbel, autre député du Rhône, fut également admis, sur les conclusions du même rapporteur; son élection présentait cette circonstance de plus, qu'un électeur avait protesté contre la lecture de la dépêche télégraphique. (Séance du 26 juill. 1831, *Monit.* du 27, p. 1270.)

M. de Cormenin émet, sur ces décisions, un avis qui n'a pas la netteté ordinaire des opinions de ce publiciste. «On a voulu, dit-il, faire considérer l'envoi et la lecture d'une dépêche télégraphique comme une espèce de violence morale. Mais l'objection a été écartée. Les assemblées parlementaires jugent ces sortes de reproches sous la préoccupation de leurs opinions politiques. Si l'intérêt ministériel est engagé dans le débat, la chambre franchira les récriminations; car une question de ministère est tout autre que la question d'une élection isolée. Rien de plus problématique que la solution de ces sortes de difficultés.»

459. *Le fait, de la part de l'administration, d'avoir fait distribuer des écrits contenant des menaces de guerre, ne suffit pas pour faire annuler une élection.*

Rapport de M. Vivien sur l'élection de M. de l'Espée. (Séance du 11 avril 1839, *Monit.* du 12, p. 523.)

460. *Le retranchement, opéré par le préfet, d'un grand nombre d'électeurs*

rétablis ensuite sur la liste, par arrêt de la cour royale, ou le rétablissement d'électeurs rayés, ne peut donner lieu à une accusation de fraude, et rejaillir ainsi contre la validité de l'élection, si ce retranchement se justifie par une dissidence, quant à des questions de droit, entre la jurisprudence du préfet et celle de la cour royale.

C'est ainsi que M. Chegaray, rapporteur, et M. Limperani lui-même, ont répondu, en s'appuyant, d'ailleurs, sur les faits, à une protestation qui attaquait l'élection de M. Limperani, dont la chambre a prononcé l'admission. (11 avril 1839, *Moniteur* du 12, p. 518, 519.)

De même, dans l'élection de M. Chazot, vingt-six décisions préfectorales avaient été réformées par arrêt de la cour royale; le rapporteur ne vit pas là un motif d'annulation; M. le ministre de l'intérieur expliqua le fait par la divergence de jurisprudence entre les deux autorités; la chambre prononça l'admission. M. Hennequin, rapporteur. (26 décembre 1837, *Monit.* du 27, p. 2540.)

La cour de Bastia avait ordonné, soit avant, soit depuis l'élection de 1837, la radiation d'un grand nombre d'électeurs inscrits par le préfet, et le rétablissement d'autres qui avaient été rayés. M. Josson, rapporteur, signala ces faits à l'attention du gouvernement; M. Havin insista plus vivement et demanda des explications; le ministre de l'intérieur fit connaître les conflits de jurisprudence qui s'étaient souvent établis sur des questions de droit entre la cour de Bastia et la préfecture. La discussion n'aboutit, sous ce rapport, à aucun vote. (14 avril 1838, *Monit.* du 15, p. 910.)

461. *L'allégation dirigée contre une élection, que les listes électorales d'une précédente année auraient été faussées par l'admission d'électeurs rayés ultérieurement par arrêts de cour royale, n'est d'aucune valeur, surtout si le député dont il s'agit a été admis par la chambre dans l'année même dont on critique les listes.*

Il en est de même de l'allégation que des électeurs rayés par arrêts de cour royale aient été rétablis l'année suivante sur les listes électorales par l'autorité administrative, surtout si aucune réclamation ne s'est élevée contre ces dernières listes.

Élection de M. Chazot; M. Pascalis, rapporteur. (13 avril 1839, *Monit.* du 14, p. 540.)

462. Les manœuvres frauduleuses commises par les citoyens, électeurs ou non, ne sont pas moins blâmables ni moins compromettantes que celles qui émaneraient de l'autorité. L'influence qu'elles exerceraient dépend de leur nature, de leur gravité, des circonstances où elles se sont manifestées.

463. *On ne peut admettre comme moyen de nullité contre une élection l'allégation que, pendant un scrutin, on aurait lu, dans un lieu public, des lettres fausses attribuées à des députés, attestant que l'un des candidats, ancien député, n'avait, depuis son élection, assisté à aucune séance de la chambre, et engageant les électeurs à choisir un autre représentant.*

Élection de M. Renou; M. Martin (de Strasbourg), rapporteur. (23 déc. 1837, *Monit.* du 24, p. 2533.)

464. *Il n'y a pas lieu de s'arrêter à une protestation alléguant comme fait de manœuvres électorales l'absence d'un grand nombre d'électeurs, l'arrivée de certains électeurs embrigadés sous la conduite de chefs, et défrayés dans les meilleurs hôtels de la ville; l'allégation de menaces de chouannerie ne mérite pas non plus considération, si on ne cite à l'appui aucune preuve, aucun nom propre, et qu'il résulte des explications données par le gouvernement que l'autorité n'a eu connaissance d'aucune agitation politique de nature à compromettre, dans ces contrées, la sûreté publique.*

Élection de M. Arthur de la Bourdonnaye; M. Jaubert, rapporteur. (22 déc. 1837, *Monit.* du 23, p. 2522.)

465. *L'intrusion abusive, quoique légale, d'électeurs qui n'ont voté qu'au moyen d'une translation de domicile politique dans l'arrondissement où ils avaient acheté en commun une propriété pour payer un impôt quelconque, par exemple 48 centimes, n'est pas une*

manœuvre frauduleuse qui puisse faire annuler l'élection, si, en considérant leurs votes comme nuls, les suffrages restant à l'élu atteignent et dépassent encore la majorité.

Élection de M. Parès; 19 électeurs placés dans les circonstances qui viennent d'être énumérées, avaient voté; M. Parès avait obtenu une majorité de 34 voix. M. Teste, rapporteur, fit valoir cette circonstance en faveur de la validité de l'élection. M. Dufaure répondit que la chambre n'était pas seulement chargée d'examiner si les conditions légales de l'élection avaient été remplies, mais aussi si l'on n'avait pas abusé de la loi, si l'élection était morale en même temps que légale, si les suffrages ont été libres et sincères.

La chambre, après une première épreuve douteuse, déclara l'élection valide (séance du 20 déc. 1838; *Monit.* du 21, p. 2594 et suiv.)

466. Les faits de corruption, s'ils étaient graves et prouvés, vicieraient, au plus haut degré, les opérations électorales.

467. *On ne doit pas s'arrêter à une protestation attaquant une élection sous prétexte qu'à la suite d'une précédente élection du même candidat, des promesses d'exemption du service militaire auraient été tenues, et que de nouvelles promesses du même genre auraient été faites pour assurer une nouvelle élection de ce candidat.*

Une pareille allégation ne précisant aucun fait, démentie d'ailleurs par son invraisemblance, par la nature du reproche et par la composition du conseil de révision, ne mérite aucune confiance. Il en serait autrement si on rencontrait dans une protestation des faits précis, avec indication des personnes qui se les seraient permis.

Élection de M. Chazot; M. Pascalis, rapporteur. (Séance du 13 avril 1839; *Monit.* du 14, p. 540.) — Déjà en 1837, ce motif, énoncé sans preuve, avait été allégué contre l'élection de M. Chazot, mais repoussé par le bureau et par la chambre. (26 déc. 1837, *Monit.* du 27, p. 2540.)

468. *Des reproches allégués dans une protestation, et fondés sur ce qu'un certain nombre d'électeurs de la campagne auraient été choyés et traités dans des auberges, ne sauraient non plus faire annuler une élection.*

Élection de M. Duprat, M. le général Schneider, rapporteur. (6 avril 1839; *Monit.* du 7, p. 484.) — Voyez également ci-dessus n° 464, l'élection de M. de la Bourdonnaye.

469. *A plus forte raison ne doit pas être pris en considération le fait que des auberges avaient été louées pour loger gratuitement des électeurs, s'il est constaté que ces électeurs ont refusé.*

Élection de M. Blondeau; M. Caumartin, rapporteur. (28 juillet 1831; *Monit.* du 29, p. 1279.)

470. *Une élection ne peut être annulée par cela seul que des secours ou des dons auraient été obtenus du gouvernement par le candidat pour le département qui l'a nommé, ou que des places auraient été données ou rendues à des électeurs ou à leurs familles.*

M. Mauguin attaquait l'élection de M. Vatout, en se fondant sur ce que celui-ci avait fait donner par le ministère des sommes à deux églises du département, à une époque voisine des élections. M. Vatout et M. Martin (du Nord) donnèrent des explications sur les faits, et prouvèrent que les sommes n'avaient été demandées et obtenues que dans un esprit de justice et de bienveillance complétement étranger à toute manœuvre électorale. (Séance du 6 avril 1839; *Monit.* du 7, p. 485 et suiv.)

La question de l'influence, sur la validité d'une élection, des services rendus à l'arrondissement par un candidat s'est élevée aussi, mais accidentellement, lors de la vérification de l'élection de M. Duvergier de Hauranne. (Séance du 8 avril 1839; *Monit.* du 9, p. 497.)

Pour l'élection de M. Vigier, une protestation allégua, comme faits de corruption, des places données à des électeurs ou à leurs familles, des secours ou des dons accordés par le gouvernement à l'arrondissement. M. Vigier donna, sur ces faits, des explications qui leur ôtèrent tout caractère frauduleux, tout rapport avec l'influence directe sur l'élection. (10 avril 1839; *Monit.* du 11, p. 512.)

L'élection de M. Delbecque fut attaquée sous le prétexte que ce député aurait fait conférer des emplois, ou des bourses dans les colléges à des électeurs ou à leurs familles, fait obtenir des emplois ou faveurs par l'emploi de son crédit, et des sommes considérables à des communes de son arrondissement. Après le rapport de M. Corne, M. de Salvandy, ancien ministre, M. Caroly et M. Delbecque prirent la parole sur les faits allégués. Le rapporteur avait conclu à l'admission, et posé les principes suivants, pour la motiver : « Le bureau a pensé que sans aucun doute, la corruption qui substituerait dans l'acte électoral un vil trafic à l'accomplissement d'un fait de conscience, enlevant à l'élection sa moralité et sa sincérité, la rendrait radicalement nulle; il a pensé que de tous les moyens le plus coupable serait celui qui livrerait les deniers de l'état et les emplois publics comme appât ou comme prix d'un marché de suffrages. Mais en même temps votre bureau a reconnu qu'il n'est possible de constater et de saisir ce genre de corruption que lorsqu'il y a une relation actuelle et directe entre le vote et la faveur octroyée, de manière que l'un soit, aux yeux de tous, la conséquence de l'autre. » (11 avril 1839; *Monit.* du 12, p. 520.)

Divers faits de corruption électorale furent articulés dans une protestation contre l'élection de M. Parès; mais le bureau décida qu'il ne s'y arrêterait pas, et la chambre valida l'élection. (Séance du 12 avril 1839; *Monit.* du 13, p. 526.)

Une protestation alléguait, comme fait de corruption, contre l'élection de M. Decazes, la réintégration, à une époque voisine des élections, d'un maire qui avait été suspendu de ses fonctions pour cause de concussion; on alléguait aussi de prétendues promesses faites par M. Decazes, des moyens employés pour s'assurer du vote de chaque électeur, des lettres faisant des promesses à des négociants. Après une discussion entre M. Armez, rapporteur, et MM. Joly et Decazes, discussion qui ne porta que sur les faits, la chambre rejeta l'ajournement demandé par M. Joly, et déclara l'élection valable. (Séance du 13 avril 1839; *Monit.* du 14, p. 534 et suiv.)

Un secours de 1,000 fr. accordé aux pauvres de l'arrondissement de Bourganeuf était présenté par M. Martin (de Strasbourg) comme un moyen de corruption contre l'élection de M. Émile de Girardin; le ministre de l'intérieur répondit à cette attaque par ses explications; la chambre valida l'élection. (5 mai 1838; *Monit.* du 6, p. 1137.)

Section 3e.— De la force majeure, de la violence physique ou morale.

471. *Une force majeure, par exemple une tempête qui a empêché des électeurs de venir exercer leurs droits, n'est point par elle-même un motif suffisant pour faire annuler une élection; elle ne peut avoir cet effet si la présence des électeurs empêchés n'aurait rien pu changer au résultat soit du premier, soit du second scrutin.*

Seize électeurs de Belle-Isle, sur 19, avaient été empêchés, par une tempête, de venir voter à Lorient. Une protestation, fondée sur ce fait, fut dirigée contre l'élection de M. Arthur de la Bourdonnaye. M. Jaubert, rapporteur, soutint qu'on ne pouvait admettre, d'une manière absolue, que la force majeure fût une cause d'annulation d'une élection; autrement il faudrait accorder cet effet à une avalanche, à une voiture versée, etc.; tout dépend des circonstances, et surtout du nombre des électeurs empêchés. Ici, en supposant que les électeurs ainsi retenus eussent voté, leur présence n'aurait rien pu changer à la majorité obtenue par l'élu. (22 déc. 1837, *Monit.* du 23, p. 2522.)

« Le cas accidentel de force majeure, dit M. de Cormenin, n'est pas facile à prouver; et, d'ailleurs, il n'est pas prévu par la loi. Or, les nullités se restreignent plutôt qu'elles ne s'étendent. »

472. *Un fait de violence, étranger aux opérations du collége électoral, et non*

mentionné dans le procès-verbal, ne peut avoir aucune influence sur la validité de l'élection. Telle serait la réclamation d'une personne qui se plaindrait d'avoir été injuriée et maltraitée par le domestique du candidat élu.

Election de M. Dupin; M. Lemercier, rapporteur. (26 juill. 1831; *Monit.* du 27, p. 1269.)

473. *On ne peut invoquer pour faire annuler une élection ce fait, que quelques électeurs auraient été tenus enfermés tandis que le collége était assemblé, s'il résulte, de leur propre déclaration, qu'ils avaient été enfermés volontairement, et si, d'ailleurs, ils ont voté, et voté contre le candidat dont l'élection était attaquée.*

Election de M. Vatout, critiquée, sous ce rapport, par M. Mauguin, défendue par MM. Vatout et Jaubert. (6 avril 1839; *Monit.* du 7, p. 485 et suiv.)

474. *Une querelle engagée, et le mot de chicane, prononcé à l'occasion de la démarche d'un électeur passé derrière le bureau et appuyé sur le fauteuil d'un des scrutateurs, ne peuvent invalider le dépouillement du scrutin, ni, par suite, l'élection.*

Election de M. Tiburce Sébastiani; M. Bernard, rapporteur. (2 août 1831; *Monit.* du 3, p. 1299.)

475. *Si, dans une ville où il y a plusieurs colléges, une force brutale envahit un de ces colléges, se jette sur le bureau, brise l'urne et déchire les bulletins, l'élection des autres colléges, faite, deux jours plus tard, sans que l'ordre y ait été troublé, et sans qu'aucune autre violence ait été commise dans la ville, ne peut être annulée par cela que, le dernier jour seulement, un grand nombre d'électeurs se sont abstenus de voter, et ont protesté, prétendant que les événements arrivés le premier jour à un autre collége avaient exercé sur eux une violence morale qui les avait privés de leur liberté.*

Ces circonstances se présentaient dans l'élection de M. Beaujour, à Marseille. La validité de l'élection fut soutenue par MM. Cunin-Gridaine, rapporteur, Pelet de la Lozère, Reynard, et repoussée par MM. Coulmann et Renouard. La chambre prononça l'admission, à la presque unanimité. Les circonstances particulières, l'appréciation de l'esprit de parti qui paraissait avoir déterminé la retraite volontaire de 101 électeurs, furent pour beaucoup sans doute dans cette résolution. (30 juill. 1831; *Moniteur* du 31, p. 1283, 1284.)

476. *L'allégation que la population était menaçante pour ceux des électeurs qui étaient soupçonnés de voter d'une certaine manière, qu'un électeur aurait fait écrire son vote, à un second tour, par une main étrangère, déclarant que c'était pour se laver du reproche de s'être vendu, qu'un habitant aurait été menacé, qu'un électeur aurait dit avoir voté contre son opinion: cette allégation ne porte pas sur des faits assez graves pour mériter une enquête.*

Election de M. Blondeau; M. Caumartin, rapporteur. (28 juillet 1831; *Monit.* du 29, p. 1279.)

477. *On ne doit pas non plus avoir égard à de prétendues menaces de chouannerie.*

Voyez ci-dessus, sect. 2, n° 464, l'élection de M. de la Bourdonnaye.

478. *Des faits de menaces envers un fonctionnaire par ses supérieurs, de mise en demi-solde d'un officier, de suspension d'un employé, doivent être signalés aux ministres pour qu'ils prennent des renseignements et les transmettent à la chambre.*

Des faits de cette nature avaient été allégués par M. Taillandier; M. Lachèze fils, rapporteur, dit, au nom du bureau, que s'ils étaient exacts, ils devaient être flétris, et les signala à l'attention des ministres en les invitant à prendre des renseignements. La discussion s'engagea sur les faits, que le ministère démentit, et, à cette occasion, sur l'influence ministérielle, et sur des actes que l'opposition reprochait au cabinet. L'élection dont il s'agissait, celle du général Merlin, fut validée. (6 août 1834; *Monit.* du 7, p. 1661 et suiv.)

479. *L'absence de deux fonctionnaires électeurs, en supposant vraie l'allégation qu'ils avaient été illégalement retenus loin de leur collége par*

l'autorité supérieure, ne pourrait entacher l'élection si l'élu avait obtenu plus que la majorité, indépendamment de ces deux suffrages.

Election de M. Ardoin; observation de M. de Vatry. (22 déc. 1837; *Monit.* du 23, p. 2523.)

480. *Il n'y a aucune intention d'intimidation dans ce fait qu'un électeur, interpellé sur la question de savoir s'il n'était pas étranger non naturalisé, ayant répondu affirmativement, aurait été invité à ne pas voter, et se serait volontairement retiré.*

Election de M. Paranque; M. Larabit, rapporteur. (10 janv. 1838; *Moniteur* du 11, p. 65.)

481. De même, *si, sur la demande adressée par le secrétaire du bureau à un électeur, s'il n'était pas étranger, et comme tel non admis à voter, cet électeur a répondu qu'il se croyait électeur, et cependant se soit retiré sans voter, il ne résulte pas de l'observation du secrétaire une sorte de violence morale, surtout si le président a averti l'électeur qu'il avait le droit de voter; sa retraite, toute volontaire, ne peut en rien vicier l'élection.*

Election de M. Bessières; M. Pascalis, rapporteur. (15 avril 1839; *Moniteur* du 16, p. 552.)

482. Au surplus, *l'allégation d'une prétendue violence morale exercée sur un électeur qui s'est abstenu de voter est indifférente si, en ajoutant le vote de cet électeur au nombre de ceux qui ont voté, l'élu aurait toujours eu la majorité.*

Dans cette même élection de M. Bessières, le secrétaire du bureau avait demandé à un électeur s'il n'était point étranger, et si, comme tel, il se croyait fondé à voter; l'électeur avait répondu en exposant les motifs qui lui faisaient croire qu'il était électeur, et le président lui avait dit qu'il pouvait voter; toutefois l'électeur s'était retiré sans exprimer son vote. Une protestation contre l'élection prétendit qu'il y avait là une violence morale. Le rapporteur, au nom du bureau, fit remarquer qu'en ajoutant la voix de cet électeur, M. Bessières avait encore la majorité. L'élection fut validée. (Séance du 15 avril 1839: *Moniteur* du 16, p. 552.)

§ 14. De la qualité d'électeur et des réclamations dont elle est l'objet.

Section 1re. — De l'inscription ou non inscription sur les listes électorales, et de ses effets.

483. Dans le système de la loi électorale en vigueur, le préfet dresse les listes d'électeurs; il est tenu de les publier, d'y ajouter ceux qui ont acquis les qualités requises, et ceux qui ont été précédemment omis; il retranche les décédés, et ceux dont l'inscription a été annulée par l'autorité compétente. Les rectifications ainsi opérées sont publiées de manière à provoquer les réclamations des intéressés et même des tiers.

484. Il résulte de ces dispositions combinées que *l'inscription d'électeurs décédés, et l'omission d'électeurs que l'on prétendrait avoir droit, ne peuvent influer sur la validité de l'élection, si les listes électorales avaient été définitivement dressées sans aucune réclamation des intéressés ou des tiers.*

Election de M. Julien Bessières; M. Laurence, rapporteur. (5 mars 1833; *Monit.* du 6, p. 610.)

485. *Il en est de même pour le cas où deux électeurs auraient été portés indument sur la liste, l'un parce qu'il n'avait pas, depuis le temps requis par la loi, la propriété donnant le cens électoral, l'autre parce qu'il n'avait pas encore acquis son domicile politique dans le département, et avait même été conservé sur les listes d'un autre département.*

Ces circonstances se sont présentées dans l'élection de M. Charreyron; M. Liadières, rapporteur, conclut néanmoins à l'admission, en se fondant sur ce que les listes avaient été publiées et affichées sans qu'aucune réclamation fût élevée avant ou pendant l'élection, que, par conséquent, les deux électeurs avaient voté de bonne foi, en vertu d'un droit d'inscription non contesté. La chambre prononça l'admission. (6 août 1834; *Monit.* du 7, p. 1658.)

Dans l'élection de M. Armand, M. Lambert, rapporteur, dit que le bureau n'avait pas jugé digne d'une discussion sérieuse un moyen de nullité tiré de l'inscription, sur les listes, d'un électeur qui n'avait pas une année de possession. (22 déc. 1837; *Moniteur* du 23, p. 2520.)

Dans l'élection de M. Marchal, le moyen de nullité tiré de la participation au vote, d'un individu qu'on prétendait étranger, mais qui avait été inscrit sans réclamations, fut repoussé; M. de la Grange, rapporteur. (20 déc. 1837; *Monit.* du 21, p. 2508.)

486. Décidé dans le même sens que, *lorsque des électeurs ont été inscrits sur les listes affichées dans la salle, et que leur inscription n'a point été attaquée comme elle pouvait l'être, leur participation à l'élection ne saurait être une cause de nullité.*

Election de M. Gauthier d'Hauteserve; M. Lacbèze, rapporteur. (22 déc. 1837; *Monit.* du 23, p. 2523.)

487. *On ne peut prétendre que des citoyens qui ont voté étaient de faux électeurs, par cela seul qu'ils avaient été inscrits le dernier jour, et qu'ainsi on ne pouvait plus attaquer leur inscription, les inscriptions pouvant se faire jusqu'au 30 septembre à minuit, et les radiations pouvant être demandées par ceux qui croient avoir le droit de critiquer les listes électorales.*

Election de M. Bonnefous; M. Laporte, rapporteur. (20 déc. 1837; *Monit.* du 21, p. 2507.)

488. *Dès que l'inscription d'un citoyen sur la liste électorale n'a pas été attaquée dans le délai légal, il y a présomption qu'il était électeur valide; en conséquence il doit compter pour contribuer à maintenir le collége au complet de 150 électeurs.*

Election de M. Lacaze; M. Leyraud, rapporteur. (4 août 1834; *Monit.* du 5, p. 1645.)

489. Lorsque les listes ont été définitivement arrêtées et closes, il ne peut plus y être fait aucun changement qu'en vertu de décisions judiciaires; une personne omise sur les listes ne doit être reçue à voter que si elle présente un arrêt de cour royale établissant son droit, ou qu'elle justifie d'une réclamation suspensive contre une décision prise à son préjudice. (Articles 32, 34, 46 de la loi électorale.)

490. En conséquence, *un citoyen non inscrit sur les listes électorales ne peut être admis à voter en présentant un arrêté du conseil de préfecture. Toutefois sa participation aux opérations électorales n'entraîne pas nullité si elle ne porte pas atteinte à la majorité d'ailleurs acquise* (1).

Election de M. Junyen; M. Marchal, rapporteur. (28 juill. 1831; *Monit.* du 29, p. 1276.)

491. *Un pareil incident ne peut surtout influer sur la validité de l'élection, si l'arrêté n'avait pour but que de rectifier une erreur matérielle, commise par le bureau, au préjudice d'un seul électeur, et que l'élection ait eu lieu à une forte majorité.*

Dans l'élection de M. Gauthier d'Hauteserve, en 1834, un M. *Pointis Canderat*, électeur, inscrit sous ce nom, ne s'était point présenté; *M. Pointis Riencla* prétendit que l'inscription lui appartenait, et demanda à voter; le bureau refusa, le premier jour, de l'admettre, son nom n'étant pas inscrit sur la liste affichée dans le collége. Il obtint un arrêté du préfet pour être admis à voter, et il le fut. Le bureau de la chambre, par l'organe de M. Gaëtan de la Rochefoucauld, conclut à l'admission, qui fut prononcée sans discussion. (5 août 1834; *Monit.* du 6, p. 1651.)

Décidé de même dans l'élection de M. Fauric. M. Garat fils, électeur, avait été rayé; c'était une erreur : on l'avait rayé, à la place de son père, décédé. Un arrêté du préfet l'avait admis à voter, ce qui avait fait difficulté devant le collége. Le bureau de la chambre ne s'arrêta pas à l'incident, parce que le suffrage de M. Garat ne pouvait exercer aucune influence sur la majorité. (2 déc. 1834; *Monit.* du 3, p. 2157.)

492. *La chambre a décidé de même*

(1) Sur ce dernier point, *voyez* ci-après, section 4.

qu'un électeur qui a produit ses justifications dans le délai, mais qui a été omis sur la liste électorale par suite d'une erreur d'impression, peut y être porté, après le délai, par un arrêté du préfet en conseil de préfecture.

Ce cas se présentait dans l'élection de M. Chasles ; à raison des circonstances particulières, le bureau de la chambre pensa qu'un électeur avait pu être inscrit de cette manière. M. Chasles donna des explications dans le même sens. M. Lévêque de Pouilly, rapporteur, invoqua aussi la bonne foi et la difficulté d'exécuter en très-peu de temps la loi électorale alors toute nouvelle. M. Caminade fut de cet avis. M. Gaëtan de La Rochefoucauld soutint qu'une fois la liste arrêtée, il n'y avait pas d'exception, et que le préfet ne pouvait inscrire personne qu'en vertu d'un arrêt de cour royale. M. Salverte émit la même opinion. La chambre prononça l'admission. (30 juillet 1831 ; *Monit.* du 31, p. 1287-1288.)

493. *Des citoyens qui ont été éliminés, sur la demande d'un tiers, par un arrêt par défaut contre lequel ils ont formé opposition, peuvent légalement voter si la cour royale n'a pas statué définitivement avant la réunion du collége. Leur participation est d'ailleurs indifférente si, en retranchant leurs suffrages, le candidat élu réunissait encore une majorité suffisante* (1).

Election de M. Azaïs ; M. Amilhau, rapporteur. (19 déc. 1837 ; *Monit.* du 20, p. 2502.)

494. Une inscription illégale sur les listes ne donne lieu à aucune critique de l'élection, si elle n'a pu avoir aucune influence sur l'élection.

Ainsi *la circonstance que des électeurs auraient été maintenus sur la liste malgré leur radiation, prononcée en conseil de préfecture, et notifiée dans le délai, est indifférente si ces électeurs ne se sont pas présentés dans le collége, et, ainsi, n'ont pas pris part au vote.*

Election de M. Portalis ; M. Sapey, rapporteur. (9 février 1835, *Monit.* du 10, p. 294.)

(1) Voy. n. 490-491.

495. *Le principe de la permanence des listes garantit le droit d'électeurs régulièrement inscrits, mais que l'on prétend avoir perdu le cens depuis leur inscription.*

Election de M. Charamaule (2 déc. 1834, *Monit.* du 3, p. 2157.) Dans cette élection, il s'agissait d'un citoyen qui ne possédait le cens que par suite d'une délégation, et la personne qui avait délégué était morte au jour des élections.

Section 2e.—Des pouvoirs du bureau du collége, et de ceux de la chambre, relativement aux décisions concernant le droit des électeurs.

496. « Le bureau n'a point à s'occuper des réclamations qui ont pour objet le droit de voter, c'est-à-dire qui concernent la capacité électorale des personnes inscrites sur la liste, ou qui prétendraient y avoir été omises indument. Si des réclamations s'élevaient à cet égard, le président ferait connaître qu'elles ne doivent pas être traitées dans le sein du collége, mais qu'elles peuvent être présentées à la chambre. » (Instruction sur la tenue des colléges électoraux.)

« Le bureau du collége, dit M. Armand Dalloz, *Dictionnaire de jurisprudence*, v° *Elections législatives*, n. 551, n'a pas le droit de statuer sur la capacité des citoyens qui, étant portés sur la liste affichée dans la salle, et remise au président, se présenteraient pour voter. La chambre des députés est seule juge, et juge souverain de l'influence qu'a pu exercer sur la validité des élections l'éloignement d'électeurs capables, ou l'admission d'électeurs incapables. »

497. La jurisprudence a consacré ces principes. Ainsi *le bureau d'un collége ne doit pas avoir égard à une protestation tendant à empêcher des électeurs de voter, et à demander qu'un troisième soit admis à voter.*

Election de M. Horace Sébastiani. En approuvant cette décision du bureau, M. de Golbéry, rapporteur, a rappelé ses motifs, qui étaient les suivants : Ce n'est pas au bureau à composer les listes ; le collége électoral les reçoit toutes faites : s'il y a des erreurs, c'est au pouvoir judiciaire à les juger ; les listes arrivent au collége dans l'état où il doit les exécuter, c'est-à-dire qu'il doit admettre ceux qui y sont inscrits, en repoussant ceux dont les noms ne s'y trouvent pas. (11 janvier 1838, *Monit.* du 12, p. 74.)

498. De même, *le bureau du collége ne peut refuser le vote d'un électeur inscrit sur les listes non attaquées, par cela qu'un autre électeur prétend qu'il n'a pas de domicile politique dans l'arrondissement électoral.*

Election de Bastia ; M. de Jussieu, rapporteur. (14 avril 1838 ; *Monit.* du 15, p. 910.)

499. De même encore, *le bureau devant lequel des électeurs dont la radiation a été prononcée par le préfet et ratifiée par la cour royale, ont réclamé leurs droits, doit passer outre, et ordonner que toutes les pièces soient jointes au dossier.*

Election de M. Parès ; M. Bernard (de l'Ain), rapporteur. (20 déc., *Monit.* du 21, p. 2509.)

500. *Mais un bureau de collége ne commet pas un abus de pouvoir lorsque, sur l'interpellation d'un électeur, adressée à un autre électeur, sur la question de savoir s'il n'était pas failli non réhabilité, cet électeur ayant répondu affirmativement et s'étant néanmoins présenté pour voter, ce bureau refuse de recevoir son vote.*

Election de M. Paranque ; M. Larabit, rapporteur. (10 janvier 1838 ; *Monit.* du 11, p. 65.)

501. La chambre a nécessairement des pouvoirs plus étendus que ceux des bureaux des colléges. La loi électorale, art. 45 et 61, lui donne le droit de prononcer définitivement sur toutes les réclamations, et la constitue seule juge des conditions d'éligibilité ; des pouvoirs aussi larges paraissent comprendre celui de statuer sur la capacité des électeurs : car un ou plusieurs suffrages, maintenus ou supprimés, peuvent avoir une influence radicale sur le sort de l'élection, selon que ceux qui les ont donnés étaient ou non capables de voter.

M. de Cormenin professe cette opinion, dans les termes suivants : « Du principe que la chambre est seule juge des conditions d'éligibilité, il suit qu'elle examine la capacité des citoyens inscrits sur la liste électorale, mais dans ses rapports seulement avec le député. C'est la conséquence presque forcée du droit qu'elle a de vérifier les conditions d'éligibilité. Mais la chambre ne pourrait ordonner ni l'inscription sur la liste, ni le retranchement de la liste d'aucun électeur, et c'est dans ce sens qu'on peut dire qu'elle n'a pas à juger le droit des citoyens à être inscrits sur les listes électorales. »

Il importe de remarquer ces dernières expressions, et d'en bien peser la portée, afin de ne pas se tromper sur l'opinion qu'exprime ailleurs le même publiciste, quand il pose ainsi la question : « La chambre peut-elle juger du droit des électeurs à être inscrits sur les listes électorales ? » et qu'après avoir rappelé que cette question s'est présentée souvent aux élections de 1828, il ajoute : « Mon opinion est que la chambre peut tout, mais qu'elle ne doit pas faire tout ce qu'elle peut. La loi du 19 avril 1831 a remis aux maires et aux préfets la confection des listes, et aux préfets en conseil de préfecture, en première instance, et aux cours royales, en appel, le soin de prononcer sur toutes les difficultés et réclamations que la confection desdites listes pourrait soulever. Actions des électeurs et des tiers, formes, délais, autorités, tout a été prévu et réglé par la loi. Si donc les listes ont été publiées et affichées avant l'élection et sans réclamation, et si les électeurs, dont on conteste après coup, soit le cens, soit le domicile, ont voté de bonne foi et en vertu de leur inscription, la chambre doit passer outre ; car, encore bien qu'elle puisse tout, elle ne doit régulièrement statuer que sur les difficultés relatives aux opérations des colléges. »

Cette interprétation restrictive semble présenter quelque apparence de contradiction avec le principe, posé par M. de Cormenin, que la chambre, juge de l'éligibilité, l'est nécessairement des droits de l'élu, droits fondés sur la légalité de l'élection, et une élection ne peut être validée qu'autant que ceux qui y ont procédé en avaient la capacité. Mais il ne faut pas perdre de vue la distinction qui résulte de la combinaison des deux opinions de cet auteur; la chambre n'a aucune action sur la confection des listes, ni sur les titres que les citoyens avaient pour y figurer; mais elle peut et elle doit juger si l'élection qui lui est soumise a été régulière, légale, faite par des personnes jouissant de la capacité électorale : autrement elle serait condamnée à sanctionner des élections essentiellement viciées dans leur base, des élections qui ne seraient pas réellement le produit d'une majorité de vrais électeurs.

La question constitutionnelle qui se présente ici n'a pas reçu de la chambre une solution générale aussi nette, aussi uniforme que l'importance de son objet l'aurait demandé. Toutefois, on verra qu'au fond, dans la pratique, la chambre, si elle n'a pas résolument posé le principe de sa compétence, en a souvent admis l'application. La section troisième du présent paragraphe en offre aussi de nombreux exemples.

502. D'après la distinction que j'ai posée, et qu'admet M. de Cormenin, il est certain, et cela a été décidé, que *la chambre ne peut être juge de la question de savoir si les impôts ont été bien appliqués à telle ou telle personne, si ces impôts s'élèvent réellement à la quotité indiquée, si les auteurs d'une protestation représentent tous les certificats que peuvent fournir ceux dont ils contestent la capacité.*

Élection de M. Gauthier d'Hauteserve; M. Lachèze, rapporteur. (22 décembre 1837; *Monit.* du 23, p. 2523.)

503. Il y a eu hésitation sur la question de savoir si *la chambre a le droit d'examiner la régularité des listes électorales, ou bien si son droit consiste seulement à prononcer définitivement sur les opérations des colléges électoraux, alors qu'elles ont été l'objet de contestations élevées d'abord devant les bureaux de ces colléges.*

En défendant son élection, M. Chasles prétendit que la chambre n'avait pas droit de rechercher si les listes électorales étaient régulièrement dressées; que c'était la mission des préfets et des cours royales; que, pour les opérations des colléges, les questions qui pouvaient s'élever étaient dévolues au bureau; que les droits de la chambre ne commençaient que quand le bureau avait prononcé sur des difficultés élevées, et sur lesquelles la décision définitive était réservée à la chambre; si la chambre est souveraine, c'est à charge de se soumettre aux lois qu'elle a faites, et de respecter les attributions des différents pouvoirs. — M. O. Barrot s'éleva, par des interruptions, contre cette doctrine, qui fut combattue par M. Salverte. Suivant cet orateur, c'est une erreur de borner les droits de la chambre à la seule décision des contestations élevées dans les colléges; ses droits s'étendent à toute l'élection : elle juge en dernier ressort l'exercice du droit électoral; elle admet, s'il y a bonne foi et irrégularité; elle annule, si l'irrégularité blesse un principe général ou une loi précise.

(30 juillet 1831; *Moniteur* du 31, p. 1287, 1288.)

Dans l'espèce précédente, la chambre ne décida pas formellement la question; elle la jugea dans l'élection de M. Charreyron qui, à un scrutin de ballottage, n'avait eu qu'une voix de plus que son concurrent; on contestait les droits de plusieurs électeurs, et le bureau reconnaissait que deux n'auraient pas dû être portés sur les listes, l'un comme n'ayant pas acquis, à l'époque voulue, la propriété donnant le cens électoral, l'autre comme n'ayant pas son domicile politique dans le département. Le bureau conclut cependant, à l'unanimité, à l'admission de M. Charreyron, qui fut prononcée par la chambre; le bureau avait considéré que la chambre ne prononce que sur les difficultés qui s'élèvent touchant les opérations des colléges, qu'elle ne s'immisce pas dans la confection des listes. M. Lindières, rapporteur. (6 août 1834, *Monit.* du 7, p. 1658.)

504. Dans plusieurs circonstances la question a été posée, en principe, dans les termes suivants : *La chambre des députés a-t-elle le droit d'examiner la capacité d'électeurs inscrits sur une liste électorale ?*

Soulevée lors de l'élection de M. Vigier en 1839, elle n'a pas été résolue alors, parce que les circonstances de fait en rendaient l'examen inutile ; mais le rapporteur, M. Vivien, a voulu poser le principe par respect pour la prérogative de la chambre. « Le bureau, a dit l'honorable rapporteur, s'est demandé s'il avait le droit d'examiner la capacité d'électeurs officiellement inscrits sur une liste électorale. Ce droit lui a été contesté par un certain nombre de ses membres. On a invoqué le principe de la permanence des listes, et on a soutenu que, par suite de ce principe, il n'y avait aucun examen à faire sur les listes électorales une fois dressées, lorsque le délai pendant lequel elles pouvaient être attaquées s'était écoulé sans qu'elles fussent l'objet de réclamations. La majorité du bureau, tout en reconnaissant ce qu'a de tutélaire et de nécessaire le principe de la permanence des listes, a pensé que ce principe n'était pas supérieur au contrôle souverain que la chambre a le droit d'exercer en matière électorale. Il est évident qu'il pourrait arriver que de tels abus eussent été commis, que les personnes qui auraient pris part à l'élection ne fussent pas celles qui auraient été désignées par la loi pour envoyer un citoyen représenter le pays dans la chambre. (*M. Berryer :* C'est évident.)... Cette doctrine est conforme aux précédents de la chambre ; en effet, dans de nombreuses élections, la chambre a eu occasion de vérifier si certaines personnes inscrites sur les listes, et dont l'inscription matérielle n'était pas contestée, avaient pu, à bon droit, concourir à l'élection. » (Séance du 10 avril 1839 ; *Monit.* du 11, p. 512.)

M. Cuny avait obtenu le nombre juste de voix nécessaires pour former la majorité ; une protestation signala un électeur comme ayant voté sans en avoir le droit, à raison de l'insuffisance de son cens. Le rapporteur, M. Delbecque, après avoir exposé les faits, ajouta qu'ils n'étaient pas présentés comme tout à fait incontestables, parce qu'il n'y avait pas eu de débat contradictoire entre l'électeur dont le droit était contesté et les personnes qui le lui contestaient ; il termina ainsi : « L'inscription du sieur... sur la liste électorale n'a pas été attaquée dans les formes déterminées par la loi. Il était inscrit sur cette liste au moment de l'ouverture du scrutin ; la majorité du bureau, se fondant sur plusieurs décisions prises par la chambre dans des cas analogues, a pensé que sa participation à l'élection ne pouvait pas faire annuler le résultat de cette élection. »

M. Larabit combattit cette opinion en rappelant les principes émis par M. Vivien à l'occasion de l'élection de M. Vigier. « La permanence des listes, a dit l'orateur, est une loi pour le bureau du collége électoral ; mais elle ne peut être une loi pour la chambre des députés. (Réclamations aux centres.) La loi électorale veut qu'on n'inscrive sur la liste que les citoyens qui paient 200 fr. d'impositions. C'est là le principe que vous ne sauriez méconnaître. Je sais bien que vous ne pouvez aller chercher dans toutes les listes électorales qui ont été dressées par les préfets ; mais toutes les fois qu'il y aura une erreur ou une fraude, et qu'elle aura pu produire une élection à la majorité d'une seule voix, votre droit et votre devoir est d'examiner si ces listes électorales ont été dressées conformément aux lois. Voilà les vrais principes, et si vous ne les admettez pas, vous encouragerez par cela même les préfets à vicier les listes électorales, vous encouragerez la fraude. »

La chambre prononça l'admission de M. Cuny. Mais ce vote ne tranche pas la question, car il peut avoir été déterminé par cette considération, énoncée dans le rapport, que les faits allégués contre le droit de l'électeur n'étaient pas suffisamment établis. (Séance du 15 avril 1839 ; *Moniteur* du 16, p. 557.

Dans l'élection de M. le général

d'Houdetot, deux personnes étaient signalées comme ayant voté sans avoir la qualité d'électeurs. M. Daguenet, rapporteur, dit que, les deux électeurs contestés figurant sur les listes électorales, le principe de la permanence des listes établissait une présomption en leur faveur; mais il n'insista pas sur le principe, parce que les électeurs contestés soutenaient au fond qu'ils avaient droit de voter, et parce que, d'ailleurs, en retranchant leurs suffrages, la majorité était encore acquise à M. d'Houdetot. (Séance du 1er juin 1839; *Monit.* du 2, p. 842.)

La chambre annula, le 2 août 1831, l'élection de M. Allier, parce qu'il avait été porté sur la liste électorale, bien qu'il n'eût dans le département ni domicile réel ni domicile politique, et qu'il ne prouvât le paiement d'aucun impôt dans l'arrondissement. (*Monit.* du 3, p. 1298.)

Peu de temps après, la question se présenta dans l'élection de M. Bourgeois, et fut nettement posée par M. Thiers, rapporteur. La capacité électorale de trois citoyens était contestée. M. Thiers demanda si la chambre devait revenir sur la liste une fois close, si elle devait se considérer comme jury et comme jury souverain, et, en cas d'irrégularité de la liste, casser l'élection; ou si elle devait regarder le système de la permanence des listes comme interdisant toute recherche ultérieure à l'égard des électeurs inscrits; si elle devait considérer qu'en 1827 elle était seule juge des listes non contrôlées alors, tandis qu'aujourd'hui, les listes étant contrôlées sur les lieux même au moyen de l'intervention des tiers et de la juridiction des cours royales, elle devait ne plus s'en mêler et respecter la permanence légale. M. le rapporteur, après avoir ainsi posé la question, n'en proposa pas la solution, bien qu'il parût incliner pour l'incompétence de la chambre. Sous ce rapport, il fut combattu par M. Tixier-Lachassagne, qui soutint que la loi, par ses dispositions sur les listes électorales, n'avait pas entendu priver la chambre de la prérogative d'examiner si les députés ont été nommés par des électeurs jouissant de la capacité légale. La chambre annula l'élection; mais ce vote ne tranche pas la question, parce qu'il y avait d'autres moyens de nullité que celui tiré du défaut de qualité des électeurs contestés. (17 août 1831; *Monit.* du 18, p. 1409 et 1490.)

M. Voysin de Gartempe fut nommé par suite de l'annulation de l'élection de M. Bourgeois. Une protestation fut rédigée, où l'on attaquait l'élection, par le motif, entre autres, que cinq électeurs y auraient pris part sans avoir le droit de voter. M. Parant exposa les raisons pour et contre le droit de la chambre d'entrer dans l'examen des listes électorales et de la capacité des électeurs; mais il déclara que le bureau n'avait pas pris de résolution sur la question. (22 septembre 1831; *Monit.* du 23, p. 1654.)

Dans l'élection de M. de Frémicourt, une protestation adressée à la chambre alléguait que cinq électeurs indûment inscrits avaient voté; M. Hervé, rapporteur, se contenta de répondre qu'il n'y avait eu aucune réclamation contre les listes dans le délai légal. La chambre prononça l'admission. (4 août 1834; *Monit.* du 5, p. 1641.)

L'élection de M. Marchal, faite à une seule voix de majorité, fut attaquée par le motif qu'un individu non Français y avait pris part; le rapporteur du bureau ne se borna pas à répondre que cet individu avait été porté sans réclamation sur les listes électorales: il entra dans l'examen et l'appréciation des motifs qui devaient le faire considérer comme Français. M. Jaubert, qui attaquait l'élection, prétendit que l'inscription sur la liste électorale n'empêchait pas le pouvoir souverain de la chambre de statuer sur la validité des élections, et par conséquent sur les causes de nullité qui peuvent exister dans la composition du corps électoral; que la chambre ne devrait s'abstenir que s'il y avait eu chose jugée par l'autorité compétente, judiciaire ou administrative. La chambre déclara l'élection valide. (20 décembre 1837, *Monit.* du 21, p. 2508, 2509.)

On attaquait l'élection de M. Taillandier par le motif qu'un fils se serait substitué à son père, et aurait voté sans en avoir le droit. Le bureau de la chambre, pour se décider, examina la liste des électeurs, et reconnut que c'était le fils qui était inscrit, et qu'il devait voter puisque, d'ailleurs, on ne justifiait pas qu'il ne payât pas le cens. M. Ganneron, rapporteur. (21 décembre 1837; *Monit.* du 22, p. 2552.)

Une protestation attaquait l'élection de M. Perrin, sous prétéxte que seize personnes avaient voté sans avoir le cens électoral. M. Véjux, rapporteur, parut ne s'appuyer que sur le principe de la permanence des listes, car il se borna à dire, d'après l'avis du bureau, que la protestation faite après l'élection était tardive; que l'on aurait dû attaquer la qualité d'électeur avant l'élection, et qu'aucune réclamation ne s'étant élevée jusqu'alors, l'élection était bonne. L'élection fut validée sans discussion; le rapport avait été fait parmi ceux des élections non contestées. (21 décembre 1837; *Monit.* du 22, p. 2513.)

505. Si, comme on vient de le voir, les précédents ne sont pas complètement d'accord lorsqu'il s'agit, en règle générale, des droits de la chambre relativement à l'examen de la capacité des électeurs, si la chambre a paru craindre de mettre en opposition le principe de sa compétence avec celui de la permanence des listes, elle n'hésite pas à entrer dans l'examen du fond, lorsqu'il s'agit de savoir si le vote d'un électeur contesté devait compter dans le calcul des suffrages composant la majorité.

506. Il a donc été décidé que, *pour savoir si tel suffrage doit ou non être retranché de ceux qui ont formé la majorité, la chambre peut examiner si l'électeur qui l'a donné avait le droit de voter, s'il était légalement inscrit.*

C'est ainsi que, pour vérifier les pouvoirs de M. de Larcy, le bureau eut à examiner si trois suffrages ne devaient pas être retranchés, comme donnés par des électeurs qui n'avaient pas le droit de voter; le bureau proposa de retrancher un de ces trois suffrages et de maintenir les deux autres, ce qui suffisait pour la majorité; l'élection fut validée. (11 avril 1839; *Monit.* du 12, p. 522.)

Une protestation dirigée contre l'élection de M. Decazes allégua qu'un faux électeur y avait voté. M. Armez, rapporteur, commença par des considérations qui repoussaient l'examen de la capacité électorale. « Le principe de la permanence des listes, a-t-il dit, pourrait me dispenser d'examiner ce fait. N... est porté sur la liste électorale, par conséquent il a eu le droit de voter. Il n'y a pas à distinguer entre l'électeur porté indûment sur les listes, et celui qui, abusant de sa position de maire ou d'adjoint, s'inscrirait frauduleusement en s'appliquant des contributions payées par une autre personne. La loi ne fait aucune distinction entre les électeurs; elle porte qu'aucun changement ne sera fait aux listes depuis l'arrêté de clôture jusqu'au 20 octobre de l'année suivante, qu'en vertu d'arrêts de la cour royale. » Toutefois, sans insister sur la fin de non-recevoir qui résultait de ces principes, le rapporteur examina, au fond, si l'électeur signalé n'avait pas le droit de voter, ce qui admettait nécessairement le droit de la chambre de décider sur cette question. (Séance du 13 avril 1839; *Monit.* du 14, p. 535.)

Déjà précédemment, dans l'élection de M. Chasles, le bureau avait pensé qu'un vote devait être retranché du calcul de la majorité, parce qu'il avait été constaté que la personne qui l'avait émis n'avait pas 25 ans, et ainsi ne pouvait pas voter. M. Lévêque de Pouilly, rapporteur. (30 juillet 1831; *Monit.* du 31, p. 1287.)

507. *De même, si un électeur qui a voté dans un arrondissement, a été porté sur les listes d'un autre arrondissement, son nom doit être retranché de ces dernières, au moins pour la supputation du chiffre du tiers plus un, nécessaire à la validité de l'élection.*

M. Tesnières, rapporteur de l'élection de M. Goupil de Préfeln, présenta cette opinion à l'appui de la validité de l'élection, et soutint que le cas qu'il signalait devait être assimilé à celui d'un électeur décédé, dont le nom doit être évidemment retranché de la liste générale. Mais ce moyen n'était que subsidiaire, et l'élection fut validée sans que la chambre eût besoin de se prononcer particulièrement à cet égard. (22 déc. 1837, *Monit.* du 23, p. 2521.)

Voyez aussi les décisions rapportées au § 12.

Section 3. — Des conditions diverses de la capacité électorale; cens, domicile politique, etc.

508. Les décisions qu'on va lire supposent toutes le droit de la chambre d'apprécier les capacités électorales; car elles portent sur le point de savoir si, dans les cas donnés, les électeurs contestés remplissaient les conditions requises pour voter valablement.

509. Une première condition de l'exercice des droits électoraux, condition dont la loi ne parle pas, parce que cela était inutile, c'est la faculté naturelle d'exprimer une volonté, un suffrage. La question s'est élevée pour un sourd-muet, et la chambre a décidé que :

Un sourd-muet, dont le droit électoral est établi, qui écrit son bulletin sur le bureau, qui prête serment par écrit et le signe, prend valablement part à l'élection.

Élection de M. Drault; M. Odier, rapporteur. (24 déc. 1833; *Monit.* du 25, p. 2493.)

510. Pour être électeur, il faut, aux termes de l'art. 1er de la loi électorale, être Français et jouir des droits civils et politiques.

511. *Une élection, faite à une seule voix de majorité, n'est pas nulle pour défaut de capacité de la part d'un électeur qu'une protestation prétend être étranger, si cet électeur a été porté sur les listes sans réclamation, s'il a exercé en France les fonctions de maire et de conseiller municipal électif, et si son père a acquis la qualité de Français en vertu de la loi du 3 septembre 1791, et cela, alors même que cet électeur aurait requis sa radiation du recrutement comme fils d'étranger, s'il a été exempté du service non comme étranger, mais pour faiblesse de constitution.*

Tels ont été les motifs donnés par M. de la Grange pour la validité de l'élection de M. Marchal, attaquée par M. Jaubert, et défendue par M. Marchal lui-même; la chambre l'a déclarée valide. (20 déc. 1837, *Monit.* du 21, p. 2508.)

512. Le cens électoral de 200 fr. est compté au propriétaire ou au fermier, selon la nature de l'impôt. (art. 1er, 6 et suivants de la loi du 19 avril 1831.)

Les droits électoraux d'un fermier ne peuvent être attaqués par cela seul qu'il n'était point porteur d'un bail authentique, si ce bail avait date certaine par le décès de l'un des signataires.

Élection de M. Chasles; M. Lévêque de Pouilly, rapporteur. (30 juill. 1831, *Monit.* du 31, p. 1287.)

513. *Les listes électorales ne doivent porter, pour aucun des électeurs inscrits, la portion d'impôt supprimée par une loi; toutefois la conservation, pour un certain nombre d'électeurs, de la cote telle qu'elle existait avant cette suppression, n'est pas une cause de nullité de l'élection, si la radiation a eu lieu pour ceux qui ne dépassaient ou n'atteignaient le cens qu'au moyen des centimes qui ne devaient plus leur compter, et si le nombre des autres à qui ces centimes n'étaient pas nécessaires, et pour lesquels la cote précédente n'a pas été changée sur les listes, n'atteint pas le chiffre de la majorité.*

Élection de M. Julien Bessières; M. Laurence, rapporteur. (5 mars 1833; *Monit.* du 6, p. 610.)

514. Pour voter dans un département, il faut être porté sur la liste électorale de ce département; et la loi veut que mention soit faite de la quotité d'impôts payée par l'électeur dans un ou dans les arrondissements (art. 19). Le lieu où l'électeur exerce son droit, c'est celui de son domicile réel (art. 10), fixé d'après les règles posées par le code civil, et distinct de la simple résidence.

515. *Un officier de l'armée de mer peut être inscrit sur la liste électorale du département du domicile que son père*

a pris avant la majorité de lui, électeur, et qu'il a lui-même toujours déclaré; peu importe, d'ailleurs, qu'il réside dans un autre département et y paie des contributions.

Élection de M. Hernoux; M. Passy, rapporteur. (4 août 1834; *Monit.* du 5, p. 1642.)

516. *Bien que le domicile politique soit dans l'arrondissement électoral du domicile réel, une élection n'est pas nulle par cela qu'un électeur qui n'avait pas son domicile politique légalement établi dans l'arrondissement, y a voté, y a été nommé membre du bureau définitif, puis député, s'il a été inscrit, sans réclamation, sur les listes électorales, surtout s'il a réuni la presque unanimité des suffrages.*

Élection de M. Gautier d'Uzerches; MM. le baron Roger, rapporteur, et Gaëtan de Larochefoucault, parlèrent dans le sens de cette proposition. M. Baudet-Lafarge soutint que la participation à l'élection, de M. Gautier qui n'avait pas qualité, suffisait pour faire annuler l'élection. La chambre déclara l'élection valide. (28 juill. 1831, *Monit.* du 29, p. 1278.)

517. *Cependant la chambre a prononcé la nullité d'une élection, faite il est vrai à une voix de majorité, où l'élu avait été porté sur la liste électorale du département qui l'avait nommé, bien qu'il n'y eût pas son domicile réel, qu'il n'y eût pas transféré son domicile politique, et qu'il ne prouvât pas légalement et authentiquement qu'il payât aucun impôt dans l'arrondissement.*

Élection de M. Allier; M. Vatout, rapporteur. (2 août 1831, *Monit.* du 3, p. 1298.) L'admission de M. Allier avait été ajournée, après un rapport favorable à l'élection; mais, sur des pièces nouvelles, l'annulation fut prononcée. (Voy. *Monit.* du 29 juillet 1831, p. 1279.)

518. L'art. 10 de la loi électorale permet de transférer le domicile politique dans un autre arrondissement que celui du domicile réel; pour cela, il exige d'abord que l'on paye une contribution directe dans l'arrondissement où l'on transporte son domicile politique.

519. La loi ne fixe pas la quotité de contribution directe qui doit être payée au nouveau domicile politique.

Si donc plusieurs électeurs se sont réunis, et ont acheté, par indivis, dans un arrondissement où ils n'ont pas leur domicile civil, une propriété qui leur fasse payer à chacun un impôt minime, et qu'ils aient ensuite transporté légalement leur domicile politique dans cet arrondissement, l'élection à laquelle ils concourent n'est pas nulle, surtout s'ils exercent leurs droits en vertu de décisions judiciaires qui ordonnent leur inscription sur la liste.

Treize électeurs de l'arrondissement électoral d'Ussel, voulant transférer leur domicile politique dans l'arrondissement de Tulle, y ont acquis, par indivis, un moulin situé au milieu des propriétés du vendeur; la part de contribution de chacun dans l'arrondissement de Tulle était de 64 centimes. Sur le vu de l'acte de vente, le préfet refusa l'inscription des treize électeurs, la cour royale l'ordonna, et les électeurs dont il s'agit ont voté. A raison de ces faits, l'élection de M. de Valon fut attaquée devant la chambre. La majorité du bureau pensa que les 13 électeurs, porteurs d'un arrêt ordonnant leur inscription, avaient eu le droit de participer à l'élection; que le contrat d'acquisition du moulin, au moyen duquel ils avaient transporté leur domicile politique, était valable, et que les allégations de simulation ne pouvaient détruire la foi qui lui était due. L'élection fut validée sans discussion. M. Prosper de Chasseloup-Laubat, rapporteur. (22 déc. 1837; *Monit.* du 23, p. 2521.)

520. *Mais une pareille intrusion abusive, quoique légale, donne lieu à la désapprobation et au blâme de la part du bureau.*

Vingt-deux électeurs, réduits plus tard à 21 par la mort de l'un deux, donnèrent à un avocat mandat d'acheter pour eux tous et par indivis une propriété quelconque dans l'arrondissement de Prades, et de se transporter au greffe du tribunal de Prades, pour y faire, au nom des 22 mandants, une déclaration portant qu'ils transféraient dans cette ville leur domicile politique qu'ils avaient tous dans un autre arrondissement du même département. En vertu de ce mandat, un pré fut acheté au prix de 900 fr.; chacun des acquéreurs fut imposé à 48 centimes; 19 de ces électeurs concoururent à l'élection de M. Parès, en 1838; un mémoire contre l'élection fut adressé à la chambre.

M. Teste, rapporteur, déclara au nom du bureau que l'introduction de ces électeurs, à laquelle M. Parès avait été étranger, et qu'il avait blâmée dès qu'il l'avait connue, ne pouvait infirmer l'élection; mais il ajouta que le bureau l'avait chargé de blâmer cette manœuvre qui tendait à abuser étrangement de la faculté accordée par la loi de 1831. Sans doute le choix du domicile politique est permis à tout citoyen qui réunit à la capacité électorale la condition de payer, dans le lieu où il veut établir son domicile politique, une contribution directe quelconque; ainsi le chiffre de 48 centimes suffisait pour que la loi fût accomplie; aussi ce n'est pas le fait qui a soulevé le blâme du bureau, c'est le concours des circonstances qui l'ont forcé de reconnaître qu'il y avait là, non le choix libre et volontaire du domicile politique, mais une combinaison ayant pour but de faciliter telle ont telle élection. Il ne faut pas que l'on puisse ainsi détourner, pour servir de moyen de succès à des manœuvres répréhensibles, une faculté que la loi a introduite dans un but légitime.

M. Dufaure pensa que le blâme était insuffisant, et qu'il ne fallait pas valider l'élection. Qui peut affirmer, a-t-il dit, que l'entrée de 22 électeurs qui ne devaient pas voter n'ait pas influé sur les suffrages des autres? Là est la question de moralité de l'action. Les électeurs capables de la combinaison qui leur a ouvert les portes du collége de Prades se seront-ils abstenus d'exercer leur influence active, empressée, sur 13 électeurs qui ont suffi pour la majorité? Que servent les blâmes? La chambre a déjà blâmé une manœuvre pareille qui avait eu lieu dans le département de la Creuse, et cependant voilà qu'elle se représente. Le mandat des députés ne peut être trop pur, trop irréprochable, pour que leurs actes soient l'objet du respect et de l'adhésion des citoyens; dans l'intérêt de sa propre dignité, la chambre ne peut confirmer l'élection dont il s'agit.

La chambre, après une première épreuve douteuse, déclara l'élection valide. (Séance du 20 décembre 1838; *Monit.* du 21, p. 2594 et suiv.)

521. La seconde condition requise pour la validité d'une translation de domicile politique, c'est de faire, six mois à l'avance, une déclaration au greffe du lieu que l'on quitte, et au greffe du lieu où l'on veut se transporter (art. 10). Les fonctionnaires publics, temporaires ou révocables, sont soumis à cette formalité (article 11).

522. *Mais un électeur fonctionnaire, qui, en votant dans l'arrondissement où il remplit ses fonctions, exerce, pour la première fois, ses droits politiques, n'est pas tenu de faire la double déclaration exigée par la loi pour la translation d'un domicile politique préexistant.*

Au moment où M. Martin, fonctionnaire public, se présenta pour voter, dans l'élection de M. Limperani, en Corse, on lui fit observer qu'il n'avait pas fait la double déclaration nécessaire pour la translation de son domicile politique, et on s'opposa à ce qu'il votât. Le bureau du collége déclara qu'il y avait lieu d'admettre le vote de M. Martin, inscrit sur la liste électorale. Cet électeur établit dans un mémoire, qu'il n'avait jamais voté comme électeur, qu'il usait pour la première fois de son droit, et que, n'ayant pas encore eu de domicile politique, il ne pouvait pas être astreint aux formalités qui règlent la translation d'un domicile préexistant. Le bureau de la chambre partagea cette opinion; M. Jollivet, rapporteur. L'élection fut validée. (Séance du 20 déc. 1838, *Monit.* du 21, p. 2596.)

La cour royale de Grenoble avait

rendu, le 18 juin 1830, un arrêt dans le même sens.

Section 4. — Du défaut de preuves de l'incapacité des électeurs; de la majorité des suffrages d'électeurs ayant droit.

523. La chambre n'a pas égard à de simples allégations, sans preuve, portant sur de prétendues incapacités d'électeurs.

Elle a refusé de s'arrêter à une protestation qui prétend que plusieurs électeurs qui ne payaient pas le cens ont été appelés à voter, mais ne donne aucune preuve, ne cite aucun nom, ne mentionne pas même un nombre.

Election de M. Limperani; M. Duvergier de Hauranne, rapporteur. (7 novembre 1831; *Moniteur* du 8, page 2071.)

524. De même, *la capacité d'électeurs ne peut être attaquée devant la chambre, si on n'apporte pas de preuve contraire à leur droit de voter, s'ils ont répondu dans le collége qu'ils payaient d'autres contributions que celles qui leur avaient été comptées, et que c'était parce qu'ils se reposaient sur le droit résultant de leur inscription qu'ils n'avaient point fait valoir ces contributions.*

Election de M. Voysin de Gartempe; M. Parant, rapporteur. (22 septembre 1831; *Monit.* du 23, p. 1654.)

525. *Il n'y a pas lieu de s'arrêter à une protestation prétendant qu'un certain nombre d'électeurs n'avaient pas le droit de voter, prétention appuyée sur des certificats de contribution relevés* depuis l'élection, *s'il n'est pas prouvé que ces électeurs ne payaient pas le cens* au moment de leur inscription sur les listes.

Election de M. Lacroix; M. de Rancé, rapporteur. (2 août 1834; *Monit.* du 3, p. 1633.)

526. *Il en est de même d'une protestation d'électeurs qui prétendent qu'un des votants ne payait plus le cens, qu'il avait cédé son commerce à son fils, si cette allégation n'est soutenue par aucune preuve.*

Election de M. Penet. (4 août 1834; *Monit.* du 5, p. 1645.)

527. Enfin, décidé encore qu'*il n'y a pas lieu de s'occuper de la question du droit de la chambre quant à la capacité des électeurs, si aucune pièce, à l'appui d'une protestation, n'établit qu'il y ait eu inscription de faux électeurs au moment de la clôture des listes, ou qu'un électeur ait voté sans être porté sur les listes.*

Election de M. Lacroix; M. de Rancé, rapporteur. (2 août 1834; *Monit.* du 3, p. 1634.) — De M. de Gasparin; M. Paixhans, rapporteur. (20 décembre 1837; *Monit.* du 21, p. 2505.)

528. On a vu, dans le cours de ce paragraphe, comme dans la plupart de ceux qui le précèdent, l'application de la règle, que les irrégularités dont le résultat n'affecte que la valeur de certains suffrages n'emportent pas nullité, lorsque le nombre des suffrages contestés ne peut avoir d'influence sur la majorité. Cette jurisprudence a été appliquée au cas d'incapacité d'un ou plusieurs votants.

529. Ainsi, *le moyen tiré de ce qu'un certain nombre d'électeurs avaient voté sans en avoir le droit, ne peut être une cause de nullité, si, défalcation faite de ces électeurs, le nombre des suffrages restants atteint encore la majorité voulue par la loi.*

Ce principe, constamment suivi, a été rappelé par M. Vivien, rapporteur de l'élection de M. Vigier. (Séance du 10 avril 1839; *Monit.* du 11, p. 512); par M. Chégaray, rapporteur de l'élection de M. Limperani, et par M. Limperani lui-même (Séance du 11 avril 1839; *Monit.* du 12, p. 519). — M. Daguenet, rapporteur de l'élection de M. le général d'Houdetot (Séance du 1er juin 1839; *Monit.* du 2, p. 842.) — Election de M. Hernoux; M. Passy, rapporteur. (4 août 1834; *Monit.* du 5, p. 1641.)

De même, dans l'élection de M. Cuock, où le bureau de la chambre n'admettait d'incertitude que pour un seul électeur, dont la défalcation laissait encore juste la majorité; M. Dusséré, rapporteur. (2 déc. 1834; *Moniteur* du 3, p. 2157.)

Dans l'élection de M. Charamaule, en admettant la radiation de quatre électeurs contestés, il restait encore à l'élu plus que la majorité. L'élection fut déclarée valable. (*Eod.*)

Dans l'élection de M. de Gasparin, une protestation attaquait le vote d'une personne qu'on prétendait n'avoir pas figuré sur la liste ; l'élection ayant été faite à neuf voix de majorité, la défalcation de ce vote laissait subsister une majorité de huit voix ; l'élection fut validée ; M. Paixhans, rapporteur. (20 déc. 1837 ; *Monit.* du 21, p. 2505.)

Dans l'élection de M. Paranque, il était prouvé que quatre personnes avaient voté sans droit ; il y avait un failli non réhabilité, deux étrangers non naturalisés, et un citoyen domicilié politiquement dans un autre arrondissement. Le rapporteur, M. Larabit, s'éleva contre de telles erreurs commises par des préfets ; mais il pensa qu'ici l'élection n'en était pas atteinte ; il y avait eu 519 votants ; en retranchant quatre électeurs, resterait 515 ; la majorité aurait été de 258 ; en supposant que les quatre faux électeurs aient voté pour M. Paranque, qui avait obtenu 262 voix, il en aurait eu 258, chiffre juste de la majorité. La chambre valida l'élection. (10 janvier 1838 ; *Monit.* du 11, p. 65.)

144 électeurs avaient voté dans l'élection de M. Horace Sébastiani ; 82 lui avaient donné leurs suffrages. Une protestation prétendit que trois électeurs étaient sans droit ; en supposant que cela fût, il restait encore plus de voix qu'il n'en fallait pour former la majorité. La chambre prononça l'admission ; M. de Golbéry, rapporteur. (11 janv. 1838 ; *Monit.* du 12, p. 73, 74.)

M. de Cormenin dit aussi que, lorsqu'il y a majorité réelle, il ne faut pas s'arrêter à cette circonstance, que plusieurs personnes indûment inscrites sur la liste électorale auraient participé au scrutin ; il suffit de déduire les bulletins indus.

530. *La participation à la nomination du bureau définitif, de trois personnes dont les noms n'appartenaient pas au collége, est indifférente, si, en retranchant leur vote, une majorité très-grande reste encore, et que, d'ailleurs, il ne se soit élevé aucune réclamation contre la formation du bureau.*

Élection de M. de Monthierry ; M. Fulchiron, rapporteur. (20 février 1836 ; *Monit.* du 21, p. 315.)

531. Nul ne peut être électeur dans deux arrondissements. (Art. 12 de la loi de 1831.)

Néanmoins le fait qu'un électeur aurait été inscrit, d'office, sur la liste électorale d'un département, tandis qu'il était déjà inscrit dans un autre département, est indifférent pour la validité de l'élection, si l'élu a obtenu une forte majorité.

Élection de M. Hernoux ; M. Passy, rapporteur. (4 août 1834 ; *Monit.* du 5, p. 1642.)

§ 15. De la qualité d'éligible.

Le titre 5 de la loi électorale règle les conditions de l'éligibilité, conditions dont la chambre est seule juge (art. 61). Ces règles vont être exposées dans les cinq sections suivantes :

Section 1re. — Des droits civils et politiques.

Section 2. — De l'âge.

Section 3. — Du cens d'éligibilité ; de la possession requise.

Section 4. — Des pièces justificatives du cens et de la possession.

Section 5. — Du domicile politique.

Section 1re. — Des droits civils et politiques.

532. L'art. 59 de la loi du 19 avril 1831 implique, mais n'exige pas, en termes précis, de l'éligible, la qualité de Français, que l'art. 1er exige de l'électeur ; mais cela va de droit. Cette opinion, exprimée par M. de Cormenin, ne saurait être l'objet du moindre doute.

533. *Les descendants des religionnaires expatriés, nés en pays étranger, et réintégrés par la loi du 15 décembre 1790, sont, par rapport aux droits politiques, placés dans la même catégorie que les Français d'origine.*

Cela a été ainsi décidé, en 1824, à l'occasion de l'éligibilité de Benjamin Constant, sur le rapport de M. de Martignac, et après une longue discussion. (27 mars, 16, 21 et 23 mai

1824 ; *Monit.* des 28 mars, p. 348 ; 17 mai, p. 623 ; 22 et 23 mai, p. 649, 653 ; 24 mai, p. 661.)

La chambre a confirmé cette décision en validant l'élection de MM. Roman et Odier. (9 février 1828 ; *Monit.* du 9, p. 162 et 164.)

534. *Un candidat élu justifie suffisamment de sa qualité de Français, et de son aptitude à être député, s'il prouve qu'il est né en France, avant la constitution de 1793, d'un étranger majeur, qui y était domicilié et y avait épousé une Française. Dans ce cas, il n'y a pas lieu de faire l'application des lois de 1814 sur les étrangers.*

M. Pauwels, élu député à Langres, s'est dit Français. Son père était établi en France, et s'y était marié avant la constitution de 1793, qui porte que tout étranger âgé de 21 ans, domicilié en France, qui y épouse une Française, est admis à exercer les droits de citoyen français. M. Pauwels fils était né en 1792. M. Debelleyme, rapporteur, conclut à l'admission. M. Martin (de Strasbourg) adhéra à ces conclusions, en déclarant qu'il se serait opposé à ce qu'on fit à M. Pauwels l'application des lois de 1814 sur les étrangers, parce qu'il le considérait comme Français de plein droit.

La chambre prononça l'admission. (Séance du 24 décembre 1839 ; *Monit.* du 25, p. 2193.)

535. La qualité de Français se prouve par l'acte de naissance de l'élu, acte qui constate l'époque et le lieu de la naissance. A défaut d'acte de naissance, le Code civil autorise la production d'un acte de notoriété.

536. *La chambre a décidé que ces actes de notoriété produits pour établir, à défaut d'acte de naissance, la qualité de Français, et par suite l'aptitude à remplir les fonctions de député, doivent constater, non seulement l'époque, mais aussi et surtout le lieu de la naissance. Il appartient à la chambre d'apprécier si les actes produits remplissent cette condition.*

M. de Girardin (Émile) élu député en 1839, ne produisait pas d'acte de naissance, et on attaquait son élection par le motif qu'il ne justifiait pas de sa qualité de Français. Il avait obtenu, à l'époque de son mariage, un acte de notoriété, fixant l'époque de sa naissance à 1806 ou 1807. Plus tard, lorsqu'il se présenta comme candidat à la députation, il demanda à prouver que sa naissance remontait à 1802 ou 1803, et qu'il était né en France ; sur ce dernier point, des témoins produits par lui exprimèrent leur avis. Mais, dans son homologation de l'acte de notoriété, le tribunal de la Seine se borna à rectifier la date de la naissance, et à ordonner l'insertion de la rectification en marge de l'acte précédemment homologué.

M. Amilhau, rapporteur, pensa que l'acte de notoriété devant être fait au lieu de la naissance, ce lieu était Paris, puisque c'était là que le premier acte avait été passé. Quant au second acte, M. de Girardin le voulait pour remplacer complètement son acte de naissance ; il déclarait dans sa demande qu'il était né en France à une époque déterminée. Le jugement n'a pas rejeté cette partie de la demande : il a homologué tous les actes, donc il a consacré à la fois l'âge et le lieu de la naissance. La chambre ne peut descendre à examiner si toutes les formalités ont été remplies : il suffit que les actes existent, et n'aient point été, d'ailleurs, contredits par le procureur du roi.

M. Hennequin combattit les conclusions du rapport ; il insista sur ce que le second jugement s'était abstenu de mentionner le lieu de la naissance, sur lequel s'étaient expliqués M. de Girardin et ses témoins, et n'avait fait que rectifier le premier acte de notoriété sous le rapport de l'époque de la naissance seulement. L'élection fut annulée au scrutin secret. (13 avril 1839 ; *Monit.* du 14, p. 538 et suiv.)

L'élection de M. de Girardin avait déjà été attaquée, en 1837, par les mêmes moyens. M. Gillon, rapporteur, fit remarquer la circonstance des deux actes de notoriété, et l'absence de conclusions de la part de M. de Girardin, ainsi que l'absence de clause de la part des juges, quand il s'agit de la partie des affirmations de témoins qui était relative au lieu de la naissance. En 1834, on ne contestait pas la nationalité; il suffisait donc de la preuve de l'âge; en 1837, on disputait à M. de Girardin la qualité de Français; M. Gillon ne chercha pas à la faire résulter de l'acte de notoriété qui ne s'en occupait pas, mais de la possession d'état politique, ce qui soulevait une question toute différente. (23 déc. 1837; *Monit.* du 24, p. 2533.)

537. Par une interprétation favorable à la capacité de l'éligible, la chambre avait pensé, lors d'une précédente élection du même M. de Girardin, que, *lorsque des actes de notoriété ne s'expliquent pas sur le lieu de la naissance d'un élu, le bureau de la chambre peut s'enquérir des faits qui tendent à fonder, sur ce point, sa conviction morale, et déclarer, d'après des témoignages que des raisons de délicatesse doivent tenir secrets, que la commission du bureau chargée d'examiner cette question a unanimement pensé que l'élu était né sur le sol français.*

Election de M. Emile de Girardin; M. Gillon, rapporteur. (23 déc. 1837; *Monit.* du 24, p. 2533.)

538. La difficulté devient plus grave si, à défaut, ou en cas d'insuffisance de l'acte de notoriété, on cherche ailleurs que dans des actes relatifs à l'état civil la preuve de la notoriété. A cet égard, la chambre a jugé différemment dans deux élections de la même personne. La question qui lui était soumise était celle-ci:

La qualité de Français, nécessaire pour être député, doit-elle se prouver exclusivement par des actes, ou peut-elle s'établir soit par la possession d'état politique, soit par l'autorité des précédents, résultant d'admissions antérieures dans la chambre élective?

Sur ce point si important, la discussion s'était établie et concentrée, en 1839, entre M. Amilhau, rapporteur de l'élection de M. Emile de Girardin, et M. Hennequin. Voici d'abord l'analyse de l'argumentation du rapporteur, qui, au nom du bureau, concluait à la validité de l'élection. M. de Girardin dit : J'ai la possession de la vie civile : car je me suis marié; j'ai fait rendre des jugements à cet effet, j'ai été inspecteur des beaux-arts, gérant d'un journal : j'ai la possession de la vie politique, car j'ai été électeur, éligible, juré et député depuis cinq ans. On objecte que la possession n'existe qu'en matière civile et ne peut être invoquée en matière politique. Le bureau a pensé le contraire. Comment! la possession suffirait pour garantir les plus minces intérêts, les intérêts pécuniaires, et la possession du plus grand, du plus beau de tous les titres ne suffirait pas! Cette possession serait traitée d'usurpation! Pour prouver qu'elle est usurpée, il faut prouver que celui qui s'est présenté comme Français ne jouissait pas de la qualité de Français. — On se trompe quand on dit que dans la vie civile il y a des contradicteurs, et qu'il n'y en a pas dans la vie politique. La vie civile, les actes civils ne donnent lieu qu'à des contradictions d'intérêts où les opinions et les passions sont moins vivement excitées. Mais lorsqu'il s'agit de politique, quand on veut attester qu'on est citoyen français, qu'on réclame la qualité d'électeur, celle de député, les contradicteurs légitimes sont tout le collége électoral, la France entière qui peut venir démentir, renverser la possession. Si le principe de la possession n'était pas admis, on rencontrerait une foule d'inconvénients; on aurait pu demander à tous les débris des illustrations de l'empire comment ils justifiaient de leur qualité de Français quand ils se présentaient avec la preuve qu'ils avaient exercé des fonctions civiles, des fonctions politiques.

On cite le précédent de Benjamin Constant, en 1824, et le rapport de M. de Martignac. Mais l'opinion de M. de Martignac a été vivement contestée, et d'ailleurs les faits n'étaient pas les mêmes, puisqu'il y avait un acte de naissance en pays étranger. Le principe de la possession fut invoqué par le général Foy et par M. de Labourdonnaye, comme le plus sacré, le plus respectable des titres.

M. de Girardin invoque les précédents, c'est-à-dire son admission dans la chambre; deux fois cette admission a été contestée. La question actuelle a été soulevée, discutée et décidée; rien de nouveau n'est intervenu; on ne concevrait pas, dès lors, que la chambre n'admît pas les conséquences des faits accomplis. Plusieurs chambres ont eu à statuer sur les mêmes titres, elles ont reconnu à l'élu la qualité de Français; si on admettait qu'on peut, sur la même personne, sur le même fait, sans qu'il y ait rien de changé, sans production d'aucun titre, renverser les décisions prises, ce serait se jouer de ce qu'il y a de plus sacré: car il doit y avoir quelque chose de fixe dans l'état d'un citoyen: c'est que cet état, une fois jugé, ne doit plus être remis en question. Si vous réformez les chambres qui vous ont précédés, celle qui vous suivra pourra vous réformer à son tour. On fait l'objection suivante; la vérification des conditions d'éligibilité se fait à chaque réélection; le député doit prouver, chaque fois, qu'il remplit les conditions prescrites par la loi électorale; on a donc le droit de remettre en question tout ce qui est relatif à ces conditions, et de même que le cens étant variable, on peut chaque fois examiner si l'élu paie le cens voulu par la loi, de même, chaque fois, on peut lui demander la preuve qu'il est citoyen français. — A cet égard, la condition dont il s'agit n'est pas aussi variable que le cens; on peut vendre ses biens, le cens peut diminuer: il est vrai qu'on peut aussi perdre la qualité de Français; mais la présomption est qu'on la conserve, et quand trois législatures ont jugé qu'un homme est citoyen français, cette opinion ne peut être renversée.

M. Hennequin a soutenu le système contraire. Il ne s'agit pas seulement, a-t-il dit, de la qualité de député, mais de celle de Français; il s'agit de confirmer ou de réformer un précédent qui consacrerait une théorie funeste aux maximes de notre droit. M. de Girardin veut siéger dans la chambre; il faut donc qu'il fasse la preuve de son aptitude. Dans le droit commun, la preuve de la nationalité, c'est l'acte de naissance; mais si l'acte n'existe pas, peut-on se réfugier dans la possession? La possession est suffisante dans certains cas prévus et déterminés; et alors la possession dispense provisoirement de toute preuve ceux qui peuvent l'invoquer: ainsi, en matière de meubles, la possession vaut titre; en matière de propriété immobilière, le propriétaire qui laisse occuper son immeuble pendant un temps donné, a perdu le droit d'y rentrer immédiatement; il a perdu le possessoire, comme disent les jurisconsultes. En matière d'état, la possession a aussi sa puissance, parce que, pour les droits de famille, elle ne peut s'acquérir que par le consentement et même avec le concours de tous ceux qui auraient intérêt à la contester. Ainsi, quant à la filiation, à défaut de titre, la possession suffit. Mais la possession politique peut s'autoriser, comme la possession civile, des épreuves de la contradiction. Un étranger peut venir prendre au sein d'une grande nation une place qui ne lui sera, de longtemps, contestée. Cette possession n'est en lutte avec aucun intérêt vivant, actuel. Pour les droits électoraux il faut, à cet égard, distinguer deux époques. Avant la législation de 1828, le droit électoral ne rencontrait pas de contradiction légale; depuis la reconnaissance du droit des tiers, chaque citoyen est investi d'une faculté qu'il est courageux et patriotique d'exercer, mais qui, après tout, peut sommeiller; il n'existe aucune parité entre ce droit des tiers et l'intérêt de famille si actif, si vigilant. L'apparition dans les rangs de la garde nationale ne présente pas un caractère plus déterminant. Comment ne pas ouvrir les rangs à celui qui veut s'y placer? Les lois tiennent compte de la possession politique dans une seule hypothèse. Il est possible qu'un étranger exerce des fonctions publiques; si les actes sont nombreux, les tiers ne doivent pas être victimes de l'erreur commune; quand l'usurpation se découvre, l'étranger cesse d'exercer ses fonctions, mais ses actes sont, par exception, validés. Telle est la règle qui nous a été transmise par le droit romain.

On oppose les admissions de 1834 et 1837; c'est rentrer dans la théorie de la possession; or, si la possession politique n'est rien, qu'importent ces précédents? Quand une chambre a été dissoute, elle n'existe plus que dans l'histoire; ses actes, ses convictions ne sauraient influer sur la nouvelle législature. Ce serait adopter un dangereux précédent que d'appuyer une décision sur une erreur. Parce que des députés se sont trompés en 1837, faut-il, en 1839, se tromper encore et refuser de s'éclairer? Enfin, si le droit exige des justifications pénibles, embarrassantes, ce n'est pas la faute de la chambre, qui ne doit faire passer aucun intérêt avant celui de la loi.

Quant à l'élection de B. Constant, elle présentait une question de possession d'état, et une question du fond; c'est surtout sur la solution de cette dernière que le grand publiciste paraissait appuyer son droit.

M. Amilhau a insisté sur la question de possession; suivant lui, en la contestant, on n'avait oublié qu'un seul point : c'est qu'il y a cette différence entre celui qui possède et celui qui ne possède pas, que, lorsque la possession existe, on ne peut la détruire que par des preuves, et il faudrait d'abord prouver, contre l'homme qui possède, qu'il est étranger. Ici vous accusez sans preuve; vous dites que M. de Girardin a usurpé des fonctions, et vous ne prouvez pas l'usurpation. Or, il est en possession, il exerce les fonctions, il les a exercées; il a été *reconnu* et *admis par la chambre*, et aujourd'hui on viendrait dire : Sa possession est inutile, car il est étranger; nous ne connaissons que son extranéité!

Pourquoi la possession politique n'aurait-elle pas les mêmes effets que la possession civile? C'est par cette dernière qu'on commence à être citoyen. Lorsqu'il s'agit d'intérêts matériels, vous ne voulez pas que personne puisse être troublé sans titre dans sa possession; et quand il s'agit du plus grand intérêt, des plus grands pouvoirs, leur exercice à la face du monde n'est pas une garantie suffisante! C'est dans la vie politique, si ardente, que rien ne se soustrait à l'examen et à la contradiction; et cependant vous voulez que l'on considère comme impuissante cette grande et noble possession de nos droits les plus chers! En matière politique, la possession doit être respectée, parce que, lorsqu'une possession a un certain caractère authentique, qu'elle est publique, constante, établie contradictoirement, il n'y a qu'un titre qui puisse renverser le droit de celui qui possède. Dans le cas de Benjamin Constant, la possession devait succomber, parce qu'on produisait un acte qui constatait la naissance à l'étranger; ici rien de semblable. Venir dire à l'homme qui possède : Vous ne posséderez plus, j'ai le droit de vous dépouiller sans preuve, sans motif, ce ne serait pas de la raison, mais de l'arbitraire.

M. Taschereau allégua, comme preuve du défaut de nationalité, que M. de Girardin n'avait point satisfait à la loi du recrutement. M. de Girardin donna sur ce point des explications.

L'élection fut annulée, au scrutin secret. (Séance 13 avril 1839; *Monit.* du 14, p. 538 et suiv.)

« Cette solution circonstancielle, dit M. de Cormenin, appuyée sur un seul exemple, ne mérite point de passer en jurisprudence, surtout si la nationalité a été couverte par l'épreuve d'une première législature. »

En 1837, la question se présentait dans les mêmes termes, et elle reçut *une solution diamétralement opposée*; les deux précédents sont entièrement contraires l'un à l'autre. M. Gillon, rapporteur, conclut à l'admission de M. de Girardin; il reconnut que le *second* acte de notoriété ne prouvait pas par lui-même le lieu de la naissance, puisque si les témoins avaient été affirmatifs sur ce point, M. de Girardin, dans sa requête, et le tribunal, dans son jugement, ne firent pas mention de cette circonstance, parce que l'acte demandé n'avait pour but que de constater que M. de Girardin avait atteint l'âge prescrit pour pouvoir être député. Du reste, il dit que le tribunal, en suivant les formalités exigées pour la constatation de la naissance des Français, supposait fondamentalement que M. de Girardin était Français.

Une réclamation s'étant élevée, de la part d'une seule personne, contre la nationalité de M. de Girardin, le bureau se livra à un examen minutieux; il acquit la preuve morale que cet élu était né en France. Quant à la question légale, il pensa qu'il n'y avait pas lieu à l'*ajournement* pour plus ample justification. En effet, le député nommé avait pour lui la possession d'état, qui peut et doit exister pour la qualité de citoyen comme pour celle d'époux ou de fils. C'est un besoin dans l'état compliqué de notre civilisation. M. de Girardin a cette possession : il est gérant d'un journal, fonction qui ne peut être exercée que par un citoyen français; il a été inspecteur des beaux arts au ministère de l'intérieur; il est électeur depuis quatre ans, député depuis 1834; ce sont les actes les plus solennels de la vie politique. La qualité qu'ils supposent ne peut être enlevée par une énonciation isolée, dénuée de toute preuve, de toute indication même qui rende l'allégation vraisemblable.

On a objecté que M. de Girardin pourrait, pendant un ajournement, se présenter devant les tribunaux avec les mêmes témoins, et obtenir un jugement qui lui donne envers et contre tous la qualité de Français. Mais si la possession d'état est constatée, il est inutile de recourir aux tribunaux. D'ailleurs, la preuve testimoniale dépérit promptement, et il n'est, après tout, pas juste de la demander quand il existe une possession éclatante, un assentiment public. Qu'on n'oppose pas l'exemple de Benjamin Constant; celui-ci était né en Suisse, de son propre aveu, et cela était d'ailleurs prouvé; il n'y a, contre M. de Girardin, quant au lieu de la naissance, qu'une allégation sans aucune espèce de preuve.

M. Martin (de Strasbourg) combattit l'admission. Selon lui, M. de Girardin, alors même qu'une conviction morale existerait en sa faveur, ne pouvait être dispensé de faire la preuve de sa nationalité. Au lieu de faire rectifier régulièrement son acte de naissance, il ne suivit que les formalités prescrites pour le cas de mariage, ce qui était une procédure vicieuse. Les juges n'ont pas eu égard, dans l'homologation de l'acte de notoriété, à ce qui avait été dit par les témoins sur le lieu de la naissance, ce dernier point n'était donc nullement prouvé. Il ne peut y être suppléé par des présomptions, des indices, des convictions morales : on doit recourir à la preuve légale, possible et facile. Quant à la possession d'état, M. de Martignac prouva, dans son rapport sur l'élection de Benjamin Constant, qu'elle n'existait pas en matière politique. On dit, et c'est le précédent le plus puissant, que M. de Girardin fait partie de la chambre depuis 1834; mais Benjamin Constant, député depuis 1819, époque où son état politique avait été discuté et jugé, a vu cependant sa nationalité remise en question, et son élection validée après un rapport appuyé sur des motifs du fond de son droit. Il faut craindre le danger de créer trop facilement la qualité de Français à des étrangers, facilité dont on abuserait, surtout dans les provinces frontières. Enfin, si les choses restent dans l'état actuel, M. de Girardin s'expose à la même difficulté dans une autre législature qui, ne le trouvant pas en règle, pourra ne pas confirmer son élection. En l'admettant dès maintenant, on s'exposerait à empiéter sur le pouvoir judiciaire, qui pourrait peut-être lui refuser la qualité de Français. — M. de Lamartine invoqua surtout la possession d'état en faveur de M. de Girardin, et l'opinion du général Foy en 1825. — La chambre rejeta l'ajournement et prononça l'admission. (23 déc. 1837, *Monit.* du 24, p. 2533 et 2534.)

Section 2. — De l'âge.

539. L'art. 59 de la loi électorale porte que nul ne sera éligible à la chambre des députés si, au jour de son élection, il n'est âgé de trente ans. La justification de l'âge se fait par la

production de l'acte de naissance.

540. *Un extrait d'acte de naissance remontant à l'an* VI, *peut être admis pour justifier de la condition d'âge, bien qu'il ait été délivré par le secrétaire en chef de l'administration du canton, parce que ce secrétaire avait un caractère public, et que la date seule de l'extrait prouve que le député a plus de trente ans.*

Election de M. Senné; M. Buffaut, rapporteur. (Séance du 25 juillet 1831, *Monit.* du 26, p. 1265.)

541. *La chambre peut admettre, pour preuve de l'âge d'un éligible, un extrait des registres de naissances rédigé en pays étranger, et en langue étrangère, par un curé, traduit en français, et déposé chez un notaire de France, surtout si cet acte est complété par les renseignements fournis par les députés du même département.*

M. de Saint-Pern le père était émigré, au service de l'Espagne. L'acte de naissance de son fils, élu député en 1834, était extrait des registres des naissances de l'île de la Trinité, rédigé en espagnol, par le curé de la paroisse, légalisé par le commandant anglais, alors président du gouvernement de la Trinité, puis traduit en français et déposé chez un notaire de Dinan; il en résultait que M. de Saint-Pern était né en 1793. Son père et lui avaient, en rentrant en France, recouvré tous leurs droits. M. Salverte, rapporteur, dit que, s'il s'agissait d'une affaire civile, le document dont il s'agit n'aurait pas suffi pour prouver l'âge et l'époque de naissance; mais que la chambre jugeait sur les élections comme corps politique et comme jury; que le bureau avait cru devoir consulter les députés du département, qui tous déclaraient que M. de Saint-Pern avait plus de 30 ans, était, depuis plusieurs années, membre du conseil général du département, et actuellement maire de Dinan; cela établissait suffisamment ce que les documents fournis pouvaient laisser d'insuffisant. L'admission fut prononcée sans discussion. (30 janvier 1835; *Monit.* du 31, page 222.)

542. *L'acte de naissance du député peut être suppléé par un jugement de notoriété, rendu contradictoirement avec le ministère public, et transcrit sur les registres de l'état civil.*

Election de M. Emile de Girardin; M. Vivien, rapporteur. (4 août 1834, *Monit.* du 5, p. 1646.)

543. *Un acte de notoriété peut valablement être produit par un élu, pour prouver qu'un prénom a été ajouté au prénom indiqué dans son acte de naissance.*

Election de M. Galos; M. de la Rochefoucauld, rapporteur. (20 déc. 1837; *Monit.* du 21, p. 2507.)

544. Lorsqu'il s'agit d'un élu qui a déjà exercé des fonctions législatives, l'usage constant est de le dispenser de la production d'un acte prouvant son âge.

L'âge est considéré comme suffisamment justifié par cela que l'élu a été précédemment admis dans la chambre.

M. Daguenet, rapporteur de l'élection de M. le général d'Houdetot. (Séance du 1er juin 1839; *Moniteur* du 2, p. 842.) — M. de Vatry, rapporteur de l'élection de M. Duchâtel. (Séance du 12 juin 1839; *Moniteur* du 13, p. 950.) — M. Garnon, rapporteur de l'élection de M. le général Schneider. (Séance du 15 juin 1839; *Monit.* du 16, p. 989.) — M. Guizard, rapporteur de l'élection de M. Parant. (Séance du 27 juin 1839; *Monit.* du 28, p. 1123.) — M. Fulchiron, rapporteur de l'élection de M. le vicomte Dejean. (Séance du 28 juin 1839; *Monit.* du 29, p. 1144.) — M. Paixhans, rapporteur de l'élection de M. Lavielle. (Séance du 24 décembre 1839; *Monit.* du 25, p. 2193.) — M. Garnon, rapporteur de l'élection de M. Paganel. (Même séance.) — M. Meynard, rapporteur de l'élection de M. Guizot. (Séance du 21 mars 1840; *Monit.* du 22, p. 538.) — M. Auguis, rapporteur de l'élection de M. Jollivet. (4 avril 1840; *Monit.* du 5, p. 631.) — M. de Golbéry, rapporteur de l'élection de M. Jouffroy. (Séance du 16 avril 1840; *Monit.* du 17, p. 728.) — M. de Golbéry, rapporteur de l'élection de M. Gillon. (6 nov. 1840; *Monit.* du 7, p. 2206.) — M. Dessaigne, rapporteur de l'élection de M. Antoine Passy. (Séance du 17 décembre 1840, *Monit.* du 18, p. 2460.) — M. Quinette, rapporteur de l'élection de M. Ernest Girardin. (21 décembre 1840, *Monit.* du 22, p. 2483.) — M. Tesnières, rapporteur de l'élection de M. Paganel; M. de Ressigeac, rapporteur de l'élection du général Paixhans. (Séance du 26 décembre 1840; *Monit.* du 27, p. 2526.) — M. Havin, rapporteur de l'élection de M. André Kœchlin. (21 avril 1841, *Monit.* du 22, p. 1071.)

Toutes ces solutions sont conformes à la jurisprudence antérieure et constante de la chambre. M. Lherbette, rapporteur de l'élection de M. Audry de Puyraveau. (26 juillet 1831, *Monit.* du 27, p. 1268.) — M. Bernard (de Rennes), rapporteur de l'élection de M. le général Tiburce Sébastiani. (2 août 1831, *Monit.* du 3, p. 1298.) — M. Laurence, rapporteur des élections de MM. Vivien, Sébastiani, Lherbette. (1er août 1834, *Monit.* du 2, p. 1626.) — Le rapporteur de M. Jacques Laffite. (2 août 1834, *Monit.* du 3, p. 1631.) — M. Dufaure, rapporteur de l'élection de M. Pagès. (2 décembre 1834, *Monit.* du 3, p. 2156.) — M. Pétiot, rapporteur de l'élection de M. Charamaule. (5 décembre 1834, *Monit.* du 6, p. 2174.) — M. Estancelin, rapporteur de l'élection de M. Audry de Puyraveau. (6 décembre 1834, *Moniteur* du 7, p. 2184.) — M. Fulchiron, rapporteur de l'élection de M. de Rigny. (29 décembre 1834, *Monit.* du 30, p. 2325.) — M. Félix Bodin, rapporteur de l'élection de M. Lacoste. (2 mars 1836, *Monit.* du 3, p. 389.) — *Idem* pour M. Dufaure. (28 décembre 1836, *Monit.* du 29, p. 2283.) — M. Meynard, rapporteur de l'élection de M. Châtry-Lafosse. (13 janvier 1837, *Monit.* du 14, p. 85.) — Pour M. Boissy-d'Anglas. (*Monit.* du 20 décembre 1837, p. 2500.) — Pour M. de Portes, qui avait été député en 1830. (*Eod.*, p. 2500.) — Pour M. Sapey, député depuis trente-cinq ans. (*Eod.*, p. 2502), etc., etc.

« L'acte de naissance, dit M. de Cormenin, demeuré annexé au dossier de la présente élection, en ferait foi matériellement au besoin. La preuve de cette justification résulte de l'admission et du siége antérieur. La chambre est toujours pressée d'arriver à sa constitution définitive, et elle franchit l'ordre des preuves inutiles. »

545. *Il est évident que le président d'âge de la chambre peut être admis sans produire l'extrait de son acte de naissance.*

Élection de M. le comte Duchâtel; M. Buffaut, rapporteur. (Séance du 25 juillet 1831, *Monit.* du 26, p. 1265.)

Section 3. — Du cens d'éligibilité; de la possession requise.

546. I. *Du cens en général.* — Aux termes de l'art. 59 de la loi électorale, le cens d'éligibilité est de 500 francs de contributions directes, et l'art. 61 déclare la chambre seule juge des conditions d'éligibilité. De ces dispositions, il suit que les décisions d'aucune autorité ne lient la chambre lorsqu'il s'agit d'examiner si un candidat était éligible, s'il payait le cens voulu.

547. *Un arrêt de cour royale, rendu sur une question de cens électoral, n'a pas l'autorité de la chose jugée sur une question d'éligibilité, dont la chambre est seule juge. Ainsi, bien qu'une cour royale ait décidé qu'un citoyen, par suite d'un acte qualifié par elle de cession de l'usufruit qui donnait lieu au cens électoral, avait perdu sa qualité d'electeur et devait être rayé des listes, néanmoins la chambre peut, en appréciant la teneur et la validité de l'acte, décider que ce citoyen n'a pas cessé d'être éligible, et prononcer son admission.*

M. de Mesgrigny, légataire d'un usufruit, en vertu d'un testament de sa femme, avait passé avec sa fille un acte, qualifié bail à ferme, par lequel il lui louait pour douze années les immeubles soumis à l'usufruit; cette dame devait être chargée des réparations locatives, et payer les contributions en l'acquit du bailleur. Un tiers, prétendant que cet acte, quoique qualifié bail, était une cession réelle de l'usufruit, demanda que M. de Mesgrigny fût rayé de la liste électorale, comme ne payant plus le cens. Le préfet rejeta cette demande, par le motif que l'acte était, dans ses termes comme dans son essence, un bail qui, quoiqu'il chargeât le preneur du paiement des contributions, laissait subsister, au profit de M. de Mesgrigny, le droit de s'en prévaloir, comme usufruitier, pour constituer son cens électoral. La cour de Paris décida le contraire, et déclara qu'il y avait cession d'usufruit entraînant perte du droit électoral. La personne qui avait obtenu cet arrêt, s'en appuya pour faire, à l'instant même de l'élection, une protestation, que le bureau fit lire et joignit au procès-verbal, pour que la question fût soumise à la chambre.

M. Moreau (de la Meurthe), rapporteur, fit remarquer que l'arrêt rendu sur la contestation relative au cens électoral ne fait pas décision sur le cens d'éligibilité, et ne lie nullement la chambre, à laquelle seule appartient le jugement des conditions d'éligibilité. Il pourrait y avoir un danger grave à ce que, dans une assemblée politique, qu'émeuvent souvent les passions, on se permît facilement, à l'aide de présomptions plus ou moins plausibles, de substituer à un contrat qualifié par les parties un contrat d'une autre nature. Dans le cas particulier, d'ailleurs, les circonstances caractéristiques de la simulation n'ont point paru aussi graves que la cour royale les avait faites.

La chambre prononça l'admission de M. de Mesgrigny à une grande majorité. (Séance du 9 novembre 1840, *Monit.* du 10, p. 2222.)

548. *Il n'y a pas lieu pour la chambre de s'occuper d'examiner la valeur d'actes servant de base à une partie du cens, si, indépendamment de ces actes, l'élu justifie d'autres impositions plus que suffisantes pour constituer le cens d'éligibilité.*

Élection de M. Limperani; M. Duvergier de Hauranne, rapporteur. (7 nov. 1831, *Monit.* du 8, p. 2071.) — De M. Lherbette; M. Laurence, rapporteur. (1er août 1834, *Monit.* du 2, p. 1626.) — De M. Chazot; M. Hennequin, rapporteur. (26 déc. 1837, *Monit.* du 27, p. 2541.)

Une décision analogue a été rendue par la cour de cassation, en matière de cens électoral; un arrêt du 8 août 1838 a jugé qu'il n'y a pas lieu d'annuler l'arrêt qui compte à tort à un électeur certaines sommes, alors qu'en les retranchant, cet électeur se trouve encore payer le cens voulu.

549. L'art. 59 de la loi de 1831 renvoie à l'art. 33 de la Charte, qui fait une exception à la condition de 500 fr. exigés pour le cens d'éligibilité, exception établie en faveur des plus imposés au-dessous de 500 fr., dans les départements où il ne se trouve pas 50 personnes, âgées de 30 ans, au moins payant cette somme d'impôts directs.

550. Cette disposition a donné lieu à une question fort délicate, que la chambre a jugée dans le sens le plus large, le plus favorable à l'éligibilité; elle a décidé que *le cens qui rend un propriétaire éligible dans le département de la Corse ou dans un autre département où le cens d'éligibilité peut être moindre de 500 fr., le rend éligible également dans tous les autres départements de la France.*

Le cens payé par M. Abbatucci dans la Corse ne s'élevait, pour la partie qui ne lui était pas contestée, qu'à 426 fr. 64 cent. Ce sens le rendait éligible en Corse; l'était-il dans le département du Loiret, qui l'avait élu? Le bureau de la chambre s'est prononcé pour l'affirmative. M. Ducos, rapporteur, commença par citer les deux articles qui sont le siége de la difficulté, à savoir l'art. 33 de la Charte et l'art. 60 de la loi électorale de 1831; voici quelle a été ensuite son argumentation : La Charte dit bien que, s'il ne se trouve pas dans un département 50 personnes de l'âge indiqué et payant le cens d'éligibilité, le nombre de ces personnes sera complété par les plus imposées; mais on n'y trouve pas la volonté ou l'indication absolues que ces 50 personnes ne devront concourir que dans le département; on y voit, au contraire, qu'elles pourront être élues concurremment avec les autres éligibles. Les mots :

dans le département, qui se trouvent dans le corps de l'article, n'impliquent pas la nécessité que les 50 éligibles ne concourent qu'entre eux et dans la limite même du département; il faudrait que cela fût dit nettement et incontestablement. Les mots : *dans le département*, ont été employés seulement pour exprimer cette pensée, que *là* où il n'y aurait pas 50 éligibles, ce nombre serait complété par l'adjonction des plus imposés. S'ils avaient un sens restrictif, les législateurs de 1830 n'auraient pas manqué de changer la rédaction. On objecte que l'exception créée par la charte est tout en faveur de la localité, et non en faveur des 50 éligibles. C'est là une pure interprétation, qui ne résulte pas littéralement du texte. Dans le doute, il faut accepter l'interprétation la plus large, la plus libérale. L'art. 60 de la loi électorale ne tranche pas la question; il ne fait que se référer à la Charte.

A défaut de texte, c'est donc l'esprit de la Charte qu'il faut étudier. La Charte, en imposant des conditions d'éligibilité, a voulu essentiellement et uniquement des garanties morales et personnelles; elle a voulu que l'éligible présentât des conditions de fortune qui lui donnassent des racines dans le sol et qui unissent ses intérêts matériels aux intérêts qu'il représente. En lui imposant des conditions personnelles, la Charte lui confère aussi un droit personnel. Il y a une distinction essentielle entre le cens de l'électorat et celui de l'éligibilité; le premier confère un droit personnel, mais local : nul ne peut voter que dans son département, même dans son arrondissement; bien plus, dans sa section de collége électoral. Le cens de l'éligibilité, au contraire, confère un droit personnel et général; il consacre, dans la personne, une aptitude constitutionnelle, qui la suit de la section du collége dans l'arrondissement, et de l'arrondissement dans tous les départements du royaume.

Telle est la règle. Une exception était nécessaire; l'éligibilité ne pouvait pas être la même pour tous les départements de la France; car le mouvement, la fortune, n'existent pas partout dans les mêmes proportions. La Charte a voulu, autant qu'il dépendait d'elle, répartir à tous les départements des conditions égales; elle a voulu, par des exceptions constitutionnelles favorables, compenser des exceptions naturelles contraires; elle a déclaré que les départements ayant moins de 50 éligibles payant 500 fr. d'impôts directs, pourraient, comme les autres, choisir leurs députés dans leur sein et hors de leur sein. Par là elle a nécessairement entendu que les droits de tous les départements fussent égaux et réciproques. D'après la loi commune, les départements riches peuvent non seulement choisir des députés dans leur sein et hors de leur sein, mais encore fournir des éligibles à tous les autres départements, riches ou pauvres. La déclaration exceptionnelle de la Charte a pour but précisément de faire rentrer les départements pauvres dans la loi commune, en leur concédant non seulement la faculté de choisir des députés dans leur sein et hors de leur sein, mais encore de fournir, eux aussi, des éligibles à tous les autres départements, riches ou pauvres. Pour que l'exception soit libérale et juste, il faut qu'elle concède aux pauvres autant qu'aux riches. Cette interprétation atteint évidemment le résultat; en outre, elle élargit pour les départements riches les conditions générales de l'éligibilité, puisqu'elle leur concède la faculté de choisir leurs députés au sein même des départements les plus pauvres.

D'un autre côté, la Charte s'est évidemment proposé un but politique en exigeant des garanties personnelles de la part des éligibles. Ce but est atteint par les conséquences naturelles de l'exception. Dans les départements où le nombre des éligibles est réduit à 50, les propriétés ont proportionnellement plus de valeur que dans les départements riches; les revenus sont faibles, mais les habitudes n'entraînent pas autant de dépenses.

On ne saurait trouver, dans cette interprétation, aucun danger politique. La véritable, la sérieuse garantie de l'éligibilité repose à peu près tout entière dans le contrôle électoral.

Un argument de fait a été produit. On a dit : la faculté accordée à certains départements pauvres de fournir des éligibles à tous les autres départements de la France pourrait exciter les ambitions d'un grand nombre d'électeurs, payant moins de 500 fr., à transporter leur domicile politique dans ces départements; il en résulterait que les éligibles du sol se trouveraient exclus de la liste qui leur est ouverte par le bénéfice même de l'exception. A cela on répond d'abord : La loi est faite pour régler les faits généraux, non pour régir toutes les éventualités, toutes les hypothèses; s'il y a des abus, il faut les atteindre par un blâme sévère et public; d'ailleurs, on peut ajouter, pour réfuter l'objection : les individus payant 500 fr. et au-delà ont le droit de figurer sur les listes de leur département. Leur nombre doit donc être retranché de celui qui serait ouvert aux inscriptions ambitieuses dont on parle; de plus, il serait restreint naturellement par les électeurs du département dont le cens se rapproche le plus de 500 fr.; car il ne serait pas rempli par des électeurs qui, dans l'hypothèse admise, ne pourraient jamais supplanter que quelques uns des derniers inscrits sur la liste. Après tout, le mal n'inspirerait aucune inquiétude, s'il ne s'agissait que d'une ou deux inscriptions d'étrangers; si, au contraire, il s'agissait d'un nombre assez important d'éligibles qui voulussent transporter leur domicile politique dans le département, avec l'espoir de se faire élire ailleurs, au moyen d'un cens d'éligibilité réduit, il s'établirait entre eux une sorte de concurrence matérielle, ou plutôt de surenchère censitaire dont la conséquence infaillible serait d'enlever à la plupart d'entre eux la chance de figurer sur la liste des cinquante éligibles, si ce n'est à la condition de se rapprocher considérablement des limites générales du cens d'éligibilité; or c'est ce qu'ils ne pourraient faire à moins de manquer complètement le but qu'ils se seraient proposé.

La doctrine contraire conduirait à des conséquences étranges. Ainsi M. Abbatucci a été nommé, en 1830, en Corse, par vingt suffrages sur trente, et avec un cens moins élevé que celui de 1839, époque à laquelle il obtint cinq cent neuf suffrages; il a été admis en 1830 et a siégé. S'il n'est pas admis en 1839, on aura décidé que le même homme réunit en lui toutes les garanties et toutes les insuffisances du cens d'éligibilité, selon qu'il appartient à tel ou tel collége. Il y a plus : il aurait pu être nommé à la fois par la Corse et par le Loiret; annulera-t-on son élection dans l'un des deux colléges en décidant que son aptitude constitutionnelle se modifie, se dénature ou se perd, selon des conditions qui lui sont étrangères? Cela n'est pas admissible : ce serait établir des catégories, de grands et de petits éligibles.

On dit enfin que l'art 33 de la charte a eu pour but primitif de faciliter l'exécution de l'art. 36 qui veut que la moitié au moins des députés soit choisie parmi les éligibles ayant leur domicile politique dans le département. Cette interprétation est logique; mais il n'en résulte pas que les volontés combinées de ces deux articles ne soient pas susceptibles d'une interprétation plus large.

La lettre de la loi est muette; pour en fixer le sens, la chambre est libre, sans précédents qui la lient; entre une interprétation restrictive et une interprétation libérale, il n'y a pas à hésiter.

M. Persil a combattu le rapport par les considérations suivantes : Si un citoyen domicilié politiquement dans le Loiret avait été élu dans les mêmes conditions que M. Abbatucci, certainement son élection serait annulée; un étranger au département doit-il avoir plus de droit? On dit que oui, s'il a son domicile politique en Corse ou dans tout autre département placé dans un rang exceptionnel. Remarquez que le même habitant du Loiret ne pourrait, en se transportant en Corse, s'y faire nommer député; c'est qu'il s'agit d'un droit exceptionnel sans réciprocité; droit qui serait invoqué partout par un habitant de la Corse, sans profiter jamais à un citoyen appartenant à un département dit riche, parce qu'on n'y est éligible qu'à 500 fr.

Si la proposition favorable à la validité de l'élection, fondée sur l'existence du domicile politique, est admise, elle entraîne d'immenses inconvénients; il faudrait l'étendre à l'électorat. Quand, dans un collége, il n'y a pas cent cinquante électeurs payant 200 francs, la liste est complétée par les plus imposés. Les plus imposés, en Corse, par exemple, qui ne paient pas 200 francs, ne pourraient pas, par une élection de domicile en France, venir exercer leurs droits politiques en France. Toute la question est là; on ne peut admettre pour l'éligibilité ce que l'on refuserait à l'électorat; la situation est la même : on est électeur en payant au-dessous de 200 francs, de la même manière qu'on est éligible en payant moins de 500 francs. L'électeur et l'éligible ont, dans ce cas, une qualité variable, qui existe aujourd'hui et qui peut cesser d'exister demain. La qualité de plus imposé peut cesser d'un jour à l'autre ; cette année vous êtes des plus imposés, vous êtes électeur : l'année prochaine, sans que votre situation change, vous cesserez de l'être parce qu'un autre étant plus imposé que vous, viendra prendre votre place. Il en est de même de l'éligibilité, qui est aussi, dans ce cas, variable, temporaire; chaque fois qu'on refait les listes, vous ne pouvez savoir si vous êtes encore éligible ou si vous ne l'êtes plus. On objecte que tout le monde est dans la même situation, qu'il en est de même de ceux qui paient 500 fr. C'est une erreur; votre droit peut être variable par votre fait, par exemple si vous vendez, tandis qu'il en est autrement dans le cas des plus imposés, où l'électeur, l'éligible, restent dans la même situation; ils n'achètent ni ne vendent, ils paient le même cens une année que l'autre, et cependant ils peuvent perdre leur droit. On comprend que la loi autorise les électeurs à prendre dans toute la France des éligibles, mais ce sont des éligibles à 500 francs qui peuvent être ainsi choisis; leurs droits ne peuvent pas varier, quel que soit le nombre des éligibles qui arrivent à côté d'eux.

Le danger de voir des personnes se rendre éligibles au moyen d'un changement de domicile politique est d'autant plus grave qu'il porterait tout entier sur les départements qu'on a voulu favoriser. Il arrivera, en effet, que les nouveaux venus feront sortir de la liste des plus imposés ceux qui paient moins qu'eux, et qui étaient précédemment sur cette liste. Par ce privilége vous nuisez à ceux-là même qu'on a entendu favoriser. En abaissant, dans certains départements, le cens d'éligibilité, on a voulu que les électeurs pussent choisir sur un plus grand nombre de personnes. Ce privilége, vous le leur enlevez pour le faire profiter à des hommes qui ne paient pas le cens, et qui feront fraude à la loi en allant chercher un domicile dans le département. Ainsi, toute la question repose sur ce fait : c'est que, *quand on a un domicile réel en France*, il suffira, pour pouvoir être élu dans la France, d'avoir un domicile politique en Corse, et le résultat de cette fiction c'est d'enlever au droit électoral et d'éligibilité l'extension que la charte a voulu donner.

Si on invoque les textes, il faut commencer par l'art. 36 de la charte, qui porte que la moitié au moins des députés sera choisie parmi les éligibles qui ont leur domicile politique dans le département. Si cet article n'eût pas été modifié, il aurait pu arriver que, pour choisir la moitié des députés dans le département, le nombre des éligibles eût été trop peu considérable. De là l'art. 33, qui facilite la nomination des députés ou de la moitié des députés qui doit nécessairement être prise dans le département; si tel n'était pas l'objet de cet article, on n'aurait pas eu besoin de descendre le cens d'éligibilité. Ce que l'on veut, c'est qu'il y ait au moins cinquante éligibles. Faites le calcul et la répartition des éligibles de France, et vous trouverez un nombre double de celui qui est fixé. C'est donc uniquement en vue d'imposer aux électeurs l'obligation de prendre la moitié des députés dans leur département, qu'a été descendu le cens d'éligibilité lorsqu'il n'y a pas cinquante éligibles sur la liste.

L'art. 33 dit expressément : s'il ne se trouve pas *dans le département*. Ce département déterminé c'est nécessairement celui où se fait l'élection. Les éligibles à moins de 500 fr. peuvent y être élus concurremment avec ceux qui paient 500 fr.; le concours doit être entendu dans ce sens relatif et non d'une manière absolue. Tel est le texte clair de la charte ; si on s'en écarte, on arrive à donner à ceux qui aspirent à la législature par des fraudes le plus coupable encouragement ; on fournirait un moyen légal de représenter, à ceux qui ne paieraient pas le cens, et on enlèverait à la représentation nationale les garanties dont elle a besoin d'être environnée.

M. Berryer pensa qu'il ne fallait pas chercher la solution dans telle ou telle expression de la loi, mais dans des principes plus élevés, dans les règles du droit commun, et dans le principe d'égalité de droit. L'orateur fit observer que c'était lui qui, en 1830, avait fait maintenir dans la charte l'art. 33 (autrefois 39), dont la commission avait proposé la suppression ; il avait demandé le maintien pour que les départements pauvres ne fussent pas placés en dehors du droit commun de la France. Le droit commun est ceci : il y a deux droits pour tous les départements, le droit d'élection et celui de présentation, à l'élection générale en France, d'une liste de propriétaires destinés à devenir, par le choix des électeurs, les représentants du pays. Ce n'est pas seulement pour que les électeurs de la Corse, par exemple, puissent exercer, dans un cercle assez étendu, l'obligation où ils sont de prendre moitié de leurs députés parmi les domiciliés dans leur département; c'est encore pour que la Corse jouisse du droit qu'ont toutes les autres parties du territoire de présenter une liste d'éligibles pour la défense des intérêts généraux du pays. On ne comprend pas pourquoi les départements pauvres seraient mis en dehors du droit commun. L'éligibilité en Corse est une éligibilité du droit commun, en vertu de laquelle on peut être appelé par tous les départements du royaume.

La chambre prononça l'admission de M. Abbatucci. (Séance du 17 avril 1839, *Monit.* du 18, p. 565, 566, 567.)

551. Suivant M. de Cormenin, « la loi saisit le contribuable au moment de l'inscription sur le rôle. C'est pour cela qu'un député ne cesserait pas d'être député parce qu'il aurait cessé de payer le cens immédiatement après son admission parlementaire. La présomption légale suit le député jusqu'à la fin de la législature. » Quel que soit, au fond, le mérite de cette opinion, elle ne me paraît pas reposer sur un motif acceptable. Il est vrai que la loi saisit le contribuable au moment de l'inscription sur le rôle; mais cet effet ne dure qu'autant que l'inscription subsiste elle-même ; or les rôles se renouvellent chaque année, tandis que le mandat législatif est donné pour cinq ans.

M. Armand Dalloz, dans son *Dictionnaire général de jurisprudence*, au mot *Elections législatives*, n°s 93, 94, examine la question plus à fond. « On peut demander, dit-il, si le député qui, par un événement quelconque, cesse de payer ou de pouvoir s'attribuer les contributions composant le cens d'éligibilité, peut continuer à siéger à la chambre. Cette question est délicate, car, d'une part, le cens est exigé par la loi comme garantie d'attachement à l'ordre de choses établi, à la patrie, et, d'autre part, comme garantie d'indépendance de la part de l'élu. On craignait à la fois l'oubli de ses devoirs de la part du député, et l'usage des moyens d'influence de séduction de la part du pouvoir. Dès lors que les garanties exigées par la loi viennent à manquer, il semblerait que l'élu dût quitter son siége et rentrer dans la classe des autres citoyens. Mais si ces considérations, puissantes d'abord en apparence, sont rapprochées d'autres considérations d'un genre différent, elles se montrent dans toute leur faiblesse. Et, en effet, le législateur, en exigeant des garanties de la part des éligibles pour qu'ils puissent être envoyés et admis à la chambre des députés, a fait tout ce qu'il pouvait faire. Il a même fait trop peut-être ; car en exigeant déjà des garanties de capacité et de fortune de la part des électeurs, il aurait dû compter sur le discernement de ceux-ci. Mais enfin, alors qu'il a voulu un cens d'éligibilité, et que l'élu est admis au sein de la représentation nationale, il ne pouvait le soumettre à présenter chaque jour son bilan, au risque de compromettre son crédit, sa position sociale, et de faire perdre à la chambre un temps précieux. Aussi nous ne rencontrons dans la loi aucun prétexte positif pour l'expulsion, ce qui serait pourtant nécessaire : car il s'agit d'une pénalité contre un député qui réunissait, lors de son admission, toutes les conditions requises. » M. Duvergier, dans ses notes sur la loi électorale, adopte aussi cette opinion.

552. II. *De la sincérité des actes sur lesquels se fonde le cens d'éligibilité.* — M. de Cormenin pose comme principe, que la chambre peut s'enquérir de la sincérité des actes produits devant elle, pour établir la possession des propriétés sur lesquelles repose le cens de l'élu.

Plusieurs solutions de la chambre consacrent cette doctrine, sujette à de graves objections, et dont les limites n'ont pas été encore parfaitement fixées.

553. Par exemple, il a été décidé que *la chambre devant laquelle un candidat élu présente un bail, n'est pas tenue de s'en rapporter à ce titre pour savoir si le candidat était réellement locataire de la maison dont l'impôt était par lui compté dans le cens d'éligibilité ; elle peut entrer dans l'examen des faits qui tendent à établir que l'élu n'était réellement pas locataire ainsi qu'il le prétendait.*

Dans son cens d'éligibilité, M. le général d'Houdetot comprenait 367 fr. pour contributions d'une maison située à Paris; il produisait un bail sous-seing privé, remontant à trois années, mais non enregistré, circonstance que le bureau de la chambre ne prit pas en considération, parce qu'il rechercha la preuve de l'existence réelle de ce bail dans le paiement des contributions, l'inscription sur les listes électorales de la Seine, qui ne se fait que sur un extrait des rôles et de l'acte de bail, dans l'admission antérieure de M. d'Houdetot dans la chambre, admission fondée sur le même titre, enfin dans les quittances du propriétaire et un certificat du maire.

Dans le bureau de la chambre on a demandé si la chambre devait s'arrêter devant l'acte, ou si elle devait entrer dans l'appréciation intime du droit et du fait. On a dit, à cet égard, qu'aucune entrave ne liait le pouvoir de la chambre, que toutes les règles limitatives des tribunaux et des juridictions ordinaires disparaissaient devant l'omnipotence de la chambre, souveraine en matière de vérification de pouvoirs; que, sans doute, ce droit devait s'exercer avec beaucoup de réserve, avec l'impartialité, la modération, l'équité d'un juge dont on prenait momentanément le rôle, mais que le droit pouvait être exercé ; qu'ainsi le pouvoir de la chambre s'applique non seulement à la vérification du fait, mais encore à sa moralité. M. Daguenet, rapporteur, déclara que, dans son opinion personnelle, c'était ainsi que le principe devait être consacré, non seulement comme déclaration abstraite des prérogatives et des droits de la chambre, mais aussi pour empêcher que la chambre ne se recrute par des voies de simulation. Cependant voici ce qu'on a dit contre ce système : il y aurait inconvénient grave à obliger un député à venir livrer à la publicité de la tribune le secret de ses affaires les plus intimes; on peut avoir un intérêt personnel de considération ou de famille à ne pas proclamer le fait d'une transaction, d'une location ou d'une vente. Ainsi on dirait à un député que la location dont il invoque le cens serait disproportionnée à sa fortune, et il serait obligé, pour répondre, de venir à la tribune déposer, en quelque sorte, son bilan. Ce serait l'ouverture d'une carrière d'arbitraire : si la chambre ne devait pas s'arrêter devant un titre, si elle pouvait apprécier le fait en lui-même, les passions politiques ne seraient arrêtées par aucun frein. Ce frein, il faut nécessairement le placer dans la présomption légale résultant du titre.

Ces objections n'arrêtèrent pas la majorité du bureau, qui examina, en fait, et malgré le bail, produit, s'il y avait réellement location. La chambre consacra évidemment le principe, puisque, à la suite de la discussion, elle annula l'élection. (Séance du 1er juin 1839, *Monit.* du 2, p. 843.)

554. De même, *la chambre peut examiner si un acte qualifié bail, est, en réalité, une cession d'usufruit, et apprécier ses effets relativement au cens d'éligibilité.*

C'est ce qui se trouve décidé implicitement dans l'élection de M. de Mesgrigny. Un acte, passé entre ce député et sa belle-fille, était qualifié bail ; le préfet l'avait reconnu comme tel ; mais la cour royale de Paris y avait vu une cession d'usufruit qui entraînait la perte du cens électoral. Le rapport du bureau se fonda, pour demander l'admission, qui fut prononcée, sur ce que l'acte, considéré comme cession d'usufruit, était atteint d'une nullité radicale ; la chambre, en se décidant d'après ce rapport, paraît donc ne s'être pas tenue à la qualification de simple bail, donnée à l'acte par les parties. (Séance du 9 nov. 1840, *Monit.* du 10, p. 2222.)

La jurisprudence des tribunaux présente des cas analogues. Il a été jugé que « Bien qu'un acte de vente soit revêtu de toutes les formes légales, s'il est reconnu, d'après les faits et circonstances, qu'il n'est pas sérieux, mais fait dans le seul but d'usurper les droits électoraux, le préfet et la cour peuvent le déclarer simulé quoique cet acte ne soit pas attaqué par des tiers. » (Arrêt de la cour de Bastia, en date du 15 déc. 1835 ; Recueil périodique de jurisprudence de M. Dalloz, année 1836, 2e part., p. 28.)

555. Mais *un acte fait en famille, s'il est légal, ne peut être considéré comme frauduleux par cela seul qu'on supposerait, fût-ce même avec fondement, qu'il n'a eu pour but que de créer un éligible.*

Telle est l'opinion qu'a soutenue M. Dupin, à l'occasion de l'élection de M. Ressigeac, attaquée par le motif qu'il n'avait le cens d'éligibilité qu'au moyen d'un acte de son beau-père, dont on contestait la légalité, et qu'on soutenait n'avoir eu pour but que d'éluder une prohibition de la loi pour créer un éligible. M. Isambert, rapporteur, indiquait cet avis, et M. Portalis le soutenait. M. Dupin, au contraire, tout en flétrissant les véritables fraudes électorales, dit qu'on ne pouvait admettre qu'il y eût fraude en ce qu'un père aurait fait une donation à son fils pour le rendre éligible ; des actes de ce genre sont non seulement permis, mais encouragés par les lois actuelles, dont la tendance est d'étendre le droit électoral. Du reste, M. Dupin soutint qu'au fond l'acte attaqué était légal et valable. L'élection fut validée. (Séance du 15 avril 1839, *Monit.* du 16, p. 556.)

556. *Le défaut de sincérité des actes de donation, et des arrangements de famille en vertu desquels une personne a pu devenir éligible, ne peut être opposé que par les membres de la famille ; la simulation ne saurait devenir, de la part d'étrangers, un moyen de nullité contre une élection.*

Election de M. Chegaray ; M. Delespaul, rapporteur. (Séance du 9 avril 1839, *Monit.* du 10, p. 509.)

Une discussion longue, vive, s'établit sur un partage, après société entre parents, qui attribuait à M. Debès un immeuble dont les impôts formaient une partie de son cens d'éligibilité. La majorité du bureau pensa qu'il y avait eu simulation dans l'acte, mais qu'on avait eu l'intention de donner sous la forme déguisée d'un partage; que lors même que l'acte serait attaquable devant les tribunaux, on devait le maintenir tant que les intéressés ne se plaindraient pas : que foi était due à un acte apparent et authentique qui avait précédé de deux ans les élections; en conséquence, conclusion à l'admission. M. Legrand, rapporteur. MM. Croissant, de la Gillardaie parlèrent dans ce sens; MM. Durand (de Romorantin), Teste, Dufaure, soutinrent l'opinion contraire; tous entrèrent dans l'examen des faits et des affaires de la famille. Toutefois ce n'est pas sans contestation que fut établie cette investigation des intérêts domestiques, dans le but de prouver la simulation. Indépendamment de la majorité de la commission, M. Croissant dit qu'on proposait à la chambre de juger un véritable procès, qu'il ne lui appartenait pas de s'immiscer dans l'examen minutieux des secrets, des actes et des comptes de famille.

M. Teste protesta contre cette doctrine. « La Charte, a-t-il dit, a institué de véritables garanties lorsqu'elle a soumis l'éligibilité à des conditions de cens. Il faut que quiconque se présente parmi nous remplisse ces conditions nettement, sans simulation, sans fraude. Autrement le but de nos institutions est trompé. S'il suffisait de se présenter avec un acte qui supposerait la propriété d'un immeuble payant 500 fr. sans que cet acte pût être scruté au milieu de nous, sans qu'on s'enquît s'il est ou non sincère, ce serait donner accès à tous les genres de fraude, ce serait corrompre la représentation nationale dans son principe et dans ses éléments. Sans doute nous ne pouvons transporter des querelles de famille à cette tribune, sans doute nous ne pouvons nous faire les interprètes ou les agents d'un intérêt autre que l'intérêt politique. Mais lorsque nous avons à dire à nous-mêmes si l'élu à la députation réunit ou non les conditions exigées par la loi, nous ne saurions apporter trop de rigueur à l'examen des titres; ce droit nous appartient : ce droit engendre un devoir. »

Les signataires d'une protestation contre l'élection avaient dit dans le même sens : les règles du droit civil sur les actes simulés ne sont pas applicables au droit politique. En fait l'acte était attaquable devant les tribunaux; il l'est devant la chambre. Pourquoi, dans le droit civil, l'acte simulé n'est-il pas nul? ce n'est pas parce que la loi autorise la fiction, le mensonge, la simulation de l'acte; c'est parce qu'il n'y a pas la présence d'un intérêt qui réclame l'annulation, parce qu'il n'y a pas lésion d'un tiers. Mais, dans l'intérêt politique, l'acte qui est simulé non seulement dans la forme, mais encore dans la distribution et la proportion des droits, dans l'origine des biens, ne peut avoir un effet sérieux, par la raison inverse qui le fait valider dans le droit civil. Il y a toujours la présence d'un intérêt; c'est celui du gouvernement, du corps social, des électeurs, des éligibles, du pays. Il y a toujours la lésion d'un tiers. Si l'acte renferme une fiction, un mensonge, une simulation dans la fixation des droits, l'acte n'est pas sérieux, et ne peut produire aucun effet.

L'élection de M. Debès fut validée, après une épreuve douteuse. Mais on comprend que la décision, non motivée, a pu être déterminée par des considérations diverses; elle a pu aussi bien se fonder sur ce que, dans le fait, il n'y avait pas simulation, que, sur ce qu'en droit il n'était pas légal de critiquer comme frauduleux des actes non attaqués par la famille. (Séance du 15 avril 1839, *Moniteur* du 16, p. 552 et suiv.)

557. *Lorsqu'un citoyen se prévaut, pour former son cens d'éligibilité, d'une donation faite par ses parents, les tiers ne peuvent pas attaquer cette donation comme excédant la quotité disponible; ce droit est personnel aux héritiers et n'appartient pas à un étranger.*

Élection de M. Chégaray, opinion exprimée, au nom du bureau, par M. Daguenet. (22 déc. 1837, *Moniteur* du 23, p. 2521.)

En vertu du même principe, la cour de Bourges a décidé, par arrêt du 3 octobre, dans une affaire où il s'agissait de cens électoral, que lorsque, pour former ce cens, un citoyen se prévaut d'un legs à lui fait, l'administration n'est pas recevable, si les intéressés gardent le silence, à opposer au réclamant que la libéralité excède la quotité disponible. (*Voy.* le recueil périodique de jurisprudence de M. Dalloz, 1830, 2e part., p. 28.)

558. III. *Des délégations et attributions de contributions.* L'article 60 de la loi électorale porte que les délégations et attributions de contributions, autorisées pour les droits électoraux, par les articles 4, 5, 6, 8 et 9, le sont également pour le droit d'éligibilité.

Aux termes de l'art. 8, les contributions directes payées par une veuve, ou par une femme séparée de corps ou divorcée, sont comptées à celui de ses fils, petits-fils, gendres ou petits-gendres qu'elle désignera.

559. *Une délégation faite par une mère à son fils cinq jours seulement avant l'élection, ne serait pas valable.*

Le bureau chargé de vérifier les pouvoirs de M. Chaillou, avait résolu de proposer l'annulation de l'élection; mais il demanda et la chambre prononça l'ajournement, par le motif que M. Chaillou avait déclaré qu'il produirait d'autres délégations antérieures. (26 juill. 1831, *Moniteur* du 27, p. 1268.)

560. *Une délégation de contributions peut-elle être admise si elle est postérieure à l'élection?*

La chambre avait décidé affirmativement, en 1828, pour l'élection Gravier. A la séance du 26 février 1841, elle refusa l'admission de M. Pelletier-Dulas, pour insuffisance de justification du cens; le rapporteur, M. Allard, se fonda, entre autres motifs, sur ce qu'une délégation présentée était postérieure à l'élection; mais cette affaire offrait trop de complications et de difficultés de fait pour qu'on puisse déterminer la part d'influence que la circonstance relative à la délégation a pu exercer sur la décision de la chambre. (*Monit.* du 27 février 1841, p. 477 et suiv.)

561. *Il n'y a pas lieu d'examiner de quel droit un député a compris dans son cens, en totalité, une délégation à lui faite par sa mère, d'une contribution inscrite sous le nom des héritiers du père et de la veuve, si ce député, en retranchant la moitié appartenant aux héritiers du père, prouve encore qu'il paie le cens de son chef.*

Election de M. Dugabé; M. Demeufve, rapporteur. (10 janvier 1838, *Monit.* du 11, p. 65.)

562. Les contributions directes qui confèrent le droit d'éligibilité, comme celui d'électorat, sont la contribution foncière, les contributions personnelle et mobilière, celle des portes et fenêtres, les redevances des mines, l'impôt des patentes, les centimes additionnels; on comprend dans le cens la patente des médecins et chirurgiens, le droit annuel de diplôme des chefs d'institution et maîtres de pension. (Art. 4 et 5 de la loi électorale.)

563. De l'assimilation faite par la loi, quant à l'attribution des contributions, entre l'électorat et l'éligibilité, la chambre a conclu que *la loi de 1831 qui n'a permis de comprendre dans le cens électoral pour l'année* 1831, *que les contributions de* 1830 *et non celles de* 1831, *s'appliquait aussi au cens d'éligibilité.*

Election de M. Fonfrède; M. Caumartin, rapporteur. (19 août 1831, *Monit.* du 20, p. 1433.)

564. Pour jouir du cens, il faut payer personnellement l'impôt; mais il importe peu que l'éligible le paie lui-même, ou par une autre personne qui l'acquitte en son nom.

Décidé en ce sens que doit être compté, pour le cens de l'éligibilité, un bien donné à l'élu, et dont les impôts sont payés par une commune pour et au nom du donateur.

Suivant une protestation dirigée contre l'élection de M. Carl fils, M. Carl père, qui lui avait donné par partage anticipé une part de ses biens, ne payait pas les impôts d'une partie de ces biens, impôts qui étaient acquittés par la commune de Molsheim.

M. Carl père, disait-on, ne pouvant s'attribuer ces impôts, son fils ne pouvait pas non plus les compter en sa faveur pour les faire entrer dans son cens d'éligibilité. Le rapporteur a répondu : Les biens dont il s'agit avaient été cédés, en 1743, aux auteurs de M. Carl père, par contrat passé avec la commune de Molsheim ; la propriété était cédée par la commune qui était chargée d'acquitter à toujours les impôts dont les biens seraient grevés, ce qui a toujours été exécuté. M. Carl père est donc propriétaire des biens qu'il a donnés à son fils, et celui-ci avait le droit de se les faire compter dans son cens. — M. Lherbette dit qu'il fallait payer l'impôt pour jouir du cens. — M. Gervais, rapporteur, dit qu'une contestation s'étant élevée entre la commune et M. Carl père, pour savoir qui paierait l'impôt, un jugement avait décidé qu'en vertu de l'acte de 1743 la commune devait continuer de le payer, en l'acquit de M. Carl père. Aussi le bordereau de contribution porte que la commune paie pour et au nom de M. Carl père. — M. Lherbette reconnut que cela ne faisait plus question. — M. Teste rappela les précédents relatifs aux propriétés provisoirement exemptes d'impôt. Pourquoi, a-t-il dit, l'impôt est-il exigé par la loi électorale ? Pourquoi le cens est-il établi ? C'est comme représentation de la propriété, comme garantie matérielle ; or celui-là n'est pas moins propriétaire, qui possède des biens affranchis de l'impôt pour un temps quelconque. La chambre prononça l'admission de M. Carl. (22 décembre 1837, *Monit.* du 23, p. 2524.)

565. « Du principe qu'il faut compter dans le cens, non seulement l'impôt payé, mais encore l'impôt qui aurait dû légalement être payé, il suit : que la contribution que devrait payer une propriété qui n'a pas été imposée, par erreur de l'administration, doit être comptée au propriétaire comme s'il l'acquittait. Sans cela, dit M. de Cormenin, qui cite à l'appui une décision du 5 avril 1828, dans l'élection Guérin, comme l'assiette de la contribution est du fait de l'administration, elle serait maîtresse, en ôtant ou diminuant arbitrairement la contribution d'un citoyen, de lui enlever son droit d'éligibilité. Par la raison contraire, le droit à payer une contribution foncière plus élevée que la cote imposée n'équivaut pas, pour la justification de l'éligibilité, au paiement réel de l'impôt. (Solution de 1824, élection Marchangy.) La raison en est qu'il ne faut pas avoir un droit hypothétique, mais un droit réel et préexistant au paiement de l'impôt. Or, dans l'espèce, M. de Marchangy présentait une augmentation de contributions foncières portée sur un rôle supplémentaire dressé en vertu d'une nouvelle répartition. »

566. L'article 4 de la loi des élections porte que les propriétaires des immeubles temporairement exemptés d'impôts pourront les faire expertiser contradictoirement et à leurs frais, pour en constater la valeur de manière à établir l'impôt qu'ils paieraient, impôt qui alors leur sera compté pour les faire jouir des droits d'élection et d'éligibilité.

567. *Lorsque des propriétés, autrefois communales, sont possédées par un particulier sans payer d'autres charges qu'une redevance annuelle, elles doivent être considérées comme temporairement affranchies d'impôt; en conséquence, il y a lieu à l'expertise à l'effet de faire entrer l'impôt dans le calcul du cens d'éligibilité*

Telle a été l'opinion du bureau chargé d'examiner l'élection de M. Abbatucci ; il a pensé que le cas était régi par les dispositions établies, sans distinction, par l'art. 4, § 2 de la loi électorale, et applicable, par analogie, aux propriétés de M. Abbatucci ; elles avaient été jusqu'alors, et temporairement, exemptes d'impôt ; n'étant pas dans la loi commune, elles devaient nécessairement y rentrer et payer l'impôt. M. Abbatucci avait donc le droit de les faire expertiser dans les formes et conditions de la loi électorale, pour rechercher à quel impôt elles auraient dû être assujetties au jour de son élec-

Guétion. En conséquence, M. Ducos, rapporteur, concluait à un ajournement pour que l'expertise pût être faite, et que l'on connût ses résultats sur la fixation du cens.

M. Persil combattit cette opinion, en soutenant que l'art. 4 de la loi électorale n'était pas applicable, qu'il n'y avait d'exemption d'impôt que celle qui était établie par une loi, et qu'aucune loi n'avait donné ce privilége aux propriétés dont il s'agissait.

La chambre prononça l'admission de M. Abbatucci, ce qui semble contraire aux conclusions du bureau; mais il faut remarquer que l'admission fut prononcée par suite de la solution d'une question qui rendait inutile celle dont il s'agissait ici; en effet, la chambre décida que le cens exceptionnel payé en Corse suffisait à un propriétaire de ce département pour être éligible dans tout autre département de la France. (Séance du 17 avril 1839, *Monit.* du 18, p. 565, 566.)

568. *Ne doivent pas être comptées à un candidat les contributions payées par la maison dont il se prétend locataire, en vertu d'un bail sous seing privé, si dans la même maison demeure avec lui un pair de France, son frère, légalement domicilié à Paris dans cette maison, autrefois locataire en son nom, encore propriétaire d'une partie du mobilier, et alors que le candidat a un autre appartement; il en est ainsi, alors même que l'élu produit l'extrait des rôles de contributions, les quittances du propriétaire de la maison, celles du percepteur, un certificat du maire constatant la qualité de locataire, et qu'il a été admis précédemment député avec les mêmes titres d'éligibilité.*

M. le général d'Houdetot comptait dans son cens d'éligibilité les contributions d'une maison située à Paris, rue de Londres, n° 17. Il produisait un bail sous-seing privé, son inscription sur le rôle des contributions, sur les listes électorales, les quittances du propriétaire, et un certificat du maire constatant qu'il était réellement locataire. Sous ce rapport, le cens d'éligibilité fut contesté après l'élection de M. d'Houdetot. La majorité du bureau de la chambre pensa qu'il y avait véritablement location. La minorité a dit: M. d'Houdetot occupe une maison rue de Rivoli, il y paie la contribution mobilière, donc son domicile n'est pas rue de Londres, où est indiquée l'adresse de M. le comte d'Houdetot, son frère, pair de France; la contribution mobilière, pour la maison de la rue de Londres, est comptée dans le cens électoral du comte d'Houdetot qui y habite; il n'y a de changement avec ce qui se passait autrefois, qu'une simple mutation sur le rôle.

On a répondu: Le général d'Houdetot n'a, dans la rue de Rivoli, qu'un appartement qui lui est donné dans une maison dépendant de la liste civile, que pour les nécessités de son service d'aide-de-camp du roi: mais son logement personnel, ayant caractère de domicile, est rue de Londres. Quant à l'impôt, il ne paie pas autre chose à la rue de Rivoli que sa contribution mobilière, qui se perçoit partout où l'on a une habitation meublée. Quant à la contribution mobilière de la maison de la rue de Londres, c'est le général et non le comte d'Houdetot qui la paie, cela est prouvé par un certificat du directeur des contributions directes; si la même somme se trouve portée au compte de M. d'Houdetot, le pair de France, sur les listes électorales du Calvados, c'est que ce dernier était autrefois le locataire de cette maison, et que, d'année en année, on a maintenu la même cote dont personne n'avait intérêt à critiquer le chiffre. Quant à l'habitation, le général a déclaré qu'il avait pris, dans la maison rue de Londres, où demeurait aussi son frère, un logement personnel, ce que faisaient tous les officiers de la maison du roi. En supposant qu'il eût pris un logement plus grand que celui dont il avait besoin, uniquement pour acquérir le cens de l'éligibilité, il aurait fait une chose que la loi permet, et d'où ne saurait résulter une cause de nullité. En résumé, M. d'Houdetot est locataire; l'impôt de la maison de la rue de Londres doit donc lui être compté;

son cens d'éligibilité est complet; il y a donc lieu à l'admission.

M. Aumont Thiéville a soutenu le contraire; il dit que quelque opinion qu'on eût sur le cens d'éligibilité, il fallait exécuter loyalement la loi qui l'établissait; il ajouta qu'il pourrait tirer contre la réalité du cens de M. d'Houdetot des présomptions défavorables de ce que son frère demeure rue de Londres comme autrefois, qu'il jouit d'une partie notable des meubles, et qu'il n'est pas naturel de supposer qu'il a tout à coup cédé son logement au général, qui n'en avait pas besoin puisqu'il avait un appartement rue de Rivoli; mais, poursuivit-il, mettons de côté les présomptions, voyons la régularité. Le bail que l'on présente comme inattaquable tombe devant la loi. En effet, l'art. 107 du Code civil porte que l'acceptation des fonctions conférées à vie emporte translation immédiate du domicile du fonctionnaire dans le lieu où il doit exercer ces fonctions; la loi du 21 avril 1831 dit, art. 12 et 13 : La contribution personnelle et mobilière est due par chaque habitant... la contribution mobilière est due pour toute habitation meublée, située soit dans la commune du domicile réel, soit dans toute autre commune. M. d'Houdetot, pair de France, doit donc avoir un domicile réel, sérieux, à Paris; son domicile est rue de Londres, il faut qu'il y soit imposé; il y a donc pour lui domicile forcé, contribution mobilière forcée, à Paris. Ainsi le général, malgré son bail, malgré l'inscription sur les rôles, n'est pas le payeur légal de la contribution. Ce qui le prouve encore, c'est qu'il a déclaré que le mobilier ne lui appartenait qu'en partie; c'est le mobilier qui est la cause de la contribution; c'est le propriétaire ou le possesseur du mobilier qui doit payer; le général ne doit donc s'attribuer la contribution que pour la portion du mobilier qu'il possède; il y a une ventilation à faire, et cette ventilation une fois faite, il ne lui reste plus une somme suffisante pour composer son cens; donc il n'est pas éligible.

La chambre, après deux épreuves douteuses, prononça, au scrutin et à une faible majorité, l'annulation de l'élection. (Séance du 1er juin 1839, *Monit.* du 2, p. 843, 844.)

569. *Lorsqu'un citoyen déclare lui-même que ses impositions mobilières sont relatives à un appartement loué et habité collectivement par lui et ses sœurs, il y a lieu de déduire sur ces impositions, et par conséquent sur le cens d'éligibilité, une somme représentative de la part des sœurs dans la location.*

Élection de M. Fonfrède; M. Caumartin, rapporteur. (19 août 1831; *Monit.* du 20, p. 1433.)

570. Toutefois, il a été décidé depuis, que *la chambre ne jouant pas le rôle de répartiteur, elle ne peut, lorsque la contribution mobilière est au nom d'un candidat élu, la diviser pour en attribuer une partie à une personne qui habite avec lui.*

Pour l'élection de M. Debès, M. Leyraud, rapporteur, a posé le principe qui vient d'être énoncé; M. Durand (de Romorantin) l'a combattu. Du moment, a-t-il dit, qu'il n'est pas contesté que l'occupation des appartements soit commune, il importe peu que le nom de M. Debès figure seul sur le rôle des contributions. Il n'est pas exact de dire que la chambre n'est pas appelée à réviser les rôles des contributions, et qu'elle doit prendre comme vraies toutes les énonciations qui y sont inscrites. S'il en était ainsi, on lui enlèverait précisément sa haute attribution, son droit de vérifier toutes les pièces, tous les actes, tous les titres, toutes les énonciations qui tendraient à attribuer à un député un cens d'éligibilité qu'il ne paierait pas réellement. Qu'importe le rôle des contributions? Un fait avoué reste, celui d'un commun domicile; si une contribution mobilière doit peser sur ce ménage du frère et de la sœur, la sœur a le droit de revendiquer la moitié de la cote qui représente l'impôt mobilier. M. Debès fut admis. (Séance 15 avril 1839, *Monit.* du 16, p. 552-553.)

571. *A la différence de l'impôt fon-*

cier et de celui des portes et fenêtres, qui ne peuvent plus compter au propriétaire qui vend ou au locataire dont le bail cesse, l'imposition personnelle et mobilière compte pour toute l'année, quels que soient les changements d'habitation survenus dans le cours de cette année.

Ainsi un préfet maritime peut compter dans son cens d'éligibilité l'impôt qu'il a payé à raison de l'habitation qu'il occupait dans la préfecture au commencement de l'année où se fait l'élection, alors même que, dans le courant de cette année, il aurait cessé ses fonctions de préfet maritime.

Élection de M. le vice-amiral Grivel; M. Vivien, rapporteur. (11 août 1834, *Monit.* du 12, p. 1689.)

Il en est de même pour un procureur-général qui a changé de résidence; la contribution de la maison qu'il occupait dans sa précédente résidence, au commencement de l'année, doit lui être comptée, surtout si, depuis son départ, la maison, non sous-louée, est restée à sa charge.

Élection de M. Chégaray; M. Daguenet, rapporteur. (22 décembre 1837, *Monit.* du 23, p. 2521.)

Le principe de la permanence de l'impôt personnel et mobilier pour toute l'année, a été reconnu par le bureau chargé d'examiner l'élection de M. Martin (de Strasbourg), qui avait cédé à titre de location une partie de la maison qu'il occupait au commencement de l'année. Mais la question ne se présentait pas à juger, M. Martin ayant, par scrupule, consenti, en fait, à la réduction de son cens, ce qui lui laissait encore un chiffre suffisant pour le constituer éligible. M. Gervais, rapporteur. (22 décembre 1837, *Monit.* du 23, p. 2524.)

M. de Cormenin motive cette solution sur ce principe, que la loi saisit le contribuable au moment de l'inscription sur le rôle.

572. *Un citoyen peut compter, pour son cens d'éligibilité, l'impôt des portes et fenêtres d'une maison appartenant à son père, s'il produit 1° un bail, bien que ce bail soit sous seing privé et enregistré seulement à une époque voisine de l'élection, et qu'il y ajoute des extraits de contributions portant qu'il a payé, depuis l'époque du bail, les contributions personnelles et mobilières, à raison du loyer qu'il occupait dans la maison où demeurent d'ailleurs d'autres personnes de la famille; 2° des actes de notoriété émanés de tous les voisins, constatant que, depuis le temps du bail, il demeure dans cette maison avec sa femme et ses domestiques, et enfin un acte constatant qu'il a payé, depuis lors aussi, toutes les réparations locatives et autres.*

Élection de M. de Laboulie; M. Dufaure, rapporteur. M. Jaubert, discutant les faits exposés et appréciés par le rapporteur, trouvait les justifications insuffisantes, et demandait l'ajournement. La chambre rejeta l'ajournement et prononça l'admission. (22 décembre 1834, *Moniteur* du 23, p. 2277.)

573. IV. *De divers actes pouvant ou non servir au compte des impôts pour le cens d'éligibilité.*

Lorsque des biens, autrefois communaux, et possédés par un citoyen, en vertu de partage, ne paient d'autre charge qu'une redevance annuelle établie au profit de la commune, cette redevance doit être considérée comme un prix de vente et non comme un impôt; en conséquence, elle n'entre point dans la supputation du cens d'éligibilité.

M. Abbatucci, propriétaire de lots de biens ci-devant communaux, dans le canton de Zicaro (Corse) ne payait pour ces biens qu'une redevance de 118 francs. Il voulut faire comprendre cette somme dans l'impôt nécessaire pour former son cens d'éligibilité. Le bureau fut d'un avis contraire. « Il a pensé, dit M. Ducos, rapporteur, que la redevance devait être considérée comme une sorte de prix de vente ou d'achat, qu'elle profite à la commune seule, qu'elle n'est pas affectée par elle à un service spécial et indiqué par la loi; qu'elle n'émane point d'un acte législatif, qu'elle provient uniquement du fait de l'ordonnance, qu'elle ne revêt, en un mot, aucun des caractères distinctifs de l'impôt, et que, dès lors, elle ne saurait être comprise dans le cens d'éligibilité. » M. Persil émit la même opinion. (Séance du 17 avril 1839, *Monit.* du 18, p. 565-566.)

M. de Cormenin approuve cette décision, pour le motif que la redevance est une vente patrimoniale, et non une contribution publique.

574. *La donation, faite par un homme remarié, à un fils de sa seconde femme, d'un usufruit constitué sur sa propre tête, et portant sur un bien faisant partie de la seconde communauté, est valable, et peut compter parmi les biens dont l'impôt sert à former le cens d'éligibilité. Un pareil acte n'est pas, du reste, un avancement d'hoirie.*

Cette difficulté de droit civil, autant que de droit politique, a été soulevée par l'élection de M. de Ressigeac. Le bureau, par l'organe de M. Isambert, conclut à l'annulation de l'élection, fondée sur ce que le cens de l'éligibilité ne pouvait être atteint qu'en comprenant dans les biens de M. Ressigeac une donation d'usufruit à lui faite par son beau-père, sur la tête de celui-ci, et d'un bien compris dans la seconde communauté, donation que le bureau prétendait illégale comme excédant les droits du mari; ce moyen se fondait sur l'article 1422 du Code civil. M. le rapporteur développa l'opinion contraire à la validité de l'acte, et par suite de l'élection; M. Portalis fut du même avis. M. Dupin défendit chaudement l'élection; il soutint que la donation était parfaitement légale, qu'elle était limitée à la durée et à la condition du droit du donateur usufruitier lui-même, et qu'elle ne pouvait être attaquée par la femme, dont le droit n'était pas encore ouvert, ni par le mari qui était non recevable à attaquer son propre fait.

La chambre valida l'élection. (Séance du 15 avril 1839, *Monit.* du 16, p. 155 et suiv.)

575. *Peut-on présenter pour base de l'éligibilité un usufruit constitué pour un nombre limité d'années?*

Cette question se présentait, en 1831, dans l'élection de M. Boixo; la chambre ne fut pas appelée à décider, parce que M. Boixo donna sa démission avant le rapport de son élection. Rapport de M. Isambert sur l'élection de M. Ressigeac, en 1839. (15 avril, *Monit.* du 16, p. 556.)

Une décision du 27 janvier 1828, citée par M. Duvergier et par M. Armand Dalloz, dans son *Dictionnaire général de jurisprudence*, v° *Élections législatives*, n° 80, porte que lorsqu'un propriétaire, en vendant un immeuble, s'en est réservé la jouissance pour un temps très-court et s'est chargé d'en payer la contribution pendant un temps déterminé, il n'y a pas lieu de lui attribuer cette contribution, parce qu'il n'est pas véritablement usufruitier.

La cour royale de Bourges a décidé de même, quant au droit électoral, que le vendeur d'un immeuble qui s'en est réservé la jouissance pour quelques mois, ne peut être assimilé à l'usufruitier, quant à la faculté de comprendre les contributions de ce domaine dans la formation de son cens. Arrêt du 25 novembre 1839; Rec. périodique de M. Dalloz, année 1840, 2e partie, p. 201.

576. La chambre a décidé, dans le même sens, *qu'une vente d'un bois, sous réserve, pour un certain nombre d'années, de l'exploitation de la superficie, ne peut être assimilée à un contrat emportant création d'une nue propriété et d'un usufruit. L'acheteur est pleinement propriétaire, et l'impôt qu'il paye à raison de ce bois entre dans son cens d'éligibilité.*

On contestait à M. Renard 395 fr. d'impôt qu'il payait par suite d'un contrat de cette nature. On reconnut dans la discussion de la chambre qu'il y avait une différence, consacrée par la cour de cassation en 1831, entre un usufruit et la réserve dont il s'agit, et qui constitue seulement une aliénation temporaire d'une portion des fruits. M. Teste prétendit que, dans le silence du contrat, il y avait lieu à une ventilation, quant au payement de l'impôt, entre le vendeur et l'acheteur, pour le temps pendant lequel devait durer la clause en question. M. O. Barrot répondit que l'on ne connait pour payer l'impôt que le propriétaire ou l'usufruitier; qu'ici, comme il n'y avait pas eu délégation du droit d'usufruit, mais simplement aliénation de fruits, la qualité de propriétaire restait pleinement, et avec elle le droit de se servir politiquement de l'impôt qu'elle entraînait. La chambre valida l'élection. M. Félix Réal, rapporteur. (23 déc. 1837, *Monit.* du 24, p. 2532.)

Dans ce cas, dit M. de Cormenin, il n'y a pas séparation de personnes et distinction de propriété.

577. *Une vente à réméré peut servir de base au cens d'éligibilité.*

M. Jaubert, rapporteur de l'élection de M. Teste, où cette question se présentait pour la première fois, dit que le bureau avait considéré que la vente à réméré n'est pas moins translative de propriété que la vente pure et simple; la condition résolutoire ne change pas la nature du droit : elle a seulement pour effet, lorsqu'elle s'accomplit, de remettre les choses au même état qu'avant l'obligation. La loi électorale se borne à exiger de l'éligible le fait de la possession; or si un simple usufruitier peut se prévaloir des impôts de l'immeuble dont il jouit, ce droit appartient, à plus forte raison, à l'acquéreur à réméré, qui possède à un titre plus plein que l'usufruitier. Cependant les ventes à réméré peuvent donner lieu, en matière électorale et d'éligibilité, à des abus, à des fraudes; aussi, lorsque des actes de cette nature sont présentés à la chambre, elle doit les soumettre à une sévère investigation. M. Teste a été entendu, et il n'est resté aucun doute sur le caractère de bonne foi de l'acte. La chambre prononça l'admission. (28 juillet 1831, *Monit.* du 29, pages 1277 et 1278.)

«Tant que le réméré n'est pas exercé, dit M. de Cormenin, la propriété repose sur la tête de l'acquéreur, et cela suffit. On ne saurait être trop large, à notre avis, en matière d'éligibilité.»

La question avait été décidée de même pour l'électorat, par une solution antérieure à 1831, citée et approuvée par MM. de Cormenin et Dalloz.

578. *Une donation conditionnelle, mais qui opère transmission de propriété sur la tête du donataire, peut également servir au compte du cens d'éligibilité.*

Élection de M. Chazot; M. Hennequin, rapporteur. (26 déc. 1837, *Monit.* du 27, p. 2541.)

La jurisprudence des tribunaux est conforme à ce principe. Plusieurs arrêts ont compté, pour l'électorat, les contributions à l'usufruitier conditionnel, pourvu que la condition ne soit pas accomplie. M. de Cormenin, *Questions de droit*, v° *Elections parlementaires.* C'est aussi ce que porte une solution en date du 6 novembre 1820, indiquée par M. Dalloz, dans son *Répertoire de jurisprudence*, v° *Droits civils et politiques*, p. 547 n° 18. En effet y est-il dit, la condition ne modifie pas la nature de l'usufruit; elle en subordonne seulement la durée à tel acte, à tel événement.

On a validé, dit M. de Cormenin, l'élection de M. Sernin, qui faisait valoir des contributions d'un bien concédé par un testament contenant des clauses résolutoires.

579. *Lorsque, malgré la clause d'un testament qui déclare incessible un usufruit légué, et malgré les stipulations confirmatives d'une convention postérieure au décès du testateur, le légataire fait cession de son usufruit, mais qu'ensuite un nouvel acte passé entre lui et le cessionnaire annule la cession, la nullité de cette cession remonte au testament et à la convention confirmative; en conséquence la cession est réputée n'avoir jamais existé, et l'usufruitier est censé n'avoir jamais été dessaisi de l'usufruit, ni du cens d'éligibilité qu'il conférait.*

L'extrait des contributions fourni par de M. Mesgrigny constatait qu'il était imposé comme usufruitier de plusieurs immeubles. Par testament du 1er novembre 1826, Mme de Mesgrigny avait légué à son mari une rente viagère de 3000 fr. constituée à titre gratuit, comme pension alimentaire, incessible et insaisissable. Par acte notarié, du 11 juillet 1828, entre M. de Mesgrigny fils et son père, celui-ci reçut l'usufruit de certains biens, au moyen de la jouissance desquels biens, dont le produit net était à peu près égal à la rente léguée, il fut tenu de payer les impositions; l'acte portait : « Les parties n'entendent nullement faire novation ni déroger à la clause du testament; elles veulent, au contraire, en maintenir la pleine et entière exécution, et que la jouissance qui représente la pension alimentaire léguée par le testament soit, comme cette pension, incessible et insaisissable. » Plus tard, quelques-uns des biens désignés ont été remplacés, toujours en usufruit, et avec la même clause d'incessibilité et d'insaisissabilité. En vertu de ces actes, M. de Mesgrigny fut, à raison de l'impôt de 639 fr. qu'il payait, porté sur la liste électorale; et, plusieurs fois, il fut élu et admis député.

Madame Gaston de Mesgrigny, sa bru, avait été séparée de biens d'avec son mari; dans la liquidation intervenue entre eux, elle avait reçu la nue propriété des biens dont son beau-père avait l'usufruit. Par acte du 7 septembre 1839, celui-ci déclara céder, à titre de bail à ferme, pour douze années, à sa belle-fille, les immeubles dont il avait l'usufruit; il y fut stipulé que madame de Mesgrigny serait simplement chargée des réparations locatives, qu'elle paierait les contributions en l'acquit du bailleur. Le fermage annuel était porté à 3,000 fr., « ce qui, dit l'acte, donne pour les douze années du bail, une somme totale de 36,000 fr. laquelle somme madame la comtesse de Mesgrigny conservera entre ses mains, pour la remplir de trois sommes qui y sont indiquées, montant ensemble à 36,000 fr. qui lui sont dus par son beau-père. »

Un électeur demanda que, par suite de cet acte qui transportait l'usufruit à madame de Mesgrigny, M. de Mesgrigny fût rayé de la liste électorale. Le préfet rejeta cette demande, par le motif que l'acte du 7 septembre n'était qu'un bail, et laissait, au fond, le droit d'usufruit à M. de Mesgrigny. La cour royale de Paris, au contraire, par arrêt du 22 octobre 1840, déclara, d'après la qualité des personnes et les clauses de l'acte, que cet acte n'était point un bail, ainsi qu'il était qualifié, mais une cession d'usufruit qui dépouillait M. de Mesgrigny de cet usufruit, de la contribution et, par suite, du cens électoral.

L'élection de M. de Mesgrigny avait eu lieu le 23 août; le même électeur qui poursuivit la radiation des listes, déposa, le jour même, une protestation qui fut adressée à la chambre, avec l'arrêt ultérieur de la cour de Paris.

Dans ces circonstances, le bureau de la chambre s'est prononcé en faveur de la validité de l'élection et l'admission de M. de Mesgrigny; voici les motifs auxquels il s'est principalement attaché, d'après le rapport de M. Moreau (de la Meurthe) : Il résulte des termes de l'arrêt même de la cour de Paris, que si l'acte du 7 septembre 1839 était une cession d'usufruit, cette cession était nulle, parce que le testament de 1826 et l'acte de 1828 interdisaient le droit de la consentir. « Considérant, lit-on dans l'arrêt, que, quel que puisse être le droit du comte de Mesgrigny d'attaquer la cession d'un usufruit stipulé incessible, cette cession, tant qu'elle subsiste, doit produire ses effets. »

M. de Mesgrigny s'est emparé de ces termes de l'arrêt, et, par acte du 24 octobre 1840, il a passé, avec sa belle-fille, un acte notarié par lequel ils ont déclaré que leur intention, en passant l'acte du 7 sept. 1839, avait été de faire un bail simplement; mais que, dès que la cour de Paris le considérait comme une cession d'usufruit que M. de Mesgrigny n'avait pu faire, ils annulaient cet acte, et se replaçaient dans la position où ils étaient à l'époque où ils l'avaient passé.

L'acte du 7 septembre étant annulé, réputé n'avoir jamais existé, le droit d'usufruit qui appartient à M. de Mesgrigny n'a pas cessé un instant de reposer sur sa tête, par conséquent aussi le cens électoral; il était donc éligible le 23 août 1840, jour de son élection.

La minorité a objecté que la nullité

n'étant pas absolue et d'ordre public, l'acte du 7 septembre, considéré comme cession d'usufruit, avait dû produire son effet jusqu'à la convention du 24 octobre 1840, et qu'ainsi, au 23 août 1840, M. de Mesgrigny ne payait pas le cens d'éligibilité. La majorité a répondu : Si la nullité dont était frappé l'acte du 7 septembre n'était pas absolue et d'ordre public, elle n'était pas, à l'égard de M. de Mesgrigny, une nullité susceptible d'être couverte par le temps, par une renonciation ou une ratification; écrite dans le testament et dans l'acte de 1828, qui se confond avec lui, c'est une nullité inhérente, intrinsèque et viscérale, qui affecte le contrat du 7 septembre 1839 dans son origine, et qui, reconnue et prononcée par l'acte du 24 octobre 1840, comme elle aurait pu et dû l'être par un jugement, à défaut de consentement de M. de Mesgrigny, détruit *ab initio* ce contrat du 7 septembre, le fait réputer n'avoir jamais existé, et M. de Mesgrigny n'avoir jamais été dessaisi un seul instant du cens d'éligibilité; il est donc de toute nécessité de prononcer son admission.

Personne ne combattit ces conclusions, et l'admission fut prononcée à une grande majorité. (Séance du 9 novembre 1840, *Moniteur* du 10, page 2222.)

580. V° *De la possession requise*. Les contributions foncière, personnelle et mobilière, et des portes et fenêtres, ne sont comptées que lorsque la propriété foncière aura été possédée, ou la location faite, antérieurement aux premières opérations de la révision annuelle des listes électorales. Cette disposition n'est point applicable au possesseur à titre successif ou par avancement d'hoirie. (Art. 7 de la loi du 19 avril 1831.)

De ces dispositions, dit M. de Cormenin, il suit : « que cette possession ou cette location, commencée avant le 1er juin, doit être continuée jusqu'au 21 octobre, et que si l'élection a lieu dans l'intervalle du 1er juin au 21 octobre, la possession doit remonter au 1er juin de l'année précédente. Ainsi, dans le premier cas, le minimum de la durée de cette possession est de quatre mois et vingt jours. Dans le second cas, le maximum peut être de seize mois et vingt jours. L'éligible doit justifier que sa possession est antérieure aux premières opérations de la révision des listes sur lesquelles se fait l'élection. On n'a pas voulu que le propriétaire du 30 mai fût l'éligible du 1er juin. Une fois le principe du cens d'éligibilité admis, la conséquence est juste. »

581. *La chambre a décidé, conformément à ces principes, que le cens d'éligibilité doit exister avant le 1er juin, c'est-à-dire avant les premières opérations de la révision des listes sur lesquelles l'élection se fait; il ne suffit pas d'avoir acquis ou loué depuis le 1er juin de l'année électorale à venir.*

Une propriété qui entrait dans le cens d'éligibilité de M. Fumeron d'Ardeuil, nommé en 1834, n'avait été acquise par lui qu'en janvier 1834. M. Gillon, rapporteur, soutint, au nom du bureau, qu'il était évident, d'après l'art. 60 de la loi électorale, qu'il suffisait que la propriété eût été acquise et possédée avant le 1er juin 1834. Cette proposition ne fut pas discutée, mais sembla réservée, l'ajournement ayant été prononcé pour un autre motif. (5 août 1834, *Monit.* du 6, p. 1651.) Mais, après la décision prise, dans un sens contraire, sur une autre élection, M. Gillon ne crut pas pouvoir maintenir son opinion, et l'élection fut annulée. (11 août 1834, *Monit.* du 12, p. 1691 et 1692.)

C'est aussi d'après ces principes qu'à la suite d'un long débat qui fixa les incertitudes, que la chambre avait, le même jour, annulé l'élection du vice-amiral Grivel. La nullité fut soutenue par MM. Vivien, rapporteur, Amilhau, Larévellière-Lépeaux, et combattue par MM. Vatout, Fumeron d'Ardeuil et Comte. Toute l'argumentation a roulé sur l'interprétation des art. 7 et 60 de la loi électorale. (11 août 1834, *Monit.* du 12, p. 1689.)

Le même jour encore, la chambre annula l'élection de M. Pouyer qui, ayant vendu ses propriétés en 1833, et, par suite, ne se trouvant plus porté sur les listes électorales de cette année, n'avait racheté des propriétés payant le cens d'éligibilité qu'en avril 1834. M. Ledéan, rapporteur. (*Eod*., page 1691.)

Dans la séance du 14 août 1834, la chambre annula l'élection de M. Mathieu, par le motif qu'il n'aurait acquis qu'en mars 1834 la proprieté qui lui donnait le cens. M. Colin, rapporteur. (*Monit.* du 15, p. 1707.)

582. *Pour être éligible, il faut prouver que l'on était encore possesseur, au moment de l'élection, des biens payant le cens; ainsi est insuffisant le certificat du directeur des contributions, attestant que les propriétés dont il s'agit étaient portées, depuis deux ou plusieurs années avant l'élection, au nom de cet éligible; il en est ainsi alors même que, de notoriété publique, il possédait plus que ce qu'il faut pour être éligible, et qu'il était porté sur les listes de l'année où l'élection a eu lieu pour une somme égale à celle mentionnée dans le certificat. Dans ces circonstances, il y a lieu à un ajournement de l'admission jusqu'à plus complète preuve de l'éligibilité.*

Ainsi décidé, avec les dernières circonstances qui viennent d'être énoncées, pour l'élection de M. Marcombe. Le bureau avait conclu à l'admission, tout en reconnaissant qu'il ne faudrait pas admettre comme précédent que les listes électorales fussent suffisantes pour justifier de la réalisation et de la continuité de la possession jusqu'au jour des opérations électorales. Les conclusions du bureau furent combattues par MM. Isambert, Barada et Vivien, soutenues par MM. Mesnard et Marcombe, rejetées par la chambre qui prononça l'ajournement. M. Mathieu de la Redorte, rapporteur. (20 déc. 1837, *Monit.* du 21, p. 2507, 2508.)

Même décision, sur les conclusions du même rapporteur, pour M. Robineau. (*Eod.* p. 2508.)

La question s'est élevée encore pour l'élection de M. Gauthier de Rumilly, qui produisait des certificats rédigés à la fin de 1836, et applicables à 1837. Ces certificats ne pouvaient pas justifier de la continuité de possession depuis le 1er juin jusqu'au jour de l'élection. Il y avait cette circonstance que les contributions de 1837 s'appliquaient à des biens qui les payaient depuis 1831, et qu'avait toujours possédés M. Gaultier de Rumilly. Après quelques observations contradictoires du rapporteur, M. Croissant, et de MM. Vivien, Laurence, Mathieu de la Redorte, la justification fut trouvée insuffisante : la chambre prononça l'ajournement. (21 déc. 1837, *Monit.* du 22, p. 2512, 2513.)

La chambre a persisté dans sa jurisprudence à l'égard de M. Martell; il avait été élu le 15 février, et le certificat attestant la possession depuis plusieurs années était du 10 janvier précédent. M. de Marcombe, rapporteur, et M. Vivien, s'appuyèrent sur les précédents de la chambre et le texte de la loi pour demander l'ajournement pour cause d'insuffisance de justification légale du cens. L'ajournement fut prononcé. (3 mars 1838; *Monit.* du 4, p. 472.)

« La constatation de la possession, dit M. de Cormenin, émane du maire, et le rôle, du percepteur. On ne peut suppléer par la notoriété au défaut de pièces justificatives du cens; car il s'agit ici d'une preuve matérielle à faire, non sur parole, mais sur pièces. »

Il existe un précédent qui parait contraire. Le 4 août 1830, M. André (de la Lozère), rapporteur de l'élection de M. Casimir Périer, demanda l'ajournement, au moins jusqu'au lendemain, pour que ce député, qui ne produisait pas de certificat de contributions, pût justifier de son cens. MM. Gaëtan de la Rochefoucauld, Laffitte, Salverte, demandèrent l'admission immédiate, fondée sur la notoriété publique du cens de M. Périer, qui avait été, d'ailleurs, vérifié récemment dans les précédentes élections. M. Demarçay insista sur la nécessité de la justification. M. de Murat dit que, dans les circonstances où l'on se trouvait, il y avait urgence de constituer la chambre, et qu'il ne fallait pas s'arrêter aux difficultés de détail. C'est sur cette observation que l'admission fut mise aux voix et prononcée. On comprend que cette décision, déterminée par des conjonctures exceptionnelles, ne peut pas faire autorité pour les temps ordinaires. (Voy. *Moniteur* du 5 août 1830, p. 848.)

583. Cependant la chambre avait précédemment décidé que, *bien que des certificats, antérieurs de trois années à l'élection vérifiée, se rapportant identiquement à la maison dont l'élu justifie actuellement payer les contributions, ne présentent pas une certitude légale et absolue de la possession, il en résulte une présomption assez forte pour déterminer l'admission du député.*

Election de M. Dugas-Montbel; M. O. Barrot, rapporteur. (2 août 1834; *Monit.* du 3, p. 1631.)

584. *Si un citoyen ne complétait le cens d'éligibilité qu'au moyen des impôts payés par les immeubles dotaux de sa femme; que, par suite de licitations, ces immeubles aient dû être vendus à charge de remplacement, et que la fin des opérations de la liquidation n'ait permis d'opérer le remploi qu'au mois de mai de l'année où l'élection s'est faite, la garantie de propriété n'a pas été légalement interrompue, et, par conséquent, l'éligibilité a été conservée.*

Election de M. Hébert; M. François Delessert, rapporteur, fit observer que la garantie de propriété voulue par les lois n'avait pas été interrompue, les fonds destinés au remplacement des immeubles dotaux aliénés étant restés constamment entre les mains des acquéreurs et n'ayant pu en sortir que pour servir au paiement de la propriété destinée au remploi. (12 août 1834; *Monit.* du 13, p. 1696.)

585. A plus forte raison, *on ne doit pas considérer comme interruption de possession et de paiement du cens la vente du bien sur lequel reposait l'impôt, opérée seulement après avoir acheté une autre propriété suffisante pour conférer l'éligibilité.*

Election de M. Piscatory; M. Dufaure, rapporteur. (Séance du 6 avril 1839, *Moniteur* du 7, p. 484.)

« Car, dit M. de Cormenin, dans l'intention comme dans le fait, il y a eu substitution d'un bien à un autre bien et paiement complet et non interrompu du cens légal. »

586. *Celui qui, postérieurement à la révision des listes électorales, a vendu la propriété qui le rendait éligible, et en a acheté une autre qui paie le cens voulu, est présumé avoir continué sans interruption de posséder une propriété donnant le cens; dès lors il a pu être élu. Il en est ainsi, alors même que l'acquisition nouvelle n'a lieu qu'après une ordonnance de dissolution de la chambre des députés.*

Ainsi décidé sur l'élection de M. Pouillet, en 1839. Ce député avait vendu, en septembre 1838, l'immeuble qui le rendait éligible, et en avait acheté un autre en février 1839; il n'avait donc pas payé le cens depuis le mois d'octobre au mois de février. On s'est demandé s'il avait, comme la loi l'exige, la possession à une époque antérieure à la révision des listes, c'est-à-dire au 1er juin. M. Berger, rapporteur, invoqua deux précédents : le premier relatif à M. Viennet, sous la restauration, époque où la possession devait être annale : M. Viennet avait racheté des propriétés immédiatement après avoir vendu celles qui le rendaient éligible; la chambre valida l'élection.

Le second précédent appartient à l'empire de la loi de 1831; M. Charles Comte avait vendu la propriété qui le rendait éligible; la dissolution de la chambre eut lieu le 24 mai 1834; M. Comte acheta un immeuble le 27; la question était identique à celle de M. Pouillet : dans l'un et l'autre cas, l'acquisition a été postérieure à la dissolution. La chambre a validé l'élection de M. Comte; elle a considéré que, si un député ne pouvait pas aliéner pendant la session des chambres, il y aurait un grand nombre de biens qui seraient frappés de mainmorte; qu'il y aurait là un inconvénient énorme; qu'il fallait faire de cela une question de bonne foi. (Voy. 2 août

1834, *Monit.* du 3, p. 1634; du 7 août 1834, *Monit.* du 8, p. 1669); M. Charles Dupin, rapporteur (1).

M. le rapporteur ajouta que ce précédent avait semblé au bureau lier la chambre. M. Odilon Barrot dit que le véritable motif, c'est qu'on suppose un remploi, et en quelque sorte une continuité de propriété. M. le rapporteur répondit : Ici le remploi a été fait en réalité; c'est la dot de madame Pouillet qui a été remployée dans cette acquisition. — M. Pouillet a été admis. (Séance du 9 avril 1839, *Monit.* du 10, p. 509 et 510.)

587. Il résulte évidemment du texte de la loi que, *pour que des biens donnés en avancement d'hoirie, puissent compter pour le cens d'éligibilité, il suffit que la donation ait précédé l'élection.*

Election de M. Chegaray; M. Daguenet, rapporteur. (22 déc. 1837, *Monit.* du 23, p. 2521.)

588. *Mais, il faut que le donateur lui-même ait possédé depuis le temps voulu par la loi; ainsi ne peut être compté pour le cens un bien donné en avancement d'hoirie, si le donateur n'a lui-même acquis ce bien que depuis le 1er juin de l'année où a lieu l'élection, et très-peu de temps avant cette élection.*

M. Alexis de Jussieu produisait comme pièce principale pour justifier son cens d'éligibilité une donation en avancement d'hoirie que lui avait faite sa mère, le 25 octobre, quelques jours avant l'élection; l'acquisition avait été faite par la donatrice, dans le même mois d'octobre. Le bureau de la chambre conclut à l'admission par le motif que la loi faisait une exception expresse à la nécessité de la possession antérieure au 1er juin, quand il s'agissait d'un bien possédé en vertu d'une donation par avancement d'hoirie, ce qui existait dans l'espèce.

M. Berryer combattit ces conclusion. Si la loi, a-t-il dit, dispense le donataire par avancement d'hoirie de la possession antérieure à la rédaction des listes, c'est que, héritier présomptif, il continue la personne du donateur, et exerce les droits que celui-ci possédait; cela suppose que le donateur lui-même avait des droits; mais s'il achète la veille de l'élection, il n'avait rien à transmettre, il n'a acquis que pour abuser de la loi, et créer soudainement un droit au donataire. — M. de Jussieu, après avoir rappelé les dispositions de la loi électorale, ajouta : On peut regretter que le législateur n'ait pas exigé expressément la possession, avant le 1er juin, de la part de l'auteur d'un donataire par avancement d'hoirie; mais, quoi qu'on pense de cette omission dans la loi, l'omission existe, et il n'est pas permis de suppléer à une restriction non écrite dans la loi, autrement que par une disposition nouvelle. La question n'a pas été prévue par le législateur. Dans la pratique, les préfets appliquent la loi dans le sens favorable au droit du donataire; ils ne peuvent agir autrement, en l'absence d'un texte restrictif. — On oppose le principe que nul ne peut transmettre plus de droits qu'il n'en a ; mais il ne s'agit pas ici de transmission de droits, il s'agit seulement de translation de propriété; ce qui est différent : ainsi une femme qui n'exerce point de droits politiques peut donner à son fils un bien qui le rende éligible; un père étranger, même en donnant à un fils français, avant le 1er juin, une propriété par avancement d'hoirie, ne pourrait pas transmettre de droits politiques puisqu'il n'en a pas ; cependant la donation rendrait son fils électeur ou éligible, selon l'importance du bien donné. — On ne peut invoquer l'esprit de la loi pour rendre son texte malveillant, restrictif, quand il n'a pas ce caractère. Quant à l'abus qui consisterait à improviser des éligibles, il a été prévu pour les cas où il serait possible ou même probable : ainsi on a exigé que la délégation fût antérieure au 1er juin, parce que rien

(1) La question ne fut pas jugée en droit, mais en fait, et d'après les pièces produites par M. Comte, après un ajournement, ainsi que le fit remarquer M. Vivien, rapporteur de l'élection de M. le vice-amiral Grivel, qui offrait la même difficulté.

n'est plus simple et plus facile qu'un acte de délégation d'impôts. Mais la loi n'a pu craindre les mêmes abus ni dû prendre les mêmes précautions pour les cas de titre successif et d'avancement d'hoirie; en effet, on ne meurt pas pour faire un électeur ou un éligible; quant à l'avancement d'hoirie, il entraîne des complications, des formalités, des difficultés, et entraîne dans les familles des inconvénients trop graves, n'y eût-il que les questions de rapport à la succession, pour que l'abus fût à redouter.

M. O. Barrot répondit que la loi ne présentait pas de lacune : par une fiction, elle a supposé que le successeur à titre universel possédait par voie de continuation; cette fiction ne peut aller jusqu'à créer au profit du successeur des droits qui n'existaient pas au profit de l'auteur. Ce serait blesser les vérités les plus élémentaires. Les conditions de l'éligibilité pourraient être renversées : la nécessité de la possession antérieure serait illusoire ; car il serait facile de faire acheter, la veille de l'élection, par son père ou par sa mère, et de se faire donner ensuite ; ce serait détruire la loi dans son principe. La chambre décida que M. de Jussieu ne serait pas admis; M. Jars, rapporteur. (26 déc. 1837, *Monit.* du 27, p. 2542.)

« Par l'effet de l'hoirie ou de la donation à titre successif, dit M. de Cormenin, il n'y a pas solution de continuité dans la possession. Elle se transfuse de l'un à l'autre sans cesser d'être, comme si elle passait de la main droite à la main gauche de la même personne, tandis que si la possession n'était ni dans le donataire ni dans le donateur, elle ne serait nulle part. »

Section 4. — Des pièces justificatives du cens et de la possession.

589. Il doit être justifié du cens d'éligibilité à chaque élection de la même personne.

La circonstance qu'un député, soumis à réélection, faisait précédemment partie de la chambre, ne le dispense pas de fournir la justification du cens de l'éligibilité.

Élection de M. le général Paixhans. (Séance du 26 décembre 1840, *Monit.* du 27, p. 2526.) — De M. Bugeaud; M. Passy, rapporteur. (28 décembre 1836, *Moniteur* du 29, p. 2283.)

Le contraire avait été décidé pour M. le maréchal Clausel et M. le comte de Lobau, en 1831 ; M. Salverte, rapporteur. (11 septembre 1831, *Monit.* du 12, p. 1554.)

590. *Lorsqu'un élu produit, pour pièces justificatives de son cens d'éligibilité, les pièces qui l'ont fait admettre député l'année précédente, le bureau de la chambre peut, malgré l'insuffisance de cette production quant à la possession, et statuant comme jury, reconnaître que l'élu est réellement resté propriétaire des biens qu'il possédait lors de sa dernière élection, s'il atteste, par sa déclaration et par l'invocation du témoignage des députés du département où sont ses propriétés, qu'il est de notoriété publique qu'il n'a aliéné aucun des biens sur lesquels portent ses certificats ; s'il produit son inscription sur la liste électorale de l'année pour une somme supérieure au cens de l'éligibilité, et si le maire et le percepteur du lieu où sont ses propriétés attestent, l'un qu'il a participé à toutes les charges municipales, l'autre qu'il prend part aux élections municipales.*

Élection de M. Ch. Dupin. (16 septembre 1831, *Monit.* du 17, p. 1600.)

591. De même *un député qui ne produit, pour justifier son cens d'éligibilité, que les pièces qui ont déterminé son admission l'année précédente, peut néanmoins être admis, s'il résulte des explications qu'il a données au bureau de la chambre, qu'il y a eu, dans le défaut de production, oubli plutôt que tout autre motif, et qu'il paie une somme d'impôts supérieure au cens et provenant de propriétés dotales que la loi ne lui permettait pas d'aliéner; à cet égard, bien qu'il eût fallu, à la rigueur, produire le contrat de mariage, on peut s'en rapporter à l'assertion de l'élu.*

Élection de M. Amilhau; M. Demarçay, rapporteur. (17 janvier 1832, *Monit.* du 18, p. 168.)

592. *Lorsqu'un député a été élu par plusieurs colléges, il n'a besoin de produire que pour une seule élection les pièces justificatives de son cens; elles peuvent être remises, séance tenante, au rapporteur d'une de ses autres élections, afin que l'admission puisse être prononcée immédiatement quant à cette dernière élection; sinon, l'admission est ajournée jusqu'après le rapport sur l'élection au dossier de laquelle se trouvent les pièces.*

Election de M. O. Barrot pour l'arrondissement de Chauny. (Séance du 25 juillet 1831, *Monit.* du 26, p. 1264.) — De M. Persil, pour la Corrèze. (2 août 1834, *Moniteur* du 3, p. 1630.) — De M. J. Laffitte. (*Eod.*, p. 1631.) — De M. le comte de Thiard; M. Guizot, rapporteur. (19 décembre 1837, *Monit.* du 20, p. 2501.) — De M. Arago; M. Dubois, rapporteur. (20 décembre 1837, *Monit.* du 21, p. 2510.)

593. Le cens doit être prouvé par des pièces légales et régulières.

Une note du préfet du département, portant qu'un candidat élu paie le cens d'éligibilité, ne suffit pas pour faire prononcer l'admission du député.

Election de M. de Humolstein; M. Bedoch, rapporteur. (2 mars 1836, *Monit.* du 3, p. 389.)

Par exception, et vu l'urgence des circonstances, la chambre, dans la première séance de vérification des pouvoirs qui eut lieu immédiatement après la révolution de 1830, a prononcé l'admission de plusieurs députés qui ne produisaient, pour justification de leur cens d'éligibilité, que les listes dressées par le préfet. Evidemment cette mesure n'est pas applicable dans les temps ordinaires. (*Monit.* du 5 août 1830, p. 847, 848.)

594. *Des pièces signées par un sous-préfet peuvent être produites pour la justification de l'éligibilité, sans qu'elles aient été légalisées par le préfet.*

Election de M. Audry de Puyraveau; M. Lherbette, rapporteur. (26 juillet 1831, *Monit.* du 27, p. 1268.)

595. *Mais il a été décidé que le défaut de légalisation pour les signatures de certificats de contributions, ou autres pièces constatant le cens, peut faire ajourner l'admission.*

Election de M. le général Janin; M. Paixhans, rapporteur. — De M. Legrand; M. Lallier, rapporteur. (1er août 1834, *Monit.* du 2, p. 1628.)

Par un arrêt du 15 juin 1830, la cour de Bordeaux avait jugé que des extraits de rôles signés par le percepteur, vérifiés et attestés par le maire, dont la signature avait été légalisée par le sous-préfet, présentaient une assez grande authenticité pour qu'on dût y ajouter foi, sans la légalisation du préfet. Voy. le *Recueil périodique de jurisprudence*, de M. Dalloz, année 1830, deuxième part., p. 210.

596. *Une délégation produite pour justifier du cens peut être admise, quoique les signatures n'en soient pas légalisées, surtout si elle a été déjà produite et admise par deux législatures.*

Election de M. Jollivet; M. Auguis, rapporteur. (Séance du 4 avril 1840, *Monit.* du 5, p. 631.)

La délégation peut être faite par acte sous-seing privé, ainsi que le reconnaît la circulaire ministérielle du 20 avril 1831, laquelle, du reste, prescrit la légalisation de la signature de la veuve ou de la femme.

597. Le paiement des impôts se prouve par les pièces qu'exige la loi; on ne peut pas aller jusqu'à demander la production des titres de propriété. La chambre a jugé qu'*il n'est pas nécessaire de produire les titres de propriété, justificatifs du cens d'éligibilité, si les certificats des percepteurs concordent avec ceux des maires, alors même qu'il s'agit d'une propriété indivise.*

L'admission de M. Jollan ayant été proposée, M. Desmortiers fit observer que ce député ne justifiait pas suffisamment de ses impositions, parce qu'il ne produisait pas, avec les certificats, le titre de la propriété indivise sur laquelle reposait le cens, et qui devait être expertisée pour savoir si la portion afférente au candidat formait le cens exigé.

M. Charamaule, rapporteur, répondit que M. Jollan justifiait légalement son cens; des certificats du percepteur portaient que ses contributions devaient compter pour la somme de..... le maire confirmait la déclaration du percepteur, et ajoutait qu'il possédait depuis plus d'un an. M. Jollan n'ajoute pas les actes de propriété; mais, en général, on ne les exige pas lorsque les certificats des percepteurs concordent avec ceux des maires; enfin M. Jollan avait surabondamment offert ses titres.

La chambre prononça l'admission. (Séance du 6 novembre 1840, *Monit.* du 7, p. 2206.)

598. *La justification d'une location donnant lieu à l'impôt des portes et fenêtres peut être faite au moyen d'un bail sous seing privé non enregistré. On ne peut attaquer cet acte comme étant sans date, comme simulé et de complaisance, surtout s'il est constant que la mutation a eu lieu et que la contribution mobilière a été payée longtemps avant l'élection* (1).

Pour justifier de 10 fr. d'impôts des portes et fenêtres qu'il payait pour un appartement dans la maison du sieur Sahuc, M. Debès produisait un bail sous-seing privé, non enregistré; la majorité du bureau fut d'avis de compter les 10 fr. à M. Debès. M. Durand (de Romorantin) soutint le contraire. On représente, a-t-il dit, un bail non enregistré auquel on donne la date de 1837; c'est ce qu'on fait chaque fois qu'on veut faire cadrer une date avec un événement quelconque, et quand rien ne peut garantir la sincérité de cette date. Aussi la loi, dans un intérêt bien moins grave que les intérêts politiques, n'a pas voulu qu'on pût opposer à des tiers un acte sous seing privé, lorsque des soupçons de fraude peuvent se présenter. Il en est ainsi, à moins que l'acte ait acquis date certaine, soit par le décès d'une des parties signataires de l'autre, soit par l'enregistrement. Ici rien de semblable: on produit un acte qui n'a absolument rien d'authentique à l'égard des tiers.

M. Croissant a répondu que le bail était de 1837, que la contribution mobilière avait été payée dès 1838 par M. Debès, ce qui était contesté; qu'il importait peu qu'il y eût bail enregistré ou non enregistré, car on peut posséder en vertu d'un bail verbal; que ce qu'il importait de prouver, c'est la possession et le paiement à une époque utile; que ce qui était vrai pour la contribution mobilière d'un appartement, devait l'être nécessairement aussi pour l'impôt des portes et fenêtres. M. Debès fut admis.

(Séance du 15 avril 1839, *Monit.* du 16, p. 552, 553.)

En matière électorale, il a été jugé que le fermier ne peut se prévaloir des contributions des propriétés affermées qu'autant que le bail est authentique. (Arrêt de la cour de Bordeaux, du 18 novembre 1839, année 1840, deuxième part., p. 179.) Cela semble résulter forcément du texte de la loi du 19 avril 1831. Mais l'art. 9, que l'art. 6 déclare applicable à l'éligibilité, ne concerne que les fermiers exploitant les biens ruraux. La même condition n'est pas exigée par l'art. 6 pour l'impôt des portes et fenêtres.

599. Il faut que les pièces produites pour justifier le cens s'appliquent bien identiquement à celui qui en réclame le bénéfice.

Il y a lieu d'ajourner l'admission d'un député s'il n'existe pas identité de prénom sur deux certificats de contribution que ce député présente.

Élection de M. Debia; M. Sapey, rapporteur. (21 novembre 1832, *Monit.* du 22, p. 1989.)

600. *Mais la différence de qualification d'un même éligible dans deux certificats d'impositions produits par lui n'est pas un obstacle à l'admission, s'il résulte des déclarations des députés du département que, dans la ville indiquée par les certificats, il n'existe pas d'autre éligible ou électeur du nom du député dont il s'agit, et si ce député atteste que les deux certificats lui appartiennent.*

Élection de M. Dusaussoy; M. Voysin de Gartempe, rapporteur. Un des certificats portait: *M. Dusaussoy, directeur de la fonderie à Douai*; l'autre:

(1) *Voy.* aussi le n° 555 ci-dessus.

M. Dusaussoy, demeurant à Douai. La chambre prononça l'admission. (24 décembre 1833, *Monit.* du 25, p. 2493.)

601. *Lorsque, pour compléter son cens, un élu produit un extrait de rôle qui est au nom de son père, mais qu'une déclaration du maire atteste que les biens soumis à l'impôt proviennent de la mère de cet élu, quoiqu'ils soient restés, depuis la mort de la mère, sous le nom du père, il y a lieu d'ajourner jusqu'à ce que la provenance des propriétés soit justifiée par la production de l'inventaire dressé lors du décès de la mère.*

Election de M. de Laboulie; M. Jacques Lefebvre, rapporteur. (14 août 1834, *Moniteur* du 15, p. 1705.)

602. *Il y a lieu à l'admission immédiate du député qui s'est prévalu, pour le cens d'éligibilité, de propriétés imposées sous le nom de son père, s'il résulte d'un certificat du maire que ces biens proviennent de la mère décédée, et si des titres de famille sont produits à l'appui.*

Election de M. de Laboulie; M. Dufaure, rapporteur. M. Jaubert combattait l'admission, qui fut prononcée par la chambre. (22 décembre 1834, *Monit.* du 23, p. 2276.)

603. *Lorsque, dans des extraits de rôles, des biens sont indiqués comme appartenant à une personne portant le nom du candidat, mais les prénoms de son père, les contributions n'en doivent pas moins être comptées au candidat, s'il résulte, soit de la production d'un acte de vente et d'une donation, soit d'un certificat du percepteur, mis au bas des extraits, que les biens appartiennent à ce candidat en vertu d'une donation en avancement d'hoirie, faite par sa mère; de ce que les prénoms du père sont portés au rôle, il suit seulement que la mutation n'a pas encore été opérée.*

Election de M. Chegaray; M. Delespaul, rapporteur. (Séance du 9 avril 1839, *Monit.* du 10, p. 509.) Déjà la chambre avait rendu la même décision, appuyée sur la production des actes même de vente par le père, et de donation en avancement d'hoirie par la mère du même député. M. Dagueuct, rapporteur. (22 décembre 1837, *Moniteur* du 23, page 2521.)

604. Le montant des contributions est attesté par les percepteurs. Les certificats de ces fonctionnaires doivent être soumis au bureau de la chambre chargé d'examiner les pouvoirs; mais le moment de cette production n'est point fixé.

Un député peut être admis lorsque le certificat de ses impositions n'est produit au rapporteur qu'à la tribune ou un instant avant qu'il y soit monté; il n'est pas nécessaire de renvoyer cette pièce à l'examen du bureau, si, d'ailleurs, elle ne soulève aucune contestation.

Elections de M. le comte Lobau. (26 juillet 1831, *Monit.* du 27, p. 1270.) — De M. de Rémusat; M. Passy, rapporteur. (28 décembre 1836, *Monit.* du 29, p. 2283.)

605. *Peut-on avoir égard, pour contredire un certificat du percepteur des contributions, à des attestations d'électeurs et du sous-préfet, tendant à établir, d'après la notoriété publique, qu'une propriété avait cessé d'être indivise, et que les partages étaient accomplis, surtout lorsque d'autres actes fournissent des présomptions contraires?*

Entre un certificat de contributions délivré par le maire ou adjoint, et un autre délivré par le percepteur, doit-on, s'il y a des différences quant au chiffre de la contribution, préférer le dire du percepteur à celui du maire?

Lorsqu'il y a différence, quant au nombre d'ouvertures d'une maison et à la part afférente à une personne de l'impôt sur ces ouvertures, entre un certificat du directeur des contributions et un certificat du maire, est-ce au dire du directeur que doit être donnée la préférence?

Toutes ces questions se sont présentées pour l'élection de M. Pelletier-Dulas. La chambre, sur les conclusions de M. Allard, rapporteur, déclara l'élection nulle pour défaut du cens d'éligibilité; mais il est difficile de dire pour quel motif et sur quel principe la chambre s'est décidée; la discussion, hérissée de faits minutieux, confus, contredits, n'a paru présenter un résultat précis sur aucun des points contestés : on peut croire que l'assemblée ne s'est prononcée contre l'élection que par suite des doutes graves qui ont pu s'élever sur plusieurs des actes ou des faits allégués.

Le débat s'établit entre M. le rapporteur qui soutenait la nullité, et MM. de Golbéry et Pelletier-Dulas qui cherchaient à prouver la suffisance du cens d'éligibilité. M. Glais-Bizoin demanda l'ajournement, afin que l'on pût s'éclairer sur les motifs qui avaient déterminé le bureau à préférer, sur un des points controversés, l'attestation du percepteur à celle du maire.

(Séance du 26 février 1841, *Monit.* du 27, p. 477 et suiv.)

606. *Le paiement du cens, appuyé sur la possession antérieurement aux premières opérations de révision des listes, n'est pas régulièrement constaté par un certificat du percepteur; toutefois, lorsqu'il est reconnu que la possession existe, l'admission de l'élu peut être prononcée.*

Election de M. Mauguin; M. Amilhau, rapporteur. (6 avril 1839, *Monit.* du 7, p. 484-485.)

« Le percepteur, dit M. de Cormenin, n'a qualité que pour certifier le chiffre matériel de l'impôt. »

Dans l'élection de M. Senné, en 1831, la possession antérieure à la loi électorale promulguée dans cette année n'était pas attestée par l'autorité compétente; toutefois, le bureau proposa l'admission en se fondant sur ce que l'extrait du percepteur, se reportant à 1830, prouvait par cela même la possession antérieure à la loi. L'admission fut prononcée. M. Buffault, rapporteur. (Séance du 25 juillet, *Monit.* du 26, p. 1265.)

Dans son rapport sur l'élection de M. Audry de Puyraveau, M. Lherbette soutint que le certificat de possession devait essentiellement être joint à l'extrait du rôle; la chambre prononça l'admission, sans discuter la question, par le motif que M. Lherbette n'avait pas reçu du bureau la mission d'élever cette difficulté. (26 juillet 1831; *Monit.* du 27, p. 1268.)

La chambre prononça dans la même séance l'admission de M. Girod (de l'Ain), *qui n'avait produit qu'un extrait* de contribution d'une date antérieure à l'élection; M. Dumon, rapporteur. (*Ibidem.*)

Toutefois, dans la même séance encore, la chambre décida que les extraits des rôles de 1830 fournissaient une justification suffisante pour les élections de 1831, pourvu qu'on y joignit un certificat de possession.

A raison du défaut de ce certificat, et sur l'observation de MM. Girod (de l'Ain) et Parant, rapporteur, la chambre ajourna l'admission de M. Barrois-Virmet. (*Ibid.*, p. 1269.)

C'est par les certificats du maire que se prouve la possession. La jurisprudence de la chambre tend à établir que ce fait de possession ne peut être attesté par le directeur des contributions directes, et c'est ce qui a été décidé dans les séances des 9 et 11 février 1828. Ce fonctionnaire, dit M. Dalloz, *Jurisprudence générale*, tome 6, p. 550 et 551, n'est pas aussi fidèlement instruit des mutations qui s'opèrent dans l'année que le chef de l'administration locale.

607. *La possession d'un éligible ne peut être prouvée au moyen d'un certificat de deux habitants notables d'une ville; toutefois celui qui produit une pareille pièce peut être admis, si sa bonne foi est certaine, s'il n'a pu, vu l'éloignement, se procurer à temps les pièces justificatives, si les habitants signataires méritent confiance, s'ils étaient à même de connaître les affaires de famille de l'élu, si l'acte de notoriété est conforme à l'extrait des rôles d'impôts, enfin si les faits sont confirmés par le témoignage personnel de plusieurs députés.*

Election de M. Bresson; M. Gaëtan de la Rochefoucauld prétendit que l'attestation de deux ou plusieurs députés ne dispensait pas de la production des pièces, et demanda l'ajournement, qui fut combattu par M. Tavernier, rapporteur. La chambre prononça l'admission. (28 juillet 1831, *Monit.* du 29, p. 1276.)

608. *Lorsque les certificats produits*

par un élu ne constatent pas qu'il fût possesseur des biens sur lesquels porte le cens lors de la confection des listes électorales, cette preuve peut se faire par une vérification dans les archives de la chambre, et elle résulte de ce qu'il est établi par là que les biens pour lesquels l'élu est imposé sont les mêmes pour tout, ou pour une partie supérieure au cens, que ceux pour lesquels il a été précédemment reconnu éligible.

Élection de M. le marquis de Dalmatie; M. Daguenet, rapporteur. (Séance du 24 décembre 1839, *Monit.* du 25, p. 2193.)

De même, dans l'élection de M. André Kœchlin, la possession n'était pas attestée par les maires des communes; M. Havin, rapporteur, dit que, pour suppléer à l'insuffisance du certificat délivré par le directeur des contributions, le bureau avait eu recours au certificat que M. Kœchlin avait fourni lors de sa première élection, en 1833; or, le certificat actuel se trouve conforme, sur plusieurs articles qui dépassent 500 fr., avec celui de 1833; en conséquence il proposa et la chambre prononça l'admission. (21 avril 1841, *Monit.* du 22, p. 1071.)

609. Remarquons, en terminant, qu'il est des circonstances où le retard de production des pièces justificatives peut faire tomber l'élection.

Ainsi *la chambre peut annuler une élection pour défaut de cens d'éligibilité, en se fondant sur une protestation d'électeurs qui allègue que l'élu n'avait pas acquis dans le délai légal la propriété donnant le cens, si l'élu n'a point produit ses pièces, malgré cette protestation, malgré deux ajournements successifs qui lui ont été accordés, et s'il y a quelque présomption de calcul intéressé dans ce retard de production.*

C'est dans ces circonstances, très-débattues en fait, que la chambre a prononcé l'annulation de l'élection de M. Mathieu; M. Colin, rapporteur. (14 août 1834, *Monit.* du 15, p. 1707-1708.)

Section 5. — Du domicile politique.

610. On ne peut être électeur que dans un seul arrondissement, et cet arrondissement est celui du domicile politique, déterminé soit par le domicile réel, soit par une translation accomplie dans les formes tracées par la loi. (Art. 10 et 12 de la loi électorale.) L'éligible peut être nommé indistinctement par tous les arrondissements du royaume. A son égard, la question de domicile ne prend de l'importance que dans un seul cas, celui qui est prévu par l'art. 36 de la Charte. Cet article veut que la moitié au moins des députés de chaque département soit choisie parmi les éligibles qui ont leur domicile politique dans le département. L'art. 62 de la loi électorale prescrit de tirer au sort pour savoir lequel des arrondissements qui ont pris hors du département en sus du nombre autorisé par la charte, devra procéder à une réélection. Dans ce cas, et pour savoir s'il y a lieu au tirage au sort, il faut examiner si tel ou tel député est ou n'est pas domicilié dans le département. La loi ne contient aucune disposition relative au domicile politique des éligibles. On peut s'en référer, par analogie, à l'art. 10, qui concerne le domicile politique des électeurs, bien que, comme on le verra bientôt, il y ait, entre les deux situations, des différences remarquables. Quant à l'opération du tirage au sort, voy. le § 17.

611. *Lorsqu'un député, inscrit précédemment sur les listes d'un département, a demandé à être inscrit sur les listes d'un autre département, que l'administration a ajourné sa demande, mais qu'ensuite un autre préfet l'a admise, sans aucune nouvelle démarche de l'impétrant, celui-ci peut n'être pas considéré comme étranger à son ancien département, surtout s'il y vote, y est nommé président de collége et député; en conséquence, si le collége n'avait le droit de choisir qu'un député hors de son sein, il n'y a pas lieu d'ajourner l'admission d'un député nullement étranger, jusqu'à ce qu'on ait déterminé si le premier n'était pas lui-même devenu étranger à son département, et si, par suite, il y aurait lieu à un tirage au sort.*

Election de M. Joly, nommé dans le département de l'Ariége, où il n'avait pas son domicile politique; le même département élut aussi M. Pagès qui, sous la restauration, avait demandé à être inscrit sur les listes de la Haute-Garonne; le préfet ajourna sa demande; après la révolution de 1830, la nouvelle administration y fit droit. Loin de donner suite à sa démarche primitive, M. Pagès vota dans l'Ariége, y fut nommé président du collége et député. M. Mahul soutint que, dans cet état de choses, M. Joly, étranger à l'Ariége, ne pouvait être admis avant que la chambre se fût assurée si M. Pagès y était lui-même ou non étranger, et si, par conséquent, il y avait ou non lieu à procéder entre eux à un tirage au sort. MM. Viennet et Pagès combattirent M. Mahul. La chambre prononça l'admission. (Séance du 25 juillet 1831, *Moniteur* du 26, p. 1265.)

612. *Un citoyen doit être considéré comme ayant conservé son domicile politique dans le département où il a été élu, s'il y a eu son domicile réel, qu'il ne l'ait pas transféré, depuis, ailleurs, qu'il ait été porté et maintenu sur les listes électorales du département, et qu'il ait, peu avant l'élection, manifesté l'intention expresse d'y avoir son domicile réel, quoiqu'il fût fonctionnaire public dans un autre département, et cela alors même qu'il aurait cessé de payer dans la commune où il prétend être domicilié aucune contribution, et que le préfet ait exprimé, par lettre, l'opinion qu'il ne devait plus figurer sur les listes de la dernière année, mais toutefois sans qu'il existe un arrêté de radiation régulièrement notifié.*

C'est dans ces circonstances que l'élection de M. Valette des Hermeaux a été validée, après deux épreuves douteuses, et au scrutin secret, après une discussion entre M. Pataille, rapporteur, et M. Valette des Hermeaux; le bureau avait proposé l'annulation. (1er mars 1834, *Moniteur* du 2, p. 456, 457.)

613. *Un citoyen qui transfère, de fait, et en opérant les déclarations conformes au Code civil, son domicile réel dans un arrondissement, y transporte en même temps son domicile politique, en ce sens qu'il y devient immédiatement éligible, sans qu'il soit nécessaire d'attendre les six mois imposés pour la déclaration de translation du domicile politique seul.*

M. de Loynes fut élu, en 1839, député de l'arrondissement de Pithiviers (Loiret); deux députés sur les cinq qu'envoie ce département, lui étaient étrangers : comme ils avaient été admis et siégeaient dans la chambre, M. de Loynes ne pouvait être élu légalement dans le Loiret qu'autant qu'il y aurait eu son domicile politique. C'est ce domicile qui lui était contesté.

Voici le résumé du rapport présenté sur cette élection par M. Dalloz : le domicile d'origine de M. de Loynes était à Paris; il l'a transformé en une simple résidence; il a transféré son domicile réel au château de Montigny, département de Seine-et-Marne. Depuis 1827, ce domicile est constaté par les énonciations de nombreux contrats, par l'exercice de diverses fonctions publiques, notamment celles de maire, qui exigent le domicile réel dans la commune, par l'inscription sur la liste électorale de l'arrondissement de Melun.

Elu député une première fois en mars 1839, à Pithiviers, M. de Loynes fit, conformément à l'art. 10 de la loi électorale, une double déclaration à Melun et à Pithiviers pour annoncer l'intention de transférer son domicile politique dans ce dernier lieu : mais, aux termes de la loi, une telle déclaration ne peut avoir effet qu'après six mois. L'élection ayant été annulée, M. de Loynes ne pouvait, avant l'expiration des six mois, être éligible dans le Loiret qu'autant qu'il y acquerrait immédiatement son domicile politique, et cela comme conséquence de la translation de son domicile réel. Or, le 22 avril, après la convocation du collége électoral, dix-neuf jours avant les élections nouvelles de Pithiviers, M. de Loynes acheta dans cette ville une maison importante, en paya le prix comptant, et en purgea les hypothèques; de plus, le même jour, il déclara à la mairie de Pithiviers son intention d'y transférer son domicile réel, et le surlendemain il déclara à la mairie de Montigny qu'il y abandonnait son ancien domicile pour le transférer à Pithiviers. Il fit meubler la maison qu'il venait d'acquérir, et il vint s'y établir avec sa femme, ses enfants et ses domestiques. Du reste, il continua d'avoir un appartement à Paris.

M. de Loynes ayant été nommé à Pithiviers, son élection fut attaquée par une protestation et défendue par une contre-protestation. Le bureau de la chambre conclut à l'admission. Il s'est demandé si M. de Loynes avait réellement et sincèrement transféré son domicile réel, ensuite si, cela supposé, le domicile politique s'était trouvé transporté en même temps, sans qu'il y eût besoin d'un séjour de six mois. D'abord, la translation réelle est établie conformément au Code civil; le fait est constant, et, quant à l'élection, la loi la fait résulter de la déclaration à la mairie. Quant à la sincérité, il n'y a rien d'extraordinaire dans la démarche d'un citoyen qui, pour répondre à la confiance d'un arrondissement, vient y habiter, y porter son existence civile; dans le cas particulier surtout, il s'agissait d'un ancien sous-préfet de l'arrondissement, élu une première fois, et y possédant comme usufruitier, une portion d'un bien considérable.

La question de savoir si la translation du domicile politique s'est opérée comme conséquence de celle du domicile réel, paraît résolue par le texte formel de l'art. 10 de la loi électorale. On objecte la trop grande facilité qu'aurait un citoyen à transférer son domicile politique, si l'on admettait qu'en transférant son domicile réel il transférât également son domicile politique avant six mois. Cette facilité n'est pas si grande qu'elle peut le paraître : il n'est pas sans difficulté de déplacer ainsi son habitation, son principal établissement, le siége de ses affaires d'un lieu dans un autre.

Une autre objection est tirée de ce qu'il serait étrange de voir un citoyen avec un domicile électoral dans un lieu et un domicile d'éligibilité dans un autre; cette objection n'est que spécieuse : en effet, l'électorat et l'éligibilité sont essentiellement distincts. On est éligible dès qu'on a l'âge et qu'on paie le cens : peu importe qu'on figure ou non sur la liste électorale du département; il n'existe de liste d'éligibilité que pour le cas exceptionnel d'admission, comme éligibles, des plus imposés au-dessous de 500 fr.; pour l'électorat, il ne suffit pas d'avoir les qualités requises, de payer le cens électoral, il faut être inscrit sur les listes dressées chaque année, et permanentes après leur clôture définitive. En vertu du principe de la permanence, M. de Loynes conserve le droit de voter dans le département de Seine-et-Marne, bien qu'il n'y ait plus de domicile et qu'il l'ait acquis ailleurs. Comme conséquence du principe de la permanence des listes, un citoyen qui ne paie plus le cens peut voter jusqu'à l'année suivante, s'il a été régulièrement inscrit; de même un citoyen qui n'a acquis de propriétés que le 21 octobre ne pourra pas voter. C'est ce qui explique comment M. de Loynes peut avoir le droit de voter dans un département et être éligible dans un autre. Ce résultat se produit également dans le cas où le domicile politique n'est transféré qu'après un délai de six mois. M. Dalloz a terminé en citant, sans toutefois accorder une grande autorité à ce précédent, faute de faits bien précis, l'admission de M. Valette des Hermeaux qui avait été élu en 1834 à Marvejols, après une déclaration de translation de domicile réel l'avant-veille de l'élection. (Voy. ci-dessus, n° 612.)

M. Delespaul a demandé l'annulation de l'élection. Suivant l'honorable orateur, le vœu de la Charte et de la loi électorale serait éludé si, par des changements calculés de domicile, on pouvait, à une époque voisine des élections, venir s'implanter dans un arrondissement électoral auquel on est étranger. L'art. 36 de la Charte dit que la moitié au moins des députés sera choisie parmi les éligibles qui ont leur domicile politique dans le département. L'effet de cette disposition tutélaire pour les intérêts locaux serait évidemment annulé, si, après avoir voté dans un département pour l'élection d'un député, on pouvait transférer subitement, à l'aide d'un prétexte quelconque, son domicile politique dans un département voisin ou éloigné, et acquérir immédiatement, sans forme ni délai, dans ce nouveau département, la qualité d'éligible. C'est là cependant ce qu'a fait M. de Loynes. Si on admettait sa prétention, il en résulterait qu'en moins de six mois il se serait créé deux domiciles politiques distincts, l'un pour l'électorat, l'autre pour l'éligibilité, en deux lieux différents; cela n'est pas possible.

Ce système viole aussi la loi électorale; car à côté du principe de la translation du domicile politique comme conséquence du domicile réel, il y a un autre principe essentiel, celui de la permanence des listes. Cette permanence établit une présomption légale qui donne à l'électeur inscrit un domicile politique dans le lieu où elles ont été dressées. Pour renverser cette présomption légale il faut une preuve; cette preuve, c'est la déclaration faite six mois à l'avance dans le domicile du lieu qu'on quitte et dans celui du lieu où on se rend. Or cette preuve nécessaire, M. de Loynes ne l'a pas produite; les formalités voulues par la loi n'ont donc pas été accomplies, et l'élection est nulle.

Une décision contraire ouvrirait la porte à de graves abus; il pourrait arriver que chaque prétendant à la députation, après avoir épuisé ses chances d'éligibilité dans un lieu, transférât successivement son domicile politique dans d'autres arrondissements, à l'effet d'y acquérir l'éligibilité. Ce serait le renversement des principes de l'art. 36 de la Charte, la destruction des garanties données aux intérêts départementaux, la violation manifeste de la règle des six mois si sagement établie par l'art. 10 de la loi du 19 avril 1831.

La chambre prononça l'admission de M. de Loynes. (Séance du 28 mai 1839, *Monit.* du 29, p. 805 et suiv.)

Cette décision consacre une distinction, reconnue et approuvée, ainsi qu'on l'a vu, par le savant rapporteur, M. Dalloz, entre l'électorat et l'éligibilité. En effet, s'il s'était agi de l'exercice du droit d'élection, le domicile politique n'aurait pas été transféré de plein droit avec le domicile réel; car M. de Loynes avait séparé ses deux domiciles avant d'avoir accompli de nouveau, et dans un autre lieu, leur réunion; or l'art. 10 de la loi électorale prévoit précisément ce cas, et y applique la nécessité de la double déclaration dans le délai de six mois. Mais cet article n'est pas du nombre de ceux que les art. 59 et 60 déclarent applicables aux conditions de l'éligibilité. M. de Cormenin pose en principe que l'électorat étant le droit commun, et la restriction à l'électorat l'exception : dans le doute, les exceptions doivent plutôt se restreindre que s'étendre; il regarde la solution qui vient d'être rapportée comme une conséquence de ce principe; et, après l'avoir citée, il ajoute : « La loi dans son esprit, et la chambre dans ses applications, donnent faveur aux interprétations les plus libérales, en matière d'électorat et d'éligibilité, et nous les en approuvons. »

614. *Lorsqu'il s'agit du domicile politique d'un éligible qui a fait les déclarations exigées par la loi pour la translation du domicile électoral, l'expiration des six mois après lesquels le domicile est transféré doit-elle être accomplie au moment de l'élection, ou suffit-il qu'elle le soit au jour où la chambre procède à la vérification des pouvoirs?*

M. Valette des Hermeaux avait été nommé par le département de la Lozère, qui ne peut choisir qu'un député qui lui soit étranger; or M. Meynadier, élu dans cette condition, avait été admis à siéger à la chambre; il s'agissait donc de savoir si l'élection de M. Valette des Hermeaux était valable, et, pour cela, si ce député avait son domicile politique dans la Lozère. Il avait fait ses déclarations de translation; mais les six mois voulus par la loi n'étaient expirés que quinze jours après l'élection : ils l'étaient lors de la vérification des pouvoirs. M. Pataille, rapporteur, conclut à l'annulation de l'élection; il dit qu'il fallait une règle fixe, et, pour cela, s'attacher aux termes de la loi, qui demande six mois révolus; qu'il était donc nécessaire que ces six mois fussent expirés lors de l'élection; que ce qui est vicieux dans le principe ne peut être validé par le seul laps de temps; que la validité de l'élection ne peut dépendre de la lenteur ou de la précipitation du rapport. C'est ce qu'une loi spéciale a décidé pour l'âge des députés; la divergence des décisions de la chambre sur ce dernier point venait des termes de la Charte, qui disait que nul ne serait *admis* à la chambre avant l'âge de quarante ans. M. Valette des Hermeaux soutint l'opinion contraire, et l'appuya de l'exemple de Casimir Périer sous la restauration.

La chambre, après deux épreuves douteuses, a déclaré, au scrutin, l'élection valable; mais comme les décisions de la chambre ne sont jamais motivées, et que des raisons de fait tendant à établir le véritable domicile de l'élu ont pu déterminer le vote, il est difficile de considérer comme expressément résolue la question de droit qui se présentait dans cette affaire. (1er mars 1834, *Monit.* du 2, p. 456, 457.)

615. Pour le domicile comme pour le cens d'éligibilité, les décisions ou actes des autorités administratives ou judiciaires ne lient pas la chambre; ainsi *de ce qu'un électeur a été inscrit sur les listes d'un département, qu'il a voté dans l'un des arrondissements et y a été élu, il ne s'ensuit pas qu'il doive être considéré par la chambre comme éligible de ce département, et que la chambre ne puisse pas examiner s'il y est ou non étranger, afin de déterminer s'il y a lieu à un tirage au sort avec d'autres élus étrangers.*

M. le général Demarçay soutint que, M. Gauthier d'Uzerches ayant été porté, à tort ou à raison, sur la liste du département de la Corrèze, il était et devait rester électeur de l'arrondissement où il avait voté, tant que les autorités compétentes ne l'avaient pas retranché; que, s'il était électeur, il avait le droit d'être élu dans le même arrondissement. M. Parant répondit : La chambre seule juge les conditions d'éligibilité; il ne peut y avoir chose jugée par cela seul qu'un arrêté du préfet aurait décidé que telle personne réunit les conditions nécessaires pour voter dans tel ou tel arrondissement. Il en serait de même d'un arrêt de cour royale. Dans l'espèce, la chambre a à se demander si M. Gauthier, admis au nombre des électeurs de la Corrèze, est aussi au nombre des éligibles de ce département, ou, en d'autres termes, s'il y avait son domicile politique.

On fit remarquer que, l'ajournement de M. Gauthier ayant été prononcé, il n'y avait pas à revenir sur cette question. Le vote d'ajournement contient la solution implicite de la difficulté, car M. Gauthier ne pouvait être ajourné qu'autant qu'il y avait doute sur sa qualité d'étranger au département, et ce doute n'aurait pas existé si la décision du préfet, quant à la qualité d'électeur, avait lié la chambre quant à celle d'éligible. (28 juillet 1831, *Monit.* du 29, p. 1278-1279.)

La question a été explicitement et formellement décidée lorsqu'il s'est agi du sort définitif des élections de la Corrèze. Ce département avait quatre députés à nommer; deux devaient donc être domiciliés dans le département; or MM. Plazanet et Rivet, qui avaient été élus, étaient reconnus étrangers au département; le doute n'existait que pour M. Gauthier. En fait, M. Roger, rapporteur, montra que ce candidat n'était pas domicilié réellement ni politiquement dans la Corrèze. A l'objection que M. Gauthier avait, sans contestation, participé aux opérations électorales, M. le rapporteur répondit, au nom du bureau, par la distinction entre les conditions de l'électorat, dont la loi a fait juges les préfets, conseils de préfecture et cours royales, et les conditions d'éligibilité sur lesquelles la chambre prononce souverainement. Peu importe qu'il puisse arriver que la chambre décide dans un sens opposé à la décision du préfet ; il n'y a pas réellement contradiction légale : car le domicile de l'électeur n'entraîne pas nécessairement le domicile de l'éligible, et l'erreur d'un préfet ne peut lier la chambre dans l'exercice de son droit souverain. La chambre, conformément à ce rapport, décida que M. Gauthier n'était pas domicilié, comme éligible, dans la Corrèze ; qu'en conséquence, il y avait lieu au tirage au sort entre lui et MM. Plazanet et Rivet. (Séance du 3 août 1831, *Moniteur* du 4, p. 1302.)

Dans l'élection de M. Valette des Hermeaux, qui présentait la même question, M. Pataille, rapporteur, soutint aussi que l'inscription sur les listes ne constatait que le droit électoral, mais ne décidait pas la question d'éligibilité. Des bruits divers s'étant élevés, M. Pataille crut y voir un signe de dénégation de la part de la chambre, et n'insista pas. La chambre valida l'élection ; mais il n'en résulte pas une contradiction avec sa jurisprudence : car, en même temps que l'élu avait été maintenu sur les listes électorales, il se prévalait de plusieurs circonstances tendant à prouver qu'il avait bien réellement son domicile politique dans le département qui l'avait nommé. (1er mars 1834, *Monit.* du 2, p. 457.)

616. *Lorsque, dans un département qui ne peut choisir hors de son sein que deux députés, il en a été élu un troisième dont le domicile, et, par suite, la qualité d'étranger au département, ont été contestés, la question qui doit être posée est celle de savoir si cet élu avait ou non son domicile dans le département.*

Election de M. Gauthier d'Uzerche. (3 août 1831, *Monit.* du 4, p. 1302.)

§ 16. Des fonctions incompatibles avec celles de député.

617. L'art. 64 de la loi électorale est ainsi conçu : Il y a incompatibilité entre les fonctions de député et celles de préfet, sous-préfet, de receveurs-généraux, de receveurs particuliers des finances et de payeurs. Les fonctionnaires ci-dessus désignés, les officiers-généraux commandant les divisions ou subdivisions militaires, les procureurs-généraux près les cours royales, les procureurs du roi, les directeurs des contributions directes et indirectes, des domaines et enregistrement, et des douanes dans les départements, ne pourront être élus députés par le collége électoral d'un arrondissement compris en tout ou en partie dans le ressort de leurs fonctions. Si, par démission ou autrement, les fonctionnaires ci-dessus quittaient leur emploi, ils ne seraient éligibles dans les départements, arrondissements ou ressorts dans lesquels ils ont exercé leurs fonctions, qu'après un délai de six mois, à dater du jour de la cessation des fonctions.

618. *L'incompatibilité doit être entendue en ce sens que, par exemple, un préfet encore en fonctions peut valablement être élu député; il n'est pas nécessaire que sa démission précède l'élection.*

Cette question s'est présentée pour l'élection de M. de l'Espée ; elle a été traitée par M. Vivien, rapporteur, dans les termes suivants : « L'article 64 de la loi électorale déclare seulement l'incompatibilité des fonctions de député et de celles de préfet ou sous-préfet ; il ne prononce pas l'inéligibilité des préfets en fonctions. Le sens des expressions qu'il a employées se trouve déterminé par le deuxième paragraphe du même article qui interdit aux préfets et sous-préfets le droit de se faire élire dans le ressort de leurs fonctions. Ainsi, dans le premier cas, la loi prononce l'incompatibilité ; dans le second, l'inéligibilité. Elle n'a donc pas entendu régler les deux cas de la même manière ; si elle avait voulu que le préfet, pour devenir éligible hors de son ressort, donnât sa démission, elle l'eût déclaré inéligible d'une manière absolue ; car s'il avait besoin de donner sa démission, c'est-à-dire de dépouiller son titre de préfet pour pouvoir être élu, il serait vrai de dire que jamais un préfet n'est éligible, et que l'art. 65 ne dit que pour l'élection faite dans le ressort des fonctions du préfet.

« La différence des règles établies pour l'un et l'autre cas s'explique par la différence des intérêts et des situations. Pour le préfet dans son ressort, la loi avait à craindre des influences illégitimes : elle a dû interdire l'élection, sauf le délai qui semblait effacer le danger de ces influences. Pour le préfet hors de son département, le seul motif de la loi est la difficulté de concilier deux emplois exigeant une résidence différente. L'incompatibilité, disait le rapporteur de la chambre des députés, est établie dans le cas où les fonctions obligent à une résidence tellement absolue qu'on ne puisse se soustraire à la nécessité sans mettre en souffrance les intérêts qu'on est chargé de surveiller ou de défendre.

« C'est ainsi que la loi a été expliquée dans la discussion. L'incompatibilité, disait le rapporteur de la chambre des pairs, n'entraîne pas l'inhabileté à être élu; elle oblige seulement à l'option. Il y a, disait un honorable pair, interdiction d'être élu et incompatibilité. Je prends pour exemple un préfet : il ne peut être élu dans le département qu'il administre : voilà l'interdiction; s'il est élu ailleurs, il est forcé d'abandonner l'une des deux fonctions : voilà l'incompatibilité.

« Lors du vote définitif de la loi dans la chambre des députés, on fit sentir qu'elle offrait une lacune, en ce qu'elle ne contenait aucune disposition pour régler la forme et le délai de l'option que l'incompatibilité rendait nécessaire. De nombreuses propositions furent faites, et je dois dire qu'elles furent toutes rejetées; mais ce rejet tient à la difficulté d'établir une règle simple et applicable à tous les cas, et point au principe de l'option qui était la base de tous les articles proposés et dont tout le monde convenait.

« Ainsi le préfet peut, d'après la loi, être élu hors de son département, quoiqu'il soit encore en fonctions. L'élection peut aller le chercher dans sa préfecture tout aussi bien que des préfectures sont venues prendre sur nos bancs quelques-uns de nos collègues. Le préfet peut être nommé député, comme le député peut être nommé préfet. Le principe de l'incompatibilité oblige seulement à l'option; il interdit le cumul des deux fonctions, il ne vicie pas la nomination. »

M. Marchal répondit sur ce point : Il est de la nature de l'incompatibilité entre deux sortes de fonctions de ne pas permettre, lorsque l'une des fonctions a été conférée, que l'autre puisse reposer sur la même tête. Ainsi l'élection au conseil de la commune est nulle si elle appelle le titulaire de l'une des fonctions déclarées incompatibles; il n'est plus question d'opter : c'est l'élection qui est nulle. Telle est la jurisprudence administrative. Il y a analogie entre ce cas et celui de l'élection d'un préfet à la chambre des députés. — M. Portalis, au moment où l'on demanda la clôture, s'opposa à la fermeture du débat, afin de parler sur la question de légalité. « La démission de M. de l'Espée, a-t-il dit, n'a été donnée qu'après l'élection; par conséquent, notre collègue n'a couru aucune chance; car *s'il n'avait pas été élu, il serait resté* préfet. C'est précisément en posant ainsi la question que l'on doit en voir l'importance et en apprécier la gravité. » La clôture fut prononcée, et l'élection validée. (Séance du 11 avril 1839, *Monit.* du 12, p. 523-524.)

« L'élection du préfet est valable, dit aussi M. de Cormenin, sans que sa démission précède l'élection : il suffit qu'elle précède son admission parlementaire; ce n'est pas l'incapacité absolue du préfet candidat que la loi a voulu établir, c'est le cumul des fonctions de député et de préfet qu'elle interdit. »

« Un préfet ou un sous-préfet élu, dit encore M. Armand Dalloz dans son *Dictionnaire de jurisprudence*, v° *Élections législatives*, n° 261, ne serait admis à la chambre qu'après s'être démis de ses fonctions. En se démettant, il doit être admis; aucun doute ne peut s'élever. » Telle est également l'opinion de M. Duvergier sur la loi de 1831, p. 240.

619. *Le procureur du Roi d'un chef-lieu de département peut être élu député par le collége d'un des arrondissements de ce département.*

La difficulté porte sur cette disposition de l'art. 64 qui veut que les procureurs du Roi ne puissent être élus députés par le collége électoral d'un arrondissement *compris en tout ou en partie dans le ressort de leurs fonctions.* — M. Tesnières, procureur du Roi à Angoulême, ayant été élu en 1834 par le collége de Barbezieux, son élection fut attaquée; mais, sur le rapport de M. Vivien, l'élection fut déclarée valable. (Voy. 4 août 1834, *Monit.* du 5, p. 1647.) (1).

Le même magistrat fut nommé de nouveau en 1839 par le même collége; une protestation fut encore dirigée contre l'élection; lue à la tribune par M. Havin, rapporteur, elle renferme tous les arguments que l'on peut employer contre l'élection. L'arrondissement de Barbezieux, y est-il dit, est compris dans le ressort des fonctions du procureur du Roi d'Angoulême. En effet ce magistrat soutient et combat l'appel, interjeté par son collégue de Barbezieux, d'un jugement correctionnel; il peut appeler d'office au principal, et incidemment *à minimâ*. Il peut prendre, sur l'appel, tel parti qu'il estime convenable; en tous cas, il figure sur l'appel comme partie jointe : il résume l'affaire et donne son réquisitoire. Comme il s'agit, sur l'appel, d'une décision en dernier ressort, son autorité est même plus grande que celle qu'il a devant le tribunal correctionnel d'Angoulême. — Considéré comme ministère public auprès des assises, son pouvoir s'étend dans tous nos arrondissements d'une manière plus sensible. Il peut, il doit dénoncer les crimes dont le procureur du Roi local négligerait la recherche et la poursuite; quand la mise en accusation est ordonnée par la cour, il désigne et fait appeler les témoins à charge. La loi lui permet d'assigner aux frais du trésor, et sur la demande de l'accusé, des témoins à décharge. Chacun peut être ainsi déplacé au gré du procureur du Roi. Il requiert, s'il y a lieu, l'application d'une amende contre les jurés et les témoins retardataires ou absents. Il développe ou repousse les reproches dirigés contre les témoins, et récuse les jurés. Il influe sur la direction des débats : il discute et conclut; enfin il peut se pourvoir en cassation, et l'exécution de la chose jugée tombe dans son domaine. L'accusé, les jurés, les témoins appartiendront, par exemple, à l'arrondissement de Barbezieux; comment pourrait-on dire que cet arrondissement est étranger aux fonctions du procureur du Roi près la cour d'assises? Il ne s'agit pas ici des personnes, mais seulement d'une garantie légale contre le danger de l'influence des fonctionnaires dans les élections.

M. le rapporteur, au nom du bureau, exprima une opinion contraire. Les expressions de la loi, dit-il, ne peuvent s'appliquer au procureur du Roi du chef-lieu judiciaire quand il s'agit d'un arrondissement où il n'exercerait pas des fonctions permanentes; la loi, en parlant d'un arrondissement compris en tout ou partie dans le ressort des fonctions des procureurs du Roi, a prévu le cas où l'arrondissement électoral serait composé de cantons appartenant à différents arrondissements judiciaires. Dans l'esprit de la loi, ce n'est qu'à raison des fonctions habituelles permanentes des procureurs du roi que l'incompatibilité a été prononcée. Une distinction juste a été faite en 1834, par le rapporteur de l'élection de M. Tesnières, entre les diverses attributions des procureurs du Roi. Ce n'est pas à raison de leurs fonctions purement judiciaires que l'exclusion a été prononcée contre eux; c'est parce qu'ils sont chargés d'une administration intérieure, de la présentation des can-

(1) La validité de l'élection fut soutenue par MM. Vivien, Delespaul, Tesnières, et combattue par M. Amilhau. M. Vivien cita comme précédent l'élection validée de M. Charlemagne, dans la même situation que M. Tesnières, élection qui, à la vérité, n'a donné lieu à aucune discussion

didats pour certaines fonctions, parce qu'ils exercent une action disciplinaire sur tous les officiers ministériels de l'arrondissement. D'un autre côté, les procureurs du Roi des chefs-lieux n'exercent leurs fonctions près les cours d'assises que comme substituts du procureur-général, qui peut les faire remplacer par un autre substitut; et la loi n'ayant pas prononcé d'exclusion, d'incompatibilité pour les substituts, il n'est pas permis de les étendre.

Après ce lumineux rapport, M. Tesnières fut admis sans discussion. (12 avril 1839, *Monit.* du 13, p. 530.)

620. Les incompatibilités ne devant pas être étendues, *les fonctions de préfet maritime ne doivent pas être assimilées à celles de préfet territorial: il n'est donc pas nécessaire qu'il y ait six mois d'intervalle entre le jour de la cessation des fonctions d'un préfet maritime et le jour de son élection comme député.*

Election de M. de Rosamel; M. Augustin Giraud, rapporteur. (2 août 1834, *Moniteur* du 3, p. 1631.) — De M. le vice-amiral Grivel. (11 août 1834, *Monit.* du 12, p. 1689.)

« L'art. 65 de la loi électorale, dit M. de Cormenin, qui dispose sur les incompatibilités, en ajoutant immédiatement les sous-préfets aux préfets, n'a entendu parler que des préfets de département et non des préfets maritimes, dont l'autorité exceptionnelle est circonscrite dans le port qu'ils administrent, sur certains objets et sur certaines personnes, et non sur la généralité des habitants, et, par conséquent, des électeurs. Ces officiers d'administration ont reçu d'ailleurs, tantôt le nom de préfet maritime, tantôt celui d'intendant de la marine. »

621. *Les six mois avant lesquels un sous-préfet ne peut être élu député de l'arrondissement qu'il administrait, courent à partir du jour où il a été révoqué, et non du jour où il a cessé l'exercice de ses fonctions par suite d'un congé, alors même que, durant ce congé, les fonctions de sous-préfet ont été confiées provisoirement à un conseiller de préfecture par le préfet en vertu d'un ordre ministériel, surtout si, d'ailleurs, le traitement du sous-préfet a été réglé pour toute la durée de son congé jusqu'à son remplacement par un autre sous-préfet.*

Telles sont les circonstances que présentait l'élection de M. de Loynes, par l'arrondissement de Pithiviers, où il avait été sous-préfet. Il avait quitté Pithiviers le 2 août 1838, sur un ordre ministériel. Le 2 novembre, un sous-préfet avait été nommé à sa place. Dans l'intervalle, un conseiller de préfecture, désigné par le préfet, avait rempli les fonctions de sous-préfet. Enfin le préfet avait fait régler le traitement intégral de M. de Loynes jusqu'au jour de son remplacement définitif; mais M. de Loynes n'avait pas voulu le recevoir à partir du 1er août, époque où il avait quitté Pithiviers pour n'y plus exercer ses fonctions.

M. de Loynes ayant été nommé député par le collége électoral de Pithiviers, en mars 1839, une protestation fut dirigée contre son élection; elle était fondée sur ce qu'il ne s'était pas écoulé six mois depuis que l'élu avait cessé ses fonctions de sous-préfet de l'arrondissement. Le bureau de la chambre fut partagé d'opinions sur cette difficulté. M. Jacques Lefebvre, rapporteur, dut se borner à exposer les motifs de l'une et de l'autre opinion. La solution, a-t-il dit, doit se trouver dans l'interprétation de l'article 65 de la loi du 19 avril 1831, aux termes duquel les sous-préfets, s'ils quittent leur emploi par démission *ou autrement*, ne seront éligibles dans l'arrondissement où ils ont exercé leurs fonctions qu'après un délai de six mois, à dater du jour de la cessation de leurs fonctions.

Contre la validité de l'élection on a dit: Les termes de la loi sont positifs; M. de Loynes avait conservé le titre de sous-préfet jusqu'au 2 novembre, époque à laquelle on lui a nommé un successeur; en effet, si on ne lui en eût pas donné un, un simple ordre ministériel pouvait le rappeler à Pithiviers, où, par conséquent, il était encore sous-préfet. D'ailleurs, si l'administration avait la faculté de placer ainsi un fonctionnaire dans une position équivoque, il pourrait en résulter pour elle un moyen facile de faire nommer ce fonctionnaire dans l'arrondissement où il aurait déjà exercé une certaine influence.

On a répondu : L'expression, par *démission ou autrement*, indique que le législateur n'avait pas seulement en vue le cas de démission ou même de destitution; il s'est servi de termes généraux; il a voulu dire que si un fonctionnaire quittait son emploi, de quelque manière que ce fût, il faudrait six mois, à dater de la cessation de ses fonctions, pour que l'élection fût valable. A quelle époque M. de Loynes a-t-il quitté ses fonctions? Au mois d'août; il ne les a pas reprises depuis. Il ne les a quittées ni par démission ni par destitution, mais *autrement*, ainsi que la loi l'a prévu. Le législateur a voulu que l'administrateur ne pût profiter de son influence sur ses administrés pour obtenir leurs suffrages; or M. de Loynes ayant quitté, dès le mois d'août, la sous-préfecture de Pithiviers, n'a pas, dès cette époque, exercé d'influence sur ses administrés. A cela on a répliqué qu'il pouvait revenir, que la population pouvait compter sur son retour, et qu'ainsi son influence n'était pas détruite; qu'il se considérait lui-même tellement comme sous-préfet qu'il avait réclamé, sinon officiellement, du moins verbalement, le traitement qui lui était dû, bien qu'il l'eût refusé plus tard lorsqu'il s'est agi d'élection. — Enfin les personnes qui regardent l'élection comme valable ont fait remarquer qu'il ne pouvait pas y avoir eu intention de la part du gouvernement dans la situation équivoque où il avait mis M. de Loynes, puisqu'au 1er août il ne pouvait être question d'élections.

M. Luneau combattit l'élection. Suivant l'honorable membre, M. de Loynes, n'ayant ni donné sa démission ni reçu sa destitution, n'avait pas cessé d'être sous-préfet jusqu'au moment où un successeur lui a été donné au mois de novembre; les actes signés jusqu'alors l'ont été en remplacement du sous-préfet en congé. La seule question est donc de savoir si on est éligible dans un arrondissement qu'on a administré, lorsqu'il y a eu cessation de l'exercice des fonctions depuis plus de six mois, quoiqu'il n'y ait eu ni démission ni destitution. Or la loi ne dit pas cessation de l'exercice des fonctions, mais bien cessation des fonctions, ce qui est bien différent; cela ressort très-nettement des discussions qui s'élevèrent dans la chambre sur la rédaction de la loi. Dans le fait, M. de Loynes n'avait pas cessé d'être sous-préfet. M. Luneau argumenta ensuite de ce qui s'était passé pour la fixation du traitement.

M. Piscatory a soutenu la validité de l'élection par les considérations suivantes: La question est de savoir si M. de Loynes était ou n'était pas sous-préfet, s'il avait quitté l'arrondissement dans le sens de la loi, par démission ou autrement, s'il était en congé ou, pour employer un mot nouveau dans cette matière, en disponibilité. S'il eût été simplement en congé, il se serait délégué, ou le préfet lui aurait désigné un remplaçant provisoire, tandis que c'est sur un arrêté ministériel que le préfet a nommé le remplaçant. En cas de congé, M. de Loynes aurait pu venir reprendre ses fonctions, son retour aurait fait cesser la délégation. Mais telle n'était pas la situation; s'il fût venu pour reprendre ses fonctions, on lui aurait opposé la lettre ministérielle qui enjoignait au préfet de nommer un intérimaire, et on l'aurait repoussé. Sa position n'est ni celle d'un sous-préfet en congé, ni celle d'un sous-préfet démis; c'est une position intermédiaire, nouvelle, mais qui certainement existait. Si M. de Loynes n'eût été qu'en congé, le traitement n'eût pas fait difficulté; il en a fait, et M. de Loynes n'a pas voulu le toucher.

Le sous-préfet se considérait tellement comme démis qu'il a voyagé hors de France. De bonne foi, dans une pareille situation, pouvait-il exercer l'influence que la loi a voulu prévenir? C'est ici une question de bonne foi. M. de Loynes a quitté l'arrondissement plus de six mois avant d'avoir été nommé député; il l'a quitté avec la conviction de n'y plus retourner. Il a cessé ses fonctions six mois avant l'élection, c'est ce que veut la loi; il a renoncé à son emploi: que demande-t-on de plus pour qu'il conserve le droit d'être nommé député? On a dit qu'il pouvait exercer une influence morale; mais laquelle? Celle qu'il avait conquise avant l'élection; à partir de là, qu'on prouve qu'il a pu moralement ou matériellement l'exercer.

La chambre a déclaré l'élection nulle. (Séance du 12 avril 1839, *Monit.* du 13, p. 530, 531.)

M. de Cormenin cite, dans les termes suivants, deux précédents contraires: « Furent admis comme députés: M. Bernard (du Var), élu le 6 juillet 1831, remplacé dans ses fonctions de préfet par ordonnance royale du 14 mai précédent, sans qu'il soit mention de démission dans l'ordonnance; en 1837, M. Antoine Poissy, élu le 5 novembre 1837, remplacé par ordonnance du 9 mai précédent, mais dont la démission avait été donnée au plus tard le 5 avril, ainsi qu'il résulte du bulletin administratif du département, joint au dossier. Il est vrai de dire que les rapporteurs n'avaient pas signalé ces faits. »

§ 17. Des doubles élections, des options, du tirage au sort, des réélections.

622. Le député élu par plusieurs arrondissements doit déclarer son option à la chambre dans le mois qui suivra la déclaration de la validité des élections entre lesquelles il doit opter; à défaut d'option dans le délai, le sort décide à quel arrondissement le député appartiendra. Telle est la disposition de l'art. 63 de la loi électorale.

623. *Un député nommé par deux colléges peut opter pour l'élection qui a été vérifiée et validée, avant que le rapport de l'autre ait été fait, et déclarer sa démission de cette seconde élection.*

Dans la séance du 12 janvier 1838, M. le président lut une lettre par laquelle M. le général Horace Sébastiani, élu par les colléges d'Ajaccio et de Bastia, déclarait opter pour l'élection d'Ajaccio, qui avait été validée, et se démettre de celle de Bastia qu'il apprenait avoir donné lieu à des réclamations. — M. O. Barrot demanda si l'on pouvait donner sa démission d'une fonction de député non encore consommée par la vérification des pouvoirs. M. le président Dupin répondit: « L'élection d'Ajaccio a été validée; M. Sébastiani accepte pour Ajaccio; il peut renoncer à l'élection de Bastia. (*Monit.* du 13 janvier 1838, p. 81.)

624. *Le délai d'un mois, accordé pour l'option, doit, en cas de prorogation de la chambre, être augmenté de toute la durée de la prorogation.*

Aux élections de 1834, plusieurs députés avaient été nommés par plusieurs arrondissements; M. Charles Dupin prétendit qu'ils devaient opter avant la prorogation, alors imminente, ou que le ministère devait retarder la prorogation; qu'autrement, le mois expiré, il n'y aurait pas de bureau pour recevoir l'option déclarée, et qu'on ne peut pas laisser les électeurs dans l'incertitude durant plusieurs mois.

M. Thiers répondit que la prorogation, suspendant tous les droits de la chambre, suspendait aussi le droit d'option et le devoir d'opter. M. Pelet (de la Lozère) pensa que la loi n'avait pas prévu le cas où la session ne durerait pas un mois après l'admission d'un député; en s'en tenant à la rigueur de la loi, on peut dire que chaque député a le droit d'ajourner son option jusqu'à la réunion qui suivra la prorogation; mais, dans l'esprit de la loi, qui est d'arriver, par la vérification des pouvoirs, à constituer et à compléter la chambre le plus tôt possible, les députés qui ont des options à faire, doivent les déclarer avant que les chambres se séparent.

M. Laffitte soutint que le texte de la loi ne permettait pas de distinction, et qu'il embrassait le cas de prorogation. M. Charles Dupin insista sur la nécessité de compléter la chambre, que des options tardives dégarniraient pour longtemps. D'un autre côté, la loi veut un tirage au sort, à défaut d'option dans le délai d'un mois : en cas de prorogation, cette disposition ne pourrait être exécutée. M. Berryer dit que la loi était positive quant au droit qu'elle donnait au député, et que la prorogation ne pouvait forcer les députés à anticiper le délai fixé pour l'option : ce délai n'est pas seulement établi dans l'intérêt des arrondissements et des électeurs, mais encore dans l'intérêt du député. M. Teste émit la même opinion. M. Mauguin, s'appuyant aussi sur le droit expressément accordé au député, qu'il y ait prorogation ou non, dit que la chambre n'avait rien à décider sur cette question, et devait purement et simplement passer à l'ordre du jour ; c'est ce qui fut fait. (14 août 1834, *Monit.* du 15, p. 1706.)

625. *Mais la durée de la prorogation doit-elle être comptée dans le mois accordé pour l'option, en ce sens qu'un député, vérifié avant une prorogation de plusieurs mois, et qui n'aurait pas opté le premier jour de la rentrée de la chambre, soit déchu de l'option ?*

Le 1er décembre 1834, après une prorogation, on éleva la question de savoir si les bureaux devaient être renouvelés immédiatement, ou seulement lorsqu'un mois se serait écoulé depuis leur formation, sans tenir compte de la prorogation. M. Viennet soutint ce dernier parti, et s'appuya sur des options qui venaient d'être déclarées à la chambre ; « un député, dit-il, qui n'aurait pas opté dans la séance de ce jour serait obligé de laisser tirer au sort entre les arrondissements qui l'ont nommé. Le temps qui s'écoule entre la prorogation de la chambre et la réunion ne compte point pour les délais fixés, soit à l'option, soit au renouvellement des bureaux. Nous reprenons nos travaux comme nous les avons laissés. » La chambre confirma, pour le renouvellement des bureaux, ses précédents qui étaient contraires à l'opinion de M. Viennet. (*Moniteur* du 2 décembre 1834, p. 2144.)

Toutefois la question paraît avoir été décidée implicitement, par le fait, dans le sens de M. Viennet ; car des lettres d'option de MM. Berryer et Persil furent reçues sans réclamation, dans la séance du 2 décembre. (*Monit.* du 3, p. 2157.) — L'option de M. de Lamartine fut reçue le 5 décembre 1834. (*Monit.* du 6, p. 2174.) — Celle de M. de Tracy, le 6. (*Moniteur* du 7, p. 2184.)

626. Si le nombre de députés d'un département que la Charte permet de choisir hors de ce département a été dépassé, c'est un tirage au sort qui désigne celui ou ceux des arrondissements qui doivent procéder à une réélection. Ainsi l'ordonne l'art. 62 de la loi du 19 avril 1831.

627. *Lorsque la chambre a décidé, dans l'examen des élections d'un département qui ne pouvait nommer que deux députés hors de son sein, qu'un troisième était également étranger, par son domicile, à ce département, le tirage au sort, entre ces trois députés, est de droit et n'a pas besoin d'être mis aux voix.*

Élections de la Corrèze. (3 août 1831, *Monit.* du 4, p. 1302.)

628. *Lorsqu'il s'agit de savoir s'il y aura lieu à un tirage au sort entre deux élus d'un même département, pour cause d'excès du nombre de députés étrangers à ce département, il importe peu que les deux élections n'aient pas été terminées le même jour ; sous ce rapport, le premier élu n'a pas de droit plus définitif que celui qui a été élu le lendemain. D'ailleurs, toutes les questions relatives à cette élection devant être soumises ensemble au jugement souverain de la chambre, la question de priorité est indifférente.*

Élection de MM. Fould et Harlé ; M. Bernard (de Rennes), rapporteur. (25 février 1833, *Monit.* du 26, p. 525).

En 1837, le département de la Marne avait élu quatre députés hors de son sein, tandis qu'il ne pouvait en nommer que trois ; l'un des quatre avait été élu la veille de l'élection des autres ; le bureau pensa que ce n'était pas un motif de préférence, parce que, disait M. Pascalis, rapporteur, tous les collèges avaient été convoqués pour le même jour, pour la même opération, et par la même ordonnance; que chaque collége était en droit de nommer un député étranger, sauf le tirage au sort; que lorsqu'on avait nommé dans un des colléges, il n'est pas probable que l'on sût qui l'on avait nommé dans les autres, ni surtout qu'on y eût choisi des étrangers. La chambre adopta ces conclusions, sans discussion, et le tirage au sort eut lieu séance tenante. (20 décembre 1837, *Monit.* du 21, p. 2506.)

629. *S'il y a lieu à un tirage au sort entre plusieurs députés, on peut toujours prononcer sur la validité de leur élection, sauf à ajourner leur admission jusqu'après le tirage.*

Élection de la Loire-Inférieure; M. Leroy, rapporteur. (4 août 1834, *Monit.* du 5, p. 1642.)

630. *Lorsque, dans un département qui doit choisir au moins deux députés dans son sein, on prétend que trois élus sont étrangers au département, le premier dont on examine les pouvoirs ne doit pas, après que son élection a été validée, être admis, sous la réserve de tirer au sort avec les deux autres qui pourraient être comme lui étrangers au département; il doit être ajourné jusqu'au résultat de la décision, sous ce rapport, de la question pour les trois élections. L'ajournement ne doit point être limité à un délai fixe.*

L'élection de M. Gaulhier d'Uzerches par un arrondissement de la Corrèze ayant été validée, la question s'éleva de savoir s'il pouvait être admis immédiatement ou s'il devait être ajourné jusqu'à ce qu'on eût décidé si deux autres députés élus étaient également, comme on le prétendait, étrangers au département. Sur ce point, il s'établit un débat long et assez confus; les uns soutinrent qu'il ne pouvait y avoir tirage qu'entre députés admis; que les conditions d'âge et de cens étant constatées l'admission ne pouvait être contestée; que seulement elle devait avoir lieu sous la réserve du tirage au sort s'il y avait lieu. D'autres prétendirent que si on admettait un député, il pouvait entrer en fonctions, et que, cependant, le résultat du tirage au sort pouvait ensuite l'exclure de la chambre, ce qui était contradictoire; l'admission ne peut être que définitive. La chambre prononça l'ajournement.

Immédiatement après, fut fait le rapport de l'élection de M. Rivet; sa qualité d'étranger au département de la Corrèze n'était pas niée; comme pour le précédent élu, l'élection fut validée, et l'admission ajournée.

Enfin l'ajournement de l'admission du troisième élu, M. Plazanet, ne pouvait être douteux, puisqu'il ne produisait aucune pièce justificative de son âge, de son cens, ni de son domicile politique. On fit observer que si M. Plazanet ne produisait pas ses pièces, l'ajournement des deux autres serait indéfini. Toutefois la chambre, d'après l'avis de M. Girod (de l'Ain), ne pensa pas pouvoir fixer un délai, et se borna à prononcer l'ajournement. (28 juillet 1831, *Monit.* du 29, p. 1278. 1279.)

631. *Mais lorsque, dans un département qui ne peut prendre hors de son sein qu'un seul député, un étranger à ce département a été nommé, puis admis par la chambre, si la même question d'extranéité s'élève ensuite à l'égard d'un autre élu du même département, il n'y a pas lieu d'examiner si, la qualité d'étranger au département étant vérifiée, on fera procéder au tirage au sort, mais seulement si l'élection doit être annulée ou validée.*

Ainsi procédé sur l'élection de M. Valette des Hermaux : il avait été nommé dans le département de la Lozère, qui avait déjà élu le général Meynadier : celui-ci, au moment de l'élection, n'y avait pas son domicile politique. Il avait été admis et siégeait dans la chambre lorsque furent vérifiés les pouvoirs de M. Valette, qui présentaient à décider ainsi la question d'extranéité; on discuta si l'élu avait ou non son domicile politique dans la Lozère; en conséquence, on mit aux voix la validité ou la nullité de l'élection, sans idée d'ajournement pour un tirage au sort, en cas d'annulation. (1er mars 1834, *Monit.* du 2, p. 458.)

632. La question du tirage au sort pour cause d'extranéité relative au

département peut se trouver compliquée par le droit d'option accordé aux députés nommés par plusieurs colléges.

Il y a lieu d'ajourner le tirage au sort entre plusieurs élus étrangers au département, lorsque l'un des députés entre lesquels il doit avoir lieu n'a pas encore produit les pièces justificatives de son cens d'éligibilité, et que, parmi les autres, il en est qui, nommés par plusieurs départements, sont encore dans le délai d'option.

La chambre ajourna purement et simplement le tirage au sort qui devait avoir lieu entre quatre députés étrangers au département de la Loire Inférieure; M. Dubois, l'un d'eux, n'avait pas encore produit ses pièces, et MM. Laffitte et O. Barrot étaient encore dans le délai d'opter pour d'autres colléges qui les avaient nommés. M. Leroy, rapporteur, avait soutenu que le tirage devait précéder l'option, parce que pour opter, il fallait avoir été admis. (11 août 1834, *Monit.* du 12, p. 1691.)

La question se représenta de nouveau, et avec plus de développement et de vivacité, à la séance du 14 août. M. Viennet combattit la décision qui avait été prise; il soutint que l'option devait précéder le tirage au sort; selon lui, s'il en était autrement, le député serait gêné dans son libre arbitre, le sort pouvant l'exclure de l'arrondissement qu'il aurait choisi de préférence. M. Charles Dupin dit dans le même sens que l'option est une véritable démission; que chaque député est toujours libre de donner sa démission; que si, parmi les départements où un même député a été nommé, il s'en trouve un où il y ait lieu à un tirage au sort, le choix ne se portera pas sur ce département puisqu'il resterait, après l'option, les chances d'être obligé de recourir à une nouvelle élection, ce qu'il est naturel d'éviter aussi pour les électeurs, et pour les autres députés, en priant d'opter pour un département qui sera certainement choisi comme n'offrant aucune incertitude d'élection. M. Laffitte pensa que le droit d'opter, étant absolu, ne pouvait être enlevé par un tirage au sort. M. Leroy, rapporteur, soutint au contraire que l'option ne pouvait être faite qu'entre deux élections valables; que l'élection n'est pas valide quand le nombre des députés pris hors du département a été dépassé; que le sort doit décider laquelle demeurera annulée; que jusque-là on ne peut savoir laquelle des élections sera valable; qu'il n'est donc pas possible d'opter avant le tirage. M. Berryer reconnut l'inconvénient d'opter avant le tirage, puisqu'il pourrait arriver que le choix se fît pour un département dont le député serait ensuite exclu par le tirage au sort; par-là le député se trouve gêné, et il est obligé d'opter pour un département autre que celui qu'il aurait choisi, ce qui est contraire au droit et à la loi. M. Teste répondit : L'article de la Charte qui veut que la moitié au moins des députés soit choisie parmi les éligibles domiciliés dans le département, est général, et n'affecte pas plus une élection qu'une autre. Si le nombre excède, aucune des élections ne peut être, de préférence, déclarée nulle; de là, la nécessité du tirage au sort prescrit par l'art. 63 de la loi électorale. Cette opération peut se trouver compliquée de celle de l'option réglée par l'art. 64. Cette option doit marcher avant le tirage : en effet, le tirage, c'est la dernière ressource, le moyen extrême de sortir de la difficulté. Si l'option, dans la loi, avait la priorité, il peut arriver qu'il n'y ait aucune nécessité de recourir au sort. Par respect pour le principe de l'élection, il faut attendre que les options aient été faites.

M. Viennet et M. Leroy firent observer qu'il n'y avait pas lieu actuellement au tirage au sort, puisqu'un des députés entre lesquels il était possible qu'il dût se faire, n'avait pas produit ses pièces, et que, si son élection était annulée, le nombre des députés étrangers au département ne serait pas dépassé. M. Mauguin fit la même observation, et ajouta que la chambre ayant accordé un ajournement au député en retard de produire ses pièces, il n'y avait aucune décision nouvelle à prendre, mais qu'il fallait passer à l'ordre du jour. C'est ce que fit la chambre. (*Monit.* du 15, p. 1706.)

« Le député casé par l'option, dit M. de Cormenin à l'appui de cette solution, pourrait se trouver exclu par le tirage. Nommé député deux fois, il pourrait ne plus l'être une seule. Or, ce ne peut être le vœu ni des électeurs, ni de la loi. — Le tirage au sort doit avoir lieu après la vérification de toutes les élections entre lesquelles doit s'établir le tirage, par la raison que si l'une ou plusieurs des élections à vérifier était annulée, il n'y aurait plus lieu au tirage. »

633. L'option consommée lève à cet égard tous les doutes et fixe tous les droits. Ainsi, *un député étranger à un département qui a choisi hors de son sein plus de représentants que la loi ne le lui permettait, peut être admis sans tirage au sort, si par l'effet d'options pour d'autres arrondissements, le nombre fixé ne se trouve plus dépassé.*

Election de M. Dubois; M. Dusséré, rapporteur. (2 déc. 1834; *Monit.* du 3, p. 2157.) — De M. Robineau. (6 déc. 1834, *Monit.* du 7, p. 2184.)

634. *Lorsque le rapport sur les élections d'un département établit qu'il y a eu plus de députés pris hors de ce département que la loi ne le permettait, le tirage au sort entre ces élus doit avoir lieu immédiatement après que le président a proclamé la validité des élections.*

C'est ce qui a eu lieu pour les élections de la Marne, sur la demande de M. Pérignon et d'un grand nombre de membres de la chambre. (20 déc. 1837, *Moniteur* du 21, p. 2506, 2507.)

635. La manière de procéder au tirage avait donné lieu, depuis 1831, à quelques discussions; l'article 6 du règlement de la chambre y a mis fin par les détails de ses dispositions.

636. Il ne reste plus à parler que de la réélection qui a lieu lorsqu'un député accepte des fonctions publiques salariées. Cette cause de réélection est réglée par la loi du 12 septembre 1830. (*Voir* ci-dessus, p. 30.) L'application de cette loi a fait naître, comme on va le voir, plusieurs questions importantes.

637. *Lorsqu'un membre de la chambre appelle son attention sur une pétition d'électeurs demandant qu'un député nommé par eux soit soumis à l'élection, la chambre peut, à raison de l'importance de la question, et la considérant comme touchant à la vérification des pouvoirs, refuser d'attendre ou d'ordonner le rapport de la pétition, se saisir directement de la question, et décider qu'elle sera spécialement discutée.*

La chambre des députés peut examiner et décider elle-même s'il y a lieu à la réélection de ses membres. Il n'est pas nécessaire qu'elle laisse au gouvernement le soin de juger s'il doit ou non convoquer le collége électoral, sauf à procéder ensuite, soit par voie de renvoi de pétition, soit par interpellation, ou par une adresse au Roi, ou par une accusation contre les ministres.

Une proposition spéciale, déposée et suivie dans les formes du règlement, n'est pas nécessaire pour déterminer le sens de la loi relative aux réélections; il suffit que la chambre décide si la loi est ou non applicable à ceux de ses membres à l'occasion desquels la question de réélection est discutée. Ce n'est pas là donner un effet rétroactif à la loi.

Après avoir décidé que des questions de réélection seraient, dans une séance subséquente, l'objet d'explications, la chambre peut, lorsque les explications ont eu lieu, renvoyer devant une commission spéciale tout ce qui a fait l'objet de ces explications.

Lorsque la chambre, saisie de la question de réélection à l'égard de deux de ses membres, a passé à l'ordre du jour, quant à l'un d'eux, elle peut néanmoins renvoyer, pour tous les deux, à l'examen d'une commission spéciale.

Un député qui, ayant accepté une simple mission du gouvernement, a été investi des attributions d'un fonctionnaire public salarié, bien que ce ne fût que par interim, et que son traitement momentané n'ait été perçu qu'à titre d'indemnité, est sujet à réélection.

Un ambassadeur, membre de la chambre des députés, qui passe d'une ambassade à une autre dont le traitement est plus considérable que celui du poste qu'il occupait, doit se présenter à la réélection, alors même que l'accroissement de traitement n'exprimerait qu'une augmentation dans les dépenses et les frais de représentation de la nouvelle ambassade.

La question de réélection soumise à la chambre doit se décider par une résolution ainsi formulée : La chambre, conformément à l'article 1er de la loi du 12 septembre 1830, déclare que N..... est considéré comme ayant donné sa démission des fonctions de député.

Toutes ces questions ont été soulevées et résolues dans l'affaire dont on va lire le compte-rendu. J'ai dû donner à cette affaire un assez long développement; la matière est neuve, et les difficultés tellement graves, soit quant au fond, soit quant à la forme, que la chambre n'a procédé qu'avec beaucoup d'hésitation, et ne s'est prononcée qu'après des décisions préparatoires difficiles à concilier, et sur des débats où se sont manifestées les opinions les plus divergentes.

Dans la séance du 30 mars 1835, M. Desabes rappela qu'une pétition avait été déposée, ayant pour but de réclamer l'exécution de l'art. 1er de la loi du 12 septembre 1830. Il s'agit, disait l'orateur, d'un député revêtu de hautes fonctions, récemment élevé à un poste de même nature, mais plus important, et qui a plus que doublé son traitement. Le ministère a laissé écouler le temps fixé pour la réélection sans convoquer le collége électoral; il y a donc lieu de demander aux ministres s'ils persévèrent dans leur détermination apparente de ne pas considérer comme démissionnaire le député en question, et, dans ce cas, de prier la chambre de permettre le rapport de la pétition à un jour prochain, parce qu'elle soulève une question qui intéresse la constitution de la chambre.

M. Odilon Barrot dit que cela se rattachait à une question de vérification de pouvoirs, qui avait toujours la priorité. M. Havin ayant demandé quel était l'avis du gouvernement, le ministre de l'instruction publique répondit que, le jour où la pétition serait rapportée, le gouvernement donnerait les explications nécessaires.

M. le président dit que M. Desabes pouvait faire une proposition, mais que, quant à présent, la chambre n'était pas saisie. M. Desabes se borna à demander un jour prochain pour le rapport de la pétition, à quoi M. Fulchiron objecta qu'il n'y avait pas de tour de faveur pour les pétitions; M. Desabes nia cette allégation : le ministre de l'instruction publique répéta que dans cette affaire, où l'ordre à suivre dépendait de la chambre, le gouvernement s'expliquerait le jour qui serait fixé. M. Barrot, abondant dans ce sens, dit qu'il s'agissait d'une pure question réglementaire; que la pétition se rattachait à une question de vérification de pouvoirs; que cela pouvait avoir pour objet une sorte de priorité d'urgence, qui était dans les attributions du président.

M. le président répondit que ce n'était pas à lui à assigner un tour extraordinaire à une pétition, et que cela intéressait les droits de la chambre.

M. Jaubert demanda que la question fût examinée aussi relativement à un autre membre de la chambre, promu à des fonctions élevées en Afrique, depuis son élection.

M. le président demanda, en ces termes, à poser la question : « Il est évident que cela ressort du droit de la chambre, que cela se rattache à la vérification des pouvoirs. Et puisque nul ne peut siéger dans son sein qu'autant que son élection a été déclarée valable, et qu'il a été admis à siéger, rigoureusement elle ne peut se dessaisir du droit d'intervenir si bon lui semble, si les circonstances le comportent, dans la question de la réélection. Si la chambre abdiquait ce droit, il en résulterait que plusieurs membres sujets à réélection, et sans caractère pour siéger, continueraient à siéger par cela seul que le pouvoir exécutif ne convoquerait pas les colléges électoraux. Je dis donc que la chambre a le droit d'élever la question de savoir s'il y a lieu à réélection. Ainsi donc, soit que la question intervienne par une pétition d'électeurs qui s'occuperait seulement du droit, soit que la chambre s'en saisisse *de plano* par une proposition faite dans son sein, il y a matière à question. C'est une question parlementaire qu'elle a le droit de décider. Elle peut donc assigner elle-même un jour pour décider la question. »

M. Laurence, désigné par M. Jaubert, déclara qu'il était prêt à donner des explications, et à se soumettre à la décision de la chambre. M. de Rancé soutint que la question ne devait pas être soulevée par une intervention de pétitionnaires, et qu'il était convenable que le ministère s'expliquât immédiatement sur les interpellations relatives à ses intentions pour la réélection contestée. Le ministre de l'instruction publique répondit : « La chambre sait qu'aucune discussion ne peut ainsi naître incidemment, et à propos d'une simple motion d'ordre ; le système des interpellations, admis en certaines matières, ne saurait, d'ailleurs, être étendu à toutes les questions, à tous les sujets. A l'ordinaire, les interpellations sont annoncées d'avance, et la chambre prend jour pour la discussion à laquelle elles peuvent donner lieu ; j'ai donc suivi les usages de la chambre, et exercé les droits du gouvernement.

« M. le président : Voilà pourquoi j'ai dit à la chambre que c'est un droit parlementaire, un droit qui lui est propre, et que la question doit venir au jour qu'elle indiquera. — M. Salverte : Je demande que la chambre indique le jour précis pour cette question-là. — M. de Sade : Il me semble que l'honorable membre qui vient de parler de cette pétition, en a, par ce seul fait, saisi la chambre. Il a demandé que cette pétition fût rapportée samedi prochain : ainsi donc il y a lieu d'ajourner le débat à samedi. La chambre ne peut pas se saisir elle-même, elle ne peut être saisie que sur la proposition d'un de ses membres. — M. Havin : Il ne serait pas de la dignité de la chambre de décider une question parlementaire à l'occasion d'une pétition ; je fais la demande formelle que la question soit débattue et résolue demain. (Réclamations diverses.) — M. Laurence : Je me réunis à la proposition de M. Havin ; une question parlementaire de cette importance ne peut pas être décidée incidemment. »

Ce dernier avis fut adopté ; la chambre remit la discussion spéciale de l'incident après une des lois qui étaient à l'ordre du jour. (*Monit.* du 31 mars 1835, p. 682.)

A l'ouverture de la séance du 3 avril suivant, le président déclara que l'ordre du jour appelait les explications sur l'exécution de la loi du 12 sept. 1830, relative à la réélection des députés promus à des fonctions publiques salariées.

M. Desabes, qui avait introduit primitivement le débat, rappela la pétition qui y avait donné lieu, et l'appuya de la manière suivante : Après son élection, le général Sébastiani a quitté l'ambassade de Naples, mais il a accepté celle de Londres ; c'est une fonction salariée, ce qui suffit pour qu'il y ait lieu à la réélection. Quelques personnes pensent que la réélection ne doit avoir lieu qu'alors que la fonction acceptée procure un avancement, une augmentation de traitement : eh ! bien, cela se présente dans l'espèce, puisque l'ambassade de Londres est plus importante, et trois fois plus rétribuée que celle de Naples. Mais, dans le véritable esprit de la loi, la seule acceptation de fonctions publiques salariées soumet toujours à réélection. Supposez, par exemple, un juge nommé député ; peu après, il accepte les fonctions de substitut du procureur du Roi, emploi inférieur et moins rétribué : il y aura lieu à réélection, car les électeurs ont entendu avoir pour député un magistrat inamovible, et non un fonctionnaire révocable. Il faut s'en tenir aux termes généraux de la loi, et ne pas créer arbitrairement des exceptions. Il y a, d'ailleurs, un précédent. M. Degouve de Nuncques était député et conseiller à la Cour royale de Douai ; nommé conseiller à la cour royale de Paris, il fut soumis à la réélection par ordonnance du 1er octobre 1830. M. Desabes termina en réclamant le renvoi de la pétition au ministre de l'intérieur, à moins que la chambre ne décidât pouvoir juger elle-même la question.

M. le président dit : La pétition sera rapportée en temps et lieu ; c'est comme exerçant un droit qui lui est propre que la chambre a donné jour pour aujourd'hui ; elle n'a pas à statuer sur la pétition, mais sur la question même : vous êtes plus fort que vous ne croyez ; vous êtes dans une meilleure position : vous exercez votre droit de député en présence de la chambre, qui a le droit de décider la question.

Alors, répondit M. Desabes, je propose que la chambre décide qu'il y a lieu à réélection.

M. le ministre de l'instruction publique présenta les considérations suivantes : Il faut remonter au véritable sens, à l'esprit de la loi de 1830. L'esprit de cette loi est que les électeurs connaissent bien la situation politique et personnelle de l'homme qu'ils choisissent, et que, cette situation changeant, ils soient consultés. Lorsque M. le général Sébastiani fut nommé ambassadeur à Naples, il y avait lieu à réélection, et il y fut procédé. Au bout de quelque temps, le général est appelé à l'ambassade de Londres ; quant aux électeurs, la situation n'est point changée ; il occupait des fonctions publiques salariées, et obligeant à résidence : Londres est même moins loin que Naples. Sous ce point de vue, dans l'intention réelle de la loi, la réélection n'était donc pas obligatoire. D'un autre côté, si on examine les fonctions mêmes qu'a occupées le général, chacun sait que, dans le département des affaires étrangères, tous les ambassadeurs sont sur le même rang : le passage d'une ambassade à une autre n'est point un avancement, tandis que si un ministre plénipotentiaire devient ambassadeur, il y a avancement. La différence des traitements provient uniquement de la diversité des dépenses qu'entraîne telle ou telle résidence. Une somme plus considérable à Londres équivaut à une somme moindre à Naples ; la diversité des traitements n'introduit donc pas une gradation entre les fonctions. Sous ce rapport encore, la réélection n'était pas obligatoire.

On a cité un précédent ; mais il y en a de contraires. Ainsi, en 1830, M. Laffitte, qui avait été réélu lorsqu'il était entré au conseil comme ministre sans portefeuille, devint ministre des finances et président du conseil, sans être soumis à la réélection ; cependant il passait d'une fonction non salariée à une fonction salariée, d'un ministère sans portefeuille à un département et à la présidence du conseil. M. le général Sébastiani a passé du ministère de la marine au ministère des affaires étrangères, où il jouissait d'un traitement plus considérable ; il n'y eut pas de réélection. Le même fait a eu lieu pour M. de Rigny. On a considéré que les fonctions ministérielles étaient toutes pareilles, que les divers départements étaient égaux entre eux, que le passage de l'un à l'autre ne déterminait, par conséquent, aucun changement de situation politique, aucun avancement ; qu'il n'existait donc aucun des motifs qui ont déterminé la loi de 1830. C'est ainsi que la loi paraît devoir être interprétée ; du reste, a dit en terminant le ministre, la chambre décidera la question comme elle le jugera convenable.

M. Charamaule a pensé qu'il fallait examiner la teneur de la loi et les précédents. Le sens de la loi devient incontestable, si on rapproche la règle générale de la seule exception écrite dans la loi elle-même. Ainsi, l'art. 1er pose le principe dans les termes les plus généraux : une seule exception a paru nécessaire pour les officiers de l'armée de terre et de mer, qui recevraient de l'avancement par rang d'ancienneté, et cette exception a été soigneusement exprimée dans les termes les plus précis par l'art. 3. Or, toute exception confirme virtuellement la règle, pour tout ce qui reste en dehors de ses termes. Nulle exception ne venant soustraire à la règle l'hypothèse dans laquelle M. le général Sébastiani se trouve placé, il demeure nécessairement sous l'empire de cette règle. Toutes les fois qu'il y a changement de situation d'un député, par l'effet de la confiance du gouvernement qui l'appelle à des fonctions salariées, la nécessité de la réélection se présente. Voilà l'esprit et les termes de la loi.

Le précédent de M. de Gouve de Nuncques est parfaitement applicable: dans l'une et dans l'autre hypothèse, la différence de traitement est déterminée par la considération de la diversité des résidences. Un autre précédent encore plus décisif est celui de M. Chalret-Durieu, qui, président de chambre à la cour royale de Toulouse, fut appelé aux fonctions de conseiller à la cour royale de Paris. Là, il n'y avait pas avancement dans la hiérarchie des fonctions, au contraire; cependant on reconnut la nécessité d'une réélection, et le ministère convoqua le collége électoral. Il s'agit ici d'une question de principe, d'une loi de garantie pour les libertés publiques, loi sollicitée avant 1830, promise par la Charte et votée dès le mois de sept. 1830; il ne faut pas chercher à atténuer les promesses et les garanties de la révolution de 1830; on doit interpréter largement la Charte et la loi.

M. Glais-Bizoin demanda l'ordre du jour pour des motifs qui donnèrent lieu à de vives explications entre le président de la chambre et l'honorable député.

M. de Rancé pensa qu'il y avait identité avec le cas cité, du conseiller de cour royale nommé à Paris; mais il déclara qu'il n'admettait pas qu'il dût y avoir lieu à réélection lorsqu'un ambassadeur, député, était appelé comme ambassadeur près d'une autre cour. Quant aux précédents, l'orateur dit qu'ils étaient de diverses natures, et qu'il y en avait de contraires à la nécessité de la réélection. Ainsi, M. le général Lamarque, député, a été investi du commandement supérieur des provinces de l'ouest; à cette occasion, il a reçu un traitement beaucoup plus considérable que celui des lieutenants-généraux dans l'exercice ordinaire de leurs fonctions; et cependant il n'a pas été réélu. L'orateur conclut à l'ordre du jour.

M. Demarçay dit que les fonctions du général Lamarque lui ayant été conférées immédiatement après la révolution, la loi de septembre 1830 ne lui était pas applicable; M. Viennet et le ministre de l'instruction publique répondirent que la loi elle-même avait donné à ses dispositions un effet rétroactif pour les nominations faites depuis le 1er août 1830.

M. Dugabé prétendit que les principes émis par le ministre de l'instruction publique étaient subversifs de la loi de septembre 1830; selon l'honorable membre, il faut considérer la loi, non pas seulement dans le rapport direct du député avec les électeurs, mais aussi dans le rapport de la position actuelle du député avec la position nouvelle que la nomination crée pour lui. Cela résulte des mots *fonctions salariées;* la loi a eu vue la position délicate du député qui pouvait, pendant le cours de sa législature, voir augmenter sa position de fortune, et accepter ce que les électeurs n'ont pas eu l'intention de lui procurer; en adoptant la proposition d'ordre du jour, on arrive à un résultat diamétralement opposé. Sous le rapport honorifique, l'ambassadeur à Londres est dans une position plus élevée que l'ambassadeur à Naples, et par cela même, il y a avancement, changement de position. Sous le point de vue pécuniaire, le traitement est trois fois plus considérable; il y a donc changement dans la position, et nécessité de réélection. Si on admet la doctrine du ministre, le substitut du dernier des tribunaux étant nommé substitut à Paris ne serait pas soumis à la réélection. Les conseillers, les présidents de chambre pourront, à leur tour, passer des cours royales inférieures aux cours supérieures. Voyez l'inconvénient; il y a diverses classes de cours royales, et des gradations de traitement. Il résultera de la doctrine professée qu'un conseiller passant à une des cours où le traitement est double, et même à celle de Paris où il est triple, ne serait pas obligé de se présenter devant les électeurs. N'y aurait-il pas faveur insigne, avancement pour un procureur-général, un premier président, qui serait nommé procureur-général, premier président à la cour royale de Paris? Il devrait en être de même dans toutes les administrations, et on ferait une fausse application de la loi en décidant que, pourvu qu'on ne change pas le titre de la fonction, on peut changer le chiffre du traitement, et l'élever, deux, trois, quatre fois plus haut que celui qu'on recevait sans que la réélection fût obligatoire.

M. de Lamartine soutint l'opinion opposée, et blâma les lois d'exclusion comme contraires à la liberté des électeurs, et à la bonne appréciation des affaires publiques dans la chambre. En poussant ce système à l'excès, comme on le propose, l'orateur dit qu'on tomberait dans l'absurde; parce qu'un administrateur monterait d'un grade ou que ses appointements seraient augmentés de trois pour cent, il faudrait une nouvelle élection! Une élévation de quelques centimes dans le salaire changerait l'homme et ses rapports avec le pays! Avec un pareil système d'hostilité contre le pouvoir, on arrive au matérialisme politique, à l'avilissement des hommes et des choses. C'est aux électeurs à juger, à savoir qui ils nomment; mais ils doivent être laissés libres dans leurs choix. Il ne faut pas leur signaler des classes indépendantes et d'autres qui ne le sont point. D'ailleurs, la véritable indépendance est dans le caractère, et non dans la possession des emplois. M. de Lamartine cita les malheurs qui suivirent la loi d'exclusion portée, en haine de Mirabeau, par l'assemblée constituante, et termina par la demande de l'ordre du jour.

M. Charamaule répondit que si, d'après M. de Lamartine, il fallait adopter l'interprétation la plus favorable au droit d'élection, on devait préférer celle qui appelait les électeurs à se prononcer clairement à celle qui les condamnerait au silence. Ou le fait qui motiverait une réélection a enlevé à la personne dont il s'agit la confiance des électeurs, ou il la lui a laissée. S'il la lui a enlevée, ce serait un mensonge que de continuer son droit de représentation : si le fait n'a pas détruit cette confiance, la réélection ne sera qu'une occasion d'en recueillir encore l'honorable témoignage.

Le président dit que l'ordre du jour proposé devait avoir la priorité, et que, s'il n'était pas adopté, la chambre aurait à se prononcer sur la proposition elle-même. — Un membre ayant demandé quelle serait, dans ce cas, la portée du vote de la chambre, le président répondit : Ce sera simplement un vote.

M. Augustin Giraud demanda que la question fût posée comme l'avait fait M. Teste, qui avait dit : *La question est-elle de savoir si un ambassadeur qui change de résidence est par cela même soumis à la réélection?*

M. Demarçay insista pour savoir ce que signifiaient les paroles du président lorsqu'il avait dit que la décision de la chambre serait un vote, une solution. Il combattit l'idée, émise par M. de Lamartine, que la loi ne doit pas supposer le mal; les précautions légales constitutionnelles supposent toutes le mal contre lequel elles prémunissent la société; il demanda que le général Sébastiani fût soumis à réélection.

M. de Rancé fit observer que, si la chambre ne passait pas à l'ordre du jour, il faudrait, pour qu'elle émît un vote positif, qu'il y eût une proposition déposée et demandant formellement la réélection.

M. Pelet (de la Lozère) dit que la forme était ici beaucoup plus importante que le fond; il s'agit, en effet, de savoir comment, dans des cas semblables, la chambre pourrait émettre son opinion sur la question de savoir s'il y a lieu ou non à réélection. La chambre ne pourrait pas procéder par un vote immédiat qui exprimât la nécessité de la réélection : elle ne peut pas davantage exprimer qu'il n'y a pas lieu à réélire. En effet, jusqu'à présent, la chambre, saisie par un rapport, de la question de savoir si une élection est valide ou non, proclame, s'il y a lieu, que le député est régulièrement élu ; dès lors, la question ne peut plus appartenir à la chambre. Il est arrivé qu'après la reconnaissance de la validité de l'élection, des doutes se sont élevés sur la validité d'une élection, sur l'âge, sur l'existence actuelle du cens d'éligibilité ; on a toujours répondu que la chambre avait prononcé, et ne pouvait plus revenir sur sa déclaration. Or, si la chambre pouvait déclarer, par son vote, qu'il n'y a pas lieu à la réélection du général Sébastiani, elle pourrait déclarer le contraire, et un membre de la chambre serait expulsé par assis et levé ; c'est-à-dire que, sans rapport de commission, en dehors même des attributions de la chambre, le sort d'un député serait décidé d'une manière irrévocable. Dans un cas semblable, la chambre ne peut prononcer que par un ordre du jour ; si elle était persuadée qu'un de ses membres, sujet à réélection, siége illégalement dans ses rangs, elle pourrait procéder d'abord par voie d'interpellations pour mettre les ministres en demeure, puis recourir, au besoin, à une proposition d'adresse, et enfin, s'il y avait refus obstiné d'exécuter la loi, les ministres pourraient être accusés de prévarication. L'orateur conclut en appuyant l'ordre du jour.

M. Baude dit que la question était posée par les termes mêmes de la loi qui répute démissionnaire un député par le fait de son acceptation d'une fonction publique salariée ; la chambre seule, d'un autre côté, a le droit d'accepter la démission d'un de ses membres : lors donc qu'elle est avertie qu'un de ses membres a reçu une fonction publique salariée, c'est comme si elle recevait la démission de ce membre. La question à examiner maintenant est de savoir si la démission du général Sébastiani, résultant ou ne résultant pas de l'ordonnance qui lui a conféré les fonctions d'ambassadeur à Londres, est ou n'est pas acceptée.

M. le ministre de l'intérieur combat cette opinion en faisant remarquer que la loi considère si peu l'acceptation de fonctions salariées comme une démission immédiate, qu'elle veut que le député continue à siéger jusqu'au jour fixé pour la réunion du collége électoral. Il y a donc lieu, non pas à démission, mais à confirmation, par les électeurs, du mandat qu'ils avaient donné. Si la chambre passe à l'ordre du jour, la question n'existera plus ; si elle ne passe pas à l'ordre du jour, elle prouvera qu'elle interprète la loi autrement qu'on ne l'a fait jusqu'ici, et le gouvernement aurait à remplir ses devoirs en présence d'une interprétation nouvelle.

M. Dufaure pensa comme M. Baude sur la question de forme, et déclara repousser l'opinion de M. Pelet (de la Lozère), tendant à faire décider la question par voie d'interpellation aux ministres ; toutefois il ajouta que la question pouvait faire difficulté. Quant au fond, il s'agit d'une interprétation de la loi de 1830, qui aura l'inconvénient d'être conforme à certains précédents, et contraire à d'autres ; si on prononçait précipitamment, le nouveau précédent laisserait les mêmes doutes ; l'orateur propose, en conséquence, de prononcer le renvoi à une commission qui sera chargée de faire un rapport.

M. Teste soutint qu'il n'y avait pas, à proprement parler, de précédent de la chambre dans cette matière, puisqu'elle n'avait jamais eu à s'occuper de questions pareilles. S'il y a des précédents contradictoires, ils ne sont pas parlementaires, mais appartiennent au gouvernement, qui a exécuté la loi tantôt dans un sens, tantôt dans un autre. — Si la pétition qui a commencé le débat avait été rapportée, la chambre prononcerait par l'ordre du jour ou le renvoi à un ministre ; mais, dans l'état actuel, la chambre n'est saisie de rien : l'ordre du jour annonçait les explications demandées sur l'application de la loi de 1830 : ces explications ont été données : tout est donc terminé, et la chambre n'a plus de décision à prendre. Il n'y a pas eu démission effective : il s'agit seulement de savoir si un député doit être réputé démissionnaire; le gouvernement a pensé que non, puisqu'il n'a pas convoqué le collége électoral. Si, à cette occasion, une proposition doit être faite par la chambre, qu'elle le soit dans les formes du règlement; on doit, quant à présent, passer à l'ordre du jour, sans rien préjuger sur la question.

L'ordre du jour fut mis aux voix et adopté.

M. Charamaule : Ce qui prouve qu'on n'a rien décidé. — M. le président : On n'a préjudicié à aucun droit. — M. Charamaule : Nous sommes aussi avancés maintenant qu'au commencement de la séance.

M. Jaubert prit la parole pour rappeler que M. Laurence, dont les pouvoirs se trouvaient aussi contestés, avait promis des explications. — M. Laurence entra dans de longs développements tendant à établir qu'il n'avait accepté aucunes fonctions publiques, qu'il avait simplement rempli une mission temporaire en Afrique. — M. Jaubert, après avoir exposé l'esprit de la loi de 1830, s'efforça de prouver que M. Laurence avait bien réellement accepté des fonctions publiques salariées; qu'il devait donc être soumis à la réélection.

M. le ministre de l'intérieur dit que M. Laurence n'avait voulu accepter et n'avait exercé que des fonctions intérimaires, et que des fonctions de cette nature n'entraînaient pas la nécessité de la réélection.

M. Odilon Barrot combattit cette doctrine; après avoir soutenu, contre M. de Lamartine, que la loi sur les réélections était et devait être une loi de défiance, parce que toute loi de garantie est une loi de défiance fondée sur les imperfections humaines, l'orateur ajouta que les lois de garantie doivent être, dans l'interprétation, plutôt étendues que restreintes. La loi veut qu'un député nommé à des fonctions salariées soit obligé de faire renouveler son mandat; on ne doit pas distinguer entre les fonctions perpétuelles et les fonctions temporaires, entre les fonctions permanentes et les fonctions intérimaires; cette distinction, non écrite, serait une modification apportée à la loi dans son sens et son étendue. Il y a des fonctions temporaires qui peuvent aussi bien compromettre l'indépendance d'un député que des fonctions permanentes. Il faut entendre la loi dans toute sa généralité; dès que vous acceptez des fonctions salariées, vous êtes soumis à réélection. Une autre interprétation pourrait, dans une foule de circonstances, compromettre l'exécution de la loi et détruire la garantie qu'elle offre. — Il ne peut pas y avoir ici de solution actuelle, puisque, sur les interpellations faites à la tribune, la chambre n'a aucune détermination à prendre. Il faut cependant qu'une loi aussi importante ait une sanction, et elle n'en aurait pas, du moins d'une manière positive, si l'on n'arrivait à d'autre résultat qu'une explication contradictoire à la tribune. La sanction n'est pas non plus dans la responsabilité ministérielle : elle est dans le pouvoir de la chambre. Il est dans le droit de la chambre de déclarer qu'un député qui a accepté des fonctions salariées est démissionnaire : la loi a voulu que la chambre fût saisie de ce fait comme elle le serait d'une démission. Mais comment peut-elle être saisie de cette question de savoir si un député est ou n'est pas réputé démissionnaire? Doit-on prendre la voie d'une proposition, ou bien s'agit-il d'une affaire de règlement intérieur, qui échappe à la nécessité d'une proposition? Ces questions sont trop graves pour ne pas exiger le renvoi à une commission spéciale.

Après de nouvelles explications de fait présentées par M. Laurence, le président dit : La question sera posée en ces termes : La chambre estime-t-elle qu'il y a lieu ou qu'il n'y a pas lieu à la réélection?

M. Demarçay demanda qu'il y eût réélection pour les deux députés dont il s'agissait.

Sur cette interpellation du président : Demande-t-on le renvoi à une commission? et les exclamations : Non! non! M. Pelet (de la Lozère) prit la parole et dit : La question est très-grave; on n'est peut-être préoccupé que du cas d'élection : mais il peut y avoir des circonstances où, pour d'autres motifs, des demandes seraient formées, qui tendraient à l'exclusion de tel ou tel membre de la chambre, et qui seraient un abus de la part de la majorité. De tristes souvenirs attestent l'usage qu'on peut faire de ce droit. Il ne faut prendre aucune mesure précipitée dans une matière non encore réglée. Si on pense qu'un ordre du jour ne suffit pas, dans l'état des faits, il faut nommer une commission qui examinera la question générale et la question particulière; cela est indispensable dans une matière qui n'est pas régie par les précédents, et qui a besoin d'être éclairée par un rapport.

M. le ministre de l'intérieur vint adhérer à ce vœu : en présence de doutes aussi graves sur l'interprétation de la loi, le gouvernement lui-même a besoin d'être éclairé, pour savoir si sa conduite est d'accord avec la jurisprudence que la chambre entend se faire sur la question.

M. Renouard demanda que la question relative à M. Sébastiani fût renvoyée à la même commission.

M. le président fit remarquer que la chambre avait passé à l'ordre du jour sur ce député; puis il annonça qu'il allait mettre aux voix la question de renvoi à une commission.

M. Benjamin Delessert dit qu'on devait procéder, à l'égard de M. Laurence, comme on avait fait à l'égard de M. Sébastiani, et passer à l'ordre du jour, sans préjuger la question : cela n'empêcherait pas de faire ultérieurement une proposition.

M. le président dit, pour rétablir la question : La chambre peut passer à l'ordre du jour; quant à se prononcer en forme de proposition, que serait cette proposition? une loi sans doute. Mais la loi est faite : il s'agit de son exécution.

M. Jaubert dit que la question était posée entre l'ordre du jour et le renvoi à une commission. Comme il s'agit d'une question de validité, et, en quelque sorte, de vérification de pouvoirs, la chambre peut prononcer immédiatement le renvoi. Si ce point de forme donne lieu à la moindre difficulté, l'orateur se déclare prêt à déposer une proposition spéciale.

Le président dit que si le règlement exigeait le dépôt d'une proposition, il fallait le décider.

M. Jacques Lefèvre dit que le règlement l'exigeait pour une proposition réglementaire, et qu'on avait toujours procédé ainsi.

M. Gaëtan de la Rochefoucault soutint qu'il s'agissait, non d'une proposition, mais de l'exécution de la loi. C'est à la chambre à décider si un membre a le droit de siéger et de voter. Il faut renvoyer la question à une commission qui apportera un projet de résolution de la chambre.

Cette proposition ayant soulevé des rumeurs diverses, M. de Rancé ouvrit un nouvel avis, qui fut adopté. Vous avez, dit-il, passé à l'ordre du jour sur la question de M. le général Sébastiani, en déclarant ne rien préjuger; maintenant, sur une question analogue, vous semblez préjuger, si vous prononcez le renvoi à une commission. Pour faire justice à tout le monde, il faut renvoyer les deux difficultés à la même commission.

L'ordre du jour, vivement réclamé, devant avoir la priorité, fut mis aux voix et rejeté.

M. le président se disposant à mettre aux voix le renvoi devant une commission, M. Jacques Lefèvre et d'autres membres s'écrièrent qu'on ne pouvait mettre en délibération qu'une proposition positive.

Le président posa la question en ces termes : Que ceux qui sont d'avis que tout ce qui a fait la matière des explications qui ont eu lieu dans la présente séance soit renvoyé à une commission, veuillent bien se lever. La proposition du renvoi fut adoptée. (Séance du 3 avril 1835, *Monit.* du 4, p. 737 et suiv.)

En vertu de cette décision, les bureaux nommèrent une commission, qui choisit pour rapporteur M. Dufaure; ce dernier fit son rapport le

25 avril 1835. Après avoir rappelé les faits, M. le rapporteur développa les considérations suivantes : Pour pouvoir siéger comme député, il faut réunir toutes les conditions prescrites par la loi, et dont l'accomplissement ne peut être apprécié que par la chambre elle-même. Mais le député, une fois admis, peut perdre son droit; indépendamment de sa démission volontaire, que la chambre seule peut accepter, il peut être privé de ses droits civils et politiques; il peut accepter des fonctions incompatibles avec la députation, être revêtu d'un emploi salarié, qui fait cesser son mandat et lui permet seulement de se présenter à la réélection. Le même pouvoir, qui a prononcé sur son admission, peut juger des atteintes que sa capacité a reçues depuis. Le plus souvent, le fait qui altère la situation politique du député n'a rien d'équivoque; la nécessité de convoquer le collége étant évidente, le gouvernement le fait sans consulter la chambre, qui n'est cependant pas étrangère à ce qui se passe : car si elle consent à vérifier l'élection nouvelle, elle approuve implicitement la convocation du collége : si elle estimait qu'il n'y a pas lieu à réélection, elle l'exprimerait en refusant d'admettre le député nouveau d'un arrondissement déjà représenté. S'il y a doute sur le sens de la loi, et sur la capacité d'un député, si le gouvernement a laissé passer le délai de la convocation, la chambre ne peut rester inactive; elle doit se prononcer sur la situation, vérifier de nouveau les pouvoirs qui peut-être ont été altérés. On ne doit pas craindre que la chambre abuse de ce droit pour décimer les rangs de la minorité; d'abord la chambre ne prononce pas arbitrairement : lorsqu'elle juge la capacité d'un député, elle le décide en vertu d'une loi préexistante, et dont elle subit l'empire. Si elle s'en écarte, elle commet une voie de fait, une violence; ce serait une de ces fatales erreurs que les lois ne doivent pas prévoir, parce qu'elles n'ont pas de moyen de les prévenir. Si l'on cédait à la crainte d'un tel abus, il faudrait aller jusqu'à supprimer la vérification mutuelle des pouvoirs, et la confier à un autre corps, ce qu'on ne ferait pas sans s'apercevoir bientôt qu'on s'exposerait à de bien plus graves abus.

Le règlement ne dit pas par quelle voie la chambre apprendra le changement survenu dans la position d'un député, et comment elle entrera en délibération pour en apprécier les conséquences. Il n'y a ni irrégularité ni inconvénient à ce qu'elle soit avertie directement par un de ses membres; elle statue sur-le-champ si elle se croit assez éclairée ; elle exige, si elle doute, l'examen préparatoire d'une commission. La marche suivie est donc légale.

Quelle loi devra être appliquée aux situations qu'il s'agit ici d'apprécier? Ici, M. le rapporteur pose le principe de la nécessité d'une surveillance constante exercée par le corps législatif sur le gouvernement, et, par suite, d'une entière indépendance des membres de ce corps; il rappelle la règle de la réélection, admise par les lois anglaises, demandée, chez nous, en 1824, en 1826, en 1828, promise par la Charte de 1830, et consacrée par la loi du 12 septembre.

M. Laurence était chargé, par une ordonnance du 12 août 1834, de rechercher et réunir tous les faits et documents propres à éclairer le gouvernement sur l'état actuel de la législation d'Alger, et sur les changements qu'il serait convenable d'y apporter. Dans ces termes, il n'y aurait eu qu'une mission spéciale et non une fonction publique; des recherches préparatoires n'auraient constitué la délégation d'aucune portion d'autorité; peu importerait même qu'il y eût eu indemnité des dépenses causées par une semblable mission. Mais, par la même ordonnance, M. Laurence a été investi de toutes les attributions conférées au procureur général d'Alger. Ce sont évidemment des fonctions publiques, dont les attributions sont déterminées par les ordonnances royales. M. Laurence les a acceptées, et exercées pendant six mois. A la vérité, elles ne lui étaient confiées que par intérim, et pour la durée de la mission spéciale ; mais la durée de cette mission n'était pas limitée ; d'un autre côté, la loi ne distingue pas entre les fonctions définitives et les fonctions intérimaires ; il y a toujours changement dans la position du député, et, par suite, nécessité de procéder à une réélection. La loi du 12 sept. 1830 doit donc s'appliquer à M. Laurence.

Pour M. le général Sébastiani, il a été nommé ambassadeur à Londres, et il a accepté. Mais, a-t-on dit, il était déjà fonctionnaire, quand il a été envoyé à Londres ; il n'a pas eu d'avancement ; si son traitement est devenu plus fort, c'est que ses dépenses ont augmenté : d'ailleurs il avait été soumis à la réélection, lors de sa première *promotion* à l'ambassade, celle de Naples. — L'exécution de la loi une première fois, n'autorise pas à la négliger plus tard. Quant aux autres objections, elles introduisent dans la loi des distinctions tout arbitraires.

En effet, la loi ne distingue pas si le député qui accepte des fonctions en exerçait déjà ou non ; ses termes sont absolus, et, en cela, ils répondent à son esprit, comme cela résulte des débats, notamment des discours de M. Félix Faure, et de Benjamin Constant. Cela dispenserait d'examiner s'il y a eu avancement ; toutefois voici ce qu'il faut remarquer : une ordonnance du 22 *mars* 1833 *répartit* les missions diplomatiques en quatre classes ; celle de Londres appartient à la première, celle de Naples est dans un rang inférieur. C'est par ce motif que deux secrétaires sont attachés à la première, et un seul à la seconde. En même temps qu'il passait à des fonctions plus importantes, il obtenait un traitement plus élevé ; et c'est précisément cet avantage pécuniaire qui excite les méfiances de la loi et suspend les pouvoirs du député. Peu importe l'augmentation des frais de représentation. Souvent les traitements ne sont pas *seulement une récompense* des travaux et des fatigues du fonctionnaire, mais encore une indemnité des dépenses auxquelles il est obligé par la nature de sa mission. La loi ne distingue pas et ne devait pas distinguer entre ces *deux éléments dans* les salaires accordés. On doit croire d'ailleurs qu'ils s'élèvent ensemble dans la même proportion ; lorsque l'importance des fonctions est si différente, le prix des travaux ne peut pas être le même. — Quant aux précédents, ils sont contradictoires, et ne peuvent avoir d'influence sur la détermination à prendre. La commission a donc pensé qu'il y avait lieu à réélection pour le général Sébastiani, tout en reconnaissant, d'ailleurs, la bonne foi du gouvernement, et des deux députés. Elle propose la résolution suivante : « La chambre déclare, que, conformément à l'art 1er de la loi du 12 sept. 1830, M. Laurence et M. le lieutenant-général Horace Sébastiani sont considérés comme ayant donné leur démission des fonctions de députés. La chambre ordonne qu'une copie de la présente résolution sera adressée par son président au ministre de l'intérieur. » (*Monit.* du 26 avril 1835, p. 964.)

La discussion sur ce rapport eut lieu le 9 mai. M. Vatout, premier orateur entendu, exprima d'abord le regret que la question n'eût pas été traitée en principe, et sans mélange de noms de personnes ; de cette manière, on aurait évité de donner à la décision un effet rétroactif, on n'aurait porté aucune atteinte à la position de députés admis, et on aurait donné, pour l'avenir, une règle de conduite certaine qui aurait éclairé le gouvernement. On a objecté qu'il s'agit ici d'une vérification de pouvoirs ; cela n'est pas : quand on vérifie des pouvoirs, tout est prévu ; la chambre est saisie de droit, les conditions d'éligibilité sont parfaitement indiquées, il y a des pièces sur lesquelles la solution s'asseoit. Si la chambre admet, le député est reçu sans contrôle ni concours de personne : si elle n'admet pas, le collége électoral est convoqué de nouveau ; dans les deux cas, la chambre agit seule et souverainement. Lorsqu'il s'agit de réélection, le pouvoir exécutif intervient, c'est lui qui, le premier, examine s'il y a lieu de convoquer le collége, lorsqu'un député a été promu à des fonctions publiques. Or, il pourrait arriver que le ministère crût qu'il y a lieu de réélire un fonctionnaire et que la chambre eût une opinion opposée. Si le ministère convoque le collége, qu'un député nouveau soit nommé, et que la chambre refuse de l'admettre, qui jugera le conflit? Dans le cas contraire, si c'est la chambre qui veut rejeter un de ses membres, et que le ministère refuse la convocation du collége, il y aura encore un conflit, et qui le videra? Il faut donc des règles fixes qui mettent un terme à l'arbitraire.

On dit : la loi est claire. Mais alors pourquoi délibérer, pourquoi nommer une commission, pourquoi avoir cassé une première décision prise à l'égard de deux députés? Il y a doute, et doute sérieux, puisqu'on a demandé les lumières d'une commission.

Toute personne qui passe de la vie privée à des fonctions publiques, qui, de surveillant, devient surveillé, qui devient partie-prenante au budget, doit nécessairement faire renouveler son mandat par les électeurs. De plus, si, dans la même carrière, le député obtient de l'avancement, comme on peut supposer que cet avancement est le prix d'une concession au pouvoir, en ce cas, le député doit se présenter de nouveau à ses électeurs. Mais la loi n'a jamais voulu dire qu'un général qui, par exemple, passe de Dijon à Montpellier, de la Rochelle à Nantes, se fasse réélire, que le ministre du commerce qui passe aux affaires étrangères où il a 40,000 fr. de plus, doive être réélu. Veut-on que, pour ce motif d'augmentation de traitement, un ambassadeur qui passe, avec le même titre, le même rang, les mêmes honneurs, d'une ambassade à une autre, soit soumis à réélection? alors il faudrait faire un compte de clerc à maître, peser si 100,000 fr. dans telle capitale, ne sont pas moins que 50 dans une résidence. — Quant aux fonctions intérimaires, il y a une lacune dans la loi. M. Vatout conclut à l'ordre du jour.

M. Desabes, après avoir retracé l'historique et l'esprit absolu de la loi, dit qu'il n'appartient pas aux ministres de juger si la position d'un député est assez changée pour qu'il y ait lieu à un renvoi devant les électeurs; autrement la loi serait un mensonge, et deviendrait une arme pour le ministère. La lettre et l'intention de la loi prouvent que ce n'est pas seulement quand il y a eu avancement que la réélection doit avoir lieu. On dit que l'augmentation de traitement représentait une augmentation de dépenses; si on raisonnait ainsi, aucun changement dans la situation d'un fonctionnaire ne nécessiterait plus la réélection; autant vaudrait abroger la loi. Enfin, il résultait d'engagements pris par M. Sébastiani, que les électeurs avaient eu le droit de compter sur sa présence à la chambre qu'il avait abandonnée pour son ambassade.

M. Pelet (de la Lozère), insista, en principe, sur la gravité et la nouveauté de la question. Deux lois régissent les rapports des fonctionnaires avec la chambre, celle des incompatibilités et celle des réélections. La loi des incompatibilités tombe tout à fait sous la juridiction de la chambre, par la vérification des pouvoirs, qui lui appartient exclusivement, dans l'intérêt de son indépendance. Quant à la loi des réélections, elle est faite pour garantir, non l'indépendance de la chambre, mais celle des électeurs : c'est à eux qu'il appartient de décider s'ils continuent leur confiance au député promu à des fonctions publiques. Si on suit le système du rapport, c'est la chambre qui prononcerait sur les réélections. Mais comment serait-elle saisie? Ici on a refusé de prononcer par voie de pétition; la chambre aurait pu demander que la pétition fût immédiatement rapportée, et prononcer soit par un renvoi aux ministres, soit par un ordre du jour. Mais on n'a point agi ainsi; on a nommé une commission spéciale, dont le rapport propose de décider qu'il y a lieu à réélection, que les acceptations de fonctions, de la part de deux députés, sont considérées comme des démissions. Mais si on établit ce mode, comment la chambre apprendra-t-elle les nominations et acceptations? Sera-ce par les journaux, ou par un membre de la chambre? Cela ne saurait être; il faudrait statuer que le gouvernement lui donnera communication de toutes les nominations et acceptations. Autrement, il faudra souvent des enquêtes, car les faits pourraient être contestés, soit par le député attaqué, soit par le gouvernement. En Angleterre, les choses se passent autrement, parce que la législation est différente. D'abord, il n'y a pas autant de places que parmi nous, qui donnent lieu à réélection ; et elles sont dénommées avec précision. Le président de la chambre, nommé pour la législature, peut, même en l'absence de la chambre, ordonner la convocation des colléges pour les réélections. Chez nous, comment procéderait-on en l'absence des chambres? la chambre absente n'a aucun moyen de se prononcer : la loi de 1830, qui veut que, dans 40 jours, le collége soit convoqué, restera sans exécution ; il faudrait donc attendre la réunion des chambres, et il y aurait une loi inexécutée et inexécutable. Il faudrait donc changer la loi, ce qui devrait se faire par une proposition spéciale pour l'avenir.

On doit examiner si la chambre elle-même peut véritablement exécuter la loi de 1830, et si l'application qu'on en propose pourrait s'étendre aux cas semblables; ces cas seront nombreux et bizarres. Sans doute, comme on l'a dit, un juge nommé procureur du roi serait soumis à réélection; mais si le contraire avait lieu, ne serait-il pas absurde de demander si le député qui passe d'une place amovible à une fonction inamovible a perdu de son indépendance aux yeux des électeurs? — L'orateur demande que, dans l'état actuel, la chambre passe à l'ordre du jour.

M. Lavielle, membre de la commission, défendit le rapport. Il dit d'abord que M. Laurence était évidemment soumis à réélection, puisqu'il avait accepté et exercé des fonctions publiques salariées. Après avoir déclaré qu'il y avait plus de doute quant au général Sébastiani, l'orateur exposa les reproches divers adressés à la loi de 1830, et soutint qu'il fallait l'appliquer, non telle que chacun voudrait qu'elle fût, mais telle qu'elle était, c'est-à-dire en ce sens que tout changement, tout emploi nouveau, toute promotion, entraînerait nécessité de réélection. Quant au droit de la chambre (de décider la question), il résulte évidemment de la Charte, de la loi électorale, du règlement et de la discussion actuelle. Dans le fait, il y a eu, pour M. le général Sébastiani, avancement, changement de position diplomatique, promotion et acceptation d'un nouvel emploi. D'abord, son traitement est devenu plus considérable; on dit que les dépenses ont aussi augmenté : mais un ambassadeur peut n'être pas insensible à une grande représentation payée par le trésor; la loi ne voit que le chiffre du traitement, n'importe son objet et sa destination. D'ailleurs, la différence des traitements est aussi basée sur l'importance relative des fonctions ; à toutes les époques les relations avec Naples exigèrent moins de soins, de travaux, d'assiduité, d'habileté que nos relations avec l'Angleterre. La différence de position entre les deux ambassades, est, enfin, marquée encore par la manière dont elles sont hiérarchiquement classées par l'ordonnance de 1833. Si on fait une exception arbitraire, où s'arrêtera-t-on? Si on admet que le passage de l'ambassade de Naples à celle de Londres n'est pas un changement de position qui entraîne réélection, la même dispense sera invoquée par les magistrats et les fonctionnaires publics de province venant occuper leurs fonctions à Paris; ce serait la destruction de la loi.

M. Dufaure : La commission ne fait que demander l'application de la loi du 12 septembre 1830. M. Pelet a soutenu qu'en Angleterre certaines fonctions déterminées soumettaient seules à réélection : c'est une erreur; la loi anglaise soumet à la réélection toutes les fonctions publiques salariées, *any office of profit*. — On dit qu'il faut distinguer, que la chambre prononce quand il s'agit d'incompatibilité, parce qu'alors elle veille sur son indépendance, mais non quand il s'agit de réélection, parce dans ce cas, c'est le gouvernement qui doit conserver les garanties de l'indépendance des électeurs. Rien dans la loi n'autorise cette distinction ; dans l'un et l'autre cas, c'est l'intérêt du pays qui est consulté, et la chambre qui juge, en prononçant sur la capacité de ses membres. S'il en était autrement, le pouvoir nommé pour représenter plus spécialement le pays serait à la merci du pouvoir exécutif. Le gouvernement convoque les colléges électoraux sans doute; mais avant de les convoquer, il peut être douteux qu'il y ait lieu à convocation. Il faut alors un juge : il est évident que ce ne peut pas être le gouvernement ; le gouvernement n'agit qu'après le jugement, il convoque après que la chambre a prononcé. — On redoute qu'il soit nécessaire de faire des enquêtes! on ne comprend pas comment il faudrait une enquête pour savoir si une fonction publique a été conférée et acceptée; la même objection s'élèverait dans le cas d'incompatibilité, pour lequel on admet cependant la compétence de la chambre. D'ailleurs si la chambre avait besoin d'une enquête, elle saurait bien prendre tous les renseignements nécessaires, comme elle le fait pour toutes les vérifications de pouvoirs.— M. Vatout prétend que l'on donnerait à la loi un effet rétroactif. Mais que propose la commission ? Il y a doute sur l'application de la loi à deux députés. On demande que la chambre lève le doute. En prononçant, elle ne fera pas une disposition nouvelle, elle appliquera la loi, elle fera ce que font tous les jours les tribunaux. La chambre est donc régulièrement juge; M. Decazes, rapporteur de la loi à la chambre des pairs, a déclaré que les difficultés relatives à la promotion de députés à des fonctions publiques devaient être soumises à la chambre des députés.

Pour prouver que la chambre avait été régulièrement saisie, M. Dufaure rappela les faits, et ajouta : En Angleterre, le membre des communes, promu à des fonctions publiques, vient ordinairement lui-même demander à la chambre de lui donner le sens de sa position, si elle présente quelque doute. Je suppose qu'un membre de la chambre française, appelé à des fonctions publiques, doute si elles le soumettent à une réélection, et que le gouvernement ne convoquant pas le collége, il vienne demander s'il est ou non rééligible; pourquoi ne le ferait-il pas ? Le ministre de l'intérieur disait : Le gouvernement est dans le doute; c'est à la chambre à l'éclairer. Eh bien ! c'est pour lever ce doute que la chambre délibère et va prononcer sa décision.

M. Laurence donna des explications de fait sur sa position, et reconnut le dro t de la chambre.

On demanda l'ordre du jour. M. Laffitte dit qu'il n'y avait pas lieu, et qu'il fallait voter pour ou contre. M. le président ajouta : On me fait observer qu'on ne peut passer à l'ordre du jour que quand il s'agit d'une chose qui n'est pas à l'ordre du jour. Ici, l'ordre du jour, c'est la discussion elle-même.

Le président mit au voix et la chambre adopta la proposition suivante : « *La chambre déclare que, conformément à l'art. 1ᵉʳ de la loi du 12 septembre 1830, M. Laurence est considéré comme ayant donné sa démission des fonctions de député.* »

M. de Broglie, président du conseil, demanda à parler sur ce qui concernait le général Sébastiani. L'idée du rapport, a dit le ministre, est de faire dépendre la réélection de la quotité du salaire, abstraction faite de l'avancement réel dans l'ordre diplomatique. Cela peut jeter le gouvernement dans l'embarras sur la question de réélection. En effet, les fonctions diplomatiques se divisent en quatre classes : les chargés d'affaires, les ministres résidants, les ministres plénipotentiaires et les ambassadeurs.

Dans chacune de ces classes, les agents sont égaux ; ils reçoivent les mêmes honoraires, la même pension de retraite; mais il y a grande inégalité dans ces salaires ; l'inégalité subsiste même dans les classes, c'est-à-dire qu'il y a des fonctions d'ordre inférieur mieux rétribuées que des fonctions d'ordre supérieur. Par exemple, notre *ministre plénipotentiaire* à Berlin reçoit 100,000 fr., tandis que notre *ambassadeur* en Suisse n'en reçoit que 55,000. Si on adopte la proposition du rapport, il n'y aurait pas lieu à réélection lorsque le ministre de Berlin deviendrait ambassadeur à Berne; et, au contraire, il y aurait lieu à réélection si un ambassadeur, par motif de mécontentement, passait à une mission, par exemple de l'Amérique du Sud, où il recevrait un traitement supérieur à son ambassade. Cela ne paraît pas logique. Ce qui détermine la réélection à nos yeux, c'est l'avancement, qu'il y ait première promotion à des fonctions publiques, ou qu'il y ait promotion à des fonctions supérieures à celles que l'on quitte. M. Sébastiani, ambassadeur à Naples, devient ambassadeur à Londres: il n'y a pas là le moindre avancement. La différence de traitement représente la différence qui existe entre les frais de représentation. Voyez ce qui se passe pour les ministères; tous les ministres ont un traitement égal; mais il y en a un qui reçoit 40,000 fr. comme frais de représentation extraordinaire; jamais cependant on n'a pensé qu'un ministre, de la marine par exemple, fût sujet à réélection par cela seul qu'il prenait le département auquel sont attachés ces frais de représentation.

M. Charlemagne a répondu: C'est une grande erreur de supposer que pour qu'il y ait lieu à la réélection, il faut qu'il y ait eu avancement, grâce, faveur accordée par le gouvernement. Il faut se reporter à la position du législateur en 1830; il devait, ou bien poser une règle fixe, absolue, ou entrer dans des considérations particulières, et décider qu'il n'y aurait lieu à réélection qu'autant que les fonctions nouvelles pourraient être considérées comme un avancement. Cette dernière opinion se présente avec plus de faveur: mais cet avantage est compensé par de grands inconvénients; comment, en effet, poser des règles claires, faciles à interpréter. Sur quelle base s'appuierait-on? Serait-ce sur la préséance? sur la hiérarchie, sur la dignité attachée à la fonction? Un exemple va prouver que cela est impossible. Il existe, sur les préséances, un décret de l'an XIII, décret obscur, incomplet, peu appliqué; qu'on le suppose en pleine vigueur: un juge de paix, aux appointements de 800 fr., y a la préséance, dans la hiérarchie des fonctions, sur un receveur-général des finances. Considérera-t-on comme grâce, comme avancement, ou comme disgrâce, des fonctions de receveur-général conférées à un juge de paix?

Si l'on veut prendre pour base l'importance des fonctions, il faudrait énumérer une à une toutes les fonctions publiques, les comparer, les mettre en balance; ce serait se lancer dans un océan sans bornes. Reste la question du salaire; si on le prenait pour règle, on pourrait se trouver en contradiction avec les préséances et l'importance des fonctions; il peut arriver qu'un député considère comme une faveur, comme un avantage des fonctions et même un traitement inférieurs; cela dépend de l'état de sa fortune, de ses intérêts, de ses affections.

Le législateur ne pouvait, en 1830, ni entrer dans tous ces détails, ni imposer une pareille tâche à ses successeurs; ce serait consacrer l'arbitraire, ériger dans la chambre un pouvoir dictatorial. Au milieu de tant d'inconvénients, le législateur s'est déterminé pour une règle fixe, absolue, le changement survenu à la position du député. Enfin il faut considérer que si on adopte, par la jurisprudence, une règle uniforme, invariable, la chambre restera toujours à l'abri des accusations et des soupçons, tandis que si on entre dans des considérations individuelles ou de position, la chambre s'exposera au reproche d'avoir cédé aux préventions politiques, à l'esprit de parti.

M. le ministre de l'instruction publique a répondu qu'il suivrait du principe absolu, posé indépendamment même de la question de salaire, qu'un procureur du roi qui passerait d'un siége à un autre, le traitement fût-il égal, devrait être soumis à une réélection. La loi n'a pas ce sens judaïque. D'après l'esprit de la loi, présentée par l'orateur lui-même, on n'a voulu parler que de l'acceptation de fonctions publiques par un homme qui n'en exerçait pas encore; c'est par extension de ce sens naturel qu'on a dit que lorsque un député recevait des fonctions nouvelles en traitement, en importance, il y avait lieu à réélection. Dans l'interprétation de la commission, il n'y a pas de sens moral, on ne s'attache qu'à un fait matériel. C'est dans un changement politique et moral, à l'égard des électeurs, qu'on a placé la cause de la réélection. On ne s'est pas demandé si un fonctionnaire était plus ou moins riche; mais si sa situation politique et morale, vis-à-vis des électeurs, était changée. Partout où on a trouvé ce changement, la réélection a été admise. Quant au général Sébastiani, le changement n'a pas eu lieu; être ambassadeur à Londres, ou l'être à Naples, c'est, à l'égard des électeurs, se trouver dans la même position.

M. Dufaure combattit cette interprétation. Ce qui prouve que la loi s'applique aux fonctionnaires déjà nommés qui changent de position, c'est l'exception qu'elle fait pour les militaires qui reçoivent de l'avancement. C'est ainsi que le gouvernement a appliqué la loi; M. Bande, sous-secrétaire d'état, est nommé préfet de police, et soumis à réélection; de même, M. Chalret-Durieu, président de chambre à Toulouse, nommé conseiller à la cour royale de Paris; on ne dira pas que, dans ces cas, le gouvernement a violé la loi pour attenter aux pouvoirs d'un député; il n'a fait que l'exécuter. M. le président du conseil demande quelle sera la base de la détermination de la chambre? la loi répond, comme en Angleterre, c'est le salaire. On aurait pu, peut-être, chercher un autre motif; mais la loi, telle qu'elle est, a une haute utilité politique : d'ailleurs, elle existe, c'est la règle : on doit la respecter. On a demandé si lorsqu'on passait d'un grade supérieur à un grade inférieur, et que le grade inférieur était plus rétribué que le grade supérieur, il devait y avoir réélection. La loi répond encore : Oui, puisqu'on accepte des fonctions plus salariées. Le titre n'est pour rien dans la question de réélection. Si le gouvernement élevait un membre de la chambre à des fonctions gratuites, quelque élevées, quelque honorables, quelque honorées qu'elles fussent, il n'y aurait pas lieu à réélection. — Un conseiller de cour royale, devenu procureur du roi à Paris, accepte des fonctions plus rétribuées, quoique moins élevées hiérarchiquement : il est sujet à réélection, comme le serait l'ambassadeur en Suisse devenu ministre à Berlin. Tel est l'esprit de la loi de 1830. La loi n'a pas pensé que celui qui accepte des fonctions salariées serait, par cela même, un mauvais député. Elle a considéré seulement que les électeurs pourraient douter de son indépendance; ce doute a suffi : cela est éminemment conforme à l'esprit de nos institutions. La position de M. le général Sébastiani est donc celle de tous les députés qui acceptent des fonctions salariées; l'ambassade de Naples et celle de Londres ont, sur le budget, un traitement, mais il ne leur est alloué aucuns frais de représentation, à la différence du ministre des affaires étrangères, qui reçoit séparément un traitement et des frais de représentation. Il n'y a aucun motif pour ne pas appliquer à M. Sébastiani la règle qui a été appliquée à M. Laurence.

La chambre adopte, à une faible majorité, la résolution suivante : « La chambre déclare que, conformément à l'art. 1er de la loi du 12 septembre 1830, M. le lieutenant-général Horace Sébastiani est considéré comme ayant donné sa démission des fonctions de député. » — Elle adopte ensuite un article, applicable aux deux décisions : « La chambre ordonne qu'une copie de la présente résolution sera adressée par son président au ministre de l'intérieur. » (*Monit.* 10 mai 1835, p. 1104.)

www.ingramcontent.com/pod-product-compliance
Ingram Content Group UK Ltd.
Pitfield, Milton Keynes, MK11 3LW, UK
UKHW020319230726
13925UKWH00002B/511